U0578582

南 京 博 物 院 学 人 丛 书

纪仲庆文集

考古卷

南京博物院　编

文物出版社

图书在版编目（CIP）数据

纪仲庆文集．考古卷／南京博物院编．—北京：文物出版社，2021.10

（南京博物院学人丛书）

ISBN 978－7－5010－7241－5

Ⅰ．①…纪　Ⅱ．①南…　Ⅲ．①考古－中国－文集　Ⅳ．①K87－53

中国版本图书馆 CIP 数据核字（2021）第 204398 号

纪仲庆文集·考古卷

编　　者：南京博物院

责任编辑：窦旭耀
封面设计：刘　远
责任印制：张　丽

出版发行：文物出版社
社　　址：北京市东城区东直门内北小街 2 号楼
邮　　编：100007
网　　址：http://www.wenwu.com
经　　销：新华书店
印　　刷：宝蕾元仁浩（天津）印刷有限公司
开　　本：889mm×1194mm　1/16
印　　张：17.5
版　　次：2021 年 10 月第 1 版
印　　次：2021 年 10 月第 1 次印刷
书　　号：ISBN 978－7－5010－7241－5
定　　价：180.00 元

南京博物院
学人丛书

纪仲庆像

1983年8月30日，与日本“中国都城制研究学术友好访中团”合影（左四为日本橿原考古研究所所长岸俊男，左五为纪仲庆）

1983年8月，与日本友人参观明孝陵（左三为纪仲庆）

1983年初冬，国家文物局委托南京大学和南京博物院举办的苏浙皖赣四省文物考古训练班在泰山考察实习（左四为纪仲庆）

1986年夏，重游颐和园

1986年与南京博物院梁白泉院长合影（左为纪仲庆）

1986年9月访问德国，参观一处凯尔特人墓地考古发掘工地（右一为纪仲庆，右二为罗宗真）

1987年1月在香港举办“南京博物院珍品展”，代表团在香港中国文物展览馆前合影（右一为纪仲庆）

1987年7月访问日本，受到日本友人宴请（中坐者为纪仲庆）

1988年9月，南京博物院纪仲庆和罗宗真应德国巴登符腾堡州考古所邀请，去该州参观交流，照片背景是古教堂（自左至右为罗宗真、德国翻译潘佛朗、纪仲庆）

1988年秋访德期间，专程拜访德国海德堡大学著名汉学家雷德侯教授（右三为雷德侯，右四为纪仲庆，左四为罗宗真）

1989年夏，日本福冈举办亚太博览会，广陵王玺和委奴国王金印同时展出，纪仲庆和汪遵国应邀作学术报告，其间参观汉委奴国王金印出土地点（右为纪仲庆）

1989年7月访日时拜谒
奈良唐招提寺留影

2003年秋，海安县举办青墩遗址发现三十周年纪念活动，纪仲庆在参观遗址途中与有关领导交谈（右二为纪仲庆）

2003年秋，纪仲庆在青墩文化研讨会上作学术报告

凡 例

（一）为了传承先辈学者的治学精神，介绍当代学者的研究成果和治学方法，也为了激励青年学人的学术热情，探索一条新时期可持续的学术途径，南京博物院决定编辑《南京博物院学人丛书》，陆续出版我院学人的学术论著，以集中展示我院的整体学术面貌和科研水准。

（二）学人丛书以个人文集的形式推出，定名“XX文集”，每集40万字左右。对于著述量较多的文集，则又根据内容分成若干专辑，冠以“XX卷”，如“考古卷”“博物馆卷”“文物科技卷”等。

（三）学人丛书以严谨审慎的态度认真遴选，尤其注重著述的学科意义和学术史价值，原则上只收录已公开发表的学术论文，不能体现作者学术水平的杂谈、小品、通讯等一般不予收录。

（四）学人丛书各卷编排一般以内容题材和发表时间并行的原则编定次序，以见专题性和时代性。

（五）大凡学术著述多受作者所处时代环境之制约，征引、论断未必尽善。诸如此类，学人丛书一般未予匡正，以存历史原貌，使之真实地再现每位作者撰述时的时代气氛和思想脉络。对于入选论文，在文末以按语的方式附简单说明，主要介绍写作背景、发表或出版等情况，基本不做主观评价。

（六）学人丛书一般改正原稿中的个别错字，删除衍文，包括古今字、异体字、纪年、数字、标点等，一律按国家语言文字工作委员会颁布之标准体处理，而少量的未刊稿则酌情进行细微的文字处理。

（七）各卷前刊主编撰写的总序一篇，阐明学人丛书编纂缘起和意义等，以便读者对该丛书获致一轮廓性的了解。同时，设有前言或序（作者自序或由直系亲属决定的他序）。在体例上，每卷卷首配有若干照片、手迹等，卷末附有编后记，而论文所附插图、照片、线图等基本采用原有样式以保持论文原貌。

（八）学人丛书编辑委员会本着务实、有效的原则，分别由专人担任每卷的责任整理者，在主编主持下分工合作，共襄其役。丛书的整体设计和最后定稿均由主编全权负责。

《南京博物院学人丛书》编辑委员会

2009年8月

总　序

南京博物院坐落于六朝古都的江南胜地，其前身是国立中央博物院筹备处，1933年由时任国立中央研究院院长的蔡元培先生倡议成立，是当时全国唯一仿照欧美现代博物馆建设的综合性博物馆。原拟建“人文”“工艺”“自然”三馆，后因时局关系，仅建“人文馆”，即现在的南京博物院主体建筑仿辽式大殿。建院之初，就明确提出“提倡科学研究，辅助公众教育，以适当之陈列展览，图智识之增进”的宗旨，为博物院的筹建和发展奠定了理论基础。故院长曾昭燏先生在《博物馆》中明确提出，“研究为博物馆主要功用之一”，这一观念至今对南京博物院的业务工作产生着积极而持久的影响。

建院70余年来，尊重科学研究的优良传统在南京博物院一直传承着，并不断发扬光大。建院之初，这里汇聚了一大批享誉海内外的著名学者，如叶恭绰、傅斯年、胡适、李济、吴金鼎、马长寿、王介忱、李霖灿、曾昭燏、王振铎、赵青芳等，即便在烽火弥漫的抗日战争期间，在十分艰苦的生活工作条件下，他们也不忘自己的职责，进行卓有成效的科研工作，为民族文化的传承保存了可贵的薪火，也为南京博物院后来的科研人员树立了榜样。

1937年8月，中央博物院奉命带院藏文物向西南迁移，研究人员则在艰辛条件下开展田野考古和民族民俗调查工作。20世纪三四十年代，吴金鼎、曾昭燏、王介忱在云南苍洱地区进行考古调查和发掘；李济、吴金鼎、王介忱、冯汉骥、曾昭燏、夏鼐、陈明达、赵青芳等发掘四川彭山汉代崖墓，收集了大批汉代文物资料；以马长寿、凌纯声为团长的川康民族调查团在西南地区进行了历史遗迹、民族服饰、手工业、语言和象形文字、动植物的调查，采集了大量的少数民族文物；中央博物院与中央研究院史语所等联合组建了西北科学考察团，在敦煌、玉门关等地进行科学考察，并发掘了甘肃宁定阳洼湾齐家文化墓地等。在此期间，中央博物院在研究的基础上整理编写了《博物馆》《远东石器浅说》《云南苍洱境考古报告》《么些标音文字字典》《么些象形文字字典》等一系列学术著作。这些代表性论著，知识建构博大精深，社会学方法论应用得当，新学科新知识光芒闪烁，其学术开创意义和精神价值，足可视为经典。

1949年10月，随着新中国的成立，我院进入新的发展阶段。1950年3月，前中央博物院正式更名为南京博物院。南京博物院继承了前中央博物院前辈学人的治学精神和学术理念，坚持循序渐进地开展学术研究工作。随后开展了江苏南京南唐二陵发掘、六朝陵墓调查，以及山东沂南汉画像墓、安徽寿县春秋时代蔡侯墓等考古发掘工作，还奉命派人到郑州协助发掘商代城址，都取得了良好科研成果。同时，先后在江苏境内发掘了淮安青莲岗、无锡仙蠡墩、南京北阴阳营、邳县刘林和大墩子等重要遗址，发掘了丹徒烟墩山“宜侯夨簋”墓、南京东晋砖印壁画“竹林七贤及荣启期”墓、东晋王氏家族墓地王兴之与王献之墓等重要墓葬，并对江苏境内的淮河、太湖、洪泽湖、射阳湖流域和宁镇山脉进行了大规模的考古调查。随之提出的“青莲岗文化”和“湖熟文化”的命名，将江苏考古纳入系统研究范畴，为后来的江苏考古学文化区系类型研究开启先河。

自1978年中国实行改革开放政策的30余年来，南京博物院在积极倡导创新精神的同时，秉承前中央博物院学人“博大深约”之精神理念，注重将社会教育与学术研究交融贯通，形成了“兼容创新”和“与时俱进”的学术风气，迎来了学术研究的美好春天，在博物馆学、考古学、历史学、民族民俗学，以及古代建筑、艺术文物、文保科技、陈列展览等相关领域均取得了不斐成绩，并呈现了以老专家引领、中青年骨干为中坚力量的梯队式研究群体，其治学之道、研究之法亦与前中央博物院前辈学人的传统息息相通。

现今南京博物院是一所拥有42万余件各类藏品，20万余册中外专业图书的大型综合性博物馆，集探索、发现、典藏、保护、研究、教育、服务于一体，具有举办各种展览、开展科学研究的深厚基础，在学术方面已经拥有比较深厚的历史积淀和鲜明的综合性特色。近年来，南京博物院将科学研究与服务公众作为工作的两极。立足科研，努力提升学术水平，逐步提高工作能力，最大程度地扩大学术声誉和影响力，为公益性博物馆的发展提供基础和动力；努力将博物馆的科研成果转化为现实生产力，服务于文物遗产的保护和利用，服务于社会公众教育，成为南京博物院长远发展的基本方针和工作目标。

今天，随着博物馆事业的快速发展，我们清晰地认识到，开展科研工作是公益性博物馆发展的基础和动力，要提高对科研工作重要性的认识，有的放矢、循序渐进地开展工作。首先，要认识到科学研究是生产力，是博物馆实现社会价值的重要手段。要从发展生产力的高度认识博物馆科研工作的重要性，认识到我们的职责是利用古代文化及其研究成果来推动和促进当地经济社会的和谐发展。通过博物馆的研究成果，使社会认识到，古代文化遗产是一个地区、一个民族、一个国家的象征，具有精神上的巨大作用，发展博物馆事业，也直接或间接地发展了社会生产力；通过博物馆的科研发明和技术创造，让社会认可文物保护技术的重大作用，它不仅可以使文物坚固、延年，并保持美感，更让公众在欣赏文物的过程中认识、理解并尊重了其中“过去的辉煌”和“今天的创造”。其次，要促进科研成果的转化和推广。科研成果只有进行有效转化，才能真正成为现实生产力，更好地发挥科研成果服务社会的功能；积极促进科研成果的推广，可以为文物保护力量比较薄弱的地区提供技术支撑；科研成果的研究和推广，可以培养、锻炼一批既具有理论研究水平，又有实践能力的队伍。第三，要明确科研的内容和重点。南京博物院作为大型综合性博物馆，能够在国际国内博物馆界有一定地位和影响，积极的科学研究无疑是重要条件。全院有一支专业素质好、知识水平高的业务队伍，他们探索古远历史，研究地域文化，保护物质遗产，服务社会公众。科研的内容和重点主要围绕服务社会发展、服务江苏文博事业、服务公众文化享受的目标来进行。具体而言，主要围绕研究江苏文明史发展的考古发掘研究、文物保管及科学保护、文物展示及公众服务、文物利用及社会作用的发挥等内容来进行。其中在考古发掘研究方面，70余年的考古收获成果，基本可以勾画出江苏历史发展的轮廓概貌，弥补了文献记载之不足。在文物科学保护方面，共有获奖科技成果20多项，在文物保护实践中都得到了广泛的应用。在文物展示及服务公众方面，在完成了南京博物院艺术馆陈列，还开展了文博系统人文社会科学重点课题研究，并帮助多家博物馆进行展览设计与布展。在利用文物发挥社会作用方面，多方组织精品展览服务各地公众。同时积极利用科研技术，保护地面文物建筑，启动“身边的博物馆”走进农村基层的数字化博物馆项目，致力于将博物馆与公众的距离拉得更近。

回首往昔，我们欣喜地看到，南京博物院70余年的科研成就硕果累累；筹划今朝，深感我们仍需砥砺精神，不断求索，以更好的业绩促更大的发展。为了集中展示并检阅南京博物院在学术研究方面的综合性成果，并借此体现服务与研究相结合的学术导向和科研特色，我院组织编辑出版《南京博物院学人丛书》，通过整理与学习前辈学人的学术成就与传承脉络，介绍当代学者的研究成果和治学方法，使之作为系统的历史文献资料保存下来，并成为后人获得知识、方法与灵感的重要源泉。同时，真诚希望我院青年学人能得以站在前人肩膀上，坚持良好的学术风气，促进科研工作的不断开展，探索一条新时期可持续发展的学术途径。在我看来，《南京博物院学人丛书》是一种精神资源，在叙述和阐释的过程中，不仅仅是对历史文化积淀的整理，也是对南京博物院学术精神的弘扬。我们有理由相信，无论从文献价值还是从学术传承着眼，作为一项系统的文化工程，《南京博物院学人丛书》随着时间的推移必将会显示出嘉惠后人的永恒价值，成为激励后来者不断前进的动力。

南京博物院院长 龚 良

2009年9月1日

序

南京博物院的基础是前中央博物院，有多位知名学者。20 世纪 50 年代初还负责华东地区各省的文物考古工作，后来才专管江苏省的文物考古。由于底子较厚，在省级同类机构中仍然占有比较突出的地位。但一些老专家过去虽然做了不少工作，却很少发表著作。于是院领导决定为他们出个人文集，以褒扬先生们在学术上的贡献，这是一件值得称道的好事。我看到的第一本就是老院长的《曾昭燏文集》。现在健在的老专家中自然少不了纪仲庆先生。院方前曾为他举行八十大寿庆典，现在又决定为他出版个人文集，我从心里感到高兴。承蒙仲庆兄的厚谊，要我为他的文集作序，为弟自当义不容辞。

仲庆兄早年就学于北京大学历史系考古专业，是我的同窗好友。论学习成绩在我们班是拔尖的。记得 1957 年我们在河北邯郸进行田野考古实习，参加完涧沟遗址的发掘后转到龟台寺遗址。他发掘的探方中有一个龙山文化时期的大灰坑 H56，他根据土质土色的变化把灰坑中的堆积分了 8 层。仔细排比各层出土陶器的形制，发现前后确有些微带规律性的差别，从而将其划分为三个小期或小段。这种认真细致和一丝不苟的科学精神受到指导老师的好评。现在回想起来，那时一些知名学者连仰韶、龙山都分不开，而一个还在实习的学生却能做到如此精细，实在是难能可贵。

仲庆在毕业后被分配到中国科学院考古研究所工作，不久就转到南京博物院，曾经任该院考古部主任和江苏省考古学会理事长等职，成为江苏省考古学界的领军人物。

在中科院考古所工作的短暂时期，恰遇全国性的三年大饥荒，他却全身心投入丹江水库区的抢救性考古工作中。他和队友们一起先后发掘了均县乱石滩、朱家台和郧县青龙泉、大寺等一系列新石器时代遗址。发现了明确的地层关系，证明 50 年代初在湖北发现的屈家岭文化，原本以为晚于龙山文化，实际上是晚于仰韶而早于龙山，这个结果曾经在考古所引起强烈反响。其实仲庆兄的分析更加细致。在他给我的资料中，对几处遗址逐个进行了分析和排比，发现仰韶和龙山都应再分为两期，总共可以分为五期。第一次给出了汉水中游地区新石器时代考古学文化发展阶段的年表。至今虽然过去了半个世纪，这个年表仍然适用。这与他重视把地层关系与类型学分析紧密结合的研究路线是分不开的。

在南博，他把主要精力投入到跟工程建设相关的考古工作中，虽然经常是抢救性发掘，还是尽量按科学发掘的要求办事，从而取得了许多重要的成果。例如邳县大墩子的发掘，第一次分出了青莲岗、刘林和花厅三个时期的遗存。邳县刘林的第二次发掘，第一次将刘林分为早晚两期。海安青墩遗址的发掘，第一次在江北过去以为很晚才成陆的滨海地区发现一处重要的史前遗址，从而改写了当地海岸线变迁的历史。这个遗址同样也可以分为三期，而文化面貌则与江南文化区基本相同。我想正是这些扎实的工作，才奠定了建立江苏新石器时代文化谱系的坚实基础。1973 年我在《文物》杂志上看到吴山菁的《略论青莲岗文化》一文，吴将青莲岗文化分为江南、江北两个类型，每个类型又各分为三期。对江苏新石器时代的考古学文化如此明确地进行分区与分期研究，这还是第一次，真是大开眼界。尽管作者用了别人不知道的笔名，我却一下子就明白那肯定是纪仲庆的手笔。文章的资料和论点都是新的，却用了一个原本概念不甚明确的文化的名称，用旧瓶装新酒，自有他之所以要这样做的理由。1977 年在南京召开“长江下游新石器时代文化学术讨论会”，仲庆兄为了与会议的主题相呼应，提交的论文就叫《长江下游新石器时代文化若干问题的探析》一文，进一步申述了《略论青莲岗文化》一文的基本观点。由于涉及问题的核心，自然成为会议上大家关注的焦点。不过讨论中多在考古学文化的名称上做文章，而实际内容跟仲庆兄的观点并没有多大差别。大家都赞同江南、江北应属于不同的文化区，两区各自的文化分期也大同小异。由此可以看出，仲庆兄关于长江下游新石器时代考古学文化谱系的基本观点是符合实际情况的科学结论。

仲庆兄对江苏考古的贡献不限于新石器时代。他在多年中参加或主持发掘的古遗址和古墓葬还有很多，而且多有重要的发现。他写了很多考古报告，并且都以单位的名义发表。几十年劳累奔波，竟没有多少时间撰写学术论文。不知道的人以为他没有多少成绩，其实他是做了很多工作的。除新石器时代考古外，在历史时期的考古方面也有许多重要的贡献。例如他在对扬州古城进行调查发掘的基础上所作扬州城变迁历史的研究，对邗江甘泉汉广陵王墓葬的发掘与墓主人身份的考证，都很见功底，其中还有一些颇饶兴味的故事，这在他自己写的《考古伴我此生行》中都已经讲得很清楚了，兹不赘述。

仲庆兄为人正直厚道，乐于助人而淡泊名利，许多成果都不署自己的名字。他治学严谨，从不人云亦云，有自信而绝不张扬，兢兢业业，为考古事业奉献一生，可谓考古学者的楷模。他的文笔也非常好。他最近写的《破解盱眙南窑庄窖藏之谜》，全文条理清晰，逻辑严密，按照所能收集的证据步步推演，引人入胜，看下来简直是一种享受。很多人感到考古文献难读难懂，除了考古学本身的特点外，作者的水平应该也是一个原因。这篇文章就是一个很好的回答。我想本文集的出版不但是对考古学的一份贡献，也一定会受到广大读者的欢迎。

严文明

2010 年 5 月 10 日

目　录

略论青莲岗文化

新中国成立前，江苏省的新石器时代考古工作几乎是一片空白，只有少数人在武进奄城、苏州越城等地，拾到一些印纹陶片。北阴阳营遗址虽早在抗日战争前曾被发现，但未正式发掘过。新中国成立后，在党的领导下，江苏省的文物考古工作有了蓬勃的开展，发现了数以百计的新石器时代文化遗址。其重要收获之一，就是发现了青莲岗文化。

青莲岗文化是1951年在江苏淮安青莲岗首次发现的，因其文化面貌有异于已知的仰韶、龙山等文化，而引起了人们的注意。嗣后，通过历年调查，又陆续在全省各地发现多处，并先后对若干典型遗址作了不同规模的发掘。这些工作为探讨该文化的分布、内涵、分期，与其他诸新石器文化的关系，以及经济生活、社会组织形态方面的问题，提供了丰富的资料。

该文化的分布大约以江苏为中心，北至山东中、南部，南至太湖沿岸，西至苏皖接壤地区，东至阜宁，东南达淀山湖以东，分布面积约为10万平方公里。迄今为止在江苏省范围内发现的青莲岗文化遗址，已有65处（表一）。经过发掘或探掘的遗址有连云港二涧村，新沂花厅村，邳县刘林、大墩子，南京北阴阳营、太岗寺，苏州越城，吴江梅堰，吴县草鞋山、华山，常州圩墩村等处。

表一　江苏境内青莲岗文化遗址登记表

顺序号	所在地	遗址名称	著录
1	赣榆县	苏青墩	《江苏邳海地区考古调查》，《考古》1964年第1期
2	连云港市	二涧村	《江苏连云港市二涧村遗址第二次发掘》，《考古》1962年第3期
3	连云港市	大村	《大村新石器时代遗址勘查记》，《考古》1961年第6期
4	东海县	藿湖	《江苏邳海地区考古调查》，《考古》1964年第1期
5	东海县	钓鱼台	同上
6	新沂县	花厅村	《新沂花厅村新石器时代遗址概况》，《文物参考资料》1956年第7期
7	新沂县	小林顶	《江苏邳海地区考古调查》，《考古》1964年第1期
8	邳县	大墩子	《江苏邳海地区考古调查》，《考古》1964年第1期；《淮阴地区考古调查》，《考古》1963年第1期
9	邳县	刘林	同上
10	邳县	东小墩	《江苏邳海地区考古调查》，《考古》1964年第1期

（续表）

顺序号	所在地	遗址名称	著录
11	淮安县	青莲岗	《江苏邳海地区考古调查》，《考古》1964年第1期；《江苏连云港市二涧村遗址第二次发掘》，《考古》1962年第3期
12	淮安县	颜家码头	《淮阴地区考古调查》，《考古》1963年第1期
13	淮安县	茭陵集	同上
14	淮安县	西韩庄	同上
15	涟水县	笪巷	同上
16	涟水县	杨庄	调查资料
17	涟水县	三里墩	同上
18	宿迁县	黄泥墩	《淮阴地区考古调查》，《考古》1963年第1期
19	泗阳县	朱墩	同上
20	泗洪县	菱角张	同上
21	泗洪县	南山头	同上
22	泗洪县	东山头	同上
23	泗洪县	顺山集	同上
24	淮阴市	山头	同上
25	阜宁县	梨园	《江苏射阳湖周围考古调查》，《考古》1964年第1期
26	江浦县	蒋城子	《江苏仪六地区湖熟文化遗址调查》，《考古》1962年第3期
27	江浦县	湖里泉	同上
28	江浦县	周家小山	同上
29	南京北郊	庙山	同上
30	南京市	北阴阳营	《江苏邳海地区考古调查》，《考古》1964年第1期
31	南京南郊	太岗寺	《江苏仪六地区湖熟文化遗址调查》，《考古》1962年第3期
32	江宁县	前岗	《江苏湖熟史前遗址调查记》，《南京附近考古报告》
33	江宁县	神山头	《宁镇山脉及秦淮河流域新石器时代遗址普查报告》，《考古学报》1959年第1期
34	江宁县	大山头	同上
35	江宁县	神墩	同上
36	江宁县	大汶堆	同上
37	江宁县	齐家山	同上
38	丹阳县	八卦荡	《对江苏太湖地区新石器时代文化的一些认识》，《考古》1962年第3期
39	溧阳县	神墩	同上
40	高淳县	庙基山	同上
41	金坛县	北水荡	同上
42	金坛县	夏庄	同上
43	常州市	圩墩村	同上
44	武进县	后板皮	同上

（续表）

顺序号	所在地	遗址名称	著录
45	武进县	金鸡墩	同上
46	江阴县	护城河北	同上
47	无锡县	芦花荡	同上
48	无锡县	庙墩上	同上
49	无锡县	新渎南	同上
50	无锡县	仙蠡墩	同上
51	无锡县	庵基庙	同上
52	苏州市	白虎墩北	同上
53	苏州市	六埭桥	同上
54	苏州市	磨盘山	同上
55	苏州市	越城	同上
56	吴县	华山	同上
57	吴县	虎山	同上
58	吴县	草鞋山	同上
59	吴县	东庄	同上
60	吴县	龙灯山	同上
61	吴江县	梅堰	同上
62	吴江县	大三堰	同上
63	昆山县	绰墩	同上
64	昆山县	黄泥山	同上
65	昆山县	荣庄	同上

与江苏邻近省市所发现的某些新石器时代遗址，如山东宁阳堡头（大汶口），滕县岗上，安邱景芝镇，曲阜尼山、东位庄、西夏侯，邹县野店，郯县清堂寺；安徽萧县曹庄、花家寺，滁县朱勤大山（下层），芜湖蒋公山；上海青浦崧泽；浙江吴兴邱城，嘉兴马家浜等遗址，从文化面貌特征上看，似均可归属到青莲岗文化范畴。

根据目前所能掌握的资料，我们试图对青莲岗文化若干问题提出一些初步看法。

一　类型和分期

青莲岗文化遗址已发现六七十处之多，各地所发现的遗迹、墓葬和文化遗物所反映出来的文化面貌，虽有很多共同点，但又并不完全一致。较长时期以来，人们对这一文化的性质提出了各种不同的看法。例如：青莲岗遗址在1951年底和1952年初，先后调查过两次，当时只笼统称其为“新石器时代文化”[①]。1958年试掘时，又认为“这个遗址具有着类似仰韶文化和龙山文化双重特点”[②]。1952和1953年对新沂花厅村遗址进行过两次发掘，大概也因为其文化面貌和青莲岗遗址不太一样，所以在简报的结语中，并未将二者进行比较，对其文化性质和年代未作任何推断[3]。南京市北阴阳营遗址，前后共发掘了四次，在第一、二次的发掘报告中认为“根据（下层）出土遗物来看，磨光石器与彩色陶器，完全与江苏北部淮安青莲岗遗址所出的相同，……吴县唯亭夷陵乡也有同样的发现”，因而把这类遗存“暂定名为青莲岗文化”，这是“青莲岗文化”名称的首次出现，但没有把花厅村等遗址包括进去[4]。1960 年对邳县刘林遗址进行了第一次发掘，报告的结语中指出刘林遗存与花厅村、青莲岗以及山东安丘景芝镇、宁阳大汶口等遗存，有共同之处，也有不同之处。但又认为“（刘林的）晚期与景芝镇、大汶口同时，而早期与青莲岗文化相去不远”。关于其文化性质，却未提及[5]。在稍后有的文章中，在叙述青莲岗文化时，包括了青莲岗、花厅村、北阴阳营、崧泽、邱城等遗址，而把刘林却又单独分开叙述，并名之谓“刘林文化遗存”，认为它是和山东大汶口、景芝镇是一个系统的[6]。在另一些综合性著述中，对于青莲岗文化或某些遗址，也存在着各种说法，如“像新沂花厅村……这种陶器在制作技术上，是由黑陶演变而来”，“像淮安青莲岗出土的陶器……可以说是黑陶和彩陶两文化的交流，产生新文化”[7]。再如“青莲岗文化显然是在龙山文化浓厚影响下的一种江苏土著文化，但是在陶器的装饰作风上，可能也受仰韶文化一定程度的影响。如果我们从广泛的意义上来理解的话，或者也可称之为“江苏龙山文化”[8]。如此等等，莫衷一是。

经过多年来的工作和探索，青莲岗文化的面貌逐步清晰起来了。目前倾向于苏北和苏南的青莲岗文化在文化面貌上是有差异的看法已较普遍。看来这种地域上的差异确实存在。所以本文拟把它们分为江北和江南两个类型来叙述，而这两个类型，又可各自分为早晚几期。

（一）江北类型

主要分布在苏北的徐淮平原和山东中部以南地区，基本上和山东龙山文化（典型龙山文化）的分布范围相一致。有同志把山东境内所发现相类似的遗存称之为“大汶口文化”，尽管二者所概括的内容基本一致，但名称今后还宜统一起来。

青莲岗文化江北类型目前约可分为四期。1963 年 12 月邳县大墩子遗址的探掘，有着极为重要的意义。在这里发现了这一类型前三期的地层叠压关系。包含着与淮安青莲岗遗物特征的文化层属最下层，上面压着墓葬层，墓葬可分为两类，一类与刘林所发现的墓葬相同，一类与花厅村的相同，而且具有花厅村特点的墓葬一般都叠压在具有刘林特点的墓葬之上。这样我们就弄清了三者在相对年代上的关系[9]。以往我们曾将这三者分别称为青莲岗、刘林、花厅三个类型，现已弄清它们是代表着青莲岗文化江北类型三个时期的代表性遗存，因此今后似可径直称它们为青莲岗期、刘林期和花厅期，以免在提法上与江北、江南类型相混。

①青莲岗期

属于青莲岗期的遗址，除淮安青莲岗本身外，还有连云港二涧村、大村，淮安颜家码头、西韩庄，新沂小林顶，阜宁梨园，邳县大墩子（下层）等处，山东曲阜刘家庄也可以归属于这一期。其中二涧村和大村两处还发现了这一期间的墓葬（二涧村7座，大村1座）。

这一时期的陶器几乎全为夹砂红陶和泥质红陶两个陶系，有少量的单色彩陶。制法全为手制。器形很简单，主要有圆腹小平底钵、深腹圆底釜、圆锥形足鼎、带嘴壶、不施镂孔的高圈足豆、双鼻小口罐等，常见羊角式的把手和陶杵等。彩陶仅见于钵形器，系在红陶钵的内壁绘以简单的线条组成的图案，有弧线纹、波状纹、卦形纹、斜方格纹、斜十字纹等（图一）。泥质陶的外表常施红衣，少数陶器有划纹、压印纹、锯齿纹、堆纹、乳钉纹等纹饰。

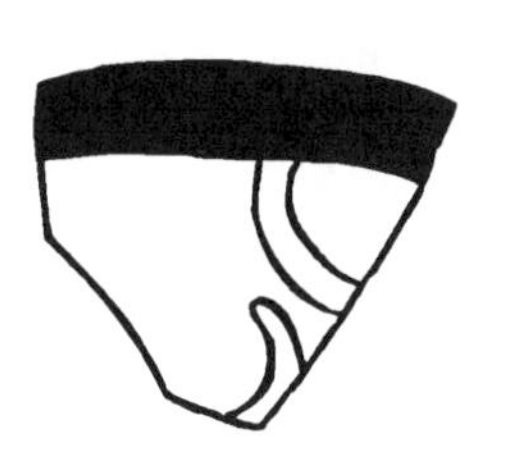

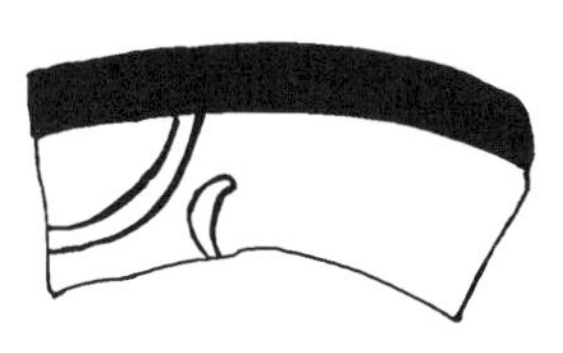

图一　彩陶片（青莲岗遗址出土）

居住遗迹仅在青莲岗遗址发现过成堆的草拌泥烧土块，一面平整，一面有芦苇秆的印痕，可能是住房墙壁的残迹[⑩]。

从二涧村和大村所发现的八座墓葬，可以看出青莲岗期墓葬的主要特点是：各墓均作单身仰卧伸肢葬，头向东，随葬品一般很少，如二涧村的七座墓，其中两座无随葬品，其余的多用一个大红陶钵覆盖在死者的头部，这是一种很奇异的葬俗，有的除陶钵外，还随葬个别的石斧、骨锥、陶鼎、陶盘等物[⑪]。

②刘林期

属于刘林期的遗址除邳县刘林外，还有大墩子（中层）、东小墩、东海萪湖等处。涟水的笪巷、杨庄、吴桂、三里墩等遗址采集的标本中，也有类似刘林期的遗物。刘林和大墩子都经过两次发掘，共发现这一时期的墓葬达四百座以上。

刘林期的陶器仍以夹砂红陶为主，占总数的50%以上，次为泥质黑陶和泥质红陶，夹砂灰陶和泥质灰陶数量很少，有少量的彩陶器。陶器制法以手制为主，有些泥质陶器造型较匀称，弦纹也较规整，可能是手制后又经慢轮修整的。器形以鼎最为常见，鼎身的形状有釜形、罐形、盆形、钵形之分，鼎足多为鸭嘴形，少数为圆锥形，足根多外突，地层中也有宽扁形足。罐形鼎的腹部多有一周压印的点状纹。其他富有特征的器形还有高圈足杯、三足觚形杯、浅盘小镂孔豆、粗红陶篮纹直口圜底缸等，无鬶而有一种带角状把手三足小口罐，可能是后来花厅期实足鬶的前身。刘林期的彩陶虽然为数不多，但却是很重要的发现。彩陶器大体上可以分为两类：一类是施白衣，绘红黑二彩，或施红衣，绘黑白二彩，即由三色组成（个别也有单绘黑彩的），彩绘主要用回旋钩连纹、弧形三角纹、圆点纹、直线纹、曲线纹及八角星等组成美丽繁缛的图案。这种彩绘多见于弇口钵和侈缘盆的腹部和唇缘部位；另一类是施红衣，加绘黑色直线和曲线组成的图案，这类彩陶器主要有鼎、小口罐、三足觚形杯和甑盖等。前者的器形和彩绘风格与中原庙底沟类型的仰韶文化彩陶极为相似，有的甚至可以说是完全相同，而后者一般都表现出浓厚的地方色彩（图二，1—3）。

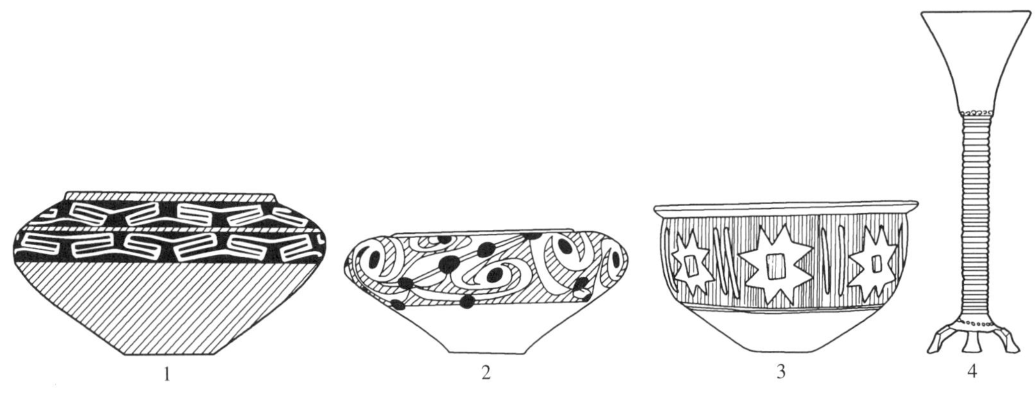

图二 刘林期彩陶

1、2. 彩陶钵（刘林遗址出土） 3. 彩陶盆（大墩子遗址出土） 4. 三足觚形杯（大墩子遗址出土）

刘林期本身如果细分，也还有早晚期之别。其早期更带有若干与青莲岗期相近的因素。使我们从遗物形制的变化上清楚地看到青莲岗期向刘林期逐渐演化的过程[12]。

居住遗迹迄今还未发现，但墓葬资料却较为丰富。刘林和大墩子两处清理的数百座墓葬，是很重要的发现。刘林期的人们一般均有比较集中的氏族葬地，而且在一个葬地上往往还可以分为几个墓群。葬法多为单人葬，也有少数成年男女合葬墓。葬式以仰身直肢葬为主，但也有少量较为特殊的葬式，如迁葬、仰身或侧身屈肢葬，盘臂盘腿葬、折头葬等。头向东或北偏东。随葬品一般较青莲岗期丰富得多，但存在多寡不一的现象，多的一墓可达五六十件之多，少的往往只有数件，有的一件也没有。随葬品除陶器外，还盛行用石、骨等生产工具或武器随葬。用带骨、角柄的獐牙勾形器和石、骨、鹿角制的环柄匕首随葬，是这一文化仅见的现象。少数男性墓还有用狗殉葬的习俗。

③花厅期

属于花厅期的遗址，除新沂花厅村外，还有邳县大墩子（上层）、赣榆苏青墩、泗洪菱角张、徐州南郊的曹庄（现属安徽萧县）等处。经过发掘的有花厅村和大墩子两处。

花厅村的陶器，从各种陶系的数量比例上看，与刘林期基本相同，也以夹砂红陶为主，次为泥质黑陶和泥质红陶，灰陶数量较少。陶器的造型与刘林相比较，有粗笨厚重之感，高把盖折腹凿形足的鼎、直缘深盘高圈足大镂孔豆、圈足觚形杯、背水壶、细颈球腹的实足鬶等，是花厅期具有代表性的器形。也发现少量的彩陶器，也有单彩和多彩的，但弇口钵和盆形的彩陶器已不见，常见的彩陶器有罐、小口罐、缸、背水壶、高足钵形鼎等。彩绘母题多为弧线三角纹、圆点纹、弦纹、弧线纹、勾连纹、网状纹、波形纹等，无论就造型上或彩绘风格上，一般均有强烈的地方色彩（图二，4；图三）。大墩子38号墓出土的一件绘有弦纹和三股曲线纹的长腹罐，在河南秦王寨仰韶晚期和庙底沟二期文化中均出过类似的器形；河南偃师苗湾采集过一片彩陶罐片，腹部绘多组三根并列的扭曲弧线纹，与上述陶罐的彩绘风格很相似[13]。这些都是值得注意的现象。

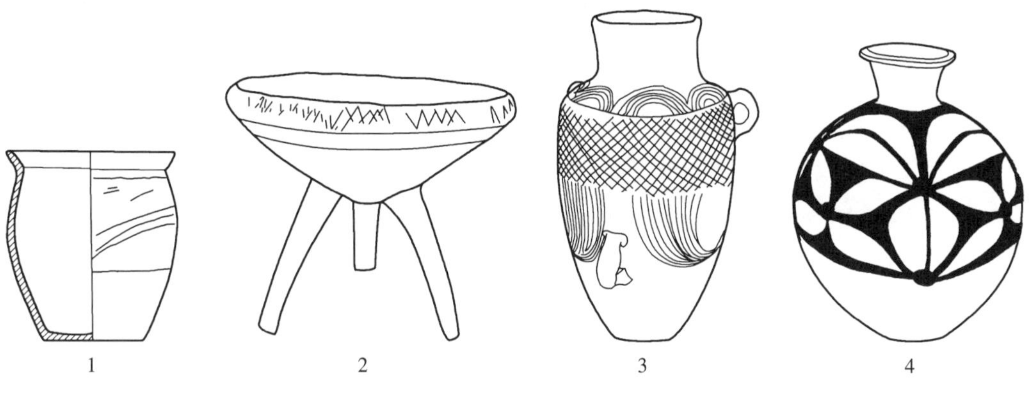

图三 大墩子遗址出土陶器

1. 罐 2. 高足钵形鼎 3. 背水壶 4. 小口罐

这一时期的居住遗迹虽未发现，但在大墩子遗址花厅期的墓葬里，却发现了几个陶制房屋模型。这些模型制作虽然粗糙，但却是极为珍贵的遗物，它使当时住房的立体形象呈现在我们的眼前。陶制房屋有方形和圆形两种。71号墓出土的陶房呈方形，攒尖顶，四周有檐，前有门，两侧有窗，后壁上部有孔，四壁及顶部的四个坡面均线刻出狗的形象（图四，1）；287号墓出土的陶房为圆形，亦为攒尖顶，有五道戗脊，四周亦有檐[14]。

花厅村和大墩子都清理了一批属于这一时期的墓葬。从葬俗上看，与刘林期基本相同，例如亦盛行单人葬，也有少数成年男女合葬墓；葬式多为仰身直肢葬，头均向东，男人也有用狗殉葬的习俗。除陶器外，也常随葬生产工具，獐牙勾形器和环柄匕首（图四，2）亦是常见的东西[15]。

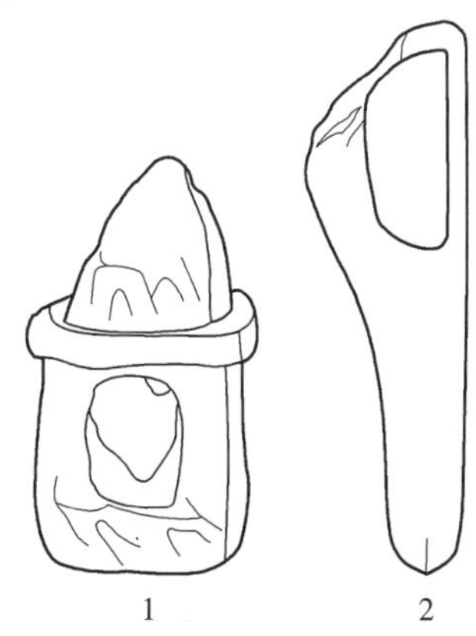

图四 大墩子遗址出土陶房子和环柄石匕首

1. 陶房子 2. 环柄石匕首

从青莲岗期到刘林、花厅期的陶器形制，可以看出其逐步演变的情况。如刘林的釜形鼎、钵形鼎，即应是由青莲岗期的陶釜和陶钵加上三足演变而成；青莲岗期的无镂孔豆，到刘林期的小镂孔豆，再到花厅期的大镂孔豆；刘林期的三足觚形杯和三足带把小口罐到花厅期的圈足觚形杯和实足鬶等，都可以看出器形演变的脉络。有些陶器如红陶钵、双鼻小口罐、无镂孔的豆，在青莲岗期和刘林期同见。而大墩子有些墓葬的随葬品同时具有刘林、花厅双重特征。从生产工具上看，三期都普遍使用扁平穿孔石斧、石锛以及用獐牙制成的工具等，比较缺乏石刀等工具。刘林和花厅期的墓葬，在大墩子遗址是葬在同一个墓地里，有相同的葬制，都有用狗殉葬的习俗，手部往往持有獐牙勾形器，随葬的玉石饰品也基本相同，等等。这些现象可以说明这三者是属于同一文化系统的不同时期的遗存。

山东大汶口等地发现的一批墓葬，和花厅刘林两期的遗存有很多相似之处。大汶口的资料是很丰富的，目前只发表了一个简报[16]。与之相类似的墓葬还有安邱景芝镇[17]、西夏侯[18]等处。从葬俗上看，如盛行单人仰身直肢葬，也有成年男女合葬墓，死者手中持獐牙，腰部或腿部置龟甲等，均基本与刘林、花厅村相同；但用猪头随葬的习俗却为刘林、花厅村所未见。大汶口的墓葬从随葬陶器上看，也应可分期，其中如深盘大镂孔豆，实足球腹鬶等，是花厅期常见的器物，在大汶口墓葬中可能是属于早期的。而那种大汶口、景芝镇、西夏侯等地同见的高裆或矮裆的袋足鬶，细长柄的典型黑陶杯等，到目前为止在江苏基本上还未发现过，可能是代表这一文化比花厅期还要晚的遗存。背水壶在花厅村和大汶口都是常见的器形，在大墩子花厅期墓葬中出土的这类器物，都是喇叭形口，长鼓腹，腹的横截面为圆形；另外在徐州高皇庙的龙山文化层中也发现过背水壶，形状为直口，腹部的一侧是平的[19]。大汶口有此类器形，应是属于晚期的（图五）。

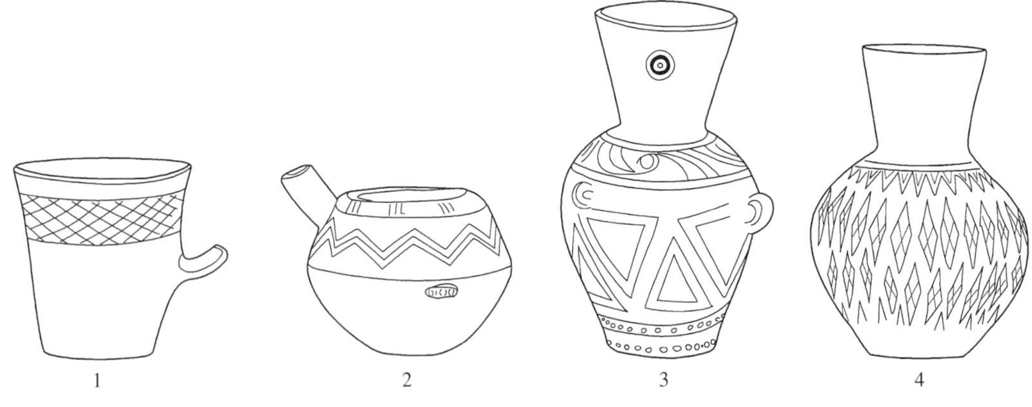

图五　山东宁阳大汶口堡头村遗址出土彩陶

1. 彩陶把杯　2. 彩陶盉　3. 彩陶背水壶　4. 彩陶壶

这样江北类型的青莲岗文化，目前我们已能把它分为四期，即第一期为青莲岗期，第二期为刘林期，第三期为花厅期，第四期为大汶口晚期或景芝镇期（图六）。

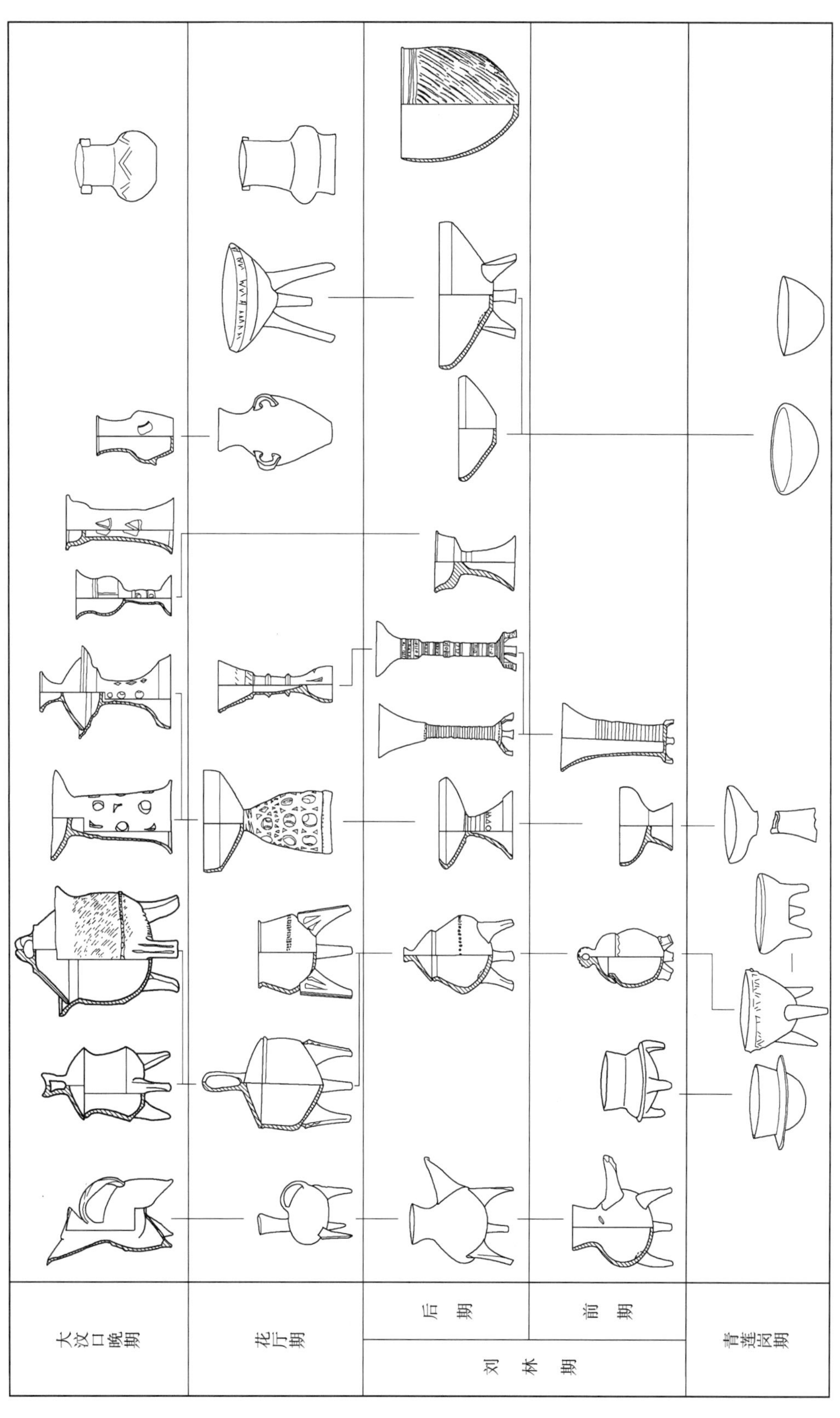

图六 器物分期图（一）

（二）江南类型

过去人们往往把苏南、浙北发现的一些遗址，如北阴阳营、崧泽、梅堰（下层）、马家浜等，都笼统称之为“青莲岗文化”。当时由于资料较为贫乏，无法做详细的比较研究工作，以致有这种笼统的名称，是可以理解的。近些年来的工作，已逐步使我们对于该地区“青莲岗文化”的面貌了解得更多了一些。目前已有一些同志指出苏南地区的青莲岗文化与苏北有所不同[20]。如说得更确切些，那就是二者既有不同点，又有相同点。由于有相同点，所以我们都可称它们为青莲岗文化；但又因为有其不同点，而这些不同点现在看来主要是由于地域上的原因造成的，所以我们又可以把它们分为两个类型。

江南类型的青莲岗文化，主要分布在苏南的宁镇地区和太湖沿岸，甚或可达浙北的杭嘉湖地区。其分布范围大体和良渚文化相一致。

这一类型的分期工作做得不够细致。在北阴阳营、太岗寺、崧泽、邱城、草鞋山、梅堰等遗址，都发现这一类型文化的早晚期地层叠压关系。根据这些叠压关系和对各遗址墓葬的面貌特征的比较研究，目前暂时可以把它分为三期，即马家浜期、北阴阳营期、崧泽期（均以这三处的墓葬为代表）。

①马家浜期

可以浙江嘉兴马家浜的30座墓葬为代表[21]。类似的遗存在苏南发现较为普遍，在北阴阳营（比墓葬更早的文化层和灰坑）、太岗寺（下层）、崧泽（下层）、邱城（下层）、梅堰（下层）、草鞋山（下层）、华山、圩墩村等处均有发现。在草鞋山、马家浜、邱城等处，都发现这一时期的居住遗迹；草鞋山下层和圩墩村也发现过一批属于这一时期的墓葬。这一类遗存在江南类型中应是最早期的。

这一期的陶器特征与江北类型青莲岗期有很多相似之处。如绝大多数为夹砂红陶和泥质红陶两个陶系，表面往往施红衣。制法均为手制。器形少鼎而多见腹部有箍的圜底釜，大口圆腹钵、无镂孔或圈足下部有极小镂孔的红陶豆等也很常见，发现的少数鼎足多为宽扁形，上部往往有捺窝或附加一道竖棱。无羊角式把手，而多牛鼻式耳的陶罐。彩陶迄今还未发现过。在这一时期墓葬中已开始出现琢磨精致的玉璜、玦等饰品。舌形扁平穿孔石斧是这一时期较具特征的遗物。

在马家浜发现一座长方形的居住遗迹，长7米，宽2.7—3米，周围有木柱洞，有的柱洞内还残留有朽木柱和洞底衬垫的木板。室内有硬土居住面，其上堆积有许多大烧土块，一面印有树枝或芦苇的痕迹，应是墙壁的残迹。类似的遗迹，在邱城下层和草鞋山下层都有发现。如邱城下层发现的硬土面上有两行整齐的方形柱洞，洞底铺上两层厚木板，上面再竖以直径约20厘米的木柱[22]。在草鞋山下层居住遗迹的柱洞内发现的垫板和木柱，木质保存得相当完好，木板上有清楚的锯割斫斲的加工痕迹。在居住面上毫无例外地都发现一面印有芦苇痕迹的成堆的烧土块，还发现芦席、篾席，用草绳缠绕的草束等（均已炭化），都应与房顶和墙壁的结构有关[23]。

在马家浜、圩墩村和草鞋山都发现这一时期的氏族公共葬地。葬地和居址分开，埋葬一般十分密集。葬法基本上为单人葬，在草鞋山下层和圩墩村还各发现一座两个女性的合葬墓[24]。马家浜还发现有木板葬具。头向绝大多数为北或东北向。葬式盛行俯身葬是这一时期的显著特点。如马家浜第4号探方内所发现的可以看出葬式的14具人架中，就有12具为俯身葬；圩墩村一个25平方米的小探方内即出25具人架，除个别屈肢葬外，均为俯身葬[25]。随葬品一般都很贫乏，如马家浜30座墓葬，总共才11件。生产工具如石斧、纺轮等，均置于人架的腰部，玉石玛瑙等饰件多置于头部，陶器一般无固定位置。在草鞋山等处发现有人的面部扣在红陶钵里的现象，这和苏北二涧村把陶钵覆在头部的现象有类似之处。

②北阴阳营期

以北阴阳营的下层墓葬为代表。过去曾认为北阴阳营下层墓葬和文化层、灰坑等是同一时期的遗存。它们之间面貌上的差别被认为是日用器皿和随葬器物之间的差别。但是随着马家浜、圩墩村和草鞋山下层墓葬的发现，使我们纠正了上述看法。这些墓葬出土的遗物与北阴阳营下层文化层出土的遗物基本相同，而与北阴阳营的墓葬出土物有很大的差异。另外从地层上看，北阴阳营下层的文化层和灰坑又往往叠压在墓葬之下或被其打破。这样北阴阳营的墓葬所代表的遗存，在相对年代上就应该晚于马家浜期，所以我们暂时把它叫做“北阴阳营期”[26]。与北阴阳营期相类似的还有太岗寺下层墓葬[27]。

北阴阳营前后经过四次发掘，清理墓葬达276座。陶器的主要特点仍是以夹砂红陶和泥质红陶为主，泥质灰陶和黑陶较少。陶器的种类和形制，比马家浜期要繁杂得多。三足器和圈足器最为常见，平底器和圜底器较少。表皮处理以素面为主，纹饰有弦纹、划纹、压印纹、堆纹等，不少泥质红陶表面施加红衣。彩陶器较常见，北阴阳营墓葬出土36件彩陶器，占全部497件陶器的7%多。陶器的器形主要有鼎、豆、罐、壶、钵、盆、盘、碗、盉、尊、杯等。不见釜和鬶。不少器物附有把、鋬、耳、嘴，有些器物的鋬与马家浜期的牛鼻式器耳的形状相近似。各器的形制也很复杂，仅鼎足就有圆柱形、圆锥形、宽扁形、凿形、三角形等不同形状。陶豆圈足多加圆形和三角形小镂孔和凸弦纹，陶碗往往都加矮圈足。彩陶多见于钵、碗等器，鼎、壶等也有绘彩的。彩绘方法大都先施一层橙色或白色的陶衣，然后在器物的口部、腹部或圈足等部位绘红彩或黑彩。彩绘母题多为宽带纹，也有少数菱形等几何形纹样。在折腹陶钵的内壁往往有网状纹、“×”字纹等单色图案（图七）。

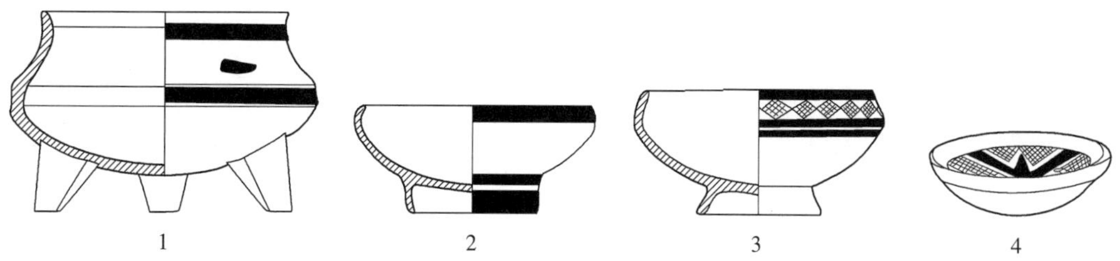

图七　北阴阳营遗址出土彩陶

1. 彩陶鼎　2、3. 彩陶碗　4. 彩陶钵

石器最常见的有穿孔石斧、石锛等器，而缺乏收割用的石刀（两柄七孔石刀应非收割工具）。穿孔石斧也全为宽和窄的舌形。用玉石玛瑙等制作的璜、玦、管、珠、环、坠等饰品，发现数量很多。这些都是这一时期的特点。

北阴阳营的葬地多集中在西部，在东部也散见一些墓葬。东西两区墓葬的出土遗物的面貌似有一些差异，如西区的鼎多为弇颈折腹，东区的多为短侈缘球腹；盉形器西区多为圆锥形足，东区则多为扁三角形足；西区罐多平底球腹；东区罐往往有矮圈足腹部有折棱；圈足碗和彩陶器仅见于西区而东区绝无发现，这两区墓葬在时间上可能有早晚的差别，由于东区的器形较近于下面要谈的崧泽期的器形，因此可能较西区晚一些，但缺乏地层上的根据。

从葬俗上看，北阴阳营276座墓葬，均为单人葬，绝大多数头向东北，这和马家浜期的墓葬很相似。在葬式上绝大多数为仰身直肢葬，屈肢葬和俯身葬只是个别现象，少数墓葬骨骼零乱，有的成堆放置，似系二次葬。这些特点又与马家浜期有所不同。随葬品的种类和数量较马家浜期显著增多。随葬生产工具和玉饰的现象很普遍，有的一墓随葬很多，如145号墓就随葬石斧、石锛达20件，74号墓随葬玉璜、玦、管、坠等达32件，都是较突出的例子。

③崧泽期

这一期的遗存可以崧泽、邱城、越城和草鞋山（中层）的墓葬为代表。它们普遍叠压在马家浜期的文化层或墓葬层之上，因此在相对年代上要晚于马家浜期已毫无疑问。问题在于北阴阳营期在地层上也压在马家浜期地层之上，那么崧泽期和北阴阳营期之间又是什么关系？显然二者在文化面貌上是有差异的，存在这种差异的原因有两种可能，一是地域上的原因，一是年代先后上的原因。我们的意见倾向后者，理由将在下面述及。

从崧泽等地墓葬出土遗物看，陶器方面的夹砂陶仍均为红（褐）色，而泥质陶却以灰陶和黑陶的数量较多，红陶见少，且胎表色泽一致，无加色衣的现象。有附加堆纹、弦纹、压划纹和绳纹等纹饰，有少量的篮纹，它和方格纹常见于夹砂陶器上面。豆把上的镂孔有圆形、三角形、长方形等。没有发现彩陶器，崧泽中层出土的一片彩陶片可能是稍早的东西。陶器器形主要有鼎、罐、壶、豆、盆、盘、杯、缸等，以鼎、罐、壶、豆为最多。同北阴阳营墓葬出土物相比，虽然在器类上大体相仿，但形制上有所不同，并且缺乏北阴阳营常见的鋬、把、耳、嘴之类的附加物。玉石玛瑙等饰件在崧泽期已很少见，如崧泽的51座墓，仅见石璜一件，玉璜二件，不见玦、管、环、坠等饰品。邱城没有发现玉器。生产工具中穿孔石斧和石锛亦为常见之物，但穿孔石斧平面多近长方形，仅刃部作弧形凸出，与马家浜和北阴阳营那种舌形斧的形制有别，而与良渚文化常见的长方形扁平穿孔石斧形状相近，后者有的还有窄肩。值得指出的是邱城墓葬里还发现过石犁（？）和有柄石刀各一件，我们觉得它和良渚文化已较接近[28]。

从墓葬上看，崧泽期的墓葬也均为单人葬，但多数头向东南，这和马家浜和北阴阳营期头向北和东北的情况正相反。葬式绝大多数为仰身直肢葬，在崧泽二次葬只发现一例。随葬品一般也不丰盛，多数在2—7件之间，个别多的也只有17件。有随葬生产工具的现象，但不如北阴阳营那么普遍。

有同志根据崧泽的丛葬区南北两个墓群出土陶器的对比，归纳出“北部以罐形鼎、细把高柄豆、折腹棱罐为其主要特征；伴出石器的墓葬较多。南部以盆形鼎、肥短粗把豆，球腹罐为其主要特征；伴出石器的墓葬较少，件数也不多”等现象，认为“可能北部的墓群在时间上要比南部早一些”[29]，缺陷是这个分期也缺乏地层依据，在江南地区是否有普遍意义，尚待今后的工作来证实。

把马家浜、北阴阳营、崧泽三期相比较，就可以发现北阴阳营期与马家浜期较为接近；而崧泽期与之就有较大的距离。如从葬制上看，马家浜期和北阴阳营期头多为东北向，而崧泽期的头多东南向；马家浜期以俯身葬为主，北阴阳营期有个别俯身葬，而崧泽期却没有俯身葬；生产工具中的穿孔石斧，马家浜和北阴阳营期多为舌形斧，而崧泽期则多为方形弧刃斧；玉璜、玦、坠等饰品，在马家浜期即已出现，北阴阳营期和崧泽期出土的数量很多。从陶器方面看，马家浜期的泥质陶基本上均为红陶，表面多施红衣，北阴阳营期泥质红陶数量仍较多，也有红衣，黑灰陶已有了一定的数量，而崧泽期的泥质陶却是灰陶和黑陶较多，红陶反见少，且不加色衣。从器形上看，北阴阳营期有少数红陶钵，无镂孔圈足豆、双鼻小口罐等，与马家浜期相类似，而长颈鼓腹壶、折腹棱罐等却又与崧泽期相近。崧泽期中不少器形已开始具有良渚文化的某些特点。根据上面的比较，可以看出这三者相对年代的顺序是，马家浜期最早，北阴阳营期次之，崧泽期最晚（图八）。

二 相对年代和绝对年代

（一）江北类型和江南类型的对应年代关系

如前所述，青莲岗文化江北和江南两个类型之间，既有不同之点，又有相同之处。根据彼此间某些相同之处，可以比较出彼此间对应的年代关系。

江北的青莲岗期和江南的马家浜期，出土陶器普遍以夹砂红陶和泥质红陶为主，表面上多施红衣。不少器形如釜、钵、豆等，形制特征基本相同，说明它们是同时期的遗存。它们之间也有不同点，如江北的青莲岗期常见的内壁绘彩的陶钵，羊角式的把手等，在江南马家浜期就基本不见；而江南马家浜期的牛鼻式双耳罐等，又为江北青莲岗期所不见。鼎足青莲岗期多圆锥形的，马家浜期多宽扁形的。这些似都应看成是地域上的差别。

江南的北阴阳营期发现了不少彩陶器，一类是内壁绘彩的折腹钵，彩绘方法与江北的青莲岗期相似，但器形不同；另一类是在外壁先挂色衣再绘彩的陶器，彩绘方法与江北刘林期同，但纹样和器形也不相同。北阴阳营和太岗寺等处所出的三足带把罐、

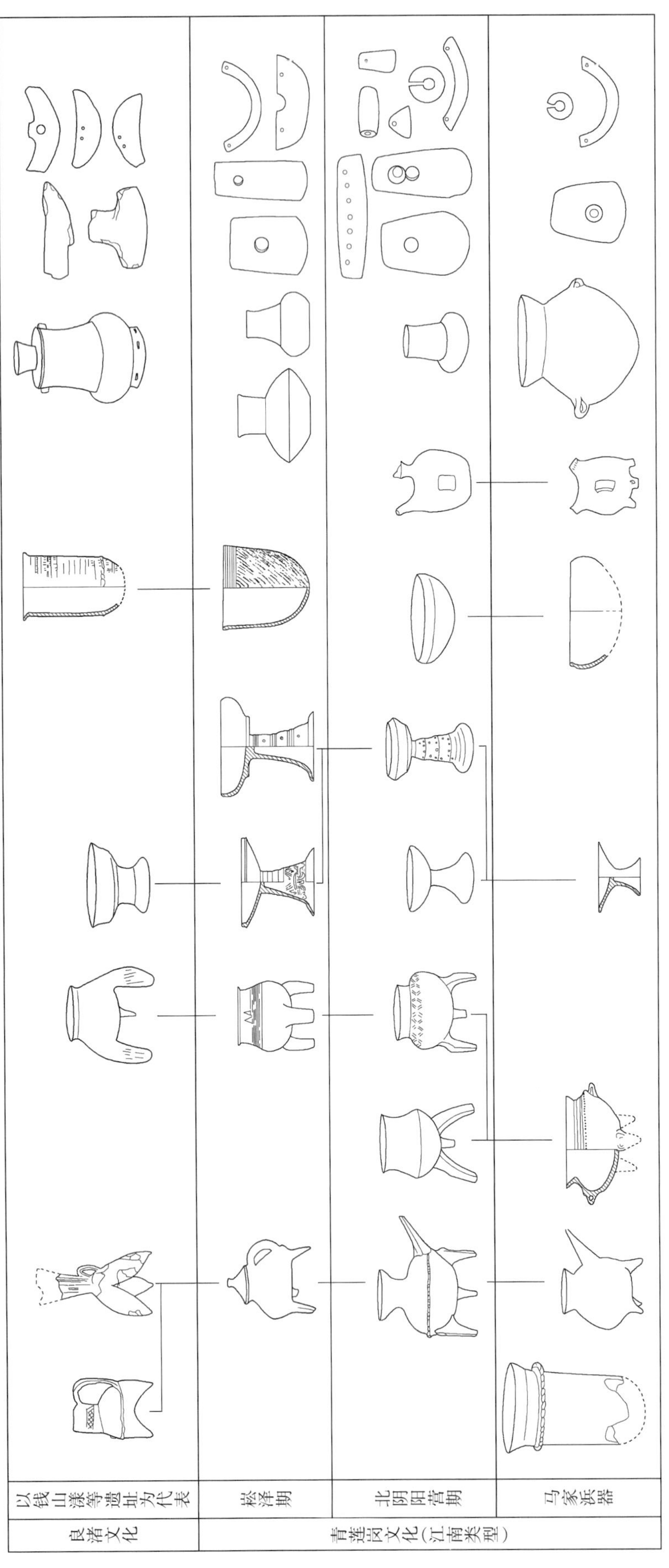

图八　器物分期图（二）

双鼻小口罐等，与江北刘林期所出同类器形制基本一致。圈足有三角形和圆形小镂孔豆，有的豆盘下有一周垂棱，与刘林期的特点相似；北阴阳营陶鼎的造型有不少也与江北刘林期的相类似。初步推测北阴阳营期的年代主要应与江北刘林期的早期相当，北阴阳营葬地东部少数墓葬可能相当于江北刘林期的晚期。

江南崧泽期也出土过与江北刘林期相类似的遗物，如也有圈足上有圆形和三角形小镂孔、腹下有垂棱的豆。在草鞋山中层墓葬还出土有粗红陶篮纹大陶缸，口缘部有弦纹数道，与江北的刘林期晚期所出的同类器形制上完全相同。另外崧泽期有些器物的特点也大体和江北的花厅期相近似，如崧泽出土的某些长颈壶，越城出土的贯耳壶等，都与花厅村出土的同类器相仿。崧泽期陶豆圈足的镂孔也开始复杂化，有的镂孔也似仿竹器编织的花纹，豆盘也流行宽直缘，这也与花厅期陶豆有相似之处。在崧泽、草鞋山还发现一种三实足有鋬的小口罐形器，与花厅期的实足鬶亦有近似之处。我们初步认为江南崧泽期的年代大约相当于江北刘林期的晚期到花厅期这一阶段。

（二）与其他有关文化的相对年代关系

江苏地区新石器时代除青莲岗文化外，还有龙山文化和良渚文化的遗存，前者主要分布在苏北，属“典型的龙山文化”，后者主要分布在苏南。青莲岗文化和这两种文化的关系，也是长期以来人们探索的问题之一。

对于这个问题，也有一个认识过程。青莲岗遗址发现之初，曾认为其年代“下限应在汉代兴起之前，……上限应在龙山文化兴起之后”[30]。1958 年发表的北阴阳营报告认为青莲岗文化接受到龙山文化和仰韶文化的影响，是“属于新石器时代晚期的”[31]。有的文章认为青莲岗、花厅村等遗址“可能早于南方的台形遗址（按：指湖熟文化），而晚于山东龙山文化”[32]。有的文章又认为：“青莲岗文化和良渚文化是江浙境内平行发展而又密切相关的新石器时代晚期文化。”[33]要之，在 1960 年以前，认为青莲岗文化晚于龙山文化的看法是比较普遍的。

1960 年以后，分别在二涧村和安徽滁县朱勤大山，发现龙山文化叠压在青莲岗文化（青莲岗期）之上的地层关系。说明了江北的青莲岗文化不是晚于龙山文化，而是早于龙山文化。另外，从某些陶器的演变上，如陶鬶，从刘林期的三足带把罐（可视为鬶的雏形），花厅期的实足鬶，到大汶口晚期和景芝镇的袋足鬶，直到龙山型的陶鬶，形制发展演变的脉络是很清楚的。再如背水壶花厅期的多为侈口，横截面为圆形的长鼓腹；大汶口晚期西夏侯有一种直口一面扁平的背水壶和徐州高皇庙龙山文化的背水壶相同等，都可以看出龙山文化显然要晚于青莲岗文化各期的迹象。

江南类型的青莲岗文化，从北阴阳营、太岗寺、梅堰、越城和最近发掘的草鞋山等遗址看，它们在地层上都是压在良渚文化层之下，或被良渚文化的灰坑所打破。例如北阴阳营有一个良渚文化的灰坑，坑口压在湖熟文化层之下，并打破了青莲岗文化层；草鞋山的地层关系是，良渚文化层在最上，中层为崧泽期的墓葬层，下层为马家浜期的墓葬层和建筑遗迹。这些现象证明了江南类型的青莲岗文化是早于良渚文化的一种遗存[34]。

上一节在论述江北江南两个类型的对应年代关系时，还没有提到与山东大汶口晚期和景芝镇的年代相对应的江南一带的有关文化遗存。我们以为像吴兴钱山漾下层那样一类遗存的年代，应该与之相当[35]。这类遗存一般称之为“良渚文化”。前述北阴阳营2号灰坑出土遗物的面貌与之类似，灰坑内出土陶鬶3件，陶缸、陶盆、石镞、石饰件各一件。其中有两件高袋足长颈陶鬶和一件侈缘腹部一周凸棱的陶缸，与钱山漾出土的完全一样，而另一件朱红色的肥袋足矮裆细颈鬶，在大汶口、西夏侯均有与之相类似的器形[36]。在太岗寺压在青莲岗文化墓葬之上的良渚文化地层内，也出土有长颈和短颈的高裆瘦袋足鬶等器物[37]。上述现象一方面说明与钱山漾相同的良渚文化遗存，分布范围已达宁镇一带；另一方面具有钱山漾特点的陶鬶和具有大汶口晚期特征的陶鬶同出在一个灰坑内，说明二者在年代上也是相当的。附带提一下，以钱山漾为代表的“良渚文化”，可能是代表这一文化较早的遗存。

有这样一个问题，既然江苏的新石器时代较早的遗存，无论苏北苏南都称为“青莲岗文化”，仅将其分为两个类型，而到了后来为什么又各自演变发展为龙山和良渚这两支文化呢？其实对于古代文化的某一共同体，称为不同的文化或同一文化的不同类型，以往并没有一个什么统一的标准。例如现在所称的龙山文化就可以分成山东龙山文化（典型龙山文化）、河南龙山文化、陕西龙山文化几支。而如果我们拿陕西龙山文化同山东龙山文化相比较，就会发现二者在文化面貌上存在着很大的差异。反之如果把山东龙山文化与良渚相比较，就反而会觉得二者有更多的相似之处。夏鼐曾说过：“钱山漾、良渚、老和山、进贤下层，似乎是属同一文化。……就中如扁平有孔石斧、半月形有孔石刀、扁棱式石箭头，都使我们联想到山东龙山文化；陶器方面，有大量的泥质黑陶，器形为圈足，除鼎、鬲（？）之外，有壶、豆、簋、盆、皿、罐、杯、杯顶式器盖等，钱山漾还有陶簋，纹饰有弦纹镂孔，这也表示和龙山文化接近”[38]。因此过去也有人称其为“浙江龙山文化”，当然我们并不是一定主张要恢复这一名称。但需指出山东龙山文化和良渚文化有相同和不同之处，和青莲岗文化江北江南两个类型存在着相同和不同之处在性质上应该是一样的。目前提法上的不统一应认为是暂时现象，以后似应统一起来，或者把苏北苏南两个类型的青莲岗文化分别订为不同的文化；或者把良渚也归入到龙山文化的一个类型，例如叫“江浙龙山文化”。这里仅作为一个问题提出来，供大家讨论。

（三）绝对年代

过去由于一般把青莲岗文化的相对年代放在龙山文化之后或同时，因此在对其绝对年代的估计上也是偏晚的。甚至有人估计它的绝对年代“相当于中原商周之际，即公元前2100—前1400年左右”[39]。发现二涧村遗址龙山文化和青莲岗文化的地层叠压关系之后，已有人推测青莲岗文化的上限估在大致距今五千年以上，下限则在四千年以上[40]。

近来中国科学院考古研究所公布了放射性碳素测定年代的第二批数据[41]，其中测定青浦崧泽层出土的木头年代为距今 5360 ± 105 年。最近考古研究所又为南京博物院测定了邳县大墩子下层出土的木炭，其绝对年代为距今 5800 ± 105 年。由于测定的数据很少，同时也考虑到这两期本身各自也有早晚的差别，因此，尚不能据以肯定江北青莲岗期要早于江南马家浜期。但基本可以肯定的是，这两期的年代都要早于中原仰韶文化庙底沟类型，甚或与半坡类型同时。5360 ± 105 年和 5800 ± 105 年这两个年代数据的差距，可暂认为是它们绝对年代所跨的幅度。

在所发表的放射性碳素测定年代的第二批数据中，浙江钱山漾第四层炭化稻谷的年代为距今 4715 ± 100 年。钱山漾第四层即使被认为是良渚文化早期，其绝对年代亦似嫌早了一些。在江南青莲岗文化马家浜期到良渚文化之间，还间隔有北阴阳营和崧泽两期。在五六百年的时间内，不可能在文化面貌上有这么几次较大的变化。现有同志提出："由于钱山漾遗物的性质相当复杂，是否都属于同一时期似乎还有进一步考虑的余地。"[42]根据原发掘报告钱山漾第四层部分在潜水面以下，因此我们也怀疑所提供测定的稻谷可能属于更早一些的遗存。前节已比较过钱山漾的良渚文化遗存的年代大约与山东大汶口晚期或景芝镇相当，而这一时期我们推测可能与中原的庙底沟二期文化的年代相当。庙底沟二期测定的木炭年代为距今 4275 ± 95 年，可能以钱山漾为代表的早期良渚文化和山东大汶口晚期、景芝镇、西夏侯的年代，应与之相去不远。

如以这两个年代为依据，那么青莲岗文化江北类型的刘林、花厅两期和江南类型的北阴阳营、两期崧泽的绝对年代，就应介于距今 5800 到 4275 年之间了。

过去我们认为江淮一带的新石器时代文化，总是要晚于和落后于中原地区很多。现在看来，至少在相当于中原仰韶文化庙底沟类型时期，我们的祖先已劳动生息在这一地区，和黄河流域一样，这一带也是孕育着中国古代文化的摇篮。

三　经济生活和社会组织形态

根据考古所发现的遗迹、遗物来复原古代社会，本来就有一定的局限性，加以目前我们对青莲岗文化的研究，还只是刚刚开始，积累的资料还不够丰富，所以现在来谈这个题目，还很难合乎理想。

（一）经济生活

青莲岗文化遗址，一般都有较厚的文化堆积层，如大墩子的文化层有厚达 5 米多的，草鞋山的青莲岗文化的地层也厚达 6 米左右，说明当时人们已过着相当安定的定居生活。

大量的农业生产工具和式样繁多的陶制生活用具，反映了原始农业在整个经济生活中占据了重要的地位。较常使用的农业生产工具有：砍伐用的石斧、石锛，翻土用的石铲，收割用的石刀、獐牙勾形器，加工谷物的石磨盘、石磨棒等。在崧泽和草鞋山下层都发现过炭化稻粒，崧泽的稻粒经鉴定为籼稻。水稻应是当时主要的农作物。

饲养牲畜是当时一项辅助性的生产，这与农业提供饲料来源是分不开的。饲养对象主要是猪、狗、羊、牛等。刘林第二次发掘，在文化层内即出猪牙床171件，牛牙床及牛牙30件，狗牙床12件，羊牙床8件。在一条灰沟中即集中放置了20个猪牙床。北阴阳营有用猪牙床随葬的现象。梅堰的青莲岗文化层曾发现过多量的水牛骨骼，可能这时江南已经饲养水牛了。

渔猎和采集也是一项辅助性生产活动。捕鱼在当时相当普遍，常见的捕鱼工具有骨鱼镖、陶网坠等。从遗址发现的残骨骸看，鱼、鳖、龟、蚌等，都是捕捞的对象。骨角石制的镖枪、箭头等，均应与狩猎有关，鹿、獐、野猪、野兔等，都是常被人们猎获的动物。

手工业在社会经济中尚处于依附地位。从出土的各种陶骨石玉制作的生产工具和生活用具，以及纺织品、编织品、房屋的木构件等观察和分析，大体上可以窥见当时手工业制作技术之一斑。

石制和陶制的纺轮发现很多，当时应已掌握了用纤维捻线的技术。骨针也经常发现，有的直径和针鼻都很细小，说明当时已能缝制简陋的衣服。最近在草鞋山下层马家浜期的建筑遗迹内，发现了几片麻布残片，是我国纺织史上的重要资料。在这里还发现有篾席和芦席，都采用的是“人”字形编织法，篾席的竹篾劈得细而匀，编织得很整齐，说明当时这方面的技术已很熟练[43]。

制陶方面早期均为手制，后期出现了手制轮修和少量的轮制陶器。说明制陶技术是逐渐在发展的。器物制作既讲求实用，也注意到造型上的美观。如苏北花厅期仿编竹大镂孔圈足豆，相当美观大方，雕镂技术的要求是很高的。彩陶器十分突出地表现在陶器上绘彩的工艺，彩绘的纹饰美丽而工整，堪与仰韶文化的彩陶相媲美，而采用红、黑、白等各种颜料绘彩的技法，则似乎比仰韶文化又有所发展。

骨角器在当时使用较普遍，大墩子、梅堰等遗址，出土的骨角器数量都很多，都是利用兽骨和鹿角制成。制作的过程是先根据所欲制的器物的用途和形状选料、裁料，然后再加工刮磨。骨角器的种类有锤、匕首、鱼镖、枪头、镞、锥、凿、针、柶、钏、管、珠等，有武器和生产工具，也有生活用具和装饰品。獐牙勾形器是用骨（或角）柄和二根獐獠牙制成的复合工具。

磨制石器的制造技术已相当熟练，对岩石的性能也有所了解。例如制造砍劈用的石斧多采用硬度较高的闪长岩、辉长岩、玄武岩、片麻岩等岩石，一般工具往往用硬度稍低的页岩、角岩、砂岩、云母片岩等制成。每一件成品都要经过打制、修整和磨光几道工序，有的表面打磨得十分光亮，可能是用皮革打磨的。有孔石斧和石铲的孔，多采用管钻法，在地层中往往发现钻孔遗留下来的石蕊。用玉石玛瑙制作璜、玦、环、镯、坠、管、珠等装饰品，在青莲岗文化两个类型都有发现。江南的早期青莲岗文化马家浜、圩墩村、草鞋山下层等处即已出现了玉璜、玉玦等饰品，数量较少，但制作已很精致；在北阴阳营各种精美的玉石玛瑙饰品更是大量发现。江北花厅村墓葬出土的玉饰件也很多，但质地似稍差。大墩子曾出土一件有孔玉斧，也很精美。玉和玛瑙的硬度很高，在当时的技术条件下，能对这样硬的物质进行切制、琢磨和钻孔，是非常不易的。目前所知，江苏不产玉，制作玉器的原料有人推测可能来自邻近的浙江、安徽等地，尚待证实。青莲岗文化，特别是江南类型的青莲岗文化所发现的玉器，应是我国迄今所发现的最早的玉器。

马家浜、邱城和草鞋山下层，均在建筑遗迹内发现木柱和木板，其中木板两端截割得很整齐，正反两面和两个侧面都很平整，当时利用简单的石制工具竟然加工出如此规整的木板，也确实使人感到惊诧。

（二）社会组织形态

对这方面的认识还很不够，从已发现的资料看，江北和江南两个类型在社会发展阶段上，可能有些不平衡。

江北类型青莲岗期关于这方面的资料较少，二涧村发现 7 座墓葬，其中 2 座无随葬品，其余 5 座随葬品也很少，多用一个红陶钵盖在头部，有的还有一件石斧和陶鼎。江南类型的马家浜期，在马家浜、草鞋山下层、圩墩村都发现了墓葬群，但均因发掘面积不大，对其分布情况缺乏了解。与江北类型青莲岗期相同，江南类型马家浜期墓葬的随葬品也十分贫乏。如马家浜 30 座墓葬中，只有 6 座有随葬品，总共才 11 件，其中穿孔石斧 1 件、陶豆 2 件、陶罐 4 件、陶盆 1 件、纺轮 1 件、玉玦 2 件，一般一墓仅 1 至 2 件，最多的一墓 3 件。说明当时可能还不存在财富私有观念。草鞋山下层和圩墩村还各发现一座两个青年女性的合葬墓[44]。类似的同性合葬墓在西安半坡仰韶文化遗址也发现过。因此我们推测，江北青莲岗期和江南的马家浜期，可能还处于母系氏族社会阶段。

再看看江北类型青莲岗期以后各期的情况。刘林、花厅村和大墩子遗址的发掘，都提供了一些值得注意的资料。在刘林、花厅两期的墓葬中，都存在着随葬品多寡不匀的现象，多的达五、六十件，有的还用狗殉葬，少的只一、二件，甚或没有随葬品。可能财富私有观念已经出现，并开始了初步的贫富分化。到了大汶口晚期，这种分化更加明显，在大汶口清理过 120 余座大小型墓葬，其中有随葬品极少甚至没有随葬品的小型墓；也有带有木椁葬具、随葬品达 160 余件的大型墓，而且有些随葬品异常精致。大汶口还盛行用似乎是象征财富的猪头殉葬，多者达 14 个，一般 3—5 个，最少的也有 1 个[45]。但另一方面，从刘林、大墩子、花厅村和大汶口等各地的墓葬看，尽管死者的随葬品有多寡之别，墓穴有大小之别，但他们又葬在同一氏族公共的葬地上，而且随葬生活用具丰富的墓葬，也往往同时随葬有多量的生产工具，甚至到大汶口晚期也是如此。如大汶口25号大型墓除生活用具等外，还出土有6件石铲[46]。可见在当时的氏族社会中，尽管出现了比较富有的成员，但他们和一般氏族成员一样，都处于平等地位，而且也要参加氏族内各种生产劳动。同时根据上述材料，还可以推测江北类型，自刘林期开始，应已进入了父系氏族阶段。这个推断还可以从葬俗上得到证明。如刘林遗址两次发掘共发现了8座两人合葬墓，经过鉴定均为成年男女合葬；大墩子第二次发掘也发现两座成年男女合葬墓，这种合葬墓在大汶口也发现过。在氏族社会中，兄妹是不允许合葬的，因此一般都认为这样的合葬墓应是夫妻合葬。在母系氏族社会中，实行对偶婚制，男女双方分属不同氏族，男方死后要归葬到本氏族去，因此夫妻合葬墓的发现，只可能解释为当时父系氏族制度和一夫一妻婚姻制度已经确立。

墓葬的分布在一定程度上也可以反映出当时的社会组织形式。如刘林遗址整个墓地可以分为几个墓群，而且人架排列有序。如果把整个墓地视为氏族公共葬地、那么一个个的墓群则可能是血缘关系更为密切的父系大家族的墓地。这一推测是否妥当，尚待进一步探索。

江南类型的北阴阳营和崧泽期，关于这方面的资料就更感缺乏。北阴阳营276座墓葬中，绝大多数为单人仰身直肢葬，屈肢葬和俯身葬只是个别现象，二次葬却发现20座，但因肢骨零乱破碎，很难鉴别出男女性别，很难与元君庙仰韶文化的二次葬相比较。从随葬品看一般无悬殊差别，但也有少数墓有厚葬现象。如57号墓随葬品35件，其中玉璜、玦、管、环、坠、花石子等饰品20件，石纺轮2件，各种陶器13件；74号墓随葬品40件，其中玉璜、玦、管、坠等饰品32件，各种陶器8件[47]。这两座墓均随葬有较多的饰品，特别是57号墓还有纺轮，应系女性墓葬。在西安半坡仰韶文化墓葬中，也有对女性实行厚葬的情况。因此北阴阳营期，可能仍处于母系氏族社会的末期。崧泽期的资料更为缺乏，从草鞋山中层墓葬一般男性墓的随葬品要多于女性墓的情况看，可能已进入父系氏族社会了[48]。

以上是我们根据新中国成立后二十几年来，江苏和邻省各地发现的一些资料，对青莲岗文化的几个问题，提出一些初步看法，其中错误一定不少，请同志们批评指正。

注释

①《淮安青莲岗新石器时代遗址调查报告》，《考古学报》1955年第9期。

②《江苏淮安青莲岗古遗址古墓葬清理简报》，《考古通讯》1958年第10期。

③《新沂花厅村新石器时代遗址概况》，《文物参考资料》1956年第7期。

④《南京市北阴阳营第一、二次的发掘》，《考古学报》1958年第1期。

⑤《江苏邳县刘林新石器时代遗址第一次发掘》，《考古学报》1961年第1期。

⑥《古代江苏历史上的两个问题》，《江海学刊》1961年第12期。

⑦《从发现的文物中谈华东区古文化概况》，《文物参考资料》1954年第4期。

⑧《关于江苏的原始文化遗址》，《考古学报》1959年第4期。

⑨《江苏邳县四户镇大墩子遗址探掘报告》,《考古学报》1964 年第 2 期。

⑩ 同①。

⑪《江苏连云港市二涧村遗址第二次发掘》,《考古》1962 年第 3 期。

⑫《江苏邳县刘林新石器时代遗址第二次发掘》,《考古学报》1965 年第 2 期。

⑬《伊河下游新石器遗址的调查》,《考古》1964 年第 1 期。

⑭ 邳县大墩子第二次发掘资料,未发表。

⑮ 同上。

⑯《山东宁阳县堡头遗址清理简报》,《文物》1959 年第 10 期。

⑰《山东安邱景芝镇新石器时代墓葬发掘》,《考古学报》1959 年第 4 期。

⑱《山东曲阜西夏侯遗址第一次发掘报告》,《考古学报》1964 年第 2 期。

⑲《徐州高皇庙遗址清理报告》,《考古学报》1958 年第 4 期。

⑳《略论我国新石器时代文化的年代问题》,《考古》1972 年第 6 期。

㉑《浙江嘉兴马家浜新石器时代遗址的发掘》,《考古》1961 年第 7 期。

㉒《浙江吴兴邱城遗址发掘简介》,《考古》1959 年第 9 期。

㉓ 南京博物院草鞋山遗址发掘资料,未发表。

㉔ 南京博物院草鞋山遗址发掘资料和常州市博物馆圩墩村试掘资料,未发表。

㉕ 常州市博物馆圩墩村试掘资料,未发表。

㉖ 北阴阳营遗址经过四次发掘,其中第一、二次发掘,发表过简略的报告(《南京市北阴阳营第一、二次的发掘》,《考古学报》1958 年第 1 期),这里引用的是各次发掘的资料。

㉗《南京西善桥太岗寺遗址发掘》,《考古》1962 年第 3 期。

㉘《浙江吴兴邱城遗址发掘简介》,《考古》1959 年第 9 期;《南京西善桥太岗寺遗址发掘》,《考古》1962 年第 3 期。

㉙《上海市青浦县崧泽遗址的试掘》,《考古学报》1962 年第 2 期;《关于崧泽墓群分期的一点看法》,《考古》1964 年第 6 期。

㉚ 同①。

㉛ 同④。

㉜《南京博物院十年来的考古工作》,《考古》1959 年第 4 期。

㉝ 同⑧。

㉞ 北阴阳营和草鞋山部分系引用南京博物院资料。

㉟《吴兴钱山漾遗址第一、二次发掘报告》,《考古学报》1960 年第 2 期。

㊱《古代江苏历史上的两个问题》插图五之 18。

㊲在《南京西善桥太岗寺遗址发掘》和《古代江苏历史上的两个问题》等文中发表的球腹实足长颈陶鬶,下部的球腹和实足是修复人员根据花厅村陶鬶的形制生造出来的。而实际上在同一地层中(属良渚文化层)出土这类陶鬶的足,都为细长的高裆

袋足；北阴阳营2号灰坑（良渚文化灰坑）也出土了可以复原的这种袋足长颈鬶，亦可证其谬误。另外钱山漾报告中发表的“牛角形陶器”，应为此种鬶的口颈部。

㊳《浙江文物图录》序言。

㊴ 同⑧。

㊵ 同⑥。

㊶《放射性碳素测定报告（二）》，《考古》1972年第5期。

㊷ 同⑳。

㊸ 同㉓。

㊹ 南京博物院草鞋山遗址发掘资料，未发表；北阴阳营遗址经过四次发掘，其中第一、二次发掘，发表过简略的报告（《南京市北阴阳营第一、二次的发掘》，《考古学报》1958年第1期），这里引用的是各次发掘的资料。

㊺ 同⑯。

㊻ 同⑯。

㊼ 同㉖。

㊽ 同㉓。

（原载《文物》1973年第6期，署笔名“吴山菁”）

长江下游新石器时代文化若干问题的探析

地处长江下游的江苏，新中国成立以来发现的新石器时代遗址已达一百三十余处。经过发掘的典型遗址，在苏北有淮安青莲岗，新沂花厅村，邳县大墩子、刘林，连云港二涧村、大村、朝阳等处；在苏南有南京北阴阳营、太岗寺，吴江梅埝，苏州越城，吴县草鞋山、张陵山、澄湖，常州圩墩村等处。在所发现的遗址中，除了属于过去已知的典型龙山文化和良渚文化遗存外，还发现了早于上述两种文化的、有着崭新文化面貌的新石器时代文化遗存近八十处。

与江苏毗邻的鲁南、浙北、上海等地，新中国成立以来都做了许多新石器时代考古发掘和调查工作。经过发掘的重要遗址，在山东有泰安大汶口、滕县岗上，安丘景芝，曲阜西夏侯，临沂大范庄，邹县野店，胶县三里河，日照东海峪，潍县鲁家口，兖州王因等处；在浙江有嘉兴马家浜、双桥，吴兴邱城、钱山漾，余姚河姆渡等处；在上海有青浦崧泽，马桥俞塘，松江广富林等处。上述地区发现的新石器时代遗存分别和苏北、苏南的同类遗存在文化面貌特征上基本一致，它们之间有着不可分割的密切关系。

对于分布在此广袤地带的新石器时代文化遗存，特别是早期遗存的文化性质、类型、分期、经济形态、社会性质等问题以及同中原地区新石器时代诸文化的关系问题，我国考古界正在进行广泛深入的讨论。

近年来，有关各地陆续发掘了一些典型遗址，在编年上提供了不少地层叠压的证据，使我们对这类遗存有了更多的认识。综合研究也逐步深入。同时考古研究所、北京大学等单位还提供了一系列碳－14 年代测定数据。这些都为研究解决上述问题提供了有利条件。

本文拟就长江下游新石器时代文化，主要是早期遗存的文化性质、地域特征、类型、分期等问题，作一些探讨和分析。

青莲岗遗址与青莲岗文化

淮安青莲岗遗址是 1951 年发现的，先后经过五次调查和一次发掘，尽管发掘规模不大，出土遗物不多，但是除去扰土层中包含有若干汉代到近代的陶瓷片和个别的汉墓打破下面的文化层外，在灰土层出土的以及采集到的新石器时代遗物都是很单纯的。通过发掘和历次调查采集的遗物属于生产工具的有石斧、穿孔石斧、石锛、石凿、砺石、陶纺轮、陶网坠、陶甋（拍）、陶杵等；出土陶片绝大部分是泥质红陶和夹砂红陶，灰陶、黑陶基本不见，不少红陶表面施红衣，有少量彩陶。陶器的器形有：宽檐釜、圆锥足鼎、钵、碗、罐、盉、盘、甑、盖等。彩陶仅见陶钵一种，其特点是在内壁绘宽带纹和双弧纹、波状纹、八卦纹等简单的几何形纹饰。

确立一种新的文化，不仅需要有一群具有特征的类型品，而且要求这样一群具有特征的类型品，不只是在一个地点，而是在一定地域内，不同的地点都有所发现。

与青莲岗遗址年代大致接近的，有大墩子下层、二涧村、大村、草鞋山下层、梅埝下层、圩墩下层，在上海和浙江，还有崧泽、邱城和马家浜的下层等遗存。

上述遗址我们可以按地区把它们分为南北两部分，与青莲岗遗址进行比较。

（一）苏北鲁南部分（以下简称江北）：以大墩子下层、二涧村下层、大村等遗存为代表。其特征是出土的陶片绝大多数为夹砂红陶和泥质红陶，部分施红衣，常见纹饰有划纹、指甲纹、锥刺纹、乳钉纹、链条形或锯齿形堆纹等。大墩子下层还发现与青莲岗遗址相同的内壁绘彩的陶钵残片。陶器器形中有圆锥足鼎、釜、钵、双鼻小口罐、陶杵、印纹陶拍（甋）、羊角形把手等。

（二）苏南浙北（包括上海）部分（以下简称江南）：以马家浜下层，草鞋山下层，崧泽下层等遗存为代表。从陶片上看这几处绝大部分仍为泥质红陶和夹砂红陶两类，挂红衣的现象很普遍。纹饰中仅少数饰以锯齿形附加堆纹、刻点纹、捺窝纹等，在草鞋山下层也发现过个别的单色彩陶片。常见的器形为：宽檐釜、大喇叭口形圈足豆、钵、双鼻小口罐及陶杵等，有少量的罐形和釜形鼎，足为圆柱形或椭圆柱形，这些与青莲岗遗址的同形器很为相近（图一）。

以上说明北方和南方的早期遗存与青莲岗遗存有很多相同或相似之处。南北两地相同或相似处还表现在生产工具上，一般说这一时期的生产工具的种类和形制都较简单，石器一般仅见斧、穿孔斧、锛、凿等类，有一种颇具特色的鹿角制直角靴形器，在草鞋山下层、圩墩下层、河姆渡二层、连云港朝阳下层等处都有发现。二涧村、圩墩村、草鞋山都发现用红陶钵扣在头上的埋葬习俗。

应该指出：南北两个区域也各自有其地域性的特点。在北方，一般说来红衣陶数量较少，有少量内壁绘彩的彩陶，器形多鼎而宽檐釜形器越往北越少，缺乏豆形器，多羊角式把手而缺乏牛鼻形器耳。在南方，则红衣陶较普遍。有一种内黑外红敞口陶豆很具特色，有少许外壁绘彩的单色彩陶。器形中多釜、豆，而鼎相对较少，多牛鼻式器耳而缺乏羊角式把手。从葬俗上看，北方多仰身直肢葬，也有屈肢葬；南方则盛行俯身葬，仰身葬仅居少数。

通过上述比较，我们可以得出如下的认识，即无论是北方还是南方的早期遗存，在文化面貌方面都具有和青莲岗遗址的遗存相同或相似之处。而一个文化又往往是根据表征的相同来确定的，因此，它们应属于同一考古文化共同体——青莲岗文化。而在文化面貌上存在的某些差异，应该是由于地域分布不同所形成的地域性差异。

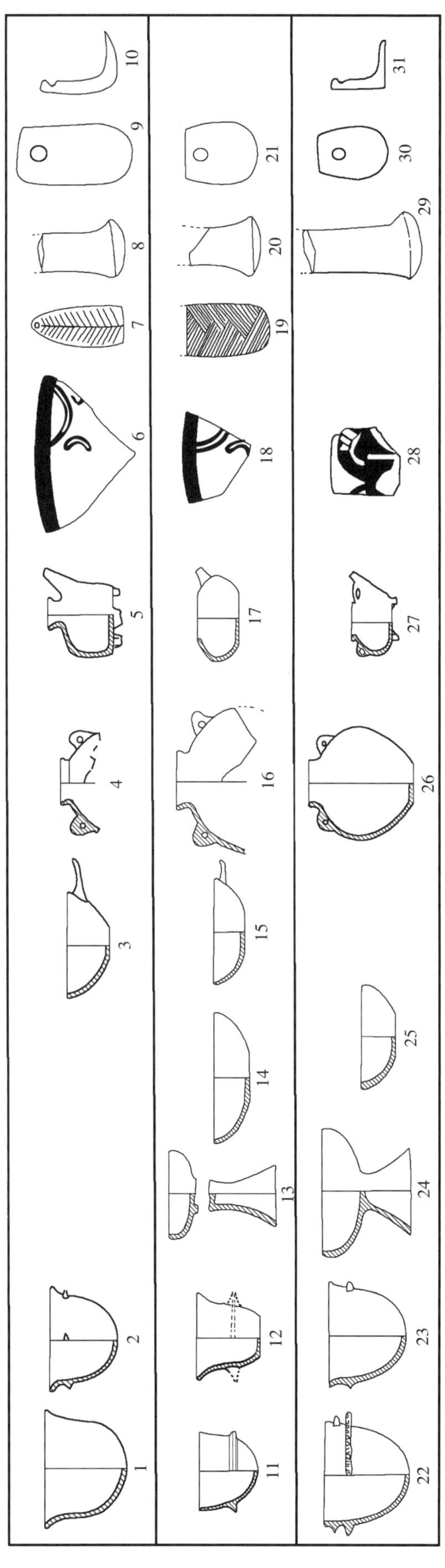

图一 徐海地区早期青莲岗文化遗址出土陶器（上）、淮安青莲岗遗址出土陶器（中）与苏南地区早期青莲岗文化遗址出土陶器（下）比较

1、3、4、6、7、8. 邳县大墩子出土 2、5. 连云港二涧村出土 9. 连云港大村出土 10. 连云港朝阳出土 11—21. 淮安青莲岗出土 22—25、27、28. 吴县草鞋山出土 26. 南京北阴阳营出土 29. 嘉兴马家浜出土 30、31. 常州圩墩村出土

苏北鲁南的青莲岗、大汶口诸文化

对于苏北鲁南目前被分别称为青莲岗文化和大汶口文化的遗存，尽管存在着不同意见，但有一点比较一致：即一般都认为在此区域内，它们的文化面貌基本相同，可以作为一个整体来进行研究。

青莲岗、大汶口文化遗存经过碳－14 测定年代的，最早的有大墩子下层为 4494B. C. ±200 年，最晚的有鲁家口遗址为 2340B. C. ±145 年，上下延续达 2100 多年，在文化面貌上从早到晚的变化也很大。

根据一些遗址的地层叠压关系，目前已能将这一类遗存进行比较详细的分期，我们初步把它们归纳为六期。它们在各遗址中的地层关系如下表。

文化分期 各遗址分期 遗址名称	大墩子	刘林	二涧村	大汶口	东海峪	西夏侯
第一期	1		1			
第二期		1				
第三期	2	2				
第四期	3			1		
第五期				2		1
第六期				3	1	2
龙山文化			2		2	3

日照东海峪遗址原报告分为三期，其中第一期为大汶口文化晚期，第二期为大汶口文化向龙山文化过渡期，第三期为典型龙山文化期，其中过渡期目前似属孤例，故本文暂将其并为两期。

有些遗址表内未列出的，如：文化面貌基本上与刘林遗址相同的有兖州王因遗址，与大墩子上层相同的有花厅村、野店等遗址，临沂大范庄、胶县三里河的墓葬大体上与东海峪遗址相似，即发现了可以分为前（大汶口）后（龙山）两期的叠压关系。

从文化面貌上看，这六期的发展和继承关系比较清楚，基本上可以说是互相衔接的。其各期器形的发展演变，在有关文章和发掘报告中都已有具体说明。这里我们首先从文化面貌特征上进行比较。

从下面的统计表我们可以看出，刘林和大墩子中、上层的陶片基本上仍以夹砂红陶和泥质红陶为主，这一点和青莲岗、二涧村等早期遗存基本是一致的，只是在黑、灰陶的数量上较前有所增加；从大汶口和大范庄看，红陶的数量急剧减少，而灰陶和黑陶的数量猛增，这个特点在大范庄表现得尤其突出，特别是这个时期还出现了新的品种，如：蛋壳黑陶、泥质白陶和夹砂白陶。这里还需要指出的是，大汶口的数字是把三期墓葬都统计在内的，如：仅就中、晚期而言，上述特征则更显著，例如其中全部白陶实际上都出自晚期墓葬之中。

下面是从几个发表的报告中摘录下来的陶器质地统计表。

		砂红	泥红	泥灰	砂灰	泥黑	泥白	砂白
刘林	数量	358	64	26	3	74		
	%	68.2	12.2	5	0.6	14		
大墩子中	数量	49	16	6	3	27		
	%	48.5	15.8	5.9	3	26.7		
大墩子上	数量	51	12	13	4	17		
	%	52.6	12.4	13.4	4.1	17.5		
大汶口	数量	246	78	361	45	137	187	11
	%	23.1	7.3	33.9	4.2	11.9	17.5	1
大范庄	数量	5			494	212		14
	%	0.7			68	29		1.9

从纹饰上看，一般从早到晚没有太显著的变异，除素面外常见纹饰有弦纹、划纹、附加堆纹、点纹、镂孔、红衣等，但到大汶口中、晚期，大范庄、东海峪下中层等后期遗存中篮纹已成为主要纹饰之一，并出现了绳纹。至于彩陶最早在第一期已开始出现，到刘林、花厅时期（表中二至四期）是彩陶盛行时期，不仅纹样丰富多彩，而且施彩的陶器有钵、盆、罐、觚形杯、三足鬶形器、缸形器、壶、背壶、鼎、器座等器形。这种彩陶器到大汶口中期（五期）却一件未见，大汶口晚期仅见八件，器形只有壶和背壶两种，似乎已属“回光返照”。其他的较晚的遗存如西夏侯、景芝镇、大范庄、东海峪、三里河等处都没有发现这种彩陶，而这一时期却发现在少数杯、罐等器形上加红色（间有黄色）宽带纹的彩绘陶器。这样从纹饰上来看，这一系列文化遗存也是可以分为前后两个段落的。

从陶器演变上看，无论从种类和形制都有一个从简单到复杂的发展过程。刘林早期的釜形鼎、豆、钵、带羊角式把手器等；在青莲岗和大墩子下层等处，都可以寻出其渊源。从刘林早期（二期）、刘林晚期（三期）到花厅期（四期），陶器种类大体一致，如有罐形鼎、盆形鼎、钵形鼎、豆、钵、盆、罐、四系罐、觚形杯、高足杯、三足鬶形器、缸等。当然在形制上各期是不同的，如钵形鼎从有把到矮足到高足；觚形杯由粗短平底或三足到细长三足到圈足；无镂孔豆从敛口小镂孔豆到直口大镂孔豆等等。鬶形器均为实足，但外形从有把无流到有鋬无流到有鋬有流，罐从直口到侈口等（图二），前后发展的脉络十分清楚。第四期出现了少数新器形，如背水壶、盉等。

第五期以后，在器形上有了较大的变化。鼎大致只有圆腹和折腹罐形鼎两种，盆形鼎和钵形鼎基本绝迹，钵、四系罐、觚形杯等均已消失，而新出现的器形则有袋足鬶、瓶、尊、细柄黑陶杯、环柄陶杯及猪狗等兽形陶器等。

可见，从以上陶器器形的比较，这一系列的遗存也可以分为前后两个阶段。

图二 江北青莲岗文化部分陶器形制的演变

从生产工具上看，各期大体一致，石器有斧、穿孔斧、锛、凿、球、砺石等。骨角器有锤、匕首、鱼镖、枪头、镞、锥、凿、针等。有段石锛是第四期以后开始出现的。獐牙勾形器，主要发现在二、三、四期墓葬内，此器到五期以后已较罕见。玉、石等装饰品在第二、三期即有发现，四期以后数量和品种均有所增加，有环、镯、珠、管、坠等。另外，墓葬中殉狗的现象似乎只发现于第四期以前，第五期以后基本不见。

根据以上分析，我们认为可以把上述一至六期遗存分为两个阶段，即前一阶段为一至四期，后一阶段为五至六期。这两个阶段的文化面貌是很不相同的。我们知道，共同的文化特征乃是区别考古学文化的主要指标。为了区别这种不同，我们认为应该分别给这两个阶段赋予合适的文化名称。由于历史上已经形成了青莲岗文化和大汶口文化这两个名称，而且又分别反映了这一系列遗存早期和晚期的文化特征，因此我们意见是否可以将前一阶段叫做青莲岗文化，后一阶段称为大汶口文化。

这样划分阶段和目前对中原地区新石器时代文化的划分，也是相一致的。

中原地区的仰韶文化，目前大抵可分为以半坡（下）、庙底沟（下）和秦王寨为代表的早、中、晚三期。下面是几个碳－14测定年代的数据。

	分期	遗址	碳－14测定年代（已经树轮校正）
仰韶文化	早期	半坡	4770—4290 B. C.
	中期	庙底沟	3910 B. C.
	晚期	大河村	3885—3070 B. C.

和苏北鲁南新石器文化相比较，大墩子下层（一期）碳－14测定年代为4494B. C. ±200年，与半坡基本一致。刘林，特别是刘林晚期（三期）出土有较典型的庙底沟式彩陶器，二者年代应相近。秦王寨、大河村、王湾Ⅱ期（前）等仰韶文化晚期遗存，出土的宽缘镂孔豆，折缘鼓腹彩陶罐等，与大墩子上层（四期）等出土的同类器形制基本一致，在郑州的林山砦还发现过早期形制的背水壶，这说明以大墩子上层为代表的遗存（四期）和仰韶文化晚期的年代基本上是一致的。

庙底沟二期文化，在考古界往往被指属于早期龙山文化或仰韶文化向龙山文化的过渡期，碳－14测定的年代2780B. C. ±145年。而代表大汶口文化最晚的遗存鲁家口遗址（下层），测定的年代数据为2340B. C. ±145年，比庙底沟二期还要晚四百年，这样依次往上推算，西夏侯下层和大汶口中期墓葬（五期）的年代，应和庙底沟二期文化大体一致。从文化面貌上，二者也有相近之处。如陶片纹饰中，篮纹较普遍，庙底沟和大汶口晚期的篮纹陶鼎形制基本一致。洛阳王湾Ⅱ期（晚）出土的双腹镂孔豆，是西夏侯上层墓中的典型器形。偃师滑城发现的“早期龙山”遗存，就有类似大汶口文化的遗物，如宽肩背水壶等。而作为典型河南龙山文化的后岗二期，碳－14测定的年代也是2340B. C. ±140年，和鲁家口一致。和典型的山东龙山文化相比较，河南龙山文化的上限是比较早的。

从下面列出的比较表可以看出中原地区和苏北鲁南地区新石器时代文化间的对应关系。

苏南浙北上海地区新石器时代文化的类型和分期

苏南浙北上海地区新石器文化的性质和名称问题，目前也存在不同的意见。要弄清这个问题，有必要对已发现的各种遗存进行比较研究，十分重要的是首先必须把它们的分期搞清楚。这是进行比较研究的前提。

公元前	中原地区		苏北鲁南地区	
	文化和分期		文化和分期	
5000 4000	仰韶文化	早期（半坡类型）	青莲岗文化	早期（青莲岗期）
		中期（庙底沟类型）		中期（包括刘林早、晚期）
		晚期（秦王寨类型）		晚期（花厅期）
3000 2000	庙底沟二期文化		大汶口文化	早期（西夏侯下层）
	典型河南龙山文化			晚期（西夏侯上层）
	二里头早期文化		典型山东龙山文化	

从文化面貌的特征看，南方地区的新石器时代的文化遗存大体上可以分为马家浜、北阴阳营、崧泽、张陵山以及典型良渚文化诸类型（未列入河姆渡下层遗存，这种遗存在南方刚发现，还难以进行比较）。

马家浜类型：这类遗存在江南一带，发现较多。除马家浜外，还有邱城（下层）、崧泽（下层）、河姆渡（二层）、梅埝（下层）、草鞋山（下层）、圩墩村（下层）、北阴阳营（下层灰坑）等。其文化面貌已在前面说明，不再赘述。

北阴阳营类型：北阴阳第四层的情况比较复杂，其中H68、H70两个灰坑和部分地层中的出土遗物，如宽檐陶釜、鸡冠耳夹砂红陶罐等与马家浜类型基本一致；而H2（打破第四层）又出土有袋足鬶、侈口缸等具有良渚文化特征的遗物。这里所讲的北阴阳营类型主要是指以第四层266座墓葬为代表的遗存。墓葬头向一般均北向偏东、少数向南。葬式主要是仰身直肢葬、少数俯身葬。从随葬品看，陶器中以夹砂红陶和泥质红陶为主，灰、黑陶也占一定的数量。红衣陶较常见，部分陶器施简单彩绘。陶器的器形有鼎，多为罐形鼎，足多外撇，足根部常加突饰，肩部常施划纹。豆，形制较复杂，往往在柄部凸出，圈足多施以小圆镂孔或不施镂孔。此外还有圆口钵、敞口盆，有柄盉形器、有柄鬶形器、圈足碗、壶、罐，以及某些带扁环耳的器形等。生产工具主要为石器，有斧、锛、凿、锄、刀等。其中以圆刃穿孔斧、穿孔石锄、条形石锛等为其主要特征。玉饰品中的璜、玦、环、管等常见。北阴阳营的墓葬应该还可以分期。一部分较晚的与崧泽类型接近。属于这一类型的遗存迄今发现很少。目前大致可以归属这一类型的有太岗寺下层墓葬、圩墩村第二次发掘中的大部分墓葬。

崧泽类型：主要以崧泽中层的墓葬遗存为代表。可以归属于这一类型的遗存有邱城中层、草鞋山中层、张陵山下层等。这一类型的墓葬头向多偏南，基本为仰身直肢葬。陶器中泥质灰陶最多，其次为泥质黑陶和夹砂灰褐陶，夹砂红陶很少，红衣陶基本不见，有表面施以红色（间有黄色）宽带纹的彩绘陶器。崧泽和草鞋山中层还发现个别的白衣彩陶钵残片，特点与庙底沟类型的仰韶彩陶类似。其他常见纹饰有弦纹、附加堆纹、划纹、镂孔等。陶器器形主要有鼎、豆、罐、壶、钵、盆、杯等。鼎多罐形，足有圆锥形、扁形、扁凿形等数种。豆多浅盘或圈足部多饰弦纹和圆形、三角形镂孔。其他如折腹或折肩罐，葵瓣形圈足杯，有錾鬶形器、直口陶缸等，都是这一时期的代表器形。石器中仍以穿孔石斧、锛、凿等为主。穿孔石斧中除圆刃形外，出现了体型较薄而宽平、弧刃的新形制。玉器有璜、镯、环、管等。

张陵山类型：以1977年在吴县张陵山发掘的上层墓葬为代表。可以归入这一类型的还有越城中层、广富林下层、马桥俞塘下层等处的墓葬遗存。过去往往把这类遗址归入到良渚文化范畴内，但从文化面貌上看和典型良渚遗存相比有一定差别，似可把它归入江南青莲岗文化系统。从陶器上看，这一类型基本以泥质灰陶和夹砂灰、褐陶为主，典型的黑皮磨光陶数量并不多，有少量的夹砂红陶。纹饰主要有刻划纹、弦纹、附加堆纹、镂孔等，仍有少量彩绘陶。器形有鼎、豆、罐、贯耳壶、盘、盆、杯、匜、鬶等。从形制特征上看，鼎足多为翅形，个别为扁凿形、“T”字形的扁足，鼎腹内壁往往有一道凸檐。匜的形状如带流罐，腹侧有錾，平底或三矮足。鬶为短流圆腹细颈有錾三实足。总的说来，除鼎和贯耳壶与典型良渚陶器近似外，大多数器形与良渚特征仍有差别。从生产工具看，这一类型的主要器形与崧泽类型相类似，但穿孔石斧数量增多，出现了体薄有肩的穿孔石铲和穿孔玉斧。此外还有新出现的石镰、有段石锛、有柄三角形石刀、犁状器和耘田器等器形。玉器在这一时期有了很大的发展。除一般早期常见的器形外，还出现短筒形玉镯、素面玉璧、玉瑗、锥形玉坠、刻划有四组饕餮纹的短圆筒形玉琮、雕镂的玉觿等新品种。其中有的玉器如璧、瑗、琮等似已失去作为装饰品的意义，而类似后世的“礼器”。

此外，吴兴钱山漾和北阴阳营二号灰坑等遗存大体与张陵山类型相近。但出现了袋足陶鬶，可能属于张陵山类型向良渚类型过渡阶段。

良渚类型：以杭县良渚陶器为代表。可以归属这一类的大致有嘉兴双桥、雀幕桥、吴县澄湖早期古井等遗存。这一类型的陶器以泥质黑皮磨光陶和夹砂灰褐陶为主，其他陶系较少。黑皮磨光陶几乎全部为轮制，也有少许近似龙山文化的薄壁黑陶，还有一些朱绘陶器。器表纹饰有弦纹、竹节纹、划纹和镂孔等，器形有鼎、罐、鬶、豆、簋、尊、壶、盆、杯等。鼎足主要为“T”字形和鱼鳍形，鬶为细短颈袋足。壶、罐等黑陶器多附双贯耳，其中鱼篓形贯耳罐很具特色。其他如宽錾翘流杯、尊、簋及圈足上有竹节纹和条形、矩形、曲尺形镂孔的豆等都是具有特征的器形。有的贯耳壶颈腹部满布精细的类似云雷纹的刻划纹。生产工具除一般常见的穿孔石斧、石锛、石凿外，还有如带柄石刀、三角形石刀、宽刃带柄石刀等。犁状器、石镰、石耘田器等较张陵山类型更加常见，而且出现了半月形双孔石刀、戈形器等新品种。玉器常成批出土，除璧、瑗、镯、坠、璜、管外，不少遗址中还出现两端圆、中段方的典型玉琮，在玉琮的表面往往刻有精细的线条、圆圈和饕餮等花纹。

上述江南地区各种类型的遗存，彼此间在地层上有叠压关系的遗址有：崧泽、邱城、越城、北阴阳营、张陵山、草鞋山、双桥、圩墩村等处，其叠压关系列表如下。

江南地区新石器时代遗存经过碳－14测定年代的有以下一些数据。

类型 分期 遗址	草鞋山	圩墩村	越城	张陵山	北阴阳营	崧泽	邱城	双桥
马家浜类型	1	1	1		1	1	1	
北阴阳营类型		2			2			
崧泽类型	2	3		1				
张陵山类型			2	2				
良渚类型	3				3			2

属于马家浜类型的有：（1）邱城下层为4746B. C. ±125 年；（2）草鞋山下层有两个数据即 4325B. C. ±220 年和 4060B. C. ±145 年；这几个数据大体和仰韶文化半坡类型以及江北的大墩子下层相同。

北阴阳营和崧泽类型的年代目前还没有测定过。最近测定了张陵山上层出土的木炭为 3835B. C. ±240 年，与仰韶文化晚期相近但略偏早。此外吴兴钱山漾测定的数据为 3310B. C. ±135 年，与仰韶文化晚期相当，可以认为是张陵山类型年代的下限。

属于典型良渚类型的有：（1）金山亭林为 2250B. C. ±145 年；（2）嘉兴雀幕桥为 2375B. C. ±145 年。这个时代大体和河南龙山文化、大汶口文化晚期的年代相当。

这样，江南青莲岗文化和江北青莲岗文化的分期也基本上可以相对应了，其对应关系如下表。

分期	江北青莲岗文化	江南青莲岗文化
早期	青莲岗类型	马家浜类型
中期 1	刘林类型（早）	北阴阳营类型
中期 2	刘林类型（晚）	崧泽类型
晚期	花厅类型	张陵山类型

这里，我们把江南地区前四个类型归属到青莲岗文化，而把第五个类型归属到良渚文化。

江北青莲岗文化和江南青莲岗文化的比较

江北和江南地区的青莲岗文化遗存，由于地域上的原因彼此间存在着一定的差异。有些同志过分强调这种差异，而认为它们应该分属于不同的文化。我们认为不仅要看到它们存在差异的一面，更应该注意到它们具有许多共同特征的一面，而这些共同特征，往往正是说明它们是属于同一文化系统的重要标志。

早在北阴阳营第一、二次的发掘报告中就提到北阴阳营下层与青莲岗遗存有相同之处。1962 年发表的崧泽遗址试掘报告中，也提到该遗址的中层与邱城中层、刘林下层接近，而下层与青莲岗、马家浜、梅埝、邱城下层接近。1964 年发表的张翔同志的

《试论浙江新石器时代遗址的类型》一文中，根据当时所掌握的资料，把江南的崧泽、邱城等遗存和江北的花厅、刘林、景芝、堡头、岗上等遗存进行了综合对比。他在对陶系、陶器和石器的类别形制纹饰等特征进行了比较后指出："江苏和浙江北部的新石器文化具有统一的关系"，同时也指出："江苏北部与太湖区以南到浙江北部表现了一些差异，这应认为是一个体系中的地区间的差异。"这些结论我们认为是比较符合客观实际的。

关于江北、江南青莲岗文化早期遗存的比较，在前面已经谈到了，此处不再赘述。

对于这两个地区中、晚期的遗存，从总的方面看它们具有以下几个共同特征：（一）陶系：两个地区的第二期仍均以夹砂和泥质红陶为主，但泥质灰陶和黑陶已占有一定的比例，第三、四期泥质灰陶的数量大增，这种情况在江南表现得尤其突出。（二）遗物类别：南北大体一致，陶器中常见三足器、圈足器和平底器，圜底器和尖底器较罕见，一般常见器形有鼎、豆、壶、罐、盆、钵、碗、杯、鬶形器（或实足鬶）缸等，都有弦纹、压印纹、划纹、附加堆纹、圆形镂孔等纹饰。（三）有用生产工具作为随葬品的习俗，其中石器一般都磨制得很精致，斧、锛、凿为常见的器形，穿孔石斧和石铲的普遍使用是南北一致的共同特点。（四）都发现以玉器作为装饰品并用以随葬。

除上面指出的普遍的共同特征外，还可以对江北、江南各期之间进行具体的比较。

二期：即江北的刘林类型和江南的北阴阳营类型相比较，具有共同特征的器形有外撇的圆柱形足的罐形鼎，足根部往往有尖突或有附加堆饰、小口双鼻罐、带羊角状把手的鬶形器以及环形和多角形纽器盖等（图三）。生产工具，两地除有形制相同的穿孔石斧、锛、凿等器形外，还出土有基本相同的有孔石锄。装饰品有基本相同的镯、坠等（刘林镯多为陶质和石质的，可能是缺乏玉材所致）。这一期遗存的地方性特征表现得似乎比较突出，如江南北阴阳营类型的凹颈鼓腹鼎、凸柄豆、圈足碗、双曲腹钵以及扁环耳的盉、壶之类和以宽带纹为主的彩陶器，为江北所不见；而刘林早期的鸭咀形足鼎、钵形鼎、觚形杯、平底碗等以及少数具有仰韶文化特征的彩陶钵等，也与江南的二期遗存有别。

三期：即江北刘林类型（晚）和江南的崧泽类型相比较，陶器基本相同的器形有腹部一周点纹或堆纹，鸭咀形或凿形足鼎、圈足上饰弦纹圆形三角形镂孔的豆，有鋬鬶形器、四系小口罐、钵形鼎、觯形杯、筒形杯、高圈足杯、直口圜底篮纹缸等。特别是鬶形器、四系罐、直口缸和部分陶豆南北所出几乎完全相同，另外草鞋山和崧泽中层都出土有以弧线三角纹、圆点纹、线纹组成的具有庙底沟类型仰韶文化特征的彩陶片，这些和刘林类型彩陶特征基本是一致的（图四）。

这一期南北之间的地方性特色表现在：江北刘林类型的骨角牙器发现较多，有一种独特的獐牙勾形器，陶器中鼎足多鸭咀形，钵形鼎和各种彩陶器较多见，另外如觚形杯、颈部一周突棘的罐是刘林类型所有的器形，江南的崧泽类型的鼎形制较复杂，足

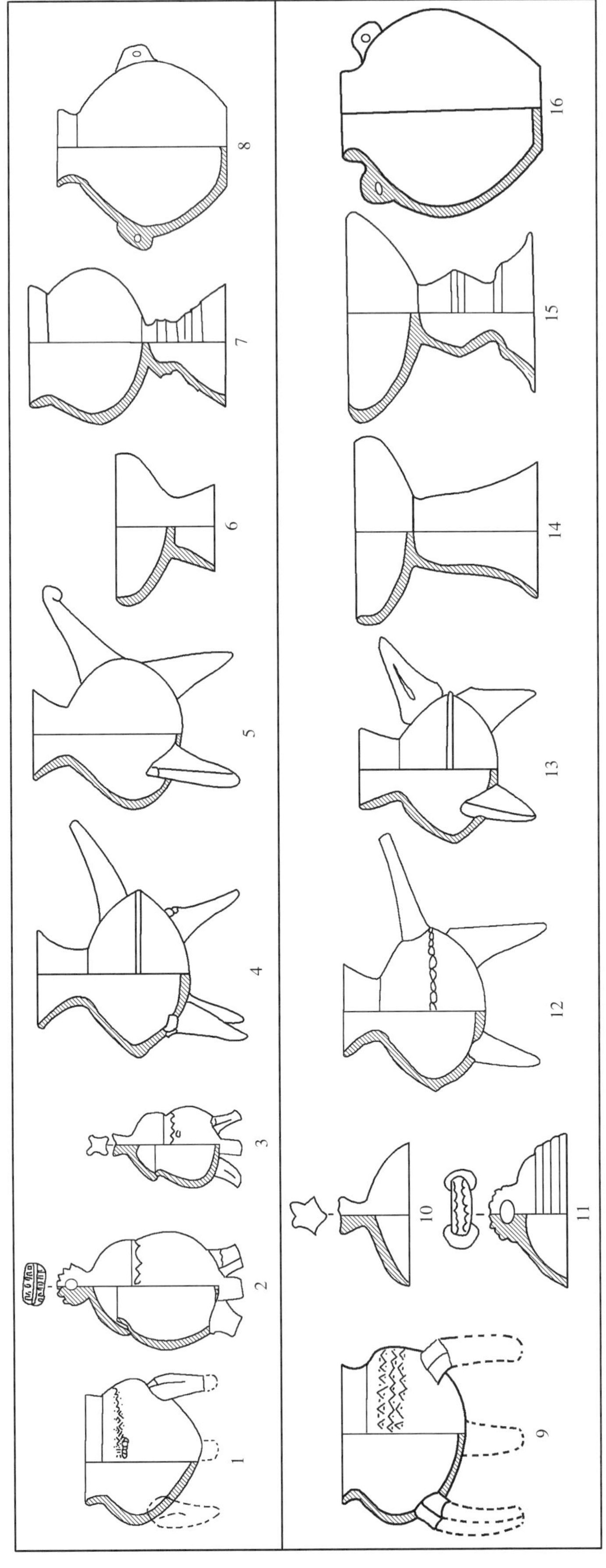

图三　江北、江南青莲岗文化二期部分遗物比较图

上栏：江北青莲岗文化二期遗物　下栏：江南青莲岗文化二期遗物　1—8. 刘林遗址出土（早期）　9—16. 北阴阳营遗址出土

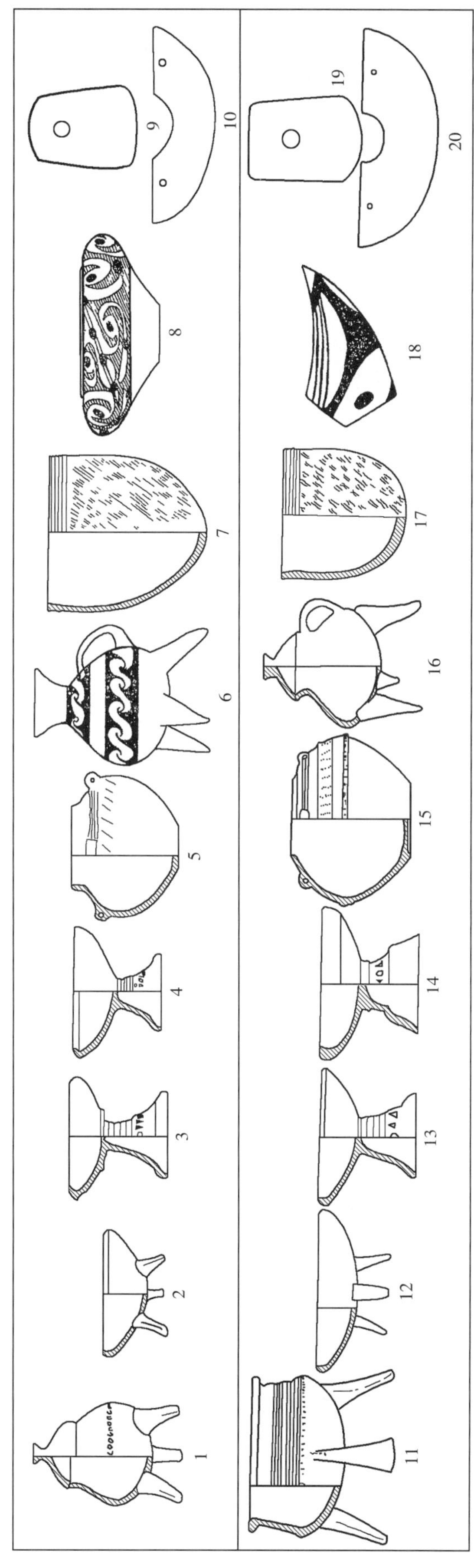

图四　江北、江南青莲岗文化三期部分遗物比较图

上栏：江北青莲岗文化三期遗物　下栏：江南青莲岗文化三期遗物　1—10. 大墩子遗址中层出土　11—15、17、18. 草鞋山遗址中层出土　16. 邱城遗址中层出土　19、20 崧泽遗址出土

有圆柱形、宽扁形和扁三角形等，壶、罐的腹部多有折棱，杯的矮圈足往往做成花瓣形，豆的形制和镂孔较刘林类型更多样化，同时这一时期出现了一种红和黄色的彩绘陶器。

此外，这一期南北都出有方角弧刃的穿孔石斧和桥形玉（石）璜等器形。

四期：江北以花厅类型为代表，江南以张陵山类型为代表，这一期南北间陶器的差别较大，但还可以看到不少共同因素，基本相同的陶器有实足鬶、贯耳壶、阶梯形圈足豆、四系罐、有鋬陶杯、侈口缸等，鼎足形制虽然有别，但足侧加划纹的特征却是相同的（图五）。

生产工具除共同常见的穿孔石斧、锛、凿等外，都出现了双孔宽刃石斧、有段石锛、有肩石铲等新器形。

这一期的地方性特征比较显著，陶器在江北花厅类型常见的折腹凿形足鼎、高足钵形鼎、宽缘大镂孔豆、圈足觚形杯、背水壶和各种彩陶器基本不见于江南地区；而江南张陵山类型的圆腹翅形足鼎、T形足鼎、矮圈足豆、带鋬圈足碗、圈足盘等却又为江北地区所罕见。生产工具，江北花厅类型的骨匕首、獐牙勾形器等骨角牙器，还有个别鹿角镰和石镐等特殊器形，江南张陵山类型的三角形石刀、有柄石刀、石耘田器都是各自具有地方特色的东西。

还值得提及的，即张陵山上层出土有较多的玉器，其中有璧、瑗、短筒形镯、锥形坠、觿、环等器形，虽然江北花厅期也出土过少量的玉饰件，但上述璧、瑗、短筒形镯等，却出现在较晚的景芝镇墓葬中（属江北六期）；另外，从张陵山下层（崧泽类型）开始出现，上层仍继续存在的朱色（间用黄色）宽带纹为主的彩绘陶器，未见于江北的花厅类型，却在大汶口晚期墓葬和三里河下层墓发现了类似的彩绘陶器。这些现象颇耐人寻味，似乎说明这些因素在南方生产较早，而传播到北方地区时间已较晚了。

四期以后：江南为典型的良渚文化遗存，与此同时在江北应属于大汶口文化阶段。与第四期相比较，这时期的地方性特色更加突出，尽管如此，仍然可以看出它们之间的若干共同因素。例如陶器中有基本特征相同的细颈袋足鬶，侈口缸形器及附有一对贯耳的器形较常见（如贯耳壶、贯耳罐等）。特别是最大腹径偏下的鱼篓形贯耳罐是良渚文化的代表性器形之一。而在大汶口遗址则仅见于中、晚期墓葬中，在景芝镇发现良渚文化常见的玉璧、宽带形玉镯、坠、珠等玉饰件，但这两类文化遗存的差异还是主要的，典型良渚文化的“T”字形和鱼鳍形足鼎，竹节形弦纹豆、宽鋬带流杯以及尊、簋。大汶口文化的折腹和球腹的凿形足鼎、大小镂孔、菱形镂孔豆、双腹豆、各式带环柄杯、高柄杯、背壶及口沿附棘突的瓶等，都是各自所独有的器形。生产工具方面，良渚文化的三角形石刀、有柄宽刃石刀、犁状器、耘田器、双孔石刀等器形为大汶口文化所不见，而大汶口文化的骨凿、牙刀、蚌镰、骨镞、骨勾形器、石锤、有槽砺石等却又不见于良渚文化。另外从玉器上看，良渚文化发现的数量和种类都较多，除瑗、

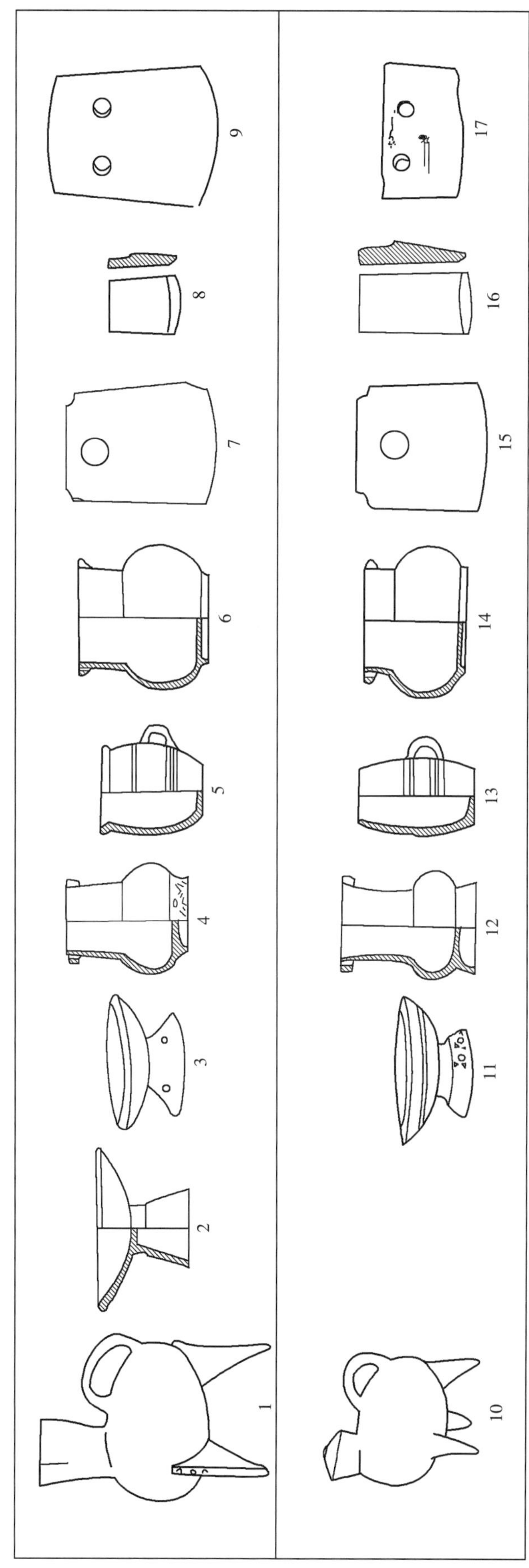

图五　江北、江南青莲岗文化四期部分遗物比较图

上栏：江北青莲岗文化四期遗物　下栏：江南青莲岗文化四期遗物　1、2、4、5、8、9. 大墩子遗址出土　3、6、7. 花厅遗址出土　10. 广富林遗址出土　11、12、16. 越城遗址出土　13、14、15、17. 张陵山遗址出土

璧、坠、镯、管珠等常见器形外，这时还普遍出现了两端圆中段为方柱体的玉琮，且磨制镌刻都很精细（图六）。

如上所述，江北江南新石器时代各个时期的遗存，在文化面貌上是有很多共同特征的，特别是第四期以前，彼此间的共同点相当显著，而且有若干器形早晚发展的规律也基本相同（如有柄鬶形器——有錾鬶形器——实足鬶——袋足鬶，直口缸——侈口缸、素面或小镂孔豆——弦纹圆形三角形镂孔豆，普通形石锛——有段石锛，穿孔石铲的形制，由圆刃——方角弧刃——有肩方角弧刃等均是）。因此我们把南北两个地区的前四期遗存都视为一个文化共同体，即青莲岗文化，但为了区别其地域性特征，在青莲岗文化名称之前，可各冠以江南、江北二字。第四期以后由于地方性特征更加突出，可沿用习惯名称，分别称为大汶口文化和良渚文化。

这里附带谈一个问题，即过去往往认为良渚文化的年代大体与山东龙山文化同时或较晚，现在看来实际情况并不是这样。从碳－14 测定的数据来看，鲁家口的龙山文化为 2025B. C. ±115，这个年代与河南龙山文化目前所知的最晚的数据（王湾三期 2340B. C. ±145）和良渚文化最晚的数据（金山亭林 2250B. C. ±145）相比都要晚得多。相反却与偃师二里头早期文化 1920B. C. ±115 的年代相接近，据说上海马桥俞塘上层遗存中有与二里头接近的因素，这样实际上山东典型龙山文化与中原的二里头文化和马桥俞塘上层应是同一时期的遗存。另外在苏北山东地区迄今尚未发现其他与二里头甚至与二里岗相类似的遗存，似亦可为此推测作一佐证。

最后，我们把本文所阐明的主要看法归纳为以下几点：

（一）自淮安青莲岗遗址发现以来，在江苏全境以及鲁南、浙北、上海等地都发现了类似的文化遗存，说明青莲岗文化是一种客观存在，同时由于分布地区的不同而存在着明显的地域性差异。

（二）苏北鲁南的新石器时代文化遗存可以视为一个整体（当然不否认也存在着一些地域上的差异），这一地区早于典型山东龙山文化的遗存，可以分六期。根据文化面貌的发展演变，我们将它们划为前后两个阶段，前一个阶段包括前四期，即青莲岗类型期，刘林类型早晚两期和花厅类型期，它们应该归属于江北青莲岗文化范畴；后一阶段包括五、六两期，即西夏侯类型早晚两期，它们应该归属于大汶口文化。

（三）苏南浙北和上海地区的新石器时代文化遗存，按其文化面貌特征亦可视为一个整体（和江北一样也有小的地域性差异）。目前，暂时把它们划为五期（即五个类型），前四个类型即马家浜、北阴阳营、崧泽、张陵山等类型，可归属于江南青莲岗文化系统内；而与典型良渚遗存相类似的第五期，仍可沿用良渚文化这一名称。

（四）根据碳－14 年代测定和文化特征的比较，江北江南前后四期的年代基本相当。各对应期进行比较的结果，证明南北之间文化面貌存在着许多共同因素，据此我们认为它们可归属于一个文化共同体——青莲岗文化；但由于各自又具有其地方性特征，又可以按地区划为江北青莲岗文化和江南青莲岗文化两类。

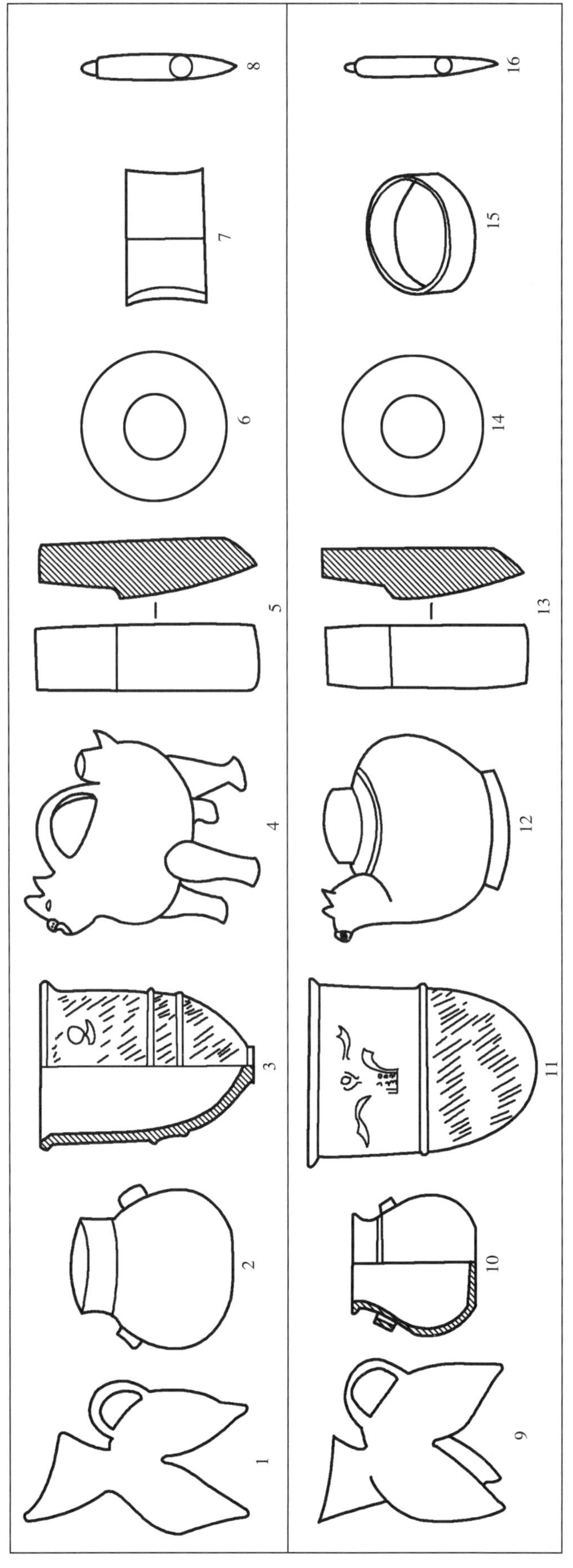

图六　大汶口文化和良渚文化部分遗物比较图

上栏：大汶口文化遗物　下栏：良渚文化遗物　1、6、7、8. 景芝镇遗址出土　2、4、5. 大汶口遗址出土　3. 莒县阳陵山遗址出土　9、10、12、13. 澄湖遗址出土　11. 北阴阳营遗址出土　14—16. 良渚遗址出土

（五）江南典型良渚遗存的年代和大汶口遗存中晚期的年代相当，文化面貌虽有若干相同之处，但差别是主要的，故可视为不同的文化即良渚文化和大汶口文化。

（六）与中原地区相比较，青莲岗文化早（一）中（二、三）晚（四）期相当于仰韶文化的早、中、晚三期，而大汶口文化和良渚文化，大体与庙底沟二期文化和典型河南龙山文化相当。典型的山东龙山文化则是较上述各文化更晚的遗存，它的年代应与中原地区的二里头早期遗存大体同时。

（原载《文物》1978 年第 4 期，署名为南京博物院，纪仲庆执笔）

长江下游新石器时代文化学术讨论会纪要

长江下游和东南沿海地区，在中华民族的历史发展进程中占着十分重要的位置。但是，这个地区新石器时代的考古工作在1949年以前却几乎是空白。新中国成立后，在党的领导下，考古工作有了巨大的发展。单在山东、江苏、浙江、上海、安徽等省市，目前发现的新石器时代遗址已达五百处左右。其中，山东泰安大汶口、曲阜西夏侯、邹县野店、日照东海峪、兖州王因，江苏邳县大墩子、刘林、新沂花厅村、南京北阴阳营、吴县草鞋山、张陵山、常州圩墩，浙江吴兴钱山漾、嘉兴马家浜、余姚河姆渡，上海青浦崧泽、上海县马桥俞塘等数十处遗址，已进行了不同规模的发掘，发现了数以千计的墓葬和大量的遗迹遗物。这些发现，证明了远在距今六、七千年到四千年前，生活在长江流域及其邻近地区的古代人民，就以自己的辛勤劳动，创造了丰富多彩的物质文化。长江流域，如同黄河流域一样，也是中华民族文化的重要摇篮。对长江下游新石器时代诸文化的深入探讨，对研究我国统一多民族国家形成的历史过程，以及探讨私有制、阶级和国家形成的过程，都有十分重要的意义。

为了共同讨论长江下游新石器时代考古工作中的一些重大问题，交流情况，交换意见，把这一地区的原始文化考古工作向前推进一步，在国家文物局和江苏省文化局的领导下，由南京博物院和文物出版社联合发起，于1977年10月8日至17日，在南京举行了长江下游新石器时代文化学术讨论会。

参加这次讨论会的有上海、浙江、江苏、安徽、山东、广东等省市的博物馆，北京大学、南京大学、山东大学、厦门大学的考古专业，中国社会科学院考古研究所，中国历史博物馆，西安半坡博物馆，长江流域规划办公室考古队，以及中国科学院古脊椎动物与古人类研究所，南京地质陈列馆，南京大学地理系等三十五个单位，六十二位代表，还有十几位列席代表。

与会代表们欢聚一堂，畅谈粉碎“四人帮”以来的大好形势，狠批“四人帮”干扰、破坏文物考古工作的反革命罪行。一致认为这是一次考古学术界的盛会，是英明领袖华主席为首的党中央粉碎“四人帮”后，考古科学欣欣向荣的具体表现。

会上共提出发掘报告和学术论文三十篇。代表们认真参观了专为会议展出的江苏、山东、广东等省典型遗址的出土文物。着重讨论了长江下游新石器时代诸文化（包括青莲岗文化、大汶口文化、龙山文化、良渚文化等）的特征、内涵、类型、分期、年代、分布、相互关系以及社会性质等方面的问题。大家畅所欲言，各抒己见，开展了热烈争论，一扫“四人帮”横行时期学术界的沉闷空气。

国家文物事业管理局局长王冶秋同志到会讲了话。他热情地鼓励大家本着“百家争鸣”的方针，解放思想，实事求是，认真开展新石器时代文化研究工作，运用我国丰富的考古资料，阐明私有制出现、阶级产生以及国家形成的过程，揭示人类社会的发展规律。并指出，进一步弄清楚这些问题很重要，这对马列主义的历史科学将会作出贡献。

整个讨论会开得活泼舒畅，生气勃勃，表现出我国文物考古界在粉碎“四人帮”后焕发出来的新的精神面貌。

一

江北地区的新石器时代文化，在会上展开了热烈的讨论。许多同志认为分布在鲁中南和苏北徐海地区以至淮河下游一带的新石器时代文化，有着基本一致的文化面貌。它们每一相对应时期的文化遗物组合和形制特征，都基本相同。例如：苏北邳县刘林遗址和山东兖州王因遗址、邳县大墩子上层属于花厅期的墓葬和泰安大汶口早期墓葬的文化面貌，特征都基本相同。而且根据鉴定，大汶口和大墩子两处人骨的体质特征也是一致的，两处还都发现有人工头骨畸形和成年女性拔除侧切齿的习俗。此外，古籍记载，远古时期夷人的活动范围，不出河济淮海，即现今山东、苏北一带。这些情况表明，从鲁中南到苏北这一地区的新石器时代文化，应是同一个文化系统。当然，也不否认它们之间存在某些地域性差异。

关于鲁南苏北地区新石器时代文化的发展序列，经过讨论，大家的看法也是比较一致的。特别是分析了大墩子、刘林、二涧村、大汶口、王因、西夏侯、三里河、东海峪等有着重要地层叠压关系的典型遗址以后，认识就更明确了。但讨论到这个地区新石器时代文化的具体分期，却有着分歧。南京博物院的同志以大墩子、刘林、花厅为主要依据，参照西夏侯、大汶口遗址的地层情况，将这一地区早于典型龙山文化的新石器时代文化遗存分为六期，即青莲岗期、刘林早期、刘林晚期、花厅期和以西夏侯上、下层为代表的两期。山东博物馆的同志对这类遗存的分期工作做得更细一些，共分为十一期，其中第四期以前大体相当于南博分期中的青莲岗期到刘林晚期，第五至七期相当于南博分期中的花厅期，第八、九两期以西夏侯上、下层为代表，而第十、十一两期具有逐渐向典型龙山文化过渡的性质。北京大学的同志综合山东、江苏的有关资料，将这一地区的新石器时代文化归并为十一期，其中一至八期为早于典型龙山文化的遗存，九至十一期为龙山文化遗存。

这一系列早于典型龙山文化的文化遗存的年代，经过碳－14 测定和树轮校正，最早的有大墩子下层，为 4495BC ±200 年；最晚的有鲁家口下层，为 2340BC ±145 年。

同志们认为，为了更科学地显示出这样一个前后延续了两千一百多年的新石器文化遗存的发展状况，应该划分出大的阶段来。

阶段如何划分？有的同志认为，要结合着文化面貌特征、社会生产力的发展变化、社会性质等各方面的因素来划分阶段。有的同志认为，只要根据文化遗物的组合和特征来划分就行了，在社会生产力、社会性质等问题没能得到统一的认识以前，是很难用以作为划分阶段的客观标准。也有同志认为依照文化面貌特征来划分阶段是对的，但在社会性质已经比较明确的情况下，对于这些因素还是要加以考虑的。

至于阶段的具体划分，有三分说，也有两分说的。山东博物馆的同志根据物质文化面貌上的差异，社会生产力和社会性质等方面的发展变化，将他们所划分的十一期归并为早、中、晚三个大的发展阶段：早期阶段包括1—2期；中期阶段包括3—7期；晚期阶段包括8—11期。而主张把这一系列遗存划分为两个阶段的同志，在具体划法上也有不同。有些同志认为，这两个阶段应以南博分期中的刘林晚期和花厅期之间为界（即山东博物馆划分十一期中的四、五期之间），理由是从整个文化遗物群，特别是陶器的变化去考察，早、晚两个阶段的差异较大。也有些同志主张将花厅期提到前一阶段。理由除上述外，还认为这样划分与中原地区新石器时代文化阶段的划分比较一致，有利于考古学和原始社会史的研究。主张划分为前、后两个阶段的同志，尽管有这样的分歧，但是他们都认为花厅期的确具有由前到后的过渡性质。有些同志认为，地处淮河下游的淮安青莲岗遗址出土的遗物，与苏鲁边区和江南地区的新石器时代文化都有一些差异，但又兼有二者的某些特点，可能自成系统，为淮海地区的文化。这种设想是否能够成立，有待于进一步发掘来证实。

二

江南地区的新石器文化，与会的同志在经过认真研究、热烈讨论之后，认为：分布在苏南、上海、浙北太湖周围，南及杭、嘉、湖地区的新石器时代文化遗存的面貌，基本上是一致的，它们还有着相同的发展序列。

关于江南地区新石器时代文化的编年序列，一般认为最早从河姆渡（三、四层）到马家浜（下）、崧泽（中）、良渚这个序列是比较清楚的。

有的同志将典型良渚文化以前的文化遗存分为四期（或类型）：马家浜期、北阴阳营期、崧泽期和张陵山（上层）期。这样分期，是以草鞋山遗址的良渚类型、崧泽类型、马家浜类型三叠层，常州圩墩遗址中的崧泽类型、北阴阳营类型、马家浜类型的三叠层，以及张陵山遗址的上、下层叠压关系作为依据的。至于河姆渡三、四层那样的遗存，分布范围尚不清楚，故未列入。

对于这种分期，讨论中有不同看法，主要对北阴阳营第四层墓葬为代表的遗存，是否能作为马家浜和崧泽两期之间的一个期，认为还可研究。部分同志认为，北阴阳营类型有其显著的地方特征，与太湖地区的新石器时代文化遗存的面貌不大一样，似属另一文化系统，并推测这一文化系统大致应分布在宁镇地区并溯江而上到安徽境内。有的同志认为北阴阳营类型从整个文化面貌上看，与太湖地区的新石器时代文化还应属于一个文化系统；但由于有着显著的地方特征，可以看作是这一文化系统中的一个地方性类型。另外，有的同志不同意把常州圩墩中层作为北阴阳营类型，认为虽然圩墩中层在时间上应在崧泽和马家浜两类型之间，但从文化面貌上看，只有部分因素与北阴阳营相同，而其主要器物特征更接近于崧泽中层的第二期遗存。有些同志认为北阴阳营第四层266座墓葬所反映的文化面貌比较复杂，而且可能还有早晚之分，其中一部分与崧泽类型相像，一部分似较早些。因此，认为把北阴阳营划作一期，如果只是指其中的一部分，还是可以的。但由于这个遗址地理位置偏西，同宁镇地区相近，有较显著的地方性特征，如考虑到太湖地区新石器时代文化的一致性，建议不如改用圩墩二期来代替北阴阳营期。

三

会上对分布在苏北、鲁南和苏南、浙江、上海这两片地区的新石器时代文化间的关系和名称问题，热烈地展开了讨论。

与会同志们同意这样一种意见，即东南沿海几省，包括从山东大汶口到广东石峡的新石器时代文化遗存，都可以看到它们有不少共同特征，说明早在六、七千年到四千年前这段时间里，这一地区各文化之间的联系是比较密切的。但是有共性并不等于都属于一个文化共同体。我们不仅要看到它们的共性，也要看到各地区、各块块新石器时代文化的个性，即自身的特征。问题是这种块块如何划分，才能比较符合于历史实际。

对于分别分布在苏北、鲁南和苏南、浙北、上海两地区的龙山、良渚这两种新石器时代晚期文化，同志们认为它们各自的文化特征比较明显，应属不同的文化系统。至于这两个系统文化的上限应划在何时，持不同看法。关于龙山文化，部分同志认为应以东海峪遗址的上层为该文化的上限，而东海峪中层则属大汶口文化晚期遗存。有的同志认为龙山文化应包括东海峪中层以及大范庄M27、M23那些过去被视为大汶口文化晚期的遗存。关于南方的良渚文化，有些同志认为除了良渚、雀幕桥、亭林、澄湖、草鞋山第三层等较晚期的遗存外，如钱山漾、马桥俞塘、广富林、越城中层、张陵山上层等较早的遗存，也应划归良渚文化系统。但也有的同志认为，钱山漾、张陵山上层遗存经碳-14测定，年代都较早（早于龙山文化，良渚文化与龙山文化时代相当），而且其文化面貌与典型良渚遗存有一定的差异，因此认为这类较早的遗存似可不归到良渚文化系统中去。

至于南北二区早于龙山和良渚文化的早期新石器时代文化遗存，一般认为它们的文化面貌存在着许多共同因素，同时又有着明显的差异。它们究竟是两个不同的文化体系，还是属于一个文化体系中的两个地方性类型？与会的同志热烈地展开争论。

一种意见认为，自从发现淮安青莲岗遗址以来，类似文化面貌的遗存，陆续在江苏南、北各地发现了一些。它们对应各期的文化面貌有很多共同特征，特别是第三期

（即刘林晚期）以前的共同特征更为显著，而且有若干器形的发展变化也基本相同。虽然它们的文化面貌也存在着明显的地区性差异，但是这种差异并不比河南龙山文化与山东龙山文化或仰韶文化的某些类型之间的差异来得更大。同时考虑到历史上的种种因素，认为还是将南北二区作为同一文化系统的两个地方类型来处理比较恰当。

另一种意见认为，南北二区的共同因素，并不是文化内涵的基本成分，而只是局部的次要的因素。这些共同因素是文化上互相交流、互相影响的结果。它们主要的器物组合和形制，有着很大差异。因此，南北不属于一个文化系统。再说，苏北、鲁南是古代东夷族的活动范围，苏南、浙北、上海一带则是古代越族活动的地域，如果说考古学文化是古代部族的共同体的体现的话，那么也证明了南北不应属于一种文化。

上述对南北关系的不同看法，也导致了对南北二区文化名称的不同意见。

一种意见认为，苏北鲁南早于典型龙山文化的一系列新石器时代文化遗存，是同一文化的发展序列。而其中的大汶口遗址面积大、堆积厚，内含丰富，且延续时间较长，基本上包含了这一文化从早到晚的遗存，可为代表。因此把这一系列文化遗存，从早到晚统统命名为大汶口文化比较合适。

另一种意见认为，这一系列文化遗存，包括以后的龙山文化，在某种意义上讲，都可以看成是一个文化系统。但作为考古文化定名的标准，不但要有一定的地域，还要受到一定的时期和共同的文化特征的制约。结合前后发展的两个阶段和一些遗址的特点来看，前期可定名为江北青莲岗文化，后期可定名为大汶口文化。这两个名称都是新中国成立后考古工作中提出来的，可谓约定俗成。

有些同志不同意使用青莲岗文化这一名称，理由是青莲岗遗址出土的器物不很丰富，不典型，在这个系统的文化没有代表意义。而主张采用这一名称的同志认为，青莲岗遗址出土遗物尽管不够丰富，但比较单纯，基本上反映了这一文化早期的基本特征，同时由于早经使用，因此还是不要轻易改动为宜。

关于苏南、浙北、上海地区的早于良渚文化的新石器时代文化名称问题，大致也有两种意见：

持南北属一个文化系统而有地域性差异的同志，认为仍应称为青莲岗文化。但为了有别于江北的青莲岗文化，可称为江南青莲岗文化。这些同志认为，河南龙山文化和山东龙山文化之间的关系，仰韶文化某些类型（例如半坡类型和后岗类型）之间的关系，以及青莲岗文化南北之间的关系，基本上是相同的。而且青莲岗文化和龙山、仰韶文化一样，其名称都是历史上形成的，已经“约定俗成”，大家了解它，不会引起大的误解。

认为江南江北分属两个文化系统的同志，主张将江南地区的早期新石器时代文化另定新名。有的同志同意改称为马家浜文化。有的同志认为、马家浜遗址仅包含这一文化的早期遗存，而它的地理位置已在这一文化范围的边缘地区，代表意义不大。吴县草鞋山遗址文化，堆积厚达 10 米以上，地层共分十层，文化内涵丰富，基本上包括了从马家浜早期类型、崧泽类型、良渚类型直到春秋战国时期的印纹陶等早晚各期的堆积，是这个地区的一处典型遗址，因此，建议将这一文化定名为草鞋山文化。

四

会议还对分布在我国东南沿海地区新石器时代诸文化的社会性质问题，结合学习马列主义经典著作，进行了广泛的探讨。

主张将苏北、鲁南新石器时代早期遗存划分为早中晚三个阶段的部分同志，根据对各个时期的生产力发展水平、埋葬制度和随葬品的特点的分析，认为早期阶段应属于母系氏族社会；中期仍具有母系社会的若干特点，但又有夫妻同穴合葬，这种葬俗显然又与母系氏族制有抵触，反映了男尊女卑观念的萌芽，因而这一时期是由母系到父系的过渡；到了晚期，父系氏族制度就完全确立了。

另一部分同志认为，早期生产力水平较低，与此相应出现了同性合葬墓和男女多人合葬的葬俗，显示着血缘纽带尚未松弛；中期，交换发生了，并趋经常化；晚期，有了较多的私有财产，贫富分化日益剧烈，阶级已经萌芽。大汶口墓地的男女合葬墓，先后埋葬的是夫妻合葬，同时埋葬的为妾奴殉葬。因此，他们从大汶口文化遗址来看，这一文化的中晚两期无疑已进入父系氏族社会阶段，而妾奴殉葬说明了家长奴隶制已开始形成。

主张将这一系列遗存划为早晚两个阶段的部分同志认为，早期（以刘林、王因为代表）应属于母系氏族社会阶段；晚期（以大汶口墓地为代表）应属于恩格斯所划分的野蛮期的中级阶段，是属于家长制家庭的父系氏族社会。它不是典型的一夫一妻制家庭，而是由对偶婚家庭到文明时期一夫一妻制家庭的过渡形态。认为大汶口墓地的几组男女合葬，不是普遍现象，只是家长制家庭的家长过着多妻生活的反映，是当时富人和显贵人物的特权。墓中的女性生前就是男性的奴隶兼妻子，这也可以从合葬墓中男女地位不平等上表现出来。并指出，家长制家庭的奴隶，还只是原始社会内部刚刚产生的奴隶制，它在整个社会生产关系中还没有处于统治地位，而不是“进入了奴隶社会”的那种成熟了的奴隶制。

这些同志还认为，按照马克思主义社会发展阶段的理论，从母权制对偶家庭发展到父权制的家长家庭，并不需要一个独立的过渡阶段，因而不能将大汶口墓地中期作为过渡阶段。而主张有过渡期的同志认为，由母系氏族向父系氏族转化是“人类所经历过的最激进的革命之一”，既然是革命，就必然有一个长时期的准备过程，这就是由母系向父系的过渡时期。

有的同志认为，苏北鲁南新石器文化虽然是一个系统，但各个地区的发展是不平衡的。如与王因大体同时的刘林墓地，绝大部分都是单人葬，也有极少数的男女合葬墓，而山东某些地方直到花厅期还出现多人同性合葬墓。因此在苏北很可能从刘林期开始即进入了父系氏族社会。但也有同志认为，刘林的男女合葬墓数量很少，情况也较复杂，似未形成一定的制度。在母系氏族社会并不排斥兄妹或姐弟合葬，因此苏北刘林也应与王因一样仍停留在母系氏族社会阶段。

关于分布在江南太湖地区原始文化的社会性质，代表们认为马家浜类型属于母系氏族制发展阶段。崧泽类型有的认为仍属母系氏族公社阶段，有的根据发现的成年男女合葬墓，认为已进入了父系氏族制阶段。良渚文化，根据墓葬的随葬品的数量和质量有了很大的差别，有的墓还出现数量较多的琮、璧、瑗等精美的玉器，可看出贫富分化已十分明显。而且在张陵山上层墓葬中还发现以奴隶附葬的迹象，说明已出现了拥有一定数量奴隶的氏族贵族，因此良渚文化时期已处于文明时代的前夜。

这次学术讨论会，交流了科研成果，明确了今后工作的重点和方向，促进了相互间的协作，这对进一步开展长江下游新石器时代文化的发掘和研究工作，深入探讨我国原始社会的瓦解，私有制的起源和阶级社会的出现，都具有重要意义。

粉碎“四人帮”，思想大解放。当前形势一片大好，在进一步开展“农业学大寨”的高潮中，各地都开展了大规模的农田基本建设工程，我们文物考古田野工作一定要紧密配合。代表们决心借这次讨论会的东风，努力在发掘和研究工作上做出新的成绩。

（原载《文物》1978 年第 3 期，纪仲庆执笔）

苏北淮海地区
新石器时代诸文化的再认识

苏北淮海地区包括今淮阴、徐州、连云港市属各县及盐城市北部几个县，区域内有淮河、沂河、沭河、泗水等古河道，与山东、安徽等省相贯通。经考古工作者的多年努力，在这一地区内已发现新石器时代遗址40余处（图一），并对其中的10多处遗址进行了不同规模的发掘，获得了一批比较丰富的资料。

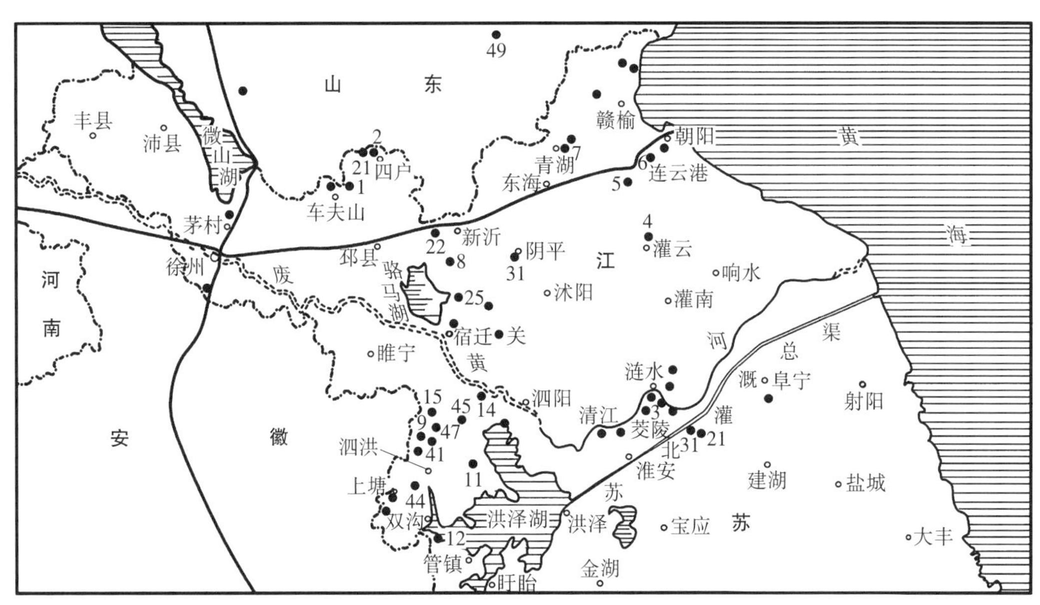

图一　江苏北部新石器时代遗址分布示意图

1. 刘林　2. 大墩子　3. 青莲岗　4. 大伊山　5. 大村　6. 二涧村　7. 青湖　8. 花厅　9. 赵庄　10. 东山头　11. 顺山集　12. 南山头　13. 管大庄　14. 宗墩　15. 李圩子　16. 弥陀寺　17. 丘湾　18. 黄楼　19. 台山　20. 梨园　21. 东小墩　22. 小林顶　23. 苏青墩　24. 钓鱼台　25. 三里墩　26. 东园村　27. 笪巷　28. 黄泥墩　29. 井头　30. 黄营　31. 臧墩　32. 菱角张　33 山头（钵池山）　34. 颜家码头　35. 茭陵集　36. 杨庄　37. 朱墩　38. 西韩庄　39. 南塘　40. 朝阳　41. 下庙墩　42. 大台子　43. 高皇庙　44. 墩刘　45. 祝墩　46. 鲁仙庙台子　47. 凤墩　48. 南墩　49. 北辛　50. 大范庄

关于这一地区新石器时代遗存的文化命名、类型与分期等问题，我们以前曾在有关文章中进行过讨论①，不少同志也对这些问题发表过许多不同意见。近20年来，由于新资料的不断增加，我们的认识也有了新的发展。根据现有资料，我们认为这一地区的新石器时代遗存可以划分为青莲岗文化、刘林文化、大汶口文化、龙山文化和岳石文化五个阶段。

一 青莲岗文化

淮安青莲岗遗址发现于1951年，青莲岗文化的命名是赵青芳先生于1956年全国考古工作会议上首先提出来的。1963年曾昭燏、尹焕章二位先生在《江苏古代历史上的两个问题》一文中，对青莲岗文化的内涵又作了较详细的论述。由于受到当时历史条件的限制，他们的论述当然不可能很全面，有些论点与以后的考古发现的情况也不尽相符，但他们明确地指出了这一地区有着一种新的文化体系。这是有其不可磨灭的历史功绩的。

1972年我们在撰写《略论青莲岗文化》一文时的指导思想是：尊重老一辈考古学家已经确认的青莲岗文化分布在江苏全省境内的结论，同时又指出江南地区和苏北淮海地区新石器文化面貌上的差异，从而提出了江北和江南两个类型的看法，并将每一类型分成若干期。现在看来，这种分期大体上已为同行们所接受，但在文化性质的范畴上却有不同看法。这正是需要重新讨论的。

目前我国考古界许多同志认为，青莲岗文化这一命名既已提出，而且已沿用多年，尽管在概念上仍不够清晰，但也不宜轻易否定。长江下游和徐淮地区的新石器文化分属于不同文化系统的事实，大体上已被大家共同认识到。正是在这种基础上，对于青莲岗文化的概念，安志敏先生在1981年发表的文章中曾这样来使用："山东滕县发现的北辛类型，被叠压在大汶口文化之下，同样或相似类型的遗址还包括江苏邳县大墩子下层、连云港二涧村和淮安青莲岗等遗址，可能属于青莲岗文化范畴。……从地层关系、年代以及陶器的发展来看，青莲岗文化应是大汶口文化的先驱。"②我们感到这种提法是妥当的，是可以为大家接受的。

因此，现在是否可以给青莲岗文化一个新的概念，即这一文化是分布在鲁南和苏北淮海地区的早期新石器文化，即《略论青莲岗文化》一文中所定的"青莲岗期"。其典型遗址有淮安青莲岗、邳县大墩子下层、连云港二涧村、大村、滕县北辛以及1985—1986年发掘的灌云大伊山等。

从上述诸遗址的文化面貌看，陶器以红陶和褐陶为主，红陶器部分施红衣，主要器形有红陶钵、双耳小口罐、鼎、盆、釜、罐等，还有少量的带流器和羊角状把手，常见的纹饰有划纹、指甲纹、乳钉纹、锥刺纹等，部分遗存中有红陶钵内壁绘彩的现象。这类遗存的共性是很明显的，总体来说，应属于同一种文化。但一些遗址也存在着差异，特别是青莲岗遗址和大伊山遗址，其中出土的腰檐釜、腰檐鼎和腰檐豆等，不见于其他遗址。这就可以将青莲岗文化分为两个类型，即大伊山类型和北辛类型。大伊山类型以大伊山和青莲岗遗址为代表，阜宁梨园、泗洪孙山集、东山头、南山头、孙大庄等遗址可归入大伊山类型；北辛类型以北辛、二涧村、大村等遗址为代表，邳县大墩子下层、东海钓鱼台、滕县孟家庄（东南）、大汶口一期等遗存可归入北辛类型。

北辛类型的陶器缺乏腰檐器和豆形器，鼎多为褐色，圜底，部分底稍尖，足呈圆锥形和扁锥形。钵为泥质红陶，一般为圜底，多数口沿外侧有一周红衣带。二涧和北辛遗址器口或呈锯齿状，双耳小口罐较普遍，羊角状把手不常见；二涧村和大村还有带管状流的陶盉，其他遗址则不见。鼎、釜等器身刻划纹、堆纹、指甲纹较发达，乳钉纹和篦纹也较常见。彩陶只在北辛和大墩子下层有少量发现，一般在钵的口部内侧或外侧以红彩或黑彩绘出带状纹、直线纹和曲线纹，图案较简单。石器有斧、锛、铲、刀、镰等，最具特征的是比较厚重的大石铲，这种大石铲在大墩子和北辛都发现许多未经磨制的半成品。北辛遗址还出有石磨盘和石磨棒。

大伊山类型一个最主要的特征是常见腰檐器。青莲岗遗址出有腰檐釜，梨园等地也发现有腰檐釜的残片，大伊山遗址出土数件带腰檐的鼎和豆。大伊山类型的腰檐釜实际上是在北辛类型的深腹圜底釜上加了一道腰檐，与南方马家浜文化的弧腹腰檐釜和深直腹腰檐釜有一定区别，腰檐豆实际上是在腰檐釜上加一喇叭形圈足；腰檐鼎则是在北辛类型的斜腹圜底鼎上加了一道腰檐，也不同于马家浜文化的腰檐鼎，鼎多附有器盖，纽作桥形，其腰檐比釜的腰檐窄，可能釜的腰檐是用来架在支座上的，而鼎的腰檐则没有这种作用。常见带流器和羊角状把手。双耳小口罐、红陶钵和红陶盆与北辛类型相似。器物素面较多，鼎、釜等器身刻划纹、堆纹、指甲纹等纹饰没有北辛类型发达（图二）。彩陶只在青莲岗遗址有发现，一般仍在钵的内外壁以大红和紫褐色彩绘，图案较北辛类型复杂，有双弧纹、波状纹、八卦纹、斜十字纹等。大伊山遗址出有玉璜、玉玦等装饰品。石器与北辛类型相似，未见石磨盘和石磨棒。

青莲岗文化共有 4 处发现墓葬，北辛遗址只发现两座婴儿瓮棺葬。从大伊山、二涧村和大村三处来看，葬俗是基本一致的。不同的是二涧村和大村为平地掩埋，而大伊山的 60 座墓都是石棺葬，即墓坑两侧竖立数块石板，两端各竖一块石板，上面以石板覆盖。这是我国至今发现的最早的石棺墓。三处都为仰身直肢葬，头向东，部分稍偏南或稍偏北，随葬品都不丰富，一般随葬 1—3 件陶器和石器，有近 1/3 的墓无随葬品。凡有随葬品的墓，多数在死者头部有覆盖红陶钵的现象，大伊山有部分墓在死者足部也覆盖红陶钵，覆盖在头部或足部的红陶钵多数底部有人工钻凿的小孔。葬俗上的类似也说明了大伊山类型和北辛类型确属于同一种文化，这种葬俗是青莲岗文化的一个显著特点。大伊山 60 座石棺墓可分为三个墓群，墓与墓之间保持一定距离，排列有序，这应是氏族制度的一种反映。

青莲岗文化的陶器都为手制，除钵和釜外，一般器物都不精细。堆纹、乳钉纹、指甲纹等纹饰使器物显得古朴粗犷，反映了制陶工艺水平还停留在初期阶段。石铲、石斧、石锛、石刀、蚌镰、石磨盘的使用，说明已经出现了开垦、播种、收割和粮食加工的农业生产程序。但从墓葬资料看，随葬生产工具的墓葬较少，有的墓只随葬 1 件石斧，说明当时的生产力水平还很低下，农业还很不发达，必须在很大程度上依赖于渔猎和采集经济，网坠、骨鱼镖等就是用以捕鱼的工具。随葬器物贫乏，炊器的体

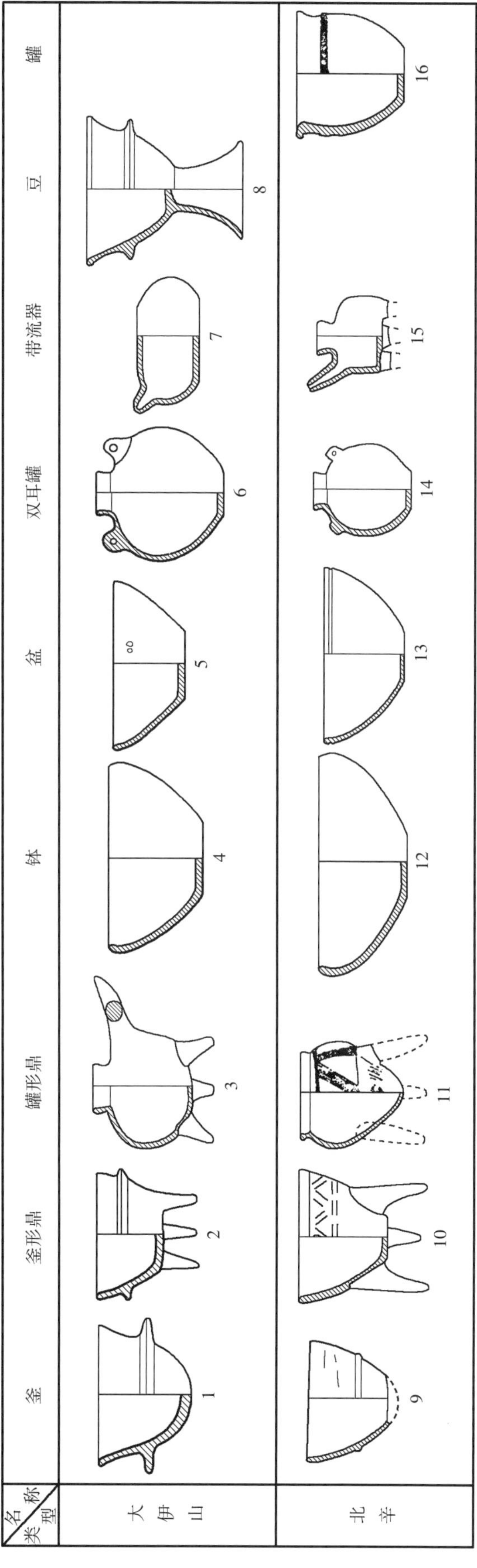

图二　青莲岗文化

1、4、7. 淮安青莲岗　2、3、5、6、8. 灌云大伊山　9、11、13、14. 滕县北辛　10、12、15、16. 连云港市二涧村

型较小，反映了当时生活状况的贫困，劳动产品没有剩余的可能。青莲岗文化至今没有发现房屋建筑遗迹，还不知道当时人们的居住状况。从葬制和随葬品的数量看，当时有严密的氏族组织，没有贫富分化现象，生产资料和生活资料为氏族组织所共有，氏族成员的地位是平等的，青莲岗文化当处于母系氏族社会阶段。

青莲岗文化的相对年代，据大汶口、大墩子和二涧村等遗址的地层叠压关系，青莲岗文化早于刘林文化、大汶口文化和龙山文化。关于青莲岗文化的绝对年代，大伊山类型尚无碳-14年代测定数据，北辛类型已有10个数据。在北辛遗址的7个数据中，最早的H501（ZK632）距今7345±215年（全文所用数据均据达曼表作树轮校正值），其余6个数据都在距今6900年之内，最晚的H701（ZK640）距今6300±200年。大墩子下层距今6468±200年，大汶口遗址第六层的两个数据分别为距今6370±215年和6470±190年。依据上述数据，青莲岗文化大约为距今6900—6300年，时代上与仰韶文化的半坡类型和马家浜文化大体相当。

根据青莲岗文化的遗物分析，大伊山类型的腰檐器和三足罐等器物具有马家浜文化的某些因素，北辛遗址出土的石磨盘和北辛、大墩子遗址出土较多的大型石铲又具有裴李岗文化的某些因素，青莲岗、大伊山、二涧村和大村遗址都出有陶盉，二涧村和大伊山遗址出土器物的共性比较突出。这些因素说明北辛类型的西部可能受到裴李岗文化的一定影响，东部则与大伊山类型较为密切，而大伊山类型与南方诸文化有较多的联系。古籍记载，苏北和山东地区是东夷民族活动的区域。大伊山类型可能就是代表淮夷先民的文化，北辛类型则可能是代表东夷另一支族先民的文化，或者是徐夷先民的文化。这个推论同苏秉琦先生所说“这个地区出土的新石器时代遗存确有特色，这可能与徐夷、淮夷有关”[3]亦是正相符合的。

二　刘林文化

1963年，曾昭燏、尹焕章二先生在《江苏古代历史上的两个问题》一文中认为刘林文化遗存“是一种新的文化”，当时由于还不甚清楚各遗址的早晚关系，就认为花厅遗址属于青莲岗文化范畴，而“刘林、大汶口、景芝镇三处遗存都是属于一个文化系统的”[4]。1963年大墩子遗址的发掘，明确了刘林早于花厅的关系，自然将刘林文化遗存也归入了青莲岗文化。到后来的讨论中，一些同志干脆又将刘林文化遗存归入了大汶口文化。目前由于考古资料的日益丰富和研究工作的不断深入，刘林文化遗存得到了更进一步的认识。我们以为以刘林遗址为代表的这类遗存（即“刘林类型”或“刘林期”），应该成为独立的考古学文化，即刘林文化。其理由是：刘林遗址有一群具有特征性的类型器，这群类型器既不同于青莲岗文化的器物，又不同于大汶口墓葬中出土的器物，并且有一定的分布区域，即在苏北淮海地区有刘林遗址、大墩子下层墓葬，在山东境内有野店遗址的一、二期和三期的一部分遗存、王因、大汶口二至四期、尚庄第一期部分遗存、紫荆山下层、鲁家口早期遗存、邱家庄、白石村等。关于大汶口文化的内涵和时代，我们认为应该只限于1959年发掘的133座墓葬和相应的地层资料。尽管1974年对大汶口遗址进行了第二次发掘，发现了早于《大汶口》报告的资料，但就其文化面貌来看，可分别归入青莲岗文化和刘林文化，而不应统称为大汶口文化。青莲岗文化前文已经论述，是以青莲岗遗址而得名，只包括青莲岗期，在文化面貌上与刘林文化遗存有较大的区别，在时代上也分属于各个不同的时期。所以，青莲岗文化的下限也不应无限延伸，不应包括刘林文化。无论是青莲岗文化下限的无限延伸，还是大汶口文化上限的无限延伸，都可能导致这两个考古学文化概念的庞杂，这是不符合考古学文化命名的原则的，对今后这个地区可能发现的更早的新石器时代文化的命名和研究也会产生不利的影响。基于以上认识，我们主张把刘林期从青莲岗文化或大汶口文化中分离出来，作为一个独立的考古学文化来看待。在与刘林遗存同类的遗址中，刘林遗址是最早发现和发掘的，其遗存也较典型，故我们将这类遗存命名为刘林文化。再则，从其遗存内涵分析，在社会性质上正处于由母系氏族社会向父系氏族社会的过渡阶段，既不同于青莲岗文化所代表的稳定的母权制社会，又不同于大汶口文化（主要以大汶口墓地为代表）所反映的父权制社会，是一种社会变更时期。这样，从社会发展阶段的研究来讲，把刘林文化从青莲岗文化和大汶口文化中独立出来，也是比较妥当的。

刘林遗址先后经过两次发掘，发掘报告将其遗存分为早、晚两期，时代的跨度与王因一至三期、大汶口二至四期一致。有的同志将刘林遗存分为三期[⑤]，我们目前仍沿用两期之说。

现以刘林遗存为例来说明刘林文化的面貌。陶器仍沿袭了青莲岗文化的一些特点，红陶占有一定比例，但灰陶和黑陶因素增加。器形有罐形鼎、钵形鼎、盆形鼎、觚形杯、带把三足罐、钵、豆、罐、盆等，晚期新出现的有缸、圈足杯等。仍见双耳小口罐，口较青莲岗文化的略大，双耳也较大，部分下坠。早期鼎足都为圆锥形，足根部普遍突起，少数足根部加短条形附加堆饰，鼎类肩腹部常施点纹和锯齿形划纹；觚形杯一般较粗矮，三足短小，平底也较普遍；豆为素面，矮圈足。晚期鼎足少数为圆锥形，但根部不突出，根部常见捺窝；觚形杯器身细长，均有三凿形足或宽扁形足，少数在腹部饰竹节状凸棱；豆和圈足杯的足部常见镂孔和弧线三角形印纹。少数罐的腹上部有一周喙形乳突。王因，野店等地的陶器种类和形制演变情况基本与刘林遗存相似（图三）。

刘林文化的彩陶处于盛行时期，仍以钵形器绘彩为主，其他有盆、罐、觚形杯、三足鬶形器和鼎等。早期以单彩为主，纹样比较简单，图案精美的彩陶器不多见。晚期纹样较多，一般先在器壁上施红衣或白衣，然后再以黑、红等色彩绘出图案，有条纹、圆点纹、菱形纹、弧线三角纹、涡纹、叶纹、花瓣纹、八角星纹以及回形纹（或称“己”形纹）等。这些精制的彩陶，反映出当时已有较高的艺术水平。生产工艺水

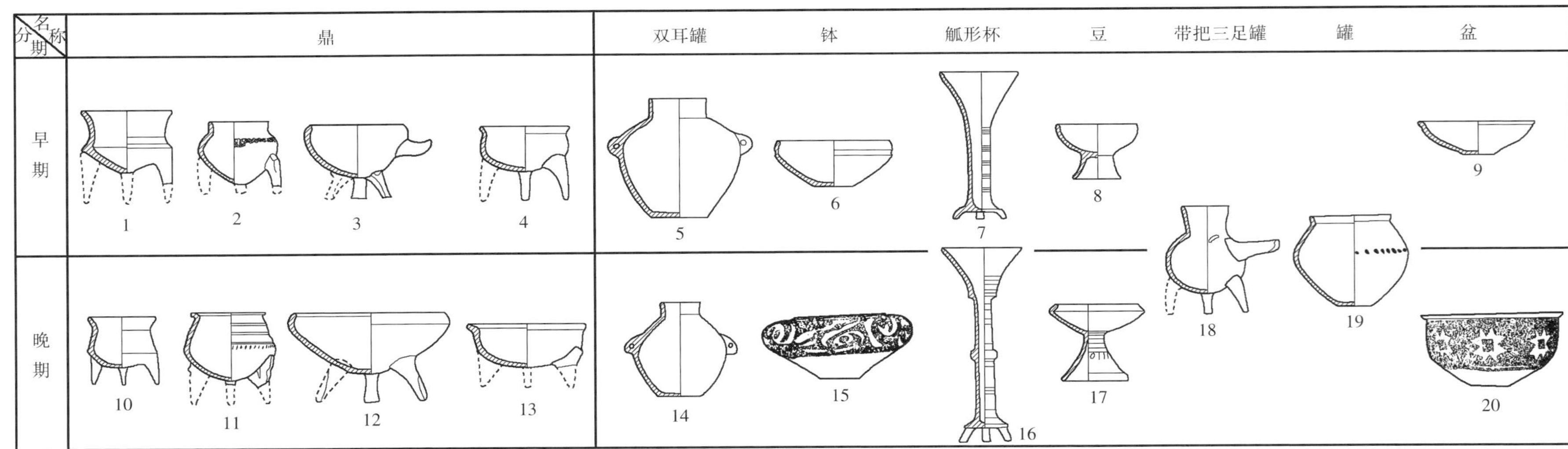

图三 刘林文化

除6、10、17、20为邳县大墩子出土外，余均为邳县刘林出土

平较青莲岗文化有所提高，钻孔技术普遍出现，在石器、骨器上钻孔，便于装柄或携带。装饰品经过雕刻，更显得美观。陶器虽然仍为手制，但器物种类增多，造型优美。

刘林和大墩子遗址都发现有烧土面，可能与居室有关。王因遗址二、三、四层都发现有半地穴式房屋建筑遗迹，并有排列有序的柱洞。这可反映当时人们的居住情况。

刘林文化时期的物质生活，在青莲岗文化的基础上有了一定的发展。除农业生产以外，狩猎和饲养家畜方面也很突出。刘林、大墩子等墓地有少数墓在人骨架腿部随葬狗，墓主人多为男性，属女性的只是极个别的，狗的头向与人骨架一致，这表明当时的狗应主要是用于狩猎的。大墩子 M218 为一年约 25 岁的女性，有一小猪随葬，猪的头向与人骨架相反；M102 随葬猪下颌骨两块；刘林 M100 随葬一雕刻成猪头形的牙饰。从石器多出自男性墓中和纺轮多出自女性墓中，以及随葬狗的多为男性墓、随葬猪的多为女性墓的情况来看，在生产劳动上男女有明确的分工，这种分工在刘林文化晚期显得更为明显。即当时男子忙于开垦种地，农闲时则成群结队地手执弓箭、带着猎狗外出狩猎，以弥补农产品的不足。女子则缝衣做饭，操持家务，饲养家畜。但此时的家畜业还不很发达，还没有足够的家畜用以随葬。此外，还从事捕捞等活动。各个遗址出土的生产工具和螺、蚌、鱼、鹿、獐以及其他动物骨骼，足以证明农业、狩猎、渔猎以及采集是当时人们获取生活资料的途径。

刘林文化时期的人们有氏族公共墓地，并按血缘亲疏关系来分区埋葬。刘林和大墩子墓地的多数墓无墓坑，只有少数墓有浅窄的墓坑，其他几处墓地则都有墓坑。绝大多数为单人仰身直肢葬，也有少数为侧身葬、屈肢葬、二次葬以及合葬。刘林墓地绝大多数头向北，大墩子、王因、野店等墓地绝大部分头向东。未发现葬具，只有野店遗址有个别墓葬在人骨架上下各有一层木炭和草灰。常见死者手握勾形獐牙器。大墩子、王因墓地有成年男女敲拔上侧切齿的习俗，并发现死者口内含有石、陶小球，且齿面有长期含着此类小球而留下的痕迹。刘林 M152 为一位 40 岁左右的女性，折头葬，在骨盆内发现一胎儿骨骼，这可能是孕妇死后的特殊葬式。所有这些，都反映了当时的氏族制度和人们的信仰与习俗。

刘林文化墓葬随葬品较青莲岗文化略为丰富，一般在 1—8 件左右，也有极少数墓无随葬品。早期墓随葬品多寡现象不太明显，晚期墓已趋向于明显，有的墓随葬品多达数 10 件，但这个差别还不是很大，只能说明贫富已开始分化。最值得引起重视的是这个时期已开始出现成年男女合葬墓，刘林墓地早期只有极个别的男女合葬墓，晚期略多于早期，王因的 3 座异性合葬墓都出自晚期，大墩子也发现有异性合葬墓。刘林文化出现的男女合葬墓由于还不普遍，所以还应是处于对偶婚阶段的夫妻合葬墓。晚期常出现男女一方或双方的二次葬，这说明晚期的这种婚姻关系较早期稳定，这种葬俗只有在母权制不再主宰氏族生活的情况下才能出现。在王因和大墩子墓地，仍有少数为同性合葬墓，特别是王因晚期的合葬墓中，同性合葬墓仍占多数，这又反映了母系氏族社会制度的特征。异性合葬墓中的随葬品男女没有什么区别，葬式上也没有尊卑的反映，说明男性和女性的地位还是基本平等的，女性还没有下降到从属的地位。根据生产力发展水平和贫富分化现象以及婚姻状态分析，刘林文化早期处于母系氏族社会的末期，母权制逐渐衰弱，男性在氏族生活中的地位相对提高；刘林文化晚期则处于父系氏族社会的早期阶段，男子在氏族生活中开始占主导地位，父权制即将出现。实际上刘林文化时期完成了母权制社会向父权制社会的过渡，是第一次社会变革阶段。

大墩子、大汶口、野店等遗址的地层叠压关系，表明刘林文化的相对年代晚于青莲岗文化，而早于大汶口文化。目前已有 23 个碳 -14 年代测定数据可反映刘林文化的绝对年代，其中有 9 个数据早于距今 6000 年，最早的为大汶口遗址四 A 层（BK - 79011）距今 6245 ±190 年。较晚的有 5 个数据在距今 5500 年左右，王因遗址第三层（ZK - 775）为距今 5490 ±125 年，（ZK - 774）距今 5530 ±135 年。再晚于这些数据的有鲁家口第六层（ZK - 882）为距今 5370 ± 130 年，这个数据的正值仍可达到距今 5500 年。王因第二层（ZK - 463）为距今 5225 ±135 年，这也是接近鲁家口第六层的数据的。根据上述数据，刘林文化的绝对年代大约距今 6300—5500 年，与仰韶文化的庙底沟类型和北阴阳营的时代大体相当。

三　大汶口文化

1964 年，夏鼐先生和高广仁、任式楠同志根据大汶口和西夏侯的墓葬资料，提出了大汶口文化的命名，并为考古界所接受。虽然目前对大汶口文化的类型、分期与社会性质诸方面还存在着分歧意见，但主要是大汶口文化起始于何时的问题，关于大汶口文化的下限，看法则是基本一致的。如前文所述，大汶口文化应主要以大汶口墓葬资料为依据，不应包括青莲岗文化和刘林文化，其上限起于花厅期，下限则到日照东海峪的下文化层。现仍按大汶口墓葬的早晚关系，将大汶口文化分为早、中、晚三期。

大汶口文化主要分布于山东和苏北淮海地区，豫中和辽东半岛等地也有一些发现。属于早期的典型遗存，在淮海地区有花厅遗址、大墩子上层墓葬；在山东地区有大汶口早期墓葬、呈子一期、鲁家口第五层、野店第三期的部分遗存和第四期等。山东和苏北淮海地区的遗存一致反映出早期的文化面貌沿袭了刘林文化的一些特征，如刘林文化的带把三足罐（鬶形器）到此时演变成实足鬶，敛口小镂孔豆到此时演变成直口大镂孔豆，觚形杯则由三足演变成圈足，钵形鼎亦由矮足变为高足（这当中只有实足鬶到大汶口文化中期演变为袋足鬶，其他器物便消失了。所以，这种演变关系不能说明刘林遗存和大汶口遗存是同一种文化，而只能说明刘林文化个别器物的延续性）。刘林文化时期一度绝迹的陶盉在大汶口文化中又重新出现。背水壶为新出现的器物，在赣榆青墩庙遗址也曾有出土。羊角状把手消失。鼎、罐、盆等仍是常见器物，扁三角形鼎足两侧常见三角形刻划纹。红陶和红衣陶减少，灰陶和黑陶显著增加。彩陶仍处于盛行时期，花瓣纹、八角星纹仍然存在，新出现的纹样有斜栅纹、锯齿纹、“母”字形编织纹、束禾纹、网状纹、贝纹等。

大汶口文化中期遗存在淮海地区至今还未被发现。从山东大汶口中期墓葬、西夏侯下层墓葬等资料来看，这一时期大镂孔豆逐渐消失，觚形杯、钵形鼎已不见。主要器形有平底折腹鼎、腹部一侧扁平的背壶、扁腹实足鬶、袋足鬶、浅盘粗柄镂孔豆、盉、尊形器、杯、罐、壶等。红陶比例继续下降，灰陶和黑陶比例继续上升。纹饰不发达，主要为镂孔，齿纹、窝纹、附加堆纹较少见。彩陶处于衰弱时期，一般彩绘圆点和带状纹样。

大汶口文化晚期的典型遗存在淮海地区有1982年发掘的泗洪县赵庄遗址（报告待刊）。该遗址出土的数十件陶鼎多为折沿深腹圜底鼎，鸭嘴形足，足根外一般有两个捺窝，器身饰篮纹，这种鼎的形制在滕县西康留、孟家庄等地也有零星发现。赵庄M8出土的3件背水壶体形细长，完全演变成细颈瓶形，比大范庄遗址出土的背壶更失去了它原有的实用价值。该墓还出土了1件高领瓦楞纹陶壶，具有崧泽文化陶器的风格。山东大汶口晚期墓葬、西夏侯上层墓葬、野店第五期、三里河一期、东海峪下文化层以及景芝镇、大范庄、岗上村等地常见的空足鬶、杯、豆等器物在赵庄遗址都有发现，而盉、瓶、平底鼎等器物在赵庄遗址则不见。赵庄遗址和山东地区诸遗址一样，以灰黑陶为主，红陶极少见，部分器物反映出向龙山文化过渡的特征（图四）。纹饰除新出现的篮纹外，镂孔、弦纹、捺窝纹、附加堆纹、划纹也较常见。赵庄遗址的文化内涵，是否代表大汶口文化的一个新的类型，还有待于探讨。

大汶口文化的石器多通体磨光，石斧、石铲扁薄而穿孔，早期出现有段石锛，晚期出现了玉铲等玉器，大墩子还出土了精制的石匕首，一些遗址有骨（包括象牙）雕筒和骨梳，这些都反映了当时较高的石器钻琢和骨器雕刻的制作工艺水平。在烧制陶器方面，灰、黑陶的比例逐渐增大，红陶比例逐渐减少，白陶开始出现，晚期出现轮制陶器，这些都标志着陶器的烧制技术已发展到新的阶段。

大汶口文化的居室平面几乎都为方形，只有三里河一期的房基呈椭圆形。赵庄遗址的建筑遗迹四周以浅槽为墙基，在土槽内立柱建墙。从大墩子出土的3件陶屋模型看，房屋的上部都为攒尖顶，前面设门，屋门和两侧开窗，便于通风。这比原来的圆形房屋增加了实用面积，且建筑坚固，比半地穴式房屋的居住条件大有改善。

大汶口文化时期普遍出现用猪头、猪下颌骨和整猪随葬的习俗，大墩子上层墓随葬猪头或猪下颌骨的墓葬较下层墓多，大汶口随葬猪头的墓葬不仅多，且随葬数量也多，仅M13就随葬猪头14个。此时石器较多，陶杯、尊等酒器大量出现，大墩子出土的大陶罐应是盛粮器，赵庄遗址出土的陶鼎等炊器形体较大。这说明当时的农业和家畜饲养有了一定的发展。彩陶上的禾束纹和斜栅纹可能与收割和饲养家畜有关。大墩子上层墓仍有个别墓以狗随葬，说明大汶口文化早期仍在一定程度上依赖于狩猎经济，越到晚期，农业和家畜饲养越是兴盛。

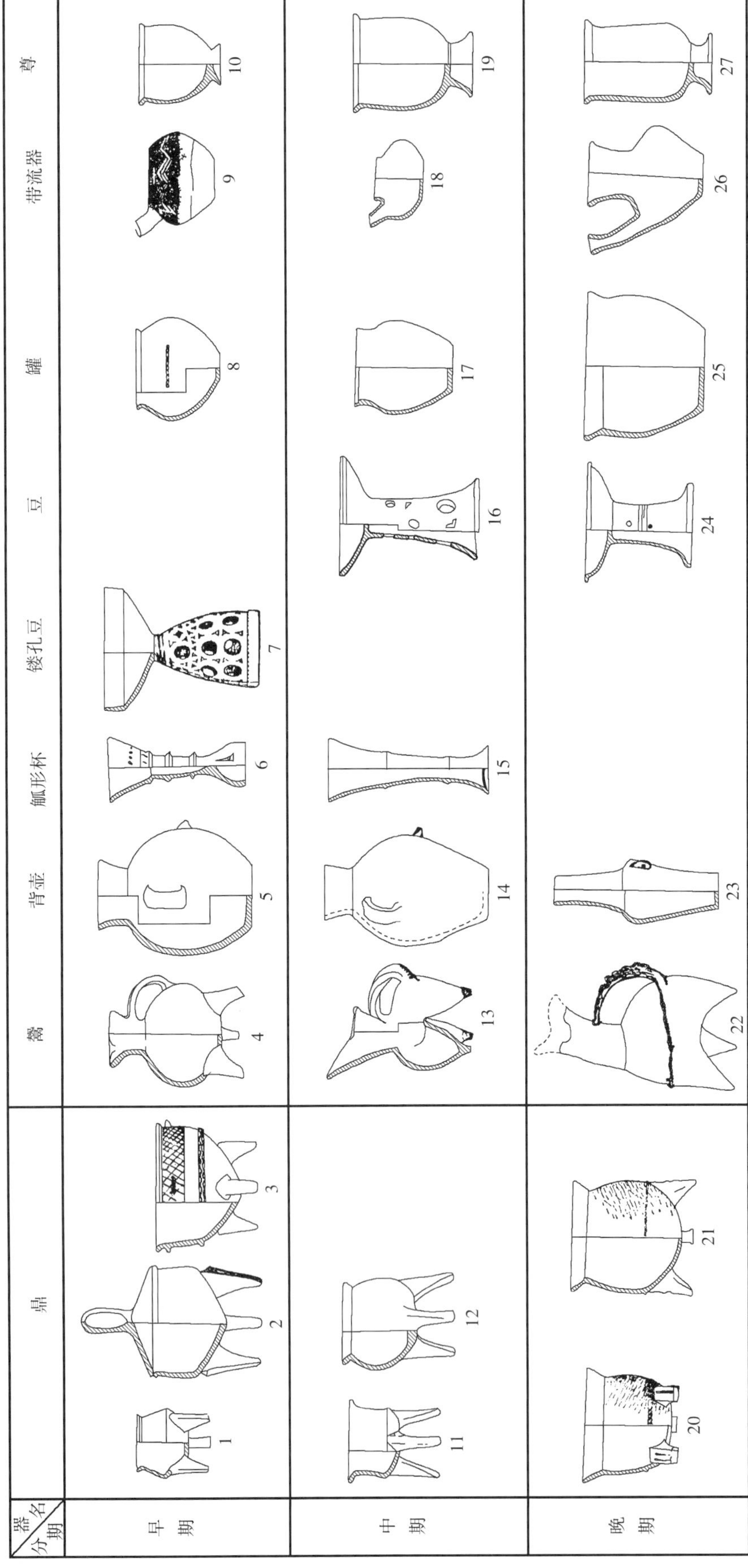

图四 大汶口文化

1、9、10、14、17、19. 泰安大汶口 2、3、4、6、7、8. 邳县大墩子 5. 赣榆青墩庙 11、12、13、15、16、18、26. 曲阜西夏侯 20、21、23、24、25、27. 盱眙赵庄 22. 连云港市二涧村

大汶口文化的埋葬习俗与刘林文化略有不同。淮海地区与山东西部的墓葬以头向东为主，而山东东部沿海地区则以头向西为主。大墩子、花厅、赵庄等地墓葬多数无墓坑，未发现葬具，而山东境内的墓葬都有墓坑，且常见有二层台，木质葬具也较普遍。死者手执獐牙勾形器的现象逐渐减少，头骨变形和拨齿习俗则较为盛行。绝大多数为单人仰身直肢葬，也有少数为其他葬式。除诸城呈子的叠葬外，一般不见多人合葬墓。除大墩子极个别同性成年合葬墓外，常见成年男女合葬墓，且女性多面向男性。

从大墩子上层155座墓葬资料看，没有随葬品的12座，1—5件的49座，6—10件的45座，10—20件的32座，20—30件的14座，30、40、50件以上的各1座，虽然随葬品数量普遍增多，但多寡悬殊，贫富分化现象已经明显。山东境内大汶口等墓地的墓葬形制、葬具、随葬品数量以及精美程度，更能反映贫富的悬殊。物质的丰富、贫富的分化、私有观念的产生，必然会导致氏族制度发生变化。大墩子上层3座异性合葬墓中，有2座随葬品都置于男性一边；赵庄M5男左女右，男性仰身直肢，女性侧身面向男性；大汶口等墓地更有女性侧身面向男性的。这种葬俗只有在完全确立父系继承权的情况下才能出现，说明当时已进入父权制阶段，女性在氏族组织中处于从属的地位。大汶口文化时期应是物质和文化大有发展的父系氏族社会。

关于大汶口文化的年代，目前已有9个碳－14年代测定数据可供参考。最早的两个数据是三里河M301（ZK－365－0）为距今5685±110年，呈子M7（ZK－460）为距今5500±165年，年代虽然比较接近，但从文化面貌上看，前者为大汶口文化晚期遗存，这个数据可能偏早；后者为早期遗存，其数据正好紧接着刘林文化的下限，可以此作为大汶口文化的上限。在鲁家口和东海峪的4个数据中，最晚的是鲁家口第五层（ZK－317）为距今4290±125年，早于龙山文化的碳－14年代测定数据，可以作为大汶口文化的下限。三里河的另外3个数据看来略为偏晚，但与鲁家口较晚的数据还是比较接近的。根据以上分析，大汶口文化的绝对年代大约距今5500—4300年。

四　龙山文化

龙山文化的发现与研究已历半个多世纪，在这艰辛的探索过程中，人们将龙山文化划分成数个区域，确立了典型龙山文化（山东的龙山文化）与大汶口文化的承继关系及其与岳石文化的传承关系，对典型龙山文化的社会性质、类型与分期都有了比较明确的概念。

对于苏北淮海地区的龙山文化虽做了一些工作，但资料还不够全面。在已发现的数十处龙山文化遗址中，只有高皇庙、二涧村、青墩庙、丘湾等遗址经过发掘，出土了少量遗物，也未作专题研究。如同早期的新石器时代文化一样，在这一时期，这一地区与山东大部分地区的文化仍是属于同一地区内的同一种文化，即典型龙山文化。由此，必须依据对典型龙山文化的认识，来分析这一地区的情况。

根据山东地区多年的发掘与探讨，目前一般认为典型龙山文化可以分为早、中、晚三期[⑥]。早期以东海峪中层、大范庄墓葬、尹家城 F3 为代表，中期以东海峪上层、三里河 M2124、尹家城 F4 为代表，晚期以姚官庄、尹家城 H50 为代表。早期陶器具有大汶口文化晚期的特征，器物组合也基本相似。已出现蛋壳陶器，鼎足多扁凿形，亦出有少量鸟首式鼎足或其祖型。中、晚期黑陶和蛋壳陶数量显著增加，蛋壳陶杯口敞，杯柄上升至杯身。鬶颈腹部浑然一体，演变为“冲天流”，“鬼脸式”鼎足较普遍，新出现的器形有甗等。

参照上述分期情况，淮海地区就现有资料来说，似无早期遗存。丘湾出土的鸟首式足鼎，高皇庙出土的直筒杯、黑陶带把罐、豆以及较多的“鬼脸式”鼎足，赵庄遗址出土的罐和盆，都是典型龙山文化中、晚期的遗物。另外还可以直接比较的是二涧村出土的三足盆与姚官庄的Ⅰ式盆相似，赣榆青墩庙采集的陶豆与姚官庄的Ⅲ式豆相似，都属于典型龙山文化的晚期（图五）。

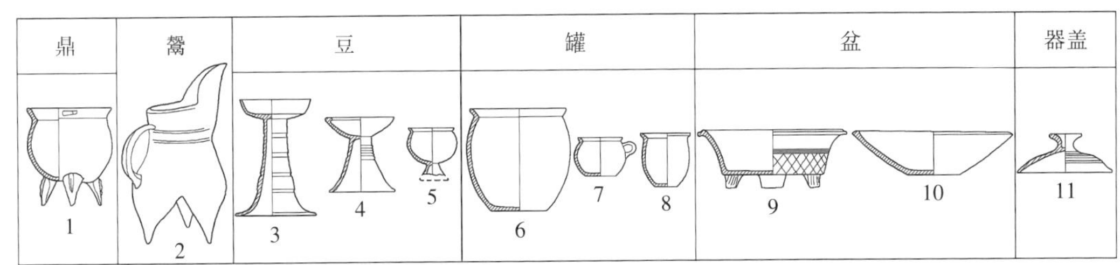

图五　龙山文化

1、3、4、10. 赣榆青墩庙　2、5、7、11. 徐州高皇庙　6. 盱眙赵庄　8、9. 连云港市二涧村

尽管一些同志已将典型龙山文化分成几个类型，但在淮海地区因工作做得较少，资料不够丰富，且出土遗物多不太典型，故无从进行相应的类型划分的探讨。这一地区至今还未发现墓葬及房基等遗迹，对典型龙山文化社会性质的探讨似无补充材料。不过，这一时期淮海地区应和山东地区一样，处于原始公社逐步解体而向阶级社会过渡的阶段。

关于龙山文化的年代，已有 3 个中、晚期的碳－14 年代测定数据，鲁家口第四层（ZK－321）为距今 3985±115 年，三里河 M2124（ZK－363－0）为距今 3980±100 年，M134（ZK－364－0）为距今 3760±145 年。依据这些数据，典型龙山文化的年代大约距今 4300—3800 年。

五　岳石文化

岳石文化的有关器物最早出现于淮海地区，1958 年徐州高皇庙遗址的发掘，1959 年赣榆下庙墩遗址的发掘，以及 1965 年铜山丘湾遗址的发掘，都或多或少地出土了一些岳石文化的遗物。只是由于当时工作所限，没有也不可能认识这类遗存，便统统归入到龙山文化中去了。1960 年山东平度东岳石村遗址的发掘，出土了一批“具有独特风格”的遗物，逐步引起考古界的重视。1981 年严文明同志将这类遗存命名为“岳石文化”。山东大学历史系考古专业师生先后3次对泗水尹家城遗址进行发掘，无论是在地层叠压关系上，还是在器物群方面，其资料是较典型的。所以，简报中将这类遗存命名为“尹家城第二期文化”。但由于东岳石村遗址是最早能够反映这个文化面貌的遗存，所以我们认为将这类遗存命名为岳石文化是较为妥当的。

岳石文化的典型器物主要有尊形器、器盖、甗、豆、罐、盆、鼎以及半月形石刀、亚腰形石斧等，这些器物的特征与龙山文化有较大的区别。赵朝洪同志在《有关岳石文化的几个问题》⑦一文中，对岳石文化的面貌作了较全面的论述。我们基于这些认识，将高皇庙、下庙墩、丘湾等遗址的有关岳石文化的遗物从龙山文化遗存中分析出来，免于资料的继续混乱。高皇庙遗址出土的亚腰形石斧、半月形双孔石刀、蘑菇纽器盖，丘湾出土的尊形器，都是岳石文化的遗物。下庙墩遗址下层，原认为“是龙山文化层”，但现在看来，应是岳石文化层（图六）。

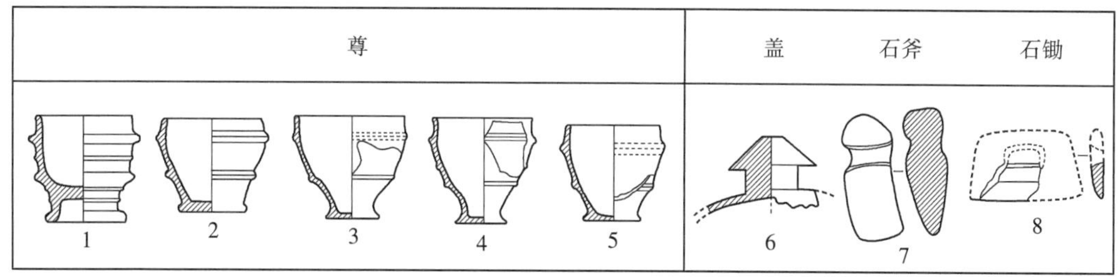

图六　岳石文化

1. 徐州丘湾　2—5、8. 赣榆下庙墩　6、7. 徐州高皇庙

关于岳石文化的分布范围，一般认为与典型龙山文化的分布范围大体一致。但从淮海地区的情况看，岳石文化遗存仅仅出现在与山东省接壤的地带，没有像龙山文化那样遍布淮河两岸。这究竟是因为我们工作做得不够，抑或是这一地区古代民族的分布范围起了变化，还有待于进一步探索。

关于岳石文化的年代问题，从照格庄、东岳石村和前寨诸遗址的8个碳－14年代测定数据来看，早的是照格庄H6（ZK－868）为距今3840±135年，这个数据与龙山文化的截止年代基本相符。晚的是东岳石村的1个数据为距今3620±125年，因为岳石文化“在泰沂山脉以西地区它存在的时间约相当于中原地区的夏代至早商时期，在胶东地区它延续的时间可能稍长一些”⑧，故我们将这个数据的负值作为岳石文化的下限。根据以上分析，岳石文化大约距今3800—3500年。

六　结语

上述5个文化阶段，构成了苏北淮海地区新石器时代文化发展序列。这个序列，与山东地区是一致的。就淮海地区而言，还有两个缺环，一是大汶口文化中期，一是龙山文化早期，这两个缺环在淮海地区应该是存在的。以后在这一地区的工作中，似应抓好以下几个方面：一、抓青莲岗文化和早于青莲岗文化的遗存。二、抓大汶口文化中、晚期和龙山文化早期遗存。三、抓淮河南岸的诸文化遗存，以分清与淮海地区诸文化、南方诸文化交接地带文化遗存的特点及其相互关系。四、在皖北地区做一些典型遗址的发掘工作，以逐步探清淮夷（包括徐夷）的先民在淮河流域的活动范围及其文化特点。

注释

①吴山菁《略论青莲岗文化》，《文物》1973 年第 6 期；纪仲庆：《长江下游新石器时代文化若干问题的探析》，《文物》1978 年第 4 期。

②安志敏《三十年来中国的新石器时代考古学》，《中国新石器时代论集》，文物出版社，1981 年。

③苏秉琦《略论我国东南沿海地区的新石器时代考古——在长江下游新石器时代文化学术讨论会上的一次发言提纲》，《苏秉琦考古学论述选集》，文物出版社，1984 年。

④《江苏省出土文物选集》，文物出版社，1963 年。

⑤严文明《论青莲岗文化和大汶口文化的关系》，《文物集刊》第 1 集。

⑥黎家芳、高广仁《典型龙山文化的来源、发展及社会性质初探》，《文物》1979 年 11 期。

⑦赵朝洪《有关岳石文化的几个问题》，《考古与文物》1984 年第 1 期。

⑧同上。

（与车广锦合作，原载《考古学文化论集（二）》，文物出版社，1989 年）

青墩遗址——江淮东部远古文化的见证

20 世纪 50 年代我上大学的时候，就读过当时著名的考古学家徐旭生先生的名著《中国古史的传说时代》一书。因为我是江苏人，又是学考古的，所以我很注意阅读该书有关江苏方面，包括江淮之间里下河地区的材料。尽管该书收集我国古史传说材料极其丰富，涉及地区也极为广泛，但谈到江苏运河以东里下河地区时，只简单地说这里“地势下湿沮洳，未见得有居民，就是有，也必然很少”。话虽仅仅一句，说的却是过去研究古史、古地理的学者奉为圭臬的看法。所以直到新中国建立初期的 50—60 年代，江苏省先秦考古学者的眼光，极少注意到这一地区。直到海安青墩遗址的发现，才使人们的这一传统看法得到改变。

一　遗址发现的时间和经过

1973 年春，海安沙岗乡一个叫青墩的小村落里，由于开掘青墩新河，在地下掘出了大量的陶、石、骨器和鹿角、兽骨等古代遗物。后来又有一位村民在村内住家的屋后挖粪坑时，不经意挖出了玉琮、玉璧等八件具有太湖地区良渚文化特征的古玉器。1976 年南通博物苑的邱丰、凌振荣等考古人员来此进行了调查，确认这里是一处规模很大（面积约 2 万平方米）保存相当丰富完好的新石器时代文化遗址。1978 年春，国家文物局和文物出版社在南京召开长江下游新石器时代文化学术讨论会时，南通博物苑在会上出示了这批材料，引起了与会学者们的重视。

二　试掘和发掘

发掘时间和发掘面积：

试掘：为了弄清青墩遗址的范围及文化内涵，1977 年 11 月南通博物苑派人来此进行试掘，开了两个小探方，面积共 25 平方米。

正式发掘：第一次发掘由南京博物院主持，1978 年 4—5 月，发掘 5 米 ×5 米的探方 5 个，面积 150 平方米。第二次发掘系南京博物院结合南京大学历史系考古专业同学教学实习进行的，时间在 1979 年 4—5 月，发掘 5 米 ×10 米的探方 6 个，5 米 ×8 米的探方 1 个，面积 340 平方米。两次发掘总面积为 490 平方米。

南通博物苑、连云港市博物馆和无锡市博物馆先后派同志参加了这两次发掘。

三　主要考古发现

1. 地层和遗迹

文化层堆积情况：除去表土和扰土层外，其下为厚2—2.5米左右的新石器时代文化堆积层。根据土质、土色和包含出土物特征的差异，我们又将其划分为上、中、下三个文化层。

上文化层（地层编号为第3层）：黄绿色土，厚0.3—0.6米。包含有数量不多的陶片等遗物，其中具有该层时代特征的有“T”字形和宽扁形的鼎足，有复道弦纹镂空豆的圈足及短流鬶等，具有江南一带早期良渚文化遗存的文化特征。此外在该层内还发现了同时期的墓葬29座（详后）。

中文化层（地层编号为4A和4B层）：土色黑灰或夹有多量的贝壳，厚1—1.9米。4A、4B这两小层出土的陶片等遗物特征基本相同，其中4A层包含的遗物较为丰富，有大量的新石器时代陶片以及石锛、石斧、骨镞、骨锥、陶弹丸，还有鹿角、兽骨等遗物。该层出土的陶片等遗物特征，基本上和江南地区崧泽文化晚期特征相类似。此外，在该层内还发现了同时期的墓葬51座。

下文化层（地层编号为5、6两层）：其中第5层为褐色胶结状沙质土，厚0.2—0.4米；第六层为黑泥层，湿润而细腻，该文化层尤其是第六层出土的新石器时代陶片、陶器和骨器等文化遗物较多，遗物的文化特征基本上与江南地区崧泽文化早期相类似。还发现大量的猪牙床、鹿角、兽骨及鱼骨、龟甲、大蚌壳及炭化米粒、菱角、芡实、果核等。

在两次发掘的12个探方中，有9个探方的下文化层内，都发现了数量多少不等的经过加工的木桩、圆木条、残木板等建筑构件和柱洞等。此外，在该层偏上部清理墓葬18座。

上述地层情况表明发掘区最早（下文化层）曾是原始氏族人的居住区，后来可能居住区向遗址南部转移，这里则被划为氏族公共葬地。

2. 出土遗物及其特征

两次发掘出土的文化遗物颇丰，上、中、下三层墓葬中，共出土陶、石（玉）、骨角器等随葬遗物478件；在文化层堆积中出土陶片25000余片，较完整的文化遗物多系骨角器、玉石器和小件陶器等，共392件。

出土的320件陶器中最常见的有鼎、豆、壶、罐、三足盉、盆、钵、碗、杯、带柄穿孔陶斧、纺轮、弹丸等。其他生产工具和饰品等小件遗物以骨、角、牙器最多（414件），石、玉器也有一定数量（136件）。

另外，还出土了大量的自然遗物，其中食后废弃的贝壳数量惊人，主要有蓝蚬、失衡丽蚌等，均系全新世淡水生物。其他常见的还有麋鹿的骨角、猪牙床、野猪獠牙、狗牙床、水牛角、獐牙、鱼骨、龟板等；植物标本则有炭化稻谷、芡实、菱角、桃核等。

从出土的早、中、晚三期文化遗物的形制特征上看，可看出它们分别和苏南地区的崧泽文化早、晚期及早期良渚文化有不少相同之处。另外也有部分遗物的特征与南京北阴阳营文化、苏北的刘林文化、庙底沟类型的仰韶文化有类似之处。说明史前时期的青墩人的活动范围是非常辽阔的，和周边地区部落集团交往十分频繁，甚至可以说这一带是当时南北交往的重要通道之一。

四 考古遗存的年代问题

一个新的考古学文化遗存被发现以后，人们最关心的，也是考古学家所要着重解决的问题，就是它的年代问题。考古学目前国际上用放射性碳素（碳－14）来进行年代测定是最为常用的科学方法。中国社科院考古研究所曾对青墩遗址中文化层的木炭和下文化层的残木桩进行了碳－14 年代测定。测定的结果是下文化层为距今 5035 ± 80 年（树轮校正值为 5645 ± 110 年）；中文化层为距今 5015 ± 85 年（树轮校正值为 5625 ± 110 年）。但这个测定结果似尚可商榷。虽说用碳－14 测定年代是很先进的科学手段，但对于测定标本的采样要求和处理非常严格，稍有不慎即可造成外界物质对标本的污染，从而使测定的数据产生偏差。所以人们测定一个地层的年代，往往要同时测定若干个标本，这样得出来的年代数据才比较可靠。青墩遗址中、下文化层均只各选了一个标本，故很难保证其具有很高的准确性。关于这一点，我在青墩遗址发掘报告中已明确指出："这两层文化面貌有较明显的差异，不可能早晚只相差 20 年，其中至少有一个数据有较大的误差。"并指出下文化层的测定数据可能偏晚。发掘报告已指出，青墩遗址中、下两文化层的文化面貌分别与江南地区的崧泽文化晚期和早期相类似。参照目前已被考古界确认的崧泽文化的年代数据，再参照 1993—1995 年发掘的高邮龙虬庄遗址的相关地层资料，我们现在大致可以确定青墩遗址中、下两层文化的年代大致分别为距今 5000—5500 年（公元前 3000—前 3500 年）和 5500—6000 年（公元前 3500—前 4000 年）范围内比较合适。上层已属良渚文化时期，距今应在 4500—5000 年（公元前 2500—前 3000 年）之间。

五 将南通地区的历史上推了三千多年

由于青墩遗址的发掘，结合古地理方面的勘探资料，目前学界对江淮东部地区成陆时间和过程，有了新的认识：

约 8000 年前，古长江口在镇江与扬州之间。江北扬州以东的泰州、海安一带是一片茫茫海域。因长江每年携带 4 亿多吨泥沙入海，入海口流速减慢，加之受海潮顶托，泥沙不断沉淀，先后在浅滩处出现墩、沙洲，逐步在长江口北岸今泰州与海安一线形成一条长达数十公里的沙嘴。过了 1000 多年，海陵一带成为一块四面环水的陆地。

正因为有如此地理环境的特点，所以过去人们总以为这一带成陆时间很晚，远古时期人无法在这里生存。

海安地区有历史记载始于春秋时期。最先属吴国，叫郧，又名发繇口、发繇亭。其中心就是现今海安县立发桥。

海安青墩新石器时代遗址的发掘，证明五六千年前东南黄海之滨已有人类聚居。这样就一下子将江淮东部地区的历史上推了3000余年。

下面我们不妨根据现有的认识，简略描述一下这一历史时期居住在这一带人们的生产和生活等方面的情况。

根据青墩遗址的考古发掘资料，我们可以推知当时这一带气候温湿，居住在这里的人们当时处于新石器时代晚期父系氏族阶段。他们主要从事原始农业，使用磨制的石斧、石锛、骨耜等工具开垦荒地，种植稻谷等庄稼。并畜养了狗、猪、牛等牲畜。原始农业和畜牧业需要他们过着定居生活，所以他们在土墩上建造了简陋的干栏式高架木屋组成的村落。他们还采集果实，猎取麋鹿等野兽和捕捞鱼贝，扩大食物的来源。

大量使用兽骨制成的骨铲、骨锥、骨镞和角质的叉型投掷器等工具，是由这一带栖息着大量的麋鹿等野兽这样的环境所决定的。古青墩人已经掌握了原始的种麻、用纺轮纺线、用原始织机织布等技术。他们还根据生活需要，烧制种类繁多且造型美观的陶器。

青墩遗址的晚期，随着生产的发展，产品逐渐有了剩余。在青墩遗址上层墓穴里，已出现了稀有的璧、环、坠等玉器。这一时期氏族成员内肯定已分化出专业手工业者和商业交换。青墩氏族公社内部已出现了贫富和贵贱等级的差异，文明的曙光已开始照耀到海安青墩这一带土地上。

（原载《青墩文化》，吉林人民出版社，2004年）

青墩遗址的重大考古发现

考古学之所以越来越为古史学家重视，是因为它能不断地为古史（包括科技史、艺术史等）的研究提供丰富的实物资料，这些实物资料本身或它所蕴藏的信息，使史学家不断地完善或更新他们对古史的认识。青墩遗址出土的这类实物资料，目前大致可归纳为如下几项。

一　江北最古老的“干栏式”木构民居

“干栏式”建筑是指一种在木（竹）柱底架上建筑的高出地面的房屋。中国古代史书中有干栏、干兰、高栏、阁栏和葛栏等名。

我国上古传说中，有巢氏为避免族人遭野兽侵袭，教民构木为巢，从此就有了房屋。虽然有巢氏其人不一定存在，但干栏式民居确应是从原始的巢居发展而来的当无疑义。

“干栏式”房屋建筑在世界许多地方的古代民居中，为常见建筑形式之一，一般多建在临近湖沼，地势低湿，气候炎热且雨水较多的地带。由于气温高，湿气大，加之野外常有毒蛇、野兽出没，危害人畜，于是“干栏式”建筑也就应运而生了。干栏式房屋建筑在木柱架上，一般离地 2 米多高，人居上面既可防潮散热，又能防御毒蛇野兽；下层还可以圈养家畜。

我国的“干栏式”建筑房屋是南方的百越先民首创的。最早“干栏式”建筑遗迹是在浙江余姚河姆渡 7000 多年前的新石器时代遗址中被发现的。现在，仍是我国南方一些省区少数民族特别是傣族居民较普遍的住房。

海安青墩遗址下层有 9 个探方内都发现了不少数量的保存尚好的建筑木构件和柱洞遗迹。其中建筑木构件有木桩、圆木条和木板等。在第 15 号探方内，即发现木桩和圆木条达 32 根之多。木桩的下部多数从四面砍削成圆锥形，少数从一面砍成陡直的斜面。这些木桩一般都竖直地插入最下层的青沙生土内。圆木条和木板也是当时人们加了工的建筑构件，有些圆木条端部还有砍凿出来的卯榫。可以判断，竖立的木桩可能是当时“干栏式”房屋的下部木架结构部分；圆木条和木板则可能是建筑的屋顶、墙壁和地板的残余。

在我国长江北岸发现五六千年前的“干栏式”建筑，在我国史前考古上，尚属首见。它对研究我国远古时期民居的类型、分布和演变具有一定的价值。根据青墩遗址发掘报告附录的孢粉鉴定报告对青墩下层孢粉鉴定的结果说：“（采集的孢粉样品）整个组合反映为森林草原植被类型，气候显得比较温暖、潮湿，其地层时代属于全新世大西洋期之末。”可以说这样的地理和气候环境正是产生“干栏式”房屋的主要原因。

二 亚太地区最早的回旋镖（Boomerang）

说起回旋镖，人们非常自然会想到澳大利亚土著民族最常使用的一种奇异的狩猎工具和武器。它还有“飞镖”“回旋刀”“飞去来器”等名称，是澳洲土著文化最典型的标志。正因为如此，作为悉尼2000年奥运会的东道国澳大利亚标记的“新世纪的运动员”图标理所当然地采用了回旋镖作为这一标记重要的组成部分。设计者巧妙地利用了被大家所熟悉的澳洲典型的形象物品及色彩传统来构成一个以举着火炬的运动员形象为主题的标志。如果把这一标志拆散，由上至下不难看出悉尼歌剧院的外形曲线被用来表示火炬，而太阳、岩石表示头部，土著的回旋镖图形则被用来表示运动员前后摆动的双臂及奔跑着的双腿（图一）。

图一 **2000** 年悉尼奥运会会标图案

回旋镖大体上可分为两种，一种回旋镖被投掷者用力掷出去后从其出发点快速飞出去再飞回来，是澳洲土著人主要用来把飞鸟赶进网里的工具。这种回旋镖后来经过改进后被发展成一种杂技艺术，“飞去来器”名称指的主要是这一类的回旋镖；另一种回旋镖是投掷出去后不再飞回，它比较厚重长大，但弯度小些，是一种用来猎取袋鼠和蜥蜴的武器。

有趣的是海安青墩遗址也出土了6件回旋镖，其中有4件整齐地叠在一起，作为随葬品埋在一座墓中。同墓中还出土骨箭头13枚。死者被鉴定为成年男性，可见死者一定是一位精明的猎手。青墩出土的“飞去来器”全都是用麋鹿犄角制成的，有3个自然分杈，全器一面磨平，另一面保存原来的凸面，3个端部都磨成了扁刃。这些形制特征，和澳大利亚土著人的回旋镖基本相同，只是采用的材料有木制和角制的不同而已（图二）。由于青墩的“回旋镖”是用麋鹿角制成的，所以这里有必要简单介绍一下有关麋鹿的情况。麋鹿，俗称“四不像”，是中国特产的世界珍稀动物，以它角似鹿、面似马、蹄似牛、身似驴而得名。尽管它现在是珍稀动物，但在古代却是生长在我国中原和东部、东南地区最常见的野生动物。后来由于战争和洪水等原因，其生活的范围逐渐向东部地区退缩，生存的数量也逐渐减少。到 19 世纪末，已经在中国本土绝迹。由于 1866 年法国传教士大卫在北京南苑皇家猎苑发现麋鹿是未经动物学界所知的新品种，激发了英、法、德、比等国的兴趣，纷纷从中国引进，竟使这一动物在欧洲被保存并繁衍下来。直至 1986 年，我国在大丰建立麋鹿国家级自然保护区，才从英国将 39 头麋鹿引渡回归故里。目前世界上仅存麋鹿 2000 多头，中国有 700 多头。其中大丰麋鹿国家级自然保护区现有 516 头，是目前世界上中国麋鹿的最大放养区和唯一的种群地。

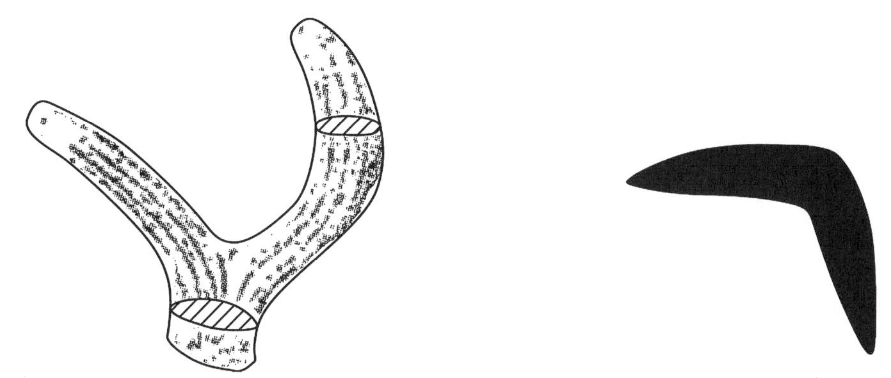

图二　古青墩人制作回旋镖的鹿角和制成的回旋镖

海安、如皋一带滨江面海，境内河港很多，芦苇丛生，麋鹿、野猪、野鸡成群，自古以来就常有人到这里猎射，春秋时期即是著名的射猎场所。青墩遗址文化层内出土了大量的鹿骨、鹿牙、鹿角和鹿角制作的镞、匕首等武器，这就证明了狩猎仍是当时青墩人重要的经济生活来源。麋鹿不仅是青墩人的主要狩猎对象，而且也是其取之不尽、用之不竭的制作劳动工具和武器的材料来源。

青墩出土的回旋镖属于珍贵文物，为避免受到损伤，对其使用性能至今尚未进行过模拟试验。但从其体型、厚度和重量等方面考虑，当属前述第二类回旋镖——即用来狩猎，投掷出去不能飞回的那一类。

青墩遗址发现的回旋镖在我国尚属首次，可确定为 6000 年前的青墩人所制造和使用，是目前亚太地区已知最古老的这类狩猎工具。当然考古发现往往和体育竞技一样，会经常有新纪录打破旧纪录的现象。波兰科学院考古和民族学研究所 2002 年 7 月下旬向媒体通告，该所科研工作者在波德哈尔地区一处山洞进行考古时，发现了一个 3 万年前的古人类用猛犸象骨制成的飞去来器（回旋镖），据认为，这是欧洲地区至今发现的最古老的此类器械。我以为这恐怕也是世界上最古老的回旋镖了。

三　穿孔石斧的柄原来是这样安装的

在长达 300 万年的人类发展史上，可以说其中有漫长的 299 万年左右处于旧石器时代，当时人们主要使用的是打制的砍砸器、刮削器、尖状器等简单的石制工具。直到一万年前左右，即从中石器时代开始，特别是进入新石器时代后，人类从单纯的狩猎和采集经济发展为畜牧和原始农业为主的生产经济。石器的制作由打制发展为磨制，还发明了穿孔技术，石器的用途和类别也越分越细，创造了复合工具和弓箭。所谓复合工具一般是讲将工具装上木质或其他质料的长柄。这样的工具使用起来，就等于延长了人臂的长度，可以延伸攻击距离和范围，加强攻击的力度，提高劳动效率，有效地促进了生产力的发展。穿孔石斧就是复合工具中的一种。

穿孔石斧在新石器时代遗址中多有发现，特别在我国东部和东南沿海地区更为普遍。国外的史前考古报道中，也屡见不鲜（如欧洲史前时期的凯尔特人等）。毫无疑问，穿孔石斧必然是装柄使用的，而柄一般都是木质的。这些穿孔石斧埋藏地下经历了数千年之久，木柄早已腐朽无存了。因此摆在考古学家面前的一个问题就是穿孔石斧的柄到底是个什么样子？穿孔石斧和柄是如何结合在一起的？由于有些人弄不清这个问题，以致以往的考古报告中常有将其误称为石铲的情况出现。

考古学上出现的疑难问题，往往需要我们通过长期艰苦的探索并寄希望于寻求考古新发现。在20世纪70年代，我在《略论古代石器的用途和定名问题》（《南京博物院集刊》第6集）一文中，根据这种工具在墓葬中多横放在死者的身侧和腹部等位置，并参考河南省临汝阎村仰韶文化遗址出土的绘有鱼鸟石斧图的彩陶瓮和山东省莒县陵阳河大汶口文化遗址出土一件刻有带柄石斧形象的陶尊等资料，肯定这是一种横向装柄的工具和武器，定名为穿孔石斧（或石钺），订正了有些人将其定名为“石铲”的错误。但遗憾的是临汝阎村或莒县陵阳河带柄穿孔石斧的形象，只是仅具轮廓而已。对于斧和柄到底是如何结合在一起的，仍是茫然无所知。

“众里寻他千百度，蓦然回首，那人却在灯火阑珊处。”青墩遗址出土的带柄穿孔陶斧，一下子拨开了笼罩在考古学者心头的迷雾。多年的考古之谜终于解开了。

这件带柄穿孔陶斧出自第10号探方的中文化层。泥质红陶制成，长18.4厘米，重70克。其大小估计约为原物的四分之一，全器可分为器柄和穿孔斧两部分，柄为横截面呈椭圆形的棒状，前粗后细，前端翘起，有浅槽可嵌入穿孔斧。槽后有三孔，可穿绳缚住穿孔斧使其固定在槽内。柄后端作半月形，并有三角形穿孔（图三）。弥足珍贵的是，这件带柄穿孔陶斧完全是比照带柄穿孔石斧，按照精确的比例，精心捏塑的。从其比例的精确、整体造型和细部处处追求逼真效果的处理，如将其看成一件精美的史前泥塑工艺品，实不为过。尽管我们还不知道当时青墩人这件带柄穿孔陶斧的真正用意所在，是玩具呢还是显示权势的象征？但仅就这件遗物本身就是极其重要的考古实物资料。因为这件带柄穿孔陶斧制作得非常逼真，虽然它并非广泛使用的实用工具，但确确实实为当时穿孔石斧的装柄方法及其柄部的具体形状，提供了令人信服的实物证据。也正因为青墩带柄穿孔陶斧所具有的极高的科学价值而被定为国家一级文物（国宝），为南京博物院所珍藏。

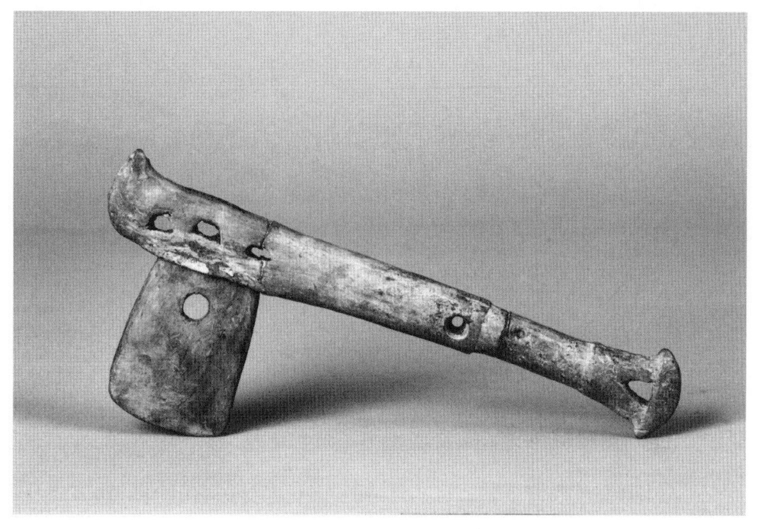

图三　青墩出土带柄穿孔陶斧

四　神秘的刻画纹背后——闪耀着史前人的智慧

在考古发掘中，各种类型和不同造型的遗物会提供给人们古人类史研究许多重要的资料，而涂绘和契刻在遗物表面的图案和符号，除直接反映了当时人们的审美情趣和艺术特点及水平外，有时也会包孕着某种带有神秘色彩的古人类的智慧。尤其是那些比较抽象的刻画符号，它们可能包含有很丰富的内容，比如说它可能是反映或记录了某种具体事物的符号或原始文字，也可能表示某种观念形态的东西，如与占卜有关的巫术，甚至是史前人类哲理思维的体现等。但隐藏在这些符号背后的真正含义，往往是很难一下子被人们所认识的。所以在它们刚刚被发掘出来时，往往并未引起人们足够的重视。一般是经历了一段时间之后，经过一些专家的研究，才逐渐将那些鲜为人知的、隐藏得很深的古人智慧的信息破译出来。青墩遗址就出土了一些带有神秘刻画符号的遗物，考古发掘报告对这些资料作了忠实具体的报道。未曾想到这些资料一经公布，却受到国内一些著名专家的青睐。经过专家们研究，他们竟从中得出让人意料不到且令人震惊的结论。

下面我想重点介绍一下在学术界引起轰动性效应的两件带有契刻符号的鹿角枝。“其一表面刻有11组平行的细划纹，每组三、五、六、九划不等：另一件刻划有五组平行线纹，每组四至五划，两组平行线纹之间有两组顶端相对的复道人字纹，每组也由四至五划组成”。

要弄清这两件刻纹鹿角为何如此受到重视，那就要从著名的“安州六器”说起。我国北宋重和元年（公元1118年），湖北安陆出土了一批（共六件）西周昭王时期的青铜器，北宋时安陆归属安州，故这批青铜器被称为“安州六器”。其中《中鼎》的56字铭文中的最后两字字形奇特而被称为“奇字”。字形似由六个数字形符号组成，历经近900年竟无人识得。郭沫若曾认为是“中”的族徽（见《两周金文辞大系图录考释》)；唐兰则直言是我国已经遗失的古代文字。

我国著名的古史专家张政烺先生，1978 年 11 月末在吉林大学召开的古文字学术讨论会上，作了题为《古代筮法与文王演周易》的报告。在此基础上，他于 1980 年发表了《试释周初青铜器铭文中的易卦》(《考古学报》1980 年第 4 期)，率先释读了这两个奇字，他认为“中鼎”上的奇字是由六个数字组成的重卦（易卦中的一种，易卦中包括有单卦、重卦、变卦、互卦等不同类别)。张先生的这一创见，得到了学术界的高度评价。《易》学被认为是东方哲学思想的精髓，张先生的研究成果则是《易》学研究中最重大的突破。

当时张先生还不知道海安青墩出土的这批刻纹鹿角，在他原稿中并未涉及这批资料。海安青墩遗址发掘报告发表后，老先生随即发现契刻两件鹿角枝上的符号的形象特征，竟然和《中鼎》中的奇字有着惊人的相似之处，每一件的刻纹均为六个数字组成，同样也应属于易卦符号中的重卦。因此他随即在前述的论文之后加写了《补记》，阐述了他这一观点。指出“(这些符号）在易卦发展史上，应属早期形式，可以据此探索易卦起源地点问题”。

继张政烺先生之后，陆续又有不少专家学者就易卦的产生、发展和演变等问题发表论文。1987 年在山东济南召开的国际周易学术讨论会上，凡论述到有关周易起源问题的，无不对青墩这两件刻纹鹿角表示出极大的关注。可以说青墩鹿角刻纹是目前我国最早的易卦实物资料，几已为学术界所公认。

另外南通博物苑徐冬昌先生还对该苑采自青墩的带刻划纹或锥点纹的鹿角枝，发表了研究文章。文中也列有一件带六组刻纹符号的鹿角。也得出了这是“易卦的早期形式”的结论。

易卦的最早实物为什么会出自东部滨海地带的海安？此前已知这方面的早期考古实物资料主要为殷墟、周原的甲骨和西周早期的青铜器《中鼎》。殷墟是“盘庚迁殷”后的都城，根据最新公布的《夏商周年表》：盘庚在位在公元前 1300—1251 年（共 50 年)；《中鼎》被定为西周昭王时器，其铭文开头为“唯王十一年……”据《夏商周年表》周昭王十一年为公元前 987 年。而青墩出土刻纹鹿角的下文化层为公元前 3500—4000 年。与殷墟甲骨和西周《中鼎》间的时间跨度达 3000 年之久。这其中到底是怎么样的一种传承关系？其在时间上、空间上又是如何过渡的？恐怕还需要寄希望于在考古上有更多的发现和进一步的探索。

此外，还有两件刻纹陶纺轮，均出自青墩上层的 17 号墓葬内。系泥质红陶制成。一面刻有用细线条勾画出来的八角星纹。

八角星纹在我国广大地域内的新石器时代晚期文化中发现的较为普遍。如大汶口文化、崧泽文化、屈家岭文化、凌家滩文化、樊城堆文化等许多遗址中常有发现。八角星纹有绘在彩陶器上的，如大汶口的彩陶盆形豆、大墩子的彩陶盆；也有雕刻在玉器上的，如凌家滩的玉鹰和夹在玉龟背甲与腹甲之间的玉牌。但出土最多的还是刻有八角星纹的陶纺轮。青墩出土的两件刻纹陶纺轮上的八角星纹形状和其他遗址所出的基本相同。说明在意识形态上，他们之间有相通之处。

对于八角星的含义迄今有多种解释，如太阳崇拜、史前织机、河图洛书、夏姓族徽、四面八方和四季八节等，见仁见智，说法不一。我国著名专家梁白泉先生对这方面的研究颇有心得，在本文集中刊有专文，此处不再赘述。

最后值得一提的是八角星纹在南美玛雅文化、墨西哥古文化和西亚古文化中也屡见不鲜。是巧合还是诸地的古文化确实存在着某种联系，也是颇费斟酌之事。

（原载《青墩文化》，吉林人民出版社，2004 年）

宁镇地区新石器时代文化与相邻地区诸文化的关系

宁镇地区在地域上是指江苏长江以南、茅山山脉以西的广袤约5000平方公里的地区。在行政区划上，它包括了江苏南京、镇江两市和江宁、丹徒、句容三县的全境，溧水和丹阳两县的北部及武进县的西北隅等地。

1957年，南京博物院曾对这一带的古遗址进行过普查，并发表了普查报告[①]。这次普查发现各时期的遗址一百二十五处，其中大部分属于商周时期的湖熟文化遗址，能确定为新石器时代的遗址或包含有新石器时代遗物的遗址，只有南京市的北阴阳营、太岗寺，宁江县的神墩、大坟滩、乔家山，丹徒烟袋山和丹阳八卦荡等处。由于调查采集的标本数量有限，且缺乏地层关系，很难进行比较研究。

在宁镇地区进行过发掘的遗址，只有三处：

1. 南京市内的北阳阴营遗址，从1955年到1958年前后进行了四次发掘，发掘面积3100多平方米，发现了湖熟文化晚期（西周）、早期（商）和新石器文化三叠层。并清理了新石器时代墓葬二百六十六座。1958年发表了第一、二次发掘报告，报告对发掘情况作了一般性的报导，全部资料尚未披露[②]。

2. 南京西善桥太岗寺遗址，发掘工作是在1960年进行的，发掘面积220平方米，并发表了简报[③]。简报认为这是一处湖熟文化遗址。实际上下层出土遗物基本上都是新石器时代的文化遗存。1968年西善桥某厂在此处挖土时，挖出了许多新石器时代遗物，其中有数十件较完整的陶器和石器送交我院，成为研究这一地区新石器时代文化内涵的重要资料。

3. 江宁县陶吴昝庙遗址，1967年，南京市博物馆曾在此进行过小规模的发掘。其上层属湖熟文化堆积，下层发现了几座新石器时代墓葬。并发现若干陶器、石器和玉器等随葬品。对研究宁镇地区新石器文化类型问题，也有重要参考价值。

一　关于宁镇地区新石器时代文化性质的几种看法

对于宁镇地区新石器时代文化的性质问题，至今仍是众说纷纭。由于受发表资料的限制，一般意见分歧的焦点主要集中在对南京北阴阳营遗址的看法上。

自1951年在淮安青莲岗发现了我省第一处新石器时代遗址以来，北阴阳营遗址可算我省最早进行大规模发掘的一处遗址。报告作者认为出土的石器和彩陶等遗物和青莲岗出土的同类遗物有雷同之处，从而将北阴阳营的新石器时代文化遗存定名为青莲岗文化。以后在有的文章中进一步将陆续发现的太湖地区的吴县草鞋山、吴江梅堰、徐海地区的新沂花厅村、连云港二涧村等址的大约同时期的遗存，也都纳入了这一文化系统[④]。

1972 年以后，笔者根据当时积累的资料，发现原来笼统称之为青莲岗文化的遗存，实际上存在较为明显的地域性差异。并曾于 1973 年和 1977 年分别撰文阐明了这种想法，这两篇文章把以前笼统定为青莲岗文化的遗存，按照地域性特征，划分为以徐海地区为主的江北类型和长江以南地区为主的江南类型。但由于青莲岗文化这一名称既已确立，不宜轻易改动；又由于这两个类型之间确实也有若干共同之处，所以保留了青莲岗文化这一名称。另外在文中还初步对两个类型的序列问题进行了归纳，把宁镇地区以北阴阳营下层墓葬为代表的遗存，作为江南类型发展中的第二阶段，认为它晚于马家浜期而早于崧泽期[⑤]。

1977 年，夏鼐所长鉴于青莲岗文化这一名称在使用上的混乱，建议把江北类型改名为大汶口文化；江南类型的太湖区型改为马家浜文化。并首次明确提出了北阴阳营“似乎代表了另一种文化”[⑥]的看法。以后又有一些同志对这一看法作了更进一步的阐述。有的文章认为：“以南京北阴阳营下层墓葬为代表的遗存，位于江淮之间，可能另有来源。尽管陶器的质料、器形同马家浜文化有相似之处，但这里多彩陶和角状把手，为马家浜文化所不见。它同淮安青莲岗遗址比较一致，可能属于同一文化系统；但同淮北的大汶口文化则有所差异。……因之北阴阳营下层墓葬不宜归入马家浜文化，而应另外命名。至于青莲岗文化一词，由于原来遗址不够典型，又将概念扩大，以致包括了不同系统的文化而引起争论。如果将江淮之间作为一个文化区或可定名为北阴阳营文化。”[⑦]另外还有文章认为：“以南京为中心，包括宁镇地区，连接皖南与皖北的江淮之以及赣东北部一角。这一地区文化有自己的特点。例如南京北阴阳营遗址，原始社会的新石器文化与阶级社会的青铜文化相衔接。这个地区的原始文化似乎有它自己的来源和发展序列”[⑧]；“南京北阴阳营遗址出土物很有特色。陶器中有罐式鼎、带把鼎、盉、盂、盘、豆等，它们也自成组合。生产工具中的有肩石铲、有肩石斧、新月形石刀，其它地方的同类器有明显的差异。虽然还没有发现比它更早的遗存，当不排除有自成系统的可能。在发展过程中，也有类似崧泽那样的阶段。最近在安徽潜山薛家岗遗址发现了相当这一阶段的遗存，特征也多相近，表明该文化的分布，西北部已达今安徽省境”[⑨]。

以上的论述无疑有不少是符合实际的。北阴阳营遗址为代表的宁镇地区文化确实存在着若干地域性特征，它的确和淮安青莲岗遗存有若干相同之处，这一地区的原始文化也确实存在着其自身发展的序列。但同时也存在一些问题。如：①对北阴阳营下层遗存文化特征的概括就有与实际不相符的情况，北阴阳营下层根本就没有发现过“有肩石铲、有肩石斧、新月形石刀”。这样的生产工具只在其上面的湖熟文化地层中有所发现；②北阴阳营下层遗存，只是在地层上被压在青铜时代的湖熟文化层之下。但在发展序列上，并不是与“青铜文化相衔接”，而是存在着相当长的缺环；③宁镇地区的原始文化尽管有其地方特征，但能否就此构成其有别于太湖等地区的另一文化系统？以北阴阳营下层为代表的这一文化是否真的覆盖了包括皖南、苏皖江淮之间和赣东北这一广袤地区？

下面将根据目前所能掌握的材料，对上述有关问题进一步阐明自己的看法。

二　关于宁镇地区新石器文化的发展序列问题

明确北阴阳营下层遗存本身的发展序列，不仅对于了解这一遗存本身的文化特征很有必要，同时也便于与本地区和相邻地区的新石器文化遗存进行比较。

北阴阳营遗址第一、二两次的发掘，探方主要分布在遗址的西部，这一带是墓葬分布较为集中的区域。第三、四次发掘，探方则主要分布在遗址东部，这里发现了不少红烧土居住面和灶坑等遗迹现象。墓地在西，居地在东，反映了这一遗址的基本布局。二百六十六座墓葬中的绝大部分（二百五十三座），都分布在墓葬区，尽管按照其深度和叠压关系还可以分层，但从随葬遗物特征上看，上下区别不大，故可基本上视为同一时期。另外有十三座墓葬，分布在东部居址的上部，显然是在居址废弃后葬入的，其年代应晚于墓地的墓葬，而从随葬遗物来看，这两区的墓葬也显然有别。

墓地墓葬的随葬陶器以夹砂红陶和泥质红陶为主（占百分之八十），灰陶数量较少，有少量的彩陶和红衣陶。主要器形有鼎、豆、碗、钵、罐、壶、盉、盆等，其中以三足、圈足、平底器多见，圜底器很少，常见牛鼻式的器鋬，盉带条形把手和管状流。鼎多为罐式，鼎足多呈肩椎形或圆柱形。豆盘多呈钵形，圈足镂孔不甚发达。钵有圆腹和双弧腹两类，均为圜底，且往往在内壁彩绘线条图案。随葬石器、玉饰品较普遍，弧刃穿孔石斧、环形石斧、条形石锛、有脊石锛、石锄、玉玦、半环形玉璜等器形，都具有代表性（图一）。七孔石刀则仅见于M131内，不能算是代表器。

至于居住区上层墓葬的随葬品，虽然发现数量不多，但就其器形特征看，则与墓地还有明显区别。陶器以灰陶为主，红陶较少，没有彩陶。器类有鼎、豆、罐、壶、杯和鬶形器等，未发现碗、钵之类的器形，而鬶形器又为墓地所未见。牛鼻形器鋬和管状流俱已绝迹。条形把手则仅见于鬶形器。鼎有罐形、盆形两类，均为扁三角足，短侈缘钵形豆的豆足多施镂孔，壶、罐多为折腹，杯呈筒形（图二）。石器发现不多，但出现了扁平、刃部两侧有方折角的有孔石斧。

另外在居住区还发现了H68和H70两座灰坑，出土了腰沿陶釜和腹部附有鸡冠耳的夹砂红陶罐，以及宽扁牛鼻形器耳等物，其年代应早于墓地区的墓葬。而H2这个灰坑内出土的细颈袋足鬶和大口缸等遗物，则已具新石器时代晚期良渚文化的若干特征。

这样从整个北阴阳营新石器文化遗存来看，实际上约分为四期。即：一期，H68和H70；二期，墓葬地区；三期，居住地区墓葬；四期，H2。其中以二期的实物遗存

图一　南京北阴阳营墓葬区出土遗物

最为丰富，我们习惯上称之为北阴阳营类型或北阴阳期的，主要是指的这一部分。

第三、四两期的遗物虽然较少，但南京太岗寺和江宁昝庙两遗址却出土了属于这两期的遗物。

太岗寺遗址文化层堆积相当丰富，除上面有春秋时期的印纹硬陶层和相当于西周至商代的湖熟文化晚期和早期的文化层外，下面还压着有相当于北阴阳营第四期和第三期甚至更早的新石器时代文化层。其中相当于第四期的，有类似钱山漾出土的细长颈袋足鬶等遗物。相当于第三期的遗物相当丰富。在我们收集的遗物标本中大多为灰陶，种类有鼎、豆、鬶形器。圈足盘、罐、壶、杯和扁平刃部有折角的穿孔石斧及半璧形玉璜等。鼎足也为扁三角形，豆盘除有短侈缘钵形的以外，还有勾缘钵和折腹勾缘钵等形状以及镂孔假腹豆等。罐、壶多为折腹，有的表面施加瓦楞形凹弦纹，缺乏碗、钵等器形（图三）。

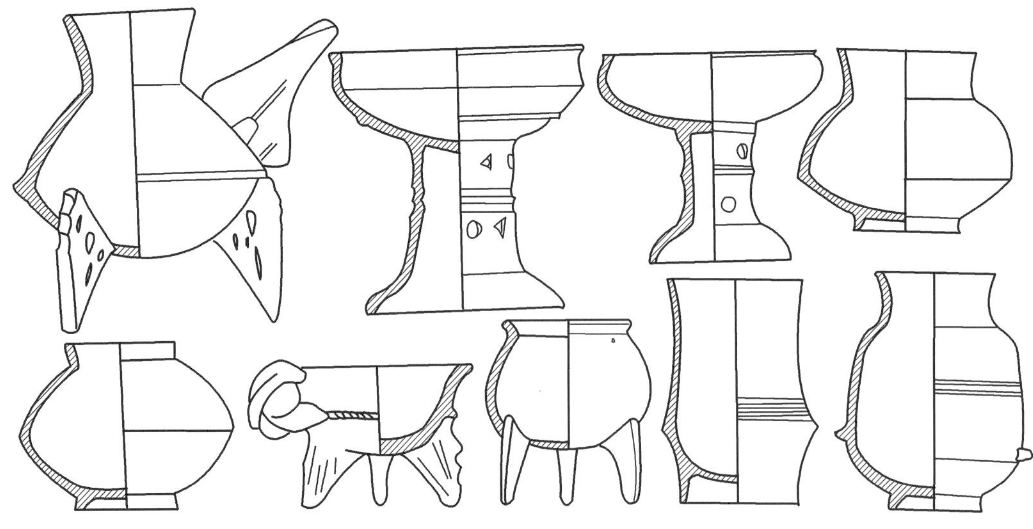

图二　南京北阴阳营居住区墓葬出土遗物

图三　南京太岗寺遗址采集的陶器

昝庙遗址也出土了相当于北阴阳营三、四两期的遗物。其中相当于三期的器物特征，基本上和太岗寺同层遗物一样，相当于四期的遗物有兽面纹玉佩、玉瑗、三角形石刀、有段石锛和贯耳黑皮陶壶等。

三 宁镇、太湖地区新石器时代文化特征的比较

宁镇地区和太湖地区相毗邻，因此在原始文化的面貌特征上，也表现出许多一致的地方。下面试以常州圩墩、吴县草鞋山、上海崧泽等遗址与宁镇地区的有关遗存进行比较。

宁镇地区第一期遗存，目前只在北阴阳营和太岗寺下层有少量发现。其中腰沿釜、牛鼻耳、鸡冠耳夹砂陶罐、条形把手罐形器等，在草鞋山下层、圩墩下层相当于马家浜类型的遗存内都有所发现。至于其他地方特征表现在何处，则由于实物资料太少，尚有待于进一步认识。

宁镇地区第二期遗存，即一般所谓北阴阳营类型的代表性遗存，确有其一定的特色，但在太湖地区也存在有类似的遗存，其中以圩墩遗址的中层具有代表性[10]。圩墩遗址第二次发掘共清理了六十三座墓葬，其中中层墓有六十二座，上层墓一座。中层墓的随葬品有罐形鼎、钵形豆、圆腹罐、壶、钵、盉、矮圈足盘等，常见牛鼻形器鋬和管状流，石、玉器则为舌形穿孔斧、有脊石锛、锄形石斧、玉玦等物（图四左）。总的特征与北阴阳营类型（宁镇二期）相一致，只是器物种类和形制上没有北阴阳营那样复杂罢了。上海崧泽遗址两次发掘共清理了九十七座墓葬，作者将其分为三期，其中第一期八座墓葬，头向均偏北，遗物特征也和北阴阳营类型相类似，只是器形太少，无法作全面比较[11]。

以太岗寺下层和北阴阳营居住区墓葬等遗存为代表的宁镇第三期文化遗存，以往很少为人所知。从文化面貌上看，如扁三角足鼎、勾缘或折腹盘形豆、假腹豆、折腹罐、折腹壶、瓦楞纹壶、扁平刃部有折角的穿孔石斧、半璧形玉璜等，都具崧泽中层、草鞋山中层、圩墩上层和武进潘家塘晚期[12]等遗存的主要特征（图四右）。如果说有地方性特征的话，那只有宁镇地区这一期遗存比较缺乏像太湖地区崧泽类型那样的花瓣形圈足器，和某些加有附加堆纹的折腹罐形器。在鼎、豆之类的形制上较少变化。至于鬶形器、高足杯等，则是苏北海安青墩、涟水三里墩、邳县刘林、大墩子等遗址常见之物。但总的说来宁镇地区的第三期遗存的特征，与崧泽类型还是比较一致的。

宁镇第四期，即相当于良渚这一时期的遗存，发现数量很少。但发现的细长颈袋足鬶、贯耳壶、T形鼎足、石瑗、三角形石刀、有段石锛、兽面纹玉佩等，却是吴兴钱山漾、吴县张陵山等良渚文化常见之物。当然，从现有的出土遗物看，也有某些地方特征，如比较缺乏鱼鳍形鼎足、黑皮陶和竹节形圈足器等。

从以上比较可以看出，宁镇、太湖两地区新石器时代文化的面貌特征，相同之处是非常显著的，地方性特征仅居于次要地位，因此将宁镇地区的新石器时代文化划为

图四 常州圩墩遗址部分遗物（左为圩墩中层，右为圩墩上层）

另一文化系统的依据不充分。

四 宁镇地区和江淮之间新石器时代文化的比较

江苏境内江淮之间的新石器时代考古发掘工作做得很少。海安县青墩遗址是近年来发掘规模较大的一处，1978 年、1979 年两次发掘共清理新石器时代墓葬九十八座，下层还发现木构建筑遗迹[13]。

青墩的新石器遗存大致可以分为三期，其中以中期资料最为丰富。出土的陶器有鼎、豆、圈足盘、罐、壶、杯、钵、盆等。其中鼎多属上海崧泽中层 III 型鼎，豆和圈足盘的形制变化很复杂，但大体和崧泽中层的同类器的特征相一致，罐、壶等多为折腹，流行瓦楞纹，筒形杯很普遍。如果说宁镇地区三期文化遗存中的扁三角形足罐形鼎等还表现出一定的地方性特征的话，那么由于海安青墩中期，鼎的形制也和崧泽中层相同，这就表明了在总的特征上比宁镇地区更加接近于崧泽中层的文化遗存。但在折腹罐、壶上缺乏附加堆纹，少见花瓣形圈足这点上，和宁镇三期遗存较为一致。

青墩下层的遗物虽然不多，但亦可反映出其基本特征，其中深腹罐形鼎、钵形豆、红陶钵、双曲腹钵，以及带管状流、条形把手等器形，颇有与北阴阳营墓地墓葬遗物雷同之处。但鼎豆的形制较单一，某些夹砂陶罐形器的口外或口内往往有一对环耳，则又是他处所未见。

青墩上层曾出有玉琮、玉璧、玉瑗、条形玉坠、有肩穿孔石斧，有段石锛、贯耳陶壶、镂孔假腹豆，以及残鬶片、残 T 形鼎足等，无疑具有良渚文化的某些主要特征。

但又和宁镇地区一样，比较缺乏竹节形圈足豆等良渚器形。

值得注意的是1964年我们曾在淮河（废黄河）北岸的涟水三里墩遗址征集和采集到一批陶器和石器，尽管这批遗物缺乏地层根据，但从器物特征上看，却可以分为甲，乙两组。甲组陶器有实足鬶、贯耳壶、竹节纹镂孔圈足豆、直壁浅盘豆、横条形镂孔豆足等，并发现了一件玉琮，带有浓厚的良渚文化色彩；乙组陶器有三角足鼎、鸭嘴形足鼎、鬶形器、勾缘钵形豆、折腹罐、壶、饰瓦楞纹壶、三足罐，四系瓿等，大致和宁镇三期或上海崧泽中层相类似。

淮安青莲岗遗址出土较多的腰沿釜和钵形器等，大致和宁镇一期遗存相当。

这样我们可以看出在江苏境内江淮之间的新石器文化遗存，总的特征是和江南的宁镇和太湖地区相一致的。虽然三个地区各有特色，但终究是大同小异。诚然，在宁镇和江淮之间地区的新石器时代文化遗存中有些是在苏北徐淮地区常见的因素，如带条形把手的鬶形器、高足杯等，但并不能就此定为是一种新的文化。作为一种文化必须具有一群有别于他种文化的遗物，以江淮之间的新石器时代文化遗存为例，在所发现的各种器形中，除少数与苏北徐淮地区的同期遗存相同外，绝大多数都可以在江南找到相同的器形。这样一来，真正可以作为地方独特的遗物就所剩无几了。那么作为一种新的文化也就失去了其存在的基础。

我并不坚持江苏境内所有早于良渚文化的遗存统统都称为青莲岗文化，但就文化性质来说，我认为宁镇、太湖和江苏境内江淮之间的新石器时代文化遗存应属于同一文化系统，甚至它们也可以按发展阶段，分别定出某些文化类型名称。但这些地区之间，只存在着同一文化不同地区的地域类型的差别，而不存在文化性质上的根本差别。至于苏北徐海地区新石器时代文化性质的不同意见，因不属于本文讨论范围，将另文探讨。

五　关于安徽潜山薛家岗遗存问题

安徽潜山薛家岗遗址是近来安徽省发掘规模较大较重要的一处遗址[⑭]。这里地处安徽西部，西与湖北省相邻近，因此在文化面貌上，也有着与此地理位置相适应的特征。

根据安徽省文物工作队有关同志介绍，该遗址的新石器时代遗存约可分为三期。早期仅在地层中发现过一些陶釜和鼎足。另外，还发现了一百零三座墓葬，其中属于中期的二十三座，晚期的八十座。中期墓常见陶器有瓦形（即宽扁形）或条形足鼎，勾缘或勾缘折腹豆，镂孔不发达，某些豆柄中段作球形凸出。此外还有鬶形器、折腹罐、壶、和筒形杯等。特征与宁镇地区三期遗存和太湖地区的崧泽中层较接近。

晚期墓葬则多扁三角形足鼎，浅腹侈缘扁折腹盂形豆、钵形豆、宽缘浅盘豆等，镂孔较发达，并出现竹节纹和横条形镂孔，此外还有甗、圈足盂、贯耳壶和刻纹空心陶球等陶器；石器以扁平穿孔石斧、多孔石刀和有段石锛最为常见；玉器则有半璧形璜和玉琮等物。其中如贯耳壶、宽缘浅盘竹节纹圈足豆、有段石锛、玉琮等，确具有良渚文化的某些特征，但从大多数器形看，却是该类遗存所仅见的，如侈缘扁折腹盉形豆及大量的多孔石刀等。而有些鼎、豆的形制又与宁镇地区三期遗存相接近，至于盂形器和空心陶球等又是湖北屈家岭文化常见之物。由此可见，薛家岗晚期遗存的内涵相当复杂，某些苏南分属于早晚期的遗物，这里却共存，这大概可以从各个不同地区某些器形延续的时间长短不一来解释。

从上述情况分析，薛家岗中期大致与宁镇三期遗存或崧泽中层年代相一致。在文化面貌上它们虽然大体相仿，但也有一定的地方性差别。由于在宁镇地区已找到了北阴阳营类型（即宁镇二期遗存）发展为相当于崧泽中层这一阶段的遗存，再把薛家岗中期看成是发展至这一期的代表性遗存就不太适当了。

薛家岗晚期遗存的地方性特征更为突出。同宁镇和江苏境内江淮之间的相当于良渚时期遗存的面貌不大相同。因此，把这一地区同宁镇等地区划为一个文化区域的设想是不能成立的。

附带说一下，有人根据北阴阳营曾出土过七孔石刀而薛家岗也出土了大量的多孔石刀，认为两者有共同特征，并将其作为同一文化的依据。实际上这种比较并不一定恰当。第一，北阴阳营出土七孔石刀墓只有一座，而薛家岗却是大批出土。第二，北阴阳营类型墓葬时代偏早（早于崧泽中层），而薛家岗是在晚期墓葬中出现的（相当于良渚时期）。第三，两地所出的多孔石刀在质地、形制上也不同，北阴阳营的七孔石刀为灰色花岗岩制成，体较厚实；薛家岗的多孔石刀基本上由页岩制成、体较宽扁。因此不能据此确定它们属于一个文化共同体。但如果说这种多孔石刀滥觞于宁镇地区，薛家岗的多孔石刀是受影响后又得到发展，这种可能性还是存在的。

六 结语

现将根据本文所列举的资料和分析比较，所得出的结论归纳如下：

1. 宁镇地区新石器时代文化遗存，有着自己的发展序列。根据目前资料大致可以分为四期。除了人们较为熟悉的北阴阳营类型（宁镇二期遗存）以外，还在北阴阳营居地区、太岗寺、昝庙等地发现了相当于崧泽中层的遗存（宁镇三期遗存）和相当于良渚文化的遗存（宁镇四期遗存）。早于北阴阳营类型的遗存（宁镇一期遗存）也有少量发现。

2. 宁镇地区的四期文化遗存，在太湖地区都可以找到相应的遗存，第一期约与马家浜期相当，第二期约与圩墩中层或崧泽中层的第一期相当，第三期约与圩墩上层、潘家塘、草鞋山中层、崧泽中层第二、三期相当，第四期约与太湖地区良渚文化时期相当，而且在文化面貌上这两个地区存在着相当大的共同性。地域性差别仅居次要地位。

3. 江苏境内江淮之间的新石器时代遗址做的工作不多。但从海安青墩、涟水三里墩等遗址的出土遗物看，虽然也有部分遗物具苏北徐海地区的某些特点，但主要特征还是与江南的太湖和宁镇地区的遗物较为一致。至于江淮之间最早的新石器代表性遗址——淮安青莲岗遗址中的腰沿釜、红陶钵、喇叭形圈足红陶豆等，也基本具有马家浜类型的特征。因此，就文化性质来说，宁镇、太湖和江苏境内的江淮之间的新石器时代文化遗存，应属同一文化系统，不能因为某些次要的地域性差别而区分为不同系统的文化。至于文化名称问题，我认为在体系和区划问题还未得到统一认识之前，各种意见可以暂时并存，不必强求统一。以后在资料更加充实的基础上，再由有关方面讨论解决。

4. 地处皖西的潜山薛家岗遗址，是安徽省境内唯一可与江苏新石器时代文化相比较的一处遗址，其代表中、晚两期遗存的墓葬的年代，分别约与宁镇三、四两期遗存、太湖地区崧泽中层和良渚文化时期相当。其文化面貌除分别具有江苏和湖北新石器时代有关文化的特征外，还带有浓厚的地方性特色。应是相对独立于其他地区的一种新的文化。

注释

①尹焕章、张正祥《宁镇山脉及秦淮河地区新石器时代遗址普查报告》，《考古学报》1959 年第 1 期。

②南京博物院《南京市北阴阳营第一、二次的发掘》，《考古学报》1958 年第 1 期。

③江苏省文物工作队太岗寺工作组《南京西善桥太岗寺遗址的发掘》，《考古》1962 年第 3 期。

④曾昭燏、尹焕章《古代江苏历史上的两个问题》，《江苏省出土文物选集》，文物出版社，1963 年。

⑤吴山菁《略论青莲岗文化》，《文物》1973 年第 6 期；南京博物院《长江下游新石器时代文化若干问题的探析》，《文物》1978 年第 4 期。

⑥夏鼐《碳－14 测定年代和中国史前考古学》，《考古》1977 年第 4 期。

⑦安志敏《略论三十年来我国的新石器时代考古》，《考古》1979 年第 5 期。

⑧苏秉琦《略谈我国东南沿海地区的新石器时代考古》，《文物》1978 年第 3 期。

⑨苏秉琦、殷玮璋《关于考古学文化区系类型问题》，《文物》1981 年第 5 期。

⑩吴苏《圩墩新石器时代遗址发掘简报》，《考古》1978 年第 4 期。

⑪黄宣佩、张明华《青浦县崧泽遗址第二次发掘》，《考古学报》1980 年第 1 期。

⑫武进县文化馆、常州市博物馆《江苏武进潘家塘新石器时代遗址调查与试掘》，《考古》1979 年第 5 期。

⑬南京博物院《海安青墩新石器时代遗址发掘报告》，《考古学报》1983 年第 2 期。

⑭安徽省文物工作队《潜山薛家岗新石器时代遗址》，《考古学报》1982 年第 3 期。

（原载《中国考古学会第三次年会论文集》，文物出版社，1984 年）

北阴阳营新石器文化几个问题的探讨

北阴阳营遗址是江苏省经过大面积发掘的重要遗址之一，该遗址所包含的新石器时代文化遗存十分丰富。这批资料无论就研究这一地区的考古学文化区系问题，还是研究当时的经济生活、工艺水平、社会形态等问题，均具有重要价值。现就该遗存的文化性质、经济生活及社会性质等问题作些探讨。

一　文化性质

北阴阳营新石器时代文化遗存的文化性质问题，自 1958 年发表了第一、二次发掘的部分墓葬资料之后[①]，一直是考古界关心和不断探讨的一个课题。20 世纪 50 到 60 年代曾被认为是属于青莲岗文化，并被确认为是这一文化的代表性遗存[②]。到了 70 年代前期，随着大江南北各地新石器时代文化遗址调查和发掘数量的增加，考古界已有人（以本人为代表）发现江南地区和徐淮地区新石器时代的文化面貌，存在着明显的地区性差异，从而主张把青莲岗文化区分为江南和江北两个类型，并把北阴阳营（主要指墓葬区）归属于江南类型的第二期（第一期为马家浜期，第三期为崧泽期）[③]。七十年代中期以后，随着对新石器时代文化区系类型问题研究的深入，考古界不少人士认为，江南的太湖地区和宁镇地区的新石器文化，仍存在一定的地域性差别，宁镇地区的新石器文化似乎可以自成系统[④]。自从安徽潜山薛家岗发掘以后，又有人主张北阴阳营和薛家岗归属于一个文化系统。对于北阴阳营新石器时代文化遗存的文化性质问题，究竟应该如何去认识，的确是一个比较复杂且饶有兴趣的问题。

根据 1993 年出版的《北阴阳营》考古发掘报告所述，北阴阳营新石器时代文化可以分为四期，第一期文化，以 H68 和 H70 为代表，其年代约与淮安青莲岗遗址同时。第二期文化，以墓葬区的 258 座墓葬为代表，其年代约与苏北邳县刘林和青浦崧泽的早期遗存相当。如果细分第二期还可以分为前后两期。第三期文化，以居住区边缘的 13 座墓葬为代表，其年代约相当于邳县刘林和青浦崧泽的晚期或更晚一些。第四期文化，以 H2 为代表，其年代已相当于大汶口文化晚期或良渚文化中期。现依其早晚顺序进行分析。

北阴阳营第一期文化的资料很少，以 H68 和 H70 为代表。H68 只出了一些以夹砂红陶为主的残陶片。H70 出土的陶片数量较多，其中包含有较多的圜底腰檐釜和腹部有 4 个鸡冠耳的夹砂红陶罐等陶片，在宁镇地区目前还仅发现此一处，这些器形从未见于墓葬之内。其中陶釜的口部斜直，腰檐较宽平，形制与淮安青莲岗遗址所出的腰檐釜大致相同[5]，而与马家浜、草鞋山等遗址下层所出的陶釜形制有异。这两座灰坑的年代显然比墓葬区的墓葬还要早一些。看来这一时期这里较多地受到徐淮一带新石器文化的影响。但因限于资料，还无法就其文化性质问题作过多的探讨。

北阴阳营第二期文化的资料最为丰富，内容也最复杂。这一期文化主要以西区258座墓葬为代表。出土遗物中的陶器皿，最常见的有鼎、豆、罐、碗、钵、盆、盉及各种模型小陶器等，其他如簋、匜、壶、尊、圈足杯、带流三足壶、带流圈足杯等均少见或偶见。27件彩陶器和36件红衣陶器均属此期。生产工具以石器为主，常见的有石斧、穿孔石斧、石锛、石凿、石纺轮等，较特殊而不常见的有七孔石刀、大石圈等。陶制生产工具主要为陶纺轮。骨角制生产工具极少见，仅有个别的锥、镞等。大量以璜、玦、管、珠、环、坠、泡等玉石饰品和雨花石子随葬，也是本期文化特征之一。

墓葬区的这258座墓，根据埋葬的深度和叠压打破关系可以划分为四个墓层，但不同墓层反映的各种器类和型式的陶器，区别是存在的，但不清晰，似乎很难在它们之间划出一道明确的可以作为分期依据的界限。不少器形是各层共存的，只是在数量上墓层间有些差别。因此从总的方面来说，这258座墓葬，整体上可以被认为是属于一个时期。当然这批墓葬也有早晚之分，这在随葬陶器上也可看出它们的一些变化。

据我观察分析，在墓葬区上下四层墓葬中，大体上分前后两期，第三、四墓层基本可以归属于前期，第一、二墓层可划归到后期。关于这前后两期墓葬随葬的陶器，大致可以看出以下一些变化。如陶鼎，凡锥状和柱状鼎足，且在中部或根部加有乳突形凸饰者，绝大多数出自第三、四墓层，基本不见于第一、二墓层。从陶豆来看，圆腹钵形豆，凡出自三、四墓层的，多属泥质红陶系，圈足无镂孔，或仅加简单的小镂孔。此外，三、四墓层还有较多的异形豆。到一、二两墓层，陶豆形制趋于简单，大多限于圆腹或敛口缘钵式豆。在陶罐方面，前后期变化不很明显。前期的折缘长鼓腹夹砂红陶罐和肩部有一对穿孔小鼻红陶小口罐（原报告IX型和XIII型a式），后期已基本不见。扁腹灰陶罐，前后两期出土数量都较多，其中带鋬者多见于前期，加鸡冠形扁耳者多见于后期。陶碗绝大多数发现于三、四两墓层；二层骤减，一层偶见。陶钵在三、四墓层多见圜底钵、双弧腹钵和带鋬钵；而一、二墓层则多见平底钵和扁耳敛口钵。陶盉主要见于三、四两墓层，一、二墓层较少见，且形制已有所变化。如平底盉，三、四墓层多为敛口钵形盉、异型盉；第二层的平底盉口部有短领。在三、四墓层多为短颈、矮足盉；第二墓层的三足盉的颈部加长。此外如匜、尊及模型小陶器，也主要见于第三、四墓层。

根据上述出土遗物的组合和形制特征，可以看出以下一些因素。部分出自三、四墓层的陶器，如圜底红陶钵、红衣陶钵形高足豆、小口双鼻罐、平底盉、内壁绘彩的陶器、足部附有乳突的鼎等，分别与苏北淮安青莲岗遗址和邳县刘林早期遗存[6]中常见的同类器相类似。另外有部分陶器，如卷缘或折缘罐形鼎、折缘折腹饰瓦楞纹的盆形鼎、折缘豆、勾缘豆、勾缘折腹豆等，大体与青浦崧泽中层（偏早）的同类器相似[7]。其他遗物如环形穿孔石斧（Ⅳ型）、锄形穿孔石斧（Ⅷ型）、半环形玉璜、玉玦等遗物，在青浦崧泽和常州圩墩等遗址都有所发现。上述部分陶器特征，也见于潜山薛家岗第二期文化[8]。

总体上看，北阴阳营第二期文化有着自身独具的面貌特征。鼎、豆、罐的形制极其复杂多变，这在其他同时期的遗址中是少见的。器身上下部成反、正弧线构成的折腹罐形鼎和折腹罐，各种异形豆，大量的圈足碗，双弧腹钵，宽直缘盆，平底及三足盉，带流三足壶，带流圈足杯及独具风格的彩陶器，大量的穿孔石斧，常型、条型、有脊石锛及各类玉石饰品等，构成了这期文化的主要特征。

因此我们可以认为，北阴阳营第二期文化虽然受到来自北方徐淮地区和东南太湖地区新石器文化的影响，但其主要部分却具有深厚的地域性色彩，可以自成系统。

北阴阳营第三期文化以东区（居住区）的13座墓葬为代表。该期遗物从组合到形制，与第二期相比，均有明显的变化。陶器皿以鼎、豆、圈足罐、盆、壶等为主，鬶形器、三足盉等偶见。在第二期常见的碗、钵、平底盉、平底罐和各种彩陶器，此期已基本绝迹。石器中的穿孔石斧已变化为扁平长方形。石锛只有常型一种，除个别墓外，玉石饰品已属罕见之物。

此期陶鼎无论是罐形还是盆形，带鋬或不带鋬，鼎足毫无例外的都是窄面向外的扁三角形。这种鼎也见于江宁昝庙[9]和南京太岗寺[10]遗址，潜山薛家岗三期陶鼎也有类似特征。短唇钵形豆（XV型）也见于崧泽晚期和薛家岗三期。带柄鬶形器在邳县刘林和潜山薛家岗都是常见的器形。而折腹壶、折腹圈足或花瓣足罐、勾缘腹下带垂棱的豆，也多与崧泽文化的同类器基本相同。总的看来，北阴阳营第三期文化的面貌，大致与崧泽文化晚期相近。但缺乏带瓦楞纹的壶、罐，花瓣形圈足器也少见，也缺少半璧形玉璜等崧泽文化的面貌。上述这些器形，在其后发掘的南京太岗寺、江宁昝庙、句容城头山等遗址都曾有发现，说明它们在宁镇地区也是普遍存在的。以上情况表明这一时期东南太湖地区的文化对这一地区的影响加强了，同北方徐淮地区及西部的安徽地区仍继续保持着相互影响关系[11]。

北阴阳营第四期文化仅有H2这一灰坑作为代表。遗物虽然不多，但特征明显，除石镞、石锛外，五件陶器中，两种形制的陶鬶，风格迥异。一种为有前置的细颈，弧裆肥袋足，此型鬶曾见于山东日照东海峪[12]、诸城呈子[13]和江苏连云港二涧村[14]等遗址，一般被认为是大汶口文化晚期遗物；另一种为细长颈，捏流，高裆细长袋足鬶，这种鬶曾见于吴兴钱山漾[15]、南京太岗寺、丹徒烟袋山、昆山荣庄等良渚文化或相当良渚时期的遗址内，大致属良渚中期。腹上部刻有飘带和圆圈纹的篮纹大陶缸，与山东莒县陵阳河出土的大汶口文化晚期陶缸几乎完全相同[16]，为大汶口文化晚期的典型遗物。上述情况表明。H2是本遗址新石器时代文化中最晚的遗存。

由于这一时期文化遗物发现得很少，我们目前还无法了解该期文化的全貌。不过据此我们也可以发现，这一时期除了继续受到来自东南太湖地区的影响之外，来自北方文化的影响显然是加强了。

根据以上分析，表明北阴阳营新石器时代各期文化中，以第二期最为丰富，而且其所表现出的地方性也最为明显，第三期次之，第一、四两期因资料太少尚不适应作过多的推论。为了表示该地区自身的文化特点，我们认为可以把北阴阳营新石器时代文化遗存定为北阴阳营文化。

二　经济生活及生产技术

北阴阳营新石器时代文化遗存所反映的经济生活和生产技术方面的资料，也是以第二期文化为主。

从发现的遗迹和墓葬的分布情况来看，当时人们的居住聚落和氏族葬地，虽然是分开的，但是相距很近。住地选在近水而地势较高的土岗上。房屋的结构和布局，已很难全面了解，但从发现的烧土堆积来观察，可知当时住房主要为地面建筑，居住面经过拍打和焙烤，使之坚硬，并可防潮。从残存的红烧土看，墙壁大概是先用植物秆茎编成箔篱，表面再涂抹草拌泥而成，并铺盖草顶。

生产工具以石器占绝大多数，其中以石斧、穿孔石斧、石锛等砍伐和加工工具为最多。人类定居村落的建立，必须以有固定的经常的生活资料来源为前提，可以肯定这时的原始农业已比较发达。掘土工具当时可能使用的木器，现已腐朽无存。

豢养家畜也是这一时期的重要生产活动之一，这与原始农业能提供必要的饲料是密切相关的。从出土的兽骨可知当时豢养的家畜主要有猪、狗、牛等。猪骨出土较多，经鉴定一般者是在半岁到一岁即被人宰食了。狗的驯养除可供食用外，也可用以协助狩猎。牛除可供食用外，是否已被人役使尚不得而知。

渔猎作为提供生活资料的来源，当时可能已退居辅助地位，这从出土的渔猎工具数量较少可以证明。当然石斧等工具不仅可以用以砍伐，也可用于狩猎，其他狩猎工具仅见少量的骨镞和陶、石弹丸等。猎获的野兽以斑鹿为主，猪骨中的老年标本可能为猎获的野猪，偶尔也可猎获水獭等动物。遗址濒临长江，附近也不乏河流池沼，自然环境也为捕捞提供了便利条件，捕捞的对象主要为鱼、龟、鼋等。

当时的手工业还没有形成独立的生产部门仍然依附于农业，但在氏族内部可能已有了专门分工从事某项手工制作的专门成员，分别承担着制作石器、玉器、陶器等项工作。例如 M145 墓中随葬着 18 件穿孔石斧的成品和半成品，看来墓主人生前在氏族内是主要分工制作石器的成员。

陶器的制作均为手制和手制轮修，夹砂陶系中以红陶为主，泥质陶系中，碗、钵之类多为红陶，罐、豆之类以灰陶居多，似乎反映了当时人们的一种习惯风尚。

在制陶工艺中需要着重提出的是彩陶器的制作。彩陶器共发现 28 件，全属第二期文化，包括有鼎、盉、碗、钵、盆等。

彩陶所施的颜色一般为红、黑、白三色，间有褐色和橙黄色的。绘彩前陶器表面往往先施一层白衣或红衣，然后绘彩。一般陶器彩绘多施于外壁，最常见的纹样是在口、腹、圈足等部位绘1—3周红色或黑色宽带纹，个别加绘连续的菱形网格纹。钵形器的彩绘多施于内壁，有宽带纹、XX形纹、十字纹、网格纹、卷曲纹等。彩绘的颜料可能取自自然矿石。我们在遗址中发现3块赤铁矿的碎块，深红色，质细，加水研磨所产生的红色与陶器上的红衣和红彩完全一样。

石器几乎全为磨制，不同用途的石器选用不同的石料。如石斧和穿孔石斧主要选用辉绿岩、辉长岩和凝灰岩等石材；锛、凿主要选用页岩；砺石和磨石用砂岩；石纺轮主要用凝灰岩。穿孔石器的孔多为管钻法旋成。发现的穿孔石斧粗坯、半成品、钻孔遗留下来的孔芯等，使我们得以了解穿孔石斧制作的全过程。

墓葬出土的295件玉石饰件，经过鉴定，它们的质地主要是阳起石、透闪石等软玉及叶蛇纹石（岫玉）和玉髓等。据南京地质矿产研究所郑健先生研究，这些材料可能产自苏浙皖一带[17]。这些玉器的加工十分精细，表面光洁度很高。玉的硬度很高，以往人们认为没有金属工具很难加工。事实上新石器时代的人们，在当时生产力水平条件下，已完全掌握了解剖玉材、琢磨成形、抛光、钻孔等技术。1982年江苏丹徒磨盘墩遗址新石器时代地层中出土了大量的燧石钻[18]，我们用这些燧石钻对玉片进行了钻孔试验，取得了成功，证明当时玉器上的小孔可能就是用这样的小石钻钻成的。

三 社会形态

关于北阴阳营新石器时代文化所反映的有关社会性质方面的问题，仍以第二期文化所提供的资料比较丰富。

北阴阳营新石器时代墓葬共清理271座，属第二期文化的258座，其中绝大部分为仰身直肢葬，少量为二次葬和俯身葬，侧身屈肢葬只是个别现象。但有一个共同点，就是基本上都是单人葬（只有3座是成人带儿童葬）。没有发现成年男女合葬的现象，这可能是体现了母权制族外婚这一原则。

发掘资料表明，绝大多数墓葬都有生产工具随葬，说明他们生前都是参加生产劳动的。随葬品一般仅限于生产工具、日常生活用具和装饰品等，少数墓有一两个猪下颌随葬，在随葬品数量上，各墓也没有悬殊的差别。由于简单的生产工具和生活用具的个人占有和使用，并不意味着财富私有制的出现，因此北阴阳营墓葬的葬俗，也就并不违背母系氏族社会财富平等和生产资料公有制的这一基本原则。从已鉴定的墓葬看，女性墓葬和男性墓葬一样，往往都有石斧、石锛等生产工具随葬，可知这时妇女也从事主要的生产活动。

北阴阳营遗址发掘时尚存7000平方米，加上被工程破坏部分，原面积应有1万余平方米，发现墓葬271座。参照西安半坡遗址3万平方米左右，墓葬250座，估计居民约五六百人的数据来推算[19]，北阴阳营遗址当时的居民应在300人以上。比照近代易魁氏族和其他部落人员的组成情况[20]，这大致相当一个氏族的人数。

最后附带说一下关于当时人的体质形态方面的问题。复旦大学人类学系吴定良教授（已故），曾对北阴阳营16个新石器时代人下颌骨进行了研究。除鉴定了性别、年龄外，还作了关于体质形态方面的比较研究。吴教授选择的对比材料有3组：（1）安阳侯家庄商代组，男女各50例。（2）安阳小屯隋唐组，男6例，女5例。（3）南京绣球山现代组，男女各50例。他比较了各项测量数据，认为北阴阳营人下颌骨的主要特征与南京市绣球山现代组相接近，而与安阳商代和隋唐两组相去较远，从而得出我国南北两地区居民的体质分型在数千年以前早已存在的结论[21]。

另外中国社会科学院考古研究所韩康信、潘其风两同志，也曾对江苏邳县大墩子和南京北阴阳营的新石器时代人下颌骨，进行了比较研究。在发表的报告结论中认为，大墩子下颌颏形多圆形，颏部突度、下颌圆枕、下颌体粗壮度、下颌体内外形态等，与南京北阴阳营组和绣球山现代组比较接近，而与安阳商代组和隋唐组相去较远[22]。

吴定良教授的鉴定工作是在50年代进行的，当时缺乏苏北方面的比较材料。60年代以后，苏北地区的新石器时代跨越和墓葬的发掘普遍展开。韩康信等同志及时地对这一地区的人骨进行了研究，对吴定良教授的研究工作做了重要的补充。综合这两个鉴定，可以看出在新石器时代，苏南和苏北的人类体质形态，还是比较接近的，并且同样都和安阳商代和隋唐两组人骨，有较明显的差异。

注释

①南京博物院《南京北阴阳营第一、二次的发掘》，《考古学报》1958年第1期。

②曾昭燏、尹焕章《古代江苏历史上的两个问题》，《江苏省出土文物选集》，文物出版社，1963年。

③吴山菁《略论青莲岗文化》，《文物》1973年第6期。

④a. 夏鼐《碳-14测定年代和中国史前考古学》，《考古》1977年第4期；b. 安志敏《略论三十年来我国的新石器时代考古》，《考古》1979年第5期。

⑤华东文物工作队《淮安青莲岗新石器时代遗址调查报告》，《考古学报》1955年第9期。

⑥南京博物院《江苏邳县刘林新石器时代遗址第二次发掘》，《考古学报》1965年第2期。

⑦a. 上海市文物保管委员会《上海市青浦县崧泽遗址的试掘》，《考古学报》1962年第2期；b. 黄宣佩、张明华《青浦县崧泽遗址第二次发掘》，《考古学报》1980年第1期。

⑧安徽省文物工作队《潜山薛家岗新石器时代遗址》，《考古学报》1982年第3期。

⑨魏正瑾《宁镇地区新石器时代文化特点与分期》，《考古》1983年第9期。

⑩纪仲庆《宁镇地区新石器时代文化与相邻地区诸文化的关系》，《中国考古学会第三次年会论文集》，文物出版社，1981年。

⑪同上。

⑫山东省博物馆等《一九五七年东海峪遗址的发掘》，《考古》1976年第6期。

⑬昌潍地区文物管理组等《山东诸城呈子遗址发掘报告》，《考古学报》1980年第3期。

⑭江苏省文物工作队《江苏连云港市二涧村遗址第二次发掘》，《考古》1962年第3期。

⑮浙江省文管会《吴兴钱山漾遗址第一、二次发掘报告》，《考古学报》1960年第2期。

⑯山东省文物管理处等《大汶口》第117页，文物出版社，1974年。

⑰郑健《江苏吴县新石器时代遗址出土的古玉研究》，《考古学集刊》第3辑，中国社会科学出版社，1983年。

⑱南京博物院等《江苏丹徒磨盘墩遗址发掘报告》，《史前研究》1985年第2期。

⑲中国科学院考古研究所等《西安半坡》第288页，文物出版社，1963年。

⑳马克思《摩尔根〈古代社会〉一书摘要》第二编第二章，易洛魁氏族："辛尼加部落的三千人口，如果平均划为8个氏族，则每一氏族约375人。一万五千阿布吉洼人，平均分为23个氏族，每一氏族约650人，……就最主要的印第安部落的现状而论，每一氏族的人口约在100—1000人左右。"

㉑吴定良《南京北阴阳营新石器时代晚期人类遗骸（下颌骨）的研究》，《古脊椎动物与古人类》1961年第1期。

㉒韩康信、潘其风《江苏邳县大墩子新石器时代人骨的研究》，《考古学报》1974年第2期。

（原载南京博物院编《北阴阳营——新石器时代及商周时期发掘报告》，文物出版社，1993年，为该报告第二章第五节"小结"，收入本文集时文字稍作改动）

北阴阳营商、周时期文化遗存研究

南京北阴阳营遗址，发现于1954年，从1955年至1958年前后经过四次发掘，收获颇丰。现根据发掘所得的资料，对第二、三文化层的时代、文化性质、经济生活和族属等问题，谈谈我的认识。

一 时代及文化性质

北阴阳营遗址第二、三两层的文化遗存，虽然不是十分丰富，但在宁镇地区还是属于发掘规模较大、文化内涵比较典型的一处。两层出土遗物中的一部分分别与中原地区的商文化和西周文化有着相同或相似之处，同时又有着明显的地方性特征。

据中国社会科学院考古研究所实验室所做的碳-14年代测定：第三层的年代为公元前1540±90年，第二层的年代为公元前1195±105年[①]（未校正）。前者约相当于商代早期，后者相当商代晚期或西周初期。从这两层的文化内涵来看，其出土遗物，特别是出土陶器的时代特征，基本上与测定年代相吻合。

北阴阳营遗址第三层最具有商代早期文化特征的遗物是陶鬲和陶甗。鬲的口沿虽可分为几型，但共同特征是器壁较薄，侈口，高裆袋足，有圆锥形的实足尖。其中Ⅰ型鬲见于河南偃师二里头三期；Ⅱ型鬲与郑州二里岗下层的Ⅲ式鬲基本相同。甗的形制也与二里岗下层所出的相近。腹内有交错划纹的陶研钵，在郑州二里岗、洛阳东干沟[②]、陕县七里铺[③]等地早商遗存中都有发现。印有细密云雷纹的硬陶器，在二里岗下层也有相同的发现。从一般陶器的纹饰看，印纹中的绳纹、云雷纹、曲折纹、圆圈纹等，也均具有中原商文化早期特征。此外，从北阴阳营第三层出土的生产工具和武器来看，如三锋两翼式铜镞、石斧、石镰等，也与二里岗所出的大致相同。占卜术应属商文化因素之一，北阴阳营遗址第三层和同时期灰坑中出土的卜骨和卜甲可能是受到中原商文化影响产生的。

但是，北阴阳营第三层和二里岗下层等商代早期文化遗存也有很多不同之处。如陶器中泥质红陶和夹砂红陶所占的比例很大，特别是泥质红陶的数量远多于泥质灰陶。陶器纹饰上有几种特有的，如梯格纹、贝纹等，但缺乏饕餮纹等商文化特有的标志性纹饰。从陶器的类别上看，北阴阳营第三层明显地缺乏爵、斝、觚、觯等酒器及大口尊、“将军盔”等器形。豆、盆、罐在形制上和中原商文化也有差别，例如陶豆多为细柄豆，与二里岗常见的大圈足豆和假腹豆判然有别。但却与山东境内岳石文化的细柄豆有相似之处。北阴阳营第三层常见的小口、鼓腹、梯格形印纹软陶罐与二里岗常见的灰陶绳纹陶罐亦迥然不同。从其他遗物看，北阴阳营第三层常见各种半月形有孔石刀，而石镰较少，蚌镰或其他蚌器基本不见；反之，二里岗多石镰、蚌镰，半月形石刀几乎不见。再如柳叶形石镞、石矛头等，也不见于二里岗等中原早期商代遗存中，这一点却又与岳石文化的特点相一致。

通过以上的比较，说明北阴阳营第三层文化遗存曾受到二里头三期、二里岗下层等早商文化和山东境内岳石文化程度不等的影响，但在许多方面却又显示出浓郁的地方性特征。

北阴阳营第二层的文化遗存，此前在南京锁金村[④]、安怀村[⑤]，江宁县湖熟镇的老鼠墩[⑥]，丹徒葛村等遗址都有过类似的发现。该层的Ⅰ型鬲和仪征破山口[⑦]及丹徒烟墩山两处西周墓[⑧]的铜鬲造型基本相同。与西安张家坡Ⅳ式鬲[⑨]，长安普渡村西周墓1∶11号鬲[⑩]形制也大体相似。腰部有加捺窝的附加堆纹的陶甗，和苏北一带西周遗址常见的陶甗特征也相一致，只是前者均为素面夹砂红陶，后者为绳纹夹砂灰陶。北阴阳营第二层最常见的陶豆是一种厚胎，盘和座分界不明显的粗矮圈足豆。这种形制的豆，在西安张家坡遗址是属于西周早期形制，在张家坡和客省庄五期西周墓葬中，属于第一期（相当于成康时期）。瓿的肩部有一对长方形无孔的立耳，也是张家坡西周早期陶器特征之一。陶罍肩部的泡饰也是中原西周陶器上常见的纹饰。陶纺轮的形制也基本上与张家坡所出者相同，有圆饼形、截顶圆锥形和算珠形，表面也有类似的划纹。其他如双翼形铜镞，有銎铜斧，平背和翘尖式铜削以及斧、锛、镰等石器，也是中原西周文化常见的遗物。

北阴阳营第二层遗物同时又具有鲜明的地方性特色。如陶器以夹砂红陶居多，表面以素面为主，而绳纹陶只占全部夹砂陶中的十分之一左右。这与张家坡等西周早期遗存以灰陶为主，绳纹占绝大多数的情况截然不同。鬲的形制也较单纯，缺乏中原地区常见的瘪裆鬲。在器类上缺乏甑、鼎、簋、小口罐等器形，而素面夹砂红陶甗的多见，却又自具特色。至于碗、盆等器形也与中原西周同类器在形制上有较大区别。在生产工具方面，北阴阳营第二层多石镰和半月形有孔石刀，而张家坡等西周遗址多长方形有孔石刀和蚌刀、蚌镰等，石镰反而少见。北阴阳营还缺乏西周文化遗存中常见的骨铲和刻花骨笄等遗物。

通过以上比较可以看出，北阴阳营第二、三两层的文化遗存，在文化面貌上与中原地区的西周早期和商代早期遗存，有不少相同或相似之处。但同时也具有浓厚的地方性特征。因此就年代特征而言，它们与碳－14所测定的结果是相符的。但从文化性质上讲，它们又不是纯粹的商文化和西周文化。由于其地方性特征比较突出，因此是否可以认为它们基本上是一种地方性的土著文化，但受到了中原商周文化的强烈影响。过去我们曾使用过“湖熟文化”这一命名，该文化的基本内容一般被认为是商周时期分布在江苏宁镇和仪征地区的一种地域性考古文化。因此我认为北阴阳营第二、三两层文化遗存在没有更恰当的文化名称之前，仍可使用“湖熟文化”这一名称。但为了区别年代的早晚，可在前面加上表示年代早晚的标识，如商代前期的湖熟文化或西周早期的湖熟文化等。

显然，北阴阳营第二、三层并不能反映湖熟文化的全貌。例如这两期之间并不衔接，其中还存在商代中、晚期的缺环，同时，也没有反映出西周中晚期的文化面貌。而第三层和新石器时代晚期之间也有一段历史空白。这些都是需要我们今后去补充和完善的。

二　经济生活

从北阴阳营第二、三两层遗留下来的居住遗迹来看，这里原来可能是一座村落。当时的住房仍然相当简陋。房屋主要为长方形，屋内地面先用泥抹平，然后用火焙烤。房屋四周可能有支柱，墙壁是先用植物秆茎编排，再在内外涂抹草拌泥。屋顶应系用草铺成。屋内挖有火塘和灶穴，用以取暖和烧烤食物之用。房屋面积 7.6—12.5 平方米不等。

第二、三层都发现了数量不多的小件铜器。经过光谱分析，其主要成分是铜，其次是锡和铅，另外还含有少量的铋、钾等杂质。由于未做定量分析，还无法对当时冶炼铜合金的技术水平做出恰当的评估，但至少可以证明确属青铜器无疑。此外，由于还发现了坩埚和挹铜汁的陶勺，可以证明当时当地的人们确已掌握了冶铸青铜器的技能。前面说过，当时本地土著文化的确受到了中原商、周文化的强烈影响。冶铸青铜的技术毋庸置疑是由中原传入的。铜矿石可能是就近采取的，据现在所知，在附近的江宁县和句容县境内都蕴藏有铜矿石。北阴阳营二、三层出土的青铜器数量虽然不多，但它却是这一文化中的一个重要因素，它标志着当时当地居民的社会生产力已发展到一个新的阶段，即步入了青铜时代。

恩格斯早已指出：“铜、锡及两者的合金——青铜，都是重要的金属，青铜可造有用的工具和武器，但是还不能代替石器，这只有铁才可以做到”。从遗址发现的大量石制生产工具和武器来看，充分证明了这一结论是极其正确的。

农业是当时人们的主要生产活动，也是人们生活资料的主要来源。这里濒临长江，居地周围有河流及湖沼，丰富的水资源对种植水稻等农作物构成了良好的自然条件。翻土石制工具未曾发现，当时可能使用木制的耒、耜进行翻土。收割工具则使用石刀和石镰，从出土情况看，早期（三层）多使用石刀，晚期（二层）已普遍使用石镰。砍伐工具主要为石斧、穿孔石斧、角斧等。青铜斧仅属偶见，在农业生产上不起决定作用。

农业生产的发展，给牛、羊、猪、狗等家畜的饲养提供了物质条件，尤其是猪的豢养，当时已很普遍。

狩猎和捕捞仍是当时人们取得生活资料的补充手段。斑鹿和麋鹿是经常被猎获的动物。这一带水域广阔，水产资源丰富，鱼、龟、鳖、鼋、螺、蚌等，都是当时人们捕捞的对象，其中以鱼的数量最多。

石器和骨角器的制作技术，仍未超过新石器时代的水平，甚至在制作上显得更粗率一些。关于制陶工艺，从残存的5座陶窑看，虽然都已十分残破，但可以看出为直焰窑。从结构上看，可分为窑室、火膛和火道三个部分。惜已无法复原。由于在窑室内发现了完整的硬陶罐，可知这种陶窑烧造陶器时温度是很高的。

在相当于商代前期的第三层内发现了硬陶和釉陶，这标志着制陶工艺跨入了一个新的阶段。这类陶器出土的数量仅占全部陶器的百分之一左右。胎釉的色泽也不够稳定，施釉一般都很薄，还达不到原始瓷的标准，说明当时烧造这类陶器的技术还不够熟练，尚属创始阶段。类似的硬、釉陶器在郑州二里岗等商代遗址中也有发现，但数量更少，只占全部陶片的0.005%。北阴阳营和二里岗的硬、釉陶片均经过化验，测定成分也大致相同。各种迹象表明，硬陶和釉陶似应起源于南方。

三 族属问题

当我国的历史发展进入到公元前16世纪以后，原居黄河中下游的商族逐渐强大，终于推翻了夏朝，建立了商朝的统治。这是我国奴隶制高度发展的时代。商王朝的统治势力不断发展强大，影响范围相当辽阔。但在商朝前期，其势力范围可能尚未到达长江下游的江南地区。商朝后期的武丁时期，曾对南方进行过征伐。《诗经·商颂·殷武》中就有："挞彼殷武，奋伐荆楚"这样的诗句，说明商朝后期其军事征伐的范围曾一度伸向长江以南地区。但终商之世，商王朝在长江以南始终没有建立起巩固的统治。

北阴阳营的第三层文化，其年代约当于商代早期。而创造这一文化的主人，则应是当时的土著居民——荆蛮族人[11]。正因为如此，所以该文化才包含了浓郁的地方性色彩。但由于这一文化又具有较明显的早商文化因素，又使我们看到商王朝势力对这一带所产生的强烈影响。

西周时期可以认为长江下游的江南地区已是周人的统治范围。历史传说太伯、仲雍率领一部分周人所奔的荆蛮，不少史家认为即今江苏南部地区。周武王灭纣后曾封太伯、仲雍之后周章于吴。新中国成立以来在江苏丹徒等地发现过好几批从西周到春秋时期的青铜器，其中尤以丹徒烟墩山发现的一批两周青铜器最为重要[12]。内中有一件"宜侯夨簋"铭文中记载了宜侯夨父子受封于周王，并赏赐给宜侯夨土地和人民等内容[13]。如果"宜侯夨簋"确系当地所铸造，则可以肯定这是周初在江南分封的重要实物证据。

北阴阳营第二层文化的年代考定为西周初期。从其文化面貌具有浓厚的地方性特色来看，当地的居民可能仍然是原来的荆蛮族土著。由于已受周族人的统治，故在文化面貌上不可避免地会渗入周文化的因素。

注释

① 中国科学院考古研究所实验室《放射性碳素测定年代报告（三）》，《考古》

1974 年第 5 期。

② 中国科学院考古研究所洛阳发掘队《1958 年洛阳东干沟遗址发掘简报》，《考古》1959 年第 10 期。

③ 黄河水库考古工作队河南分队《河南陕县七里铺商代遗址的发掘》，《考古学报》1960 年第 1 期。

④ 尹焕章等《南京锁金村遗址第一、二次发掘报告》，《考古学报》1957 年第 3 期。

⑤ 南京博物院《南京安怀村古遗址发掘简报》，《考古通讯》1957 年第 5 期。

⑥ 南京博物院《南京附近考古报告》，上海出版公司，1953 年。

⑦ 王志敏等《介绍江苏仪征过去发现的几件西周铜器》，《文物参考资料》1956 年第 12 期。

⑧ 江苏省文物管理委员会《江苏丹徒烟墩山出土的古代青铜器》，《文物参考资料》1955 年第 5 期。

⑨《中国田野考古报告集·沣西发掘报告》，文物出版社，1962 年。

⑩ 陕西省文物管理委员会《长安普渡村西周墓的发掘》，《考古学报》1957 年第 1 期。

⑪ 曾昭燏、尹焕章《古代江苏历史上的两个问题》，《江苏省出土文物选集》，文物出版社，1963 年。

⑫ 江苏省文物管理委员会《江苏丹徒烟墩山出土的古代青铜器》，《文物参考资料》1955 年第 5 期。

⑬ 唐兰《宜侯夨簋考释》，《考古学报》1956 年第 2 期。

（原载南京博物院编《北阴阳营——新石器时代及商周时期发掘报告》，文物出版社，1993 年，为该报告第三章第四节“小结”，收入本文集时文字稍作改动）

北阴阳营第三层文化遗存的分析

南京北阴阳营遗址是南京博物院在五十年代发掘的一处重要遗址，前后经过四次发掘。该遗址的文化层堆积情况是：第一层为表土层，第二、三两层是“湖熟文化”层，第四层是新石器时代文化层和墓地。由于第一、二次发掘区地表受基建取土工程的破坏，故发表的报告只有第三、四层的部分材料。第三、四两次的发掘区文化层堆积保存较好，发掘者已将二、三两层清楚地区别开来。1959年曾昭燏、尹焕章二先生即首先提出北阴阳营二、三层分别代表湖熟文化早晚不同时期的遗存。但限于客观条件，当时尚未能对这两期文化进行详细的分析，只笼统将其归属于湖熟文化的前期，认为其年代相当于殷末周初并受到了这一时期中原文化的影响。还认为当时尚处于铜石并用时代①。稍后，张永年先生撰文将上述的湖熟文化前期，划分为两类不同的典型遗址：第一类以北阴阳营为代表；第二类以锁金村遗址为代表，并将丹徒葛村、南京安怀村归属于这一类。该文根据这两类遗址的遗物和中原商周文化遗物有很多的相同之处，不同意将其定名为湖熟文化，他主张可径称之商、周文化，并认为当时已进入青铜时代②。

“文革”以后，江苏及其周围地区又做了许多考古工作，提供了大量可供比较的材料。近年来发表的一些报告和论文，一般都将北阴阳营三层定为早期湖熟文化，年代为商代二里岗下层或稍晚③。其渊源应是本地区的新石器时代文化④或点将台下层文化。

笔者有幸参加过北阴阳营第三、四次发掘资料的整理。近年来又阅读了一些考古报告和论文，觉得关于北阴阳营第三层文化年代和文化性质等问题还有进一步讨论的必要。

一　相对年代和绝对年代

从北阴阳营遗址本身的地层情况来看，压在其上的第二层是相当于西周初期的湖熟文化层；其下是新石器时代文化层和墓葬；点将台、团山、太岗寺等遗址的该层，也叠压在相当于西周初期湖熟文化层之下，其下压着点将台下层文化⑤。有同志认为，点将台下层文化是宁镇地区最晚的新石器时代文化或最早的青铜文化⑥。其相对年代大约相当于中原地区二里头文化的早期⑦。因此从地层叠压关系上看，北阴阳营第三层的相对年代应晚于二里头文化早期，早于西周初期。

根据碳-14测定：北阴阳营第三层的年代是公元前1540±90年，校正年代为公元前1890±135年[8]。这一数据和我们根据遗物特征分析的结果基本相符，即相当于二里头文化晚期（理由详后）。在江苏周围地区，属于这一年代范围内的文化遗存有：河南地区的二里头文化三、四期；山东、苏北地区的岳石文化；太湖地区的马桥文化以及江西一带的吴城文化等。下面拟从分析北阴阳营第三层文化的内涵入手，通过与周围地区有关文化因素的比较，从而对该文化的渊源、性质和命名等问题作出判断。

二　文化内涵

根据现有的调查发掘材料，江宁汤山点将台，丹徒高资赵家窑团山，句容城头山，南京太岗寺、安怀村、锁金村、江宁昝庙，丹徒葛村等遗址都包含有北阴阳营第三层文化的相应地层的遗物。可以推定该文化以宁镇地区为其主要分布范围。

根据北阴阳营七个探方第三层的陶片统计资料，在总数3088片陶片中，泥质红陶950片（占30.8%）；泥质灰陶566片（占18.3%）；夹砂红陶1070片（占34.7%）；夹砂灰陶467片（占15.1%）；硬陶和釉陶35片（占1.1%）。按纹饰统计，素面1679片（占54.4%）；绳纹902片（占29.2%）；梯格纹370片（占12%）；云雷纹25片（占0.8%）；贝纹20片（占0.6%）；曲折纹16片（占0.5%）；附加堆纹14片（占0.45%）；弦纹42片（占1.4%）；其他20片（占0.65%）。其他遗址同期地层陶片的统计情况也大致如此。

从以上统计情况看，北阴阳营三层文化的陶片有如下特征：（1）无论泥质陶还是夹砂均以红陶为主。二者约占总数的65.5%。泥质灰陶和夹砂灰陶较少，约占总数的33.4%。硬陶和釉陶仅占1.1%。（2）陶片的纹饰以素面为大宗，占总数的54.4%。次为绳纹，占29.2%。拍印的几何形纹饰占陶片总数的13.9%。（其中又以梯格纹为最多，占12%。其他如云雷纹、曲折纹、贝纹等，都只占0.5%—0.8%左右）。不过需要说明的是，宁镇地区的绳纹陶最早见于点将台下层文化，其特点是比较粗乱；而北阴阳营三层文化绳纹陶则细密而整齐。显然它们有各自不同的渊源。梯格纹（过去称为编织纹）是这一文化中最具特征的纹饰，而且其90%左右都是泥质红陶，因此以往习惯上常称之为印纹软陶。真正印纹硬陶为数极少，在这一地区大量使用印纹硬陶在西周以后。

北阴阳营三层文化的陶器按用途分：炊器类主要为鬲和甗，基本无鼎；饮食器有碗、豆、三足盘、盆、簋、钵、杯、盂、研钵等；盛贮器有罐、尊、瓮等。在这些器类中，鬲、三足盘、研钵等是宁镇地区最早出现的器形。其他器类虽然在这一地区新石器时代晚期及点将台下层文化即已多见，但在形制上却有很大区别。因此那种认为这种文化，是在本地区新石器时代文化基础上产生和发展起来的土著青铜文化的看法，就需要重新认真考虑了。

北阴阳营三层文化的生产工具和武器仍以石器为主，其制作一般比较粗糙，器身往往遗有明显的打击疤痕。石器的种类主要有：石斧、穿孔石斧、石锛、石凿、石刀、石镰、石镞、石矛、石纺轮等。其中斧、锛、凿、纺轮等没有什么显著的特征，石刀和石镰的数量很多，尤其是石刀多为半月形，平刃或弧刃，并穿有双孔。石镰在宁镇地区新石器时代诸文化中较少见，这一时期陡然增多，也是令人注意的现象。扁平三角形的石镞和石矛也是具有时代和文化特征的遗物。

北阴阳营三层文化的青铜制造业似乎并不发达。已发现的青铜器仅限于刀、锥、镞、鱼钩等小件工具和武器。基本不见铜容器和戈、矛等大件兵器。但由于发现过这一时期的炼铜坩埚和挹铜陶勺，故可以认为这一文化的人们已基本掌握了炼铜和铸铜的技术，所发现的小件铜器也应为本地所铸造。

由于目前这类遗存发掘的遗址还不多，特别是这一时期的墓葬至今还没有发现过。所以这一文化的全貌并没有被我们所认识。但根据上述北阴阳营三层文化的内涵，也大致为我们对该文化诸文化因素的分析，提供了基本的材料依据。

三　文化因素分析

根据上节的描述，可以看出北阴阳营三层文化的特征还是比较明显的，而且由于地理位置上的原因，其文化因素也表现出一定的复杂性。下面拟从纵和横的两个方面进行比较，以探讨这些文化因素所包孕的历史和地理方面的内涵。

1. 从纵的方面看，即通过和该地区比该文化较早的文化相比较，看它们之间的继承关系。从地层上看，紧接在该文化层之下的是点将台下层文化。根据发表资料，点将台下层出土的陶片以夹砂红陶为最多，占38%；以下依次为夹砂灰陶占24%；泥质黑陶占23%；泥质灰陶占11%；泥质红陶仅占4%。不见几何印纹硬陶和原始瓷。从纹饰上看，除素面外，以篮纹为主，次为绳纹，其他还有方格纹和弦纹等⑨。和北阴阳营三层文化相比较，后者以泥质红陶为大宗，基本不见黑陶，且出现了硬陶和釉陶；纹饰除素面外，以绳纹和梯格纹为主，基本不见篮纹。显然二者无论在陶系上还是在纹饰上都有相当大的区别。

在陶器的种类上，点将台下层文化的炊器以鼎为主，不见鬲、甗（有个别甗足，疑为晚期地层混入），其他器类有罐、瓮、豆、盆、环足盆、钵、环柄杯等。而北阴阳营三层文化的炊器则以鬲、甗为主，基本无鼎。其他除少数罐、瓮、盆等二者的同类器略有相似之处外，大多看不出其承袭关系。因此目前似乎还缺乏阴阳营三层文化与点将台下层文化之间有继承关系的直接证据。如果说北阴阳营三层文化是在点将台下层文化的基础上发展起来的话，那就很可能是后来这一地区受到了周围地区诸文化的强烈影响，使其文化面貌产生了根本性的变化。

2. 从横的方面看，即和周围地区大体处于同一时期的诸文化相比较，借以探讨它们之间的文化影响和交流的程度。

（1）同二里头文化的比较：北阴阳营三层文化和二里头文化的晚期（即三、四期）大致同时，二者在文化面貌上，既有很大差异，又有不少相同或相似之处。现将二者的异同简略比较如下：

二里头文化主要分布在以河南为中心的中原地区，而且可分为好几个类型[10]。因本文不拟对该文化进行详细讨论，故只打算选择偃师二里头的晚期，洛阳东干沟晚期，温县北平皋、武陟赵庄遗址的第一期，修武李固、新乡潞王坟遗址的第二期等遗存进行比较[11]。

二里头文化晚期陶片的共同特征是，无论是夹砂陶还是泥质陶均以灰陶为大宗，其他陶系相对较少，基本不见泥质红陶。纹饰上则以绳纹占绝对多数，一般要占陶片总数的70%左右。篮纹很少，约占2%—3%。同时也有少量的压印纹，如回形纹、云雷纹、S形纹、重环纹、饕餮纹等。与北阴阳营三层文化相比较，在陶系上前者以灰陶为主，后者以红陶为主，二者区别较大；在纹饰上，北阴阳营三层文化的素面陶占大多数，是与其最大的不同处。但绳纹也占有相当大的比例，而且这两种文化绳纹的风格也大致相同，即普遍出现了一种细密而整齐的绳纹。压印纹中的云雷纹，二者一样；在点将台中层（属北阴阳营三层文化）也发现过压印的饕餮纹，这些相同或相似点，是值得令人注意的现象。

二里头文化晚期陶器的种类有：鬲、甗、甑、深腹罐、圆腹罐、侈口罐、中口罐、敛口罐、高领罐、圆腹小罐、平底盆、三瓦足盆、刻槽盆（即研钵或澄滤器）、细柄豆、钵、大口尊、堆纹深腹瓮、壶等。从总体上看，二里头文化晚期和北阴阳营三层文化的陶器器形是很不相同的，但在某些器形上二者却有惊人的相同或相似之处。如有一种尖唇、凹沿、短颈、高裆、加实足尖的绳纹鬲，在北阴阳营、点将台、团山、太岗寺等遗址的相应地层中都有发现，是北阴阳营三层文化的典型器形之一。而在二里头、北平皋、赵庄、李固、潞王坟等遗址的相当于二里头文化晚期的地层中，也均有发现。在形制和纹饰上二者可以说完全一样。在陶豆方面，这两个文化基本上以细柄喇叭形圈足豆为主要特征。北阴阳营和团山等遗址都出土过一种宽沿盆形细柄喇叭形圈足豆柄上往往加有几周弦纹。同样形制的豆，在二里冈、洛达庙、东干沟、北平皋、赵庄等遗址相当二里头晚期的地层中也都有发现。还有刻槽盆（研钵或澄滤器）这种器形，在中原地区，早在龙山文化晚期就已出现，但龙山文化的刻槽盆均为平底，到二里头文化时期则演变为圜底，腹底均饰有绳纹[12]。而这种圜底形研钵，在宁镇地区几乎所有有北阴阳营三层文化遗存的遗址内都有发现。所不同的只是不是灰陶而是红陶；在纹饰上除绳纹外，还有不少表面饰以梯格纹。此外，在各种罐形器方面，虽然这两种文化区别很大，但底部多为圜底内凹这一特征却是相同的。

另外在刀、镞等小件青铜器方面，这两种文化也是基本相同的。

以上比较表明：北阴阳营三层文化的确受到了二里头文化晚期（即早商文化）的强烈影响。

（2）同岳石文化的比较：

岳石文化是分布在山东和苏北地区的具有浓厚地方特征的夏至早商时期的考古学

文化。据山东平度东岳石村等遗址的发掘简报：这一文化的陶片，陶质以夹砂红陶为最多，约占一半；夹砂灰陶和泥质灰陶次之；泥质黑陶再次之；泥质黄陶最少。陶器表面以素面占绝对多数，主要的纹饰有附加堆纹、划纹、圆窝纹、小圆圈纹、篦状擦纹、弦纹和凸棱饰等。陶器的种类按出土的数量，依次为罐、器盖、鼎、尊、豆、簋、甗、盆、杯等。从器形特征上看，鼎多为敞口、直腹（或鼓腹）、圜底、三足呈锥状或舌状。罐的形制多样，表面往往加有篦状擦纹。豆多为浅盘细柄形。甗的腰和裆部均有附加堆纹。加凸棱的尊形器颇具特征。盖的捉手多呈蘑菇形⑬。岳石文化本身还可以分区和分期，而上述的特征是带有综合性的。但不管怎样，上述这些文化特征和北阴阳营三层文化的差异是极大的。虽然二者都是以夹砂红陶和素面陶器居多数，但在其他陶系和纹饰方面却有很大差别。如岳石文化泥质红陶极少，而北阴阳营文化则反之，常见于北阴阳营三层文化的绳纹、梯格纹等纹饰，在岳石文化中则基本不见，不过在北阴阳营三层文化的夹砂素面陶表面，也发现过篦状擦纹，应与岳石文化的影响有关。从器形上看，岳石文化有鼎无鬲，甗腰和裆均有加捺窝的附加堆纹；而北阴阳营三层文化却是有鬲无鼎，甗腰抹平或加不明显的凸棱状堆纹。其他器形二者也基本上不同。只有盘状细柄豆，二者有的形制比较接近。

在石器方面，这两种文化的斧、锛、凿等石器的制作都比较粗率，这可能是反映了这一时期石器的普遍特征。但半月形双孔石刀的大量使用，却是岳石文化的一大特征。泗水尹家城遗址岳石文化的地层和灰坑中出土石刀 130 件，有 82 件为半月形石刀⑭。这种半月形石刀在宁镇地区的点将台下层文化时期尚未出现，但到了北阴阳营三层文化时期，却大量涌现。而且与岳石同类器的形制几乎完全相同。可以认为是在岳石文化影响下的产物。

（3）同马桥文化的比较：

马桥文化，也有人称之为马桥四层文化。因七十年代在上海马桥遗址的第四层发现了该文化的典型遗存而命名。这一文化主要分布在江苏太湖地区和浙江北部。其年代根据碳十四测定的数据和地层叠压关系，被定为夏、商时期⑮。马桥文化一般认为还可以分期，但目前尚无明确的标准。

马桥文化是太湖地区印纹陶的发生期，出土的陶片以夹砂红陶、泥质红陶和黑衣陶为主，兼有一定数量的硬陶。器表除素面外，夹砂陶常施绳纹或篮纹，其他陶系常见的纹饰有叶脉纹、梯格纹、席纹、方格纹、云雷纹等。有的在肩部压印一条带形的云雷纹或鱼、鸟纹。

陶器的种类主要有鼎、甗、釜、袋足盉、罐、三足盘、鸭形壶、盆、瓦足盆、杯、簋、豆、澄滤器（即研钵）、觚、觯、尊等。这些陶器有其一定的特征。如鼎足多为凹弧形、甗的下部为实足，罐类底部均作圜底内凹形。其他的器形也多具有明显的地方特征。

生产工具和武器仍以石器为主，青铜器只有刀、凿、镞等小件器。石器的种类有：

有翘刃斧、有段锛、三角形犁形器、直柄和斜柄三角形刀、半月形刀、镰、翼形刀（即“耘田器”）以及扁平三角形镞、矛等。

从上述情况表明，马桥文化和北阴阳营三层文化的文化特征确有很大的差异。马桥文化的印纹陶比较发达。陶器器形上有鼎无鬲，甗的形制也很特殊。鸭形壶和各类罐形器也有很浓厚的地方性特点。觚、觯等具有商文化影响的器形，也基本上不见于北阴阳营三层文化。在石器方面，如犁形器、有柄刀、翼形刀等，显然是承袭了良渚文化晚期的石器，在北阴阳营三层文化中基本不见。

但是北阴阳营三层文化和马桥文化既然是同时期，在地区上又是紧邻的两种文化，那就一定不可避免地在彼此之间产生文化交流和影响。而客观上这两种文化也的确有若干相同或相近的文化因素。如二者均是以夹砂红陶和泥质红陶为主，主要纹饰为绳纹和梯格纹。此外，彼此相类似的纹饰还有云雷纹、叶脉纹等。当然，在印纹陶上马桥文化更为丰富多样一些。另外在点将台中层所发现的饕餮纹陶片，其风格也与马桥文化的带形印纹相一致[16]。在陶器器形上，北阴阳营三层文化常见的宽沿、有肩、梯格纹红陶盆，灰陶三足盘，研钵等陶器，在吴县澄湖等马桥文化遗址中，亦是常见的代表性器形[17]。在石器上半月形石刀、镰、斧、锛、镞、矛等，彼此也基本相同。所以尽管这两种文化的面貌差异很大，但彼此间的影响关系还是比较明显的。目前我们尚不能肯定这些相同的文化因素到底是谁影响了谁。我个人认为由于几何形印纹陶器系列，最早是从南方地区产生和发展起来的，因此北阴阳营文化中的印纹陶器（包括有肩盆、凹底罐等），以及三足盘器形，都有可能是马桥文化影响下的产物。但陶研钵、半月形石刀的原生地是北方地区。因此马桥文化中的这类器形，应是通过北阴阳营三层文化的中介而传入的。

应该指出的是，北阴阳营三层文化和马桥文化都包含有不少早商文化因素。但二者所包含的具体内容却又不大相同，如北阴阳营三层文化常见的商式鬲和甗，不见于马桥文化；而马桥文化的觚、觯等商式酒器，在北阴阳三层文化中也杳无踪影。我推测其原因主要是早商文化是通过不同的道路对它们施加影响所致。北阴阳营三层文化的早商因素应系由河南经苏皖北部地区传入的；而马桥文化的早商因素应是由江西的吴城文化经浙北间接传入的。在文化交流的过程中，北阴阳营三层文化和马桥文化分别吸收了早商文化中自己所能接受的部分因素，这样就形成了上述的那种差异。当然这仅仅是一种推测，是否如此尚有待进一步工作去证实。

这里顺便还要提一下分布在赣鄱地区的吴城文化（或吴城类型商文化）。有人认为吴城文化与湖熟前期文化（即北阴阳营三层文化）最为对应。并说“点将台中层和团山的Ⅰ式鬲（即尖唇、凹沿鬲），与德安县石灰山一、二期文化鬲最为相似。缸、研磨盆、深腹和浅腹盆、钵、甗等，半月形刀，橄榄形网坠，角形陶垫，同样在吴城文化中都是存在的。两地都大量使用粗、细绳纹，在几何形纹样中，除了梯格纹、兽面纹和云形纹外，在吴城均可见到”[18]。这些看法应该说基本上与事实相符，但这不一定表明这两种文化有什么直接交往关系。它们可能分别通过不同的道路受到二里头晚期以来的早商文化的影响，从而产生不少相同的文化因素。又由于作为这两种文化基础的原来的土著文化不相同，所以在文化面貌的总体上，二者又有很大的差别。

有人认为吴城文化可分为三期，第一期相当于二里冈上层[19]。我觉得这个年代可能定的偏晚了。从出土的陶鬲等典型遗物看，还是定在二里头晚期比较合适。据吴城的碳十四测定数据看，标本ZK446的年代为公元前1530±150年（未校正）。这个年代也大致和二里头文化晚期相当。

四 对文化性质等问题的我见

江苏南部的宁镇地区，从新石器时代以来的古文化，很长时期一直保持着一种双重性。即一方面始终受到周围地区同时期诸文化的强烈影响；另一方面又始终保持着作为一个文化区的相对独立性。尽管太湖地区是近在咫尺的紧邻，但纵贯苏南的茅山山脉却有如一道天然的屏障，将苏南地区的古文化截然分割成各自独立的两块。直到春秋战国时期以后，这一格局才逐渐被打破。其原因可能与吴国在这里建立了统一的政权有关。在讨论北阴阳营三层文化时，我们不能不注意到它所具有的上述的双重性。

北阴阳营三层文化是紧接在点将台下层文化之后，并在这一文化的基础之上发展起来的文化。尽管如此，它们之间在文化面貌上却有着相当大的差异，人们也只能从少数一些遗物上寻到它们之间的承袭关系[20]。其原因就是因为北阴阳营三层文化中掺有相当多的外来因素所致。

根据上节的分析，北阴阳营三层文化的外来因素主要来自三个方面。其中以来自中原地区二里头晚期早商文化的影响最为强烈。粗细绳纹的普遍使用，云雷纹、曲折纹、圆圈纹、饕餮纹等纹饰的出现。陶器的尖唇凹沿鬲、折沿盆形细柄喇叭形圈足豆、刻槽盆（即研钵）等器形的普遍发现，都应看成是这种影响的产物。还有刀、镞等小件青铜器的铸造，占卜术的开始出现，都应和这种影响有关。

给北阴阳营文化予以影响的次要地区是太湖地区的马桥文化。北阴阳三层文化由点将台下层文化的以灰陶为主改变为以红陶为主，梯格纹和其他几何形印纹陶以及有肩梯格纹红陶盆和灰陶三足盘的出现，都可被认为是受到马桥文化影响下的产物。

山东、苏北地区的岳石文化对北阴阳营三层文化的影响相对较小。北阴阳营三层文化有的夹砂素面陶器表面有篦状擦纹，这种擦纹被认为是岳石文化的特征之一。陶器器形上仅某些浅盘细柄豆在形制是有类似的。但半月形双孔石刀的大量使用，应是岳石文化影响所致。

北阴阳营三层文化文化因素的多元化，形成了其文化面貌独特风格。它不仅与以前的点将台下层文化有别；而且和宁镇地区西周以后的、典型的湖熟文化也大不相同。长期以来人们往往将其定为早期湖熟文化。实际上五十年代发掘的江宁湖熟镇老鼠墩等遗址主要都是西周时期的遗存[21]。因此将北阴阳营三层文化归入到湖熟文化范畴内，并不是很恰当的。同时考虑到周围地区同时期的诸文化均已单独命名，那么我认为就应该将北阴阳营三层文化从湖熟文化中分离出来。这样做的好处是，首先不至于被人们将其和西周时期的湖熟文化混为一谈，或误认为它们之间有直接的延续继承关系；其次将其单独命名，就可以和周围地区同时期诸文化相协调。在考古学的综合比较研究上，将带来更多的方便。

以上是我的一些粗浅看法，错误疏漏之处在所难免。请同志们予以批评指正。

注释

①曾昭燏、尹焕章《试论湖熟文化》，《考古学报》1959年第4期。

②张永年《关于湖熟文化的若干问题》，《考古》1962年第1期。

③刘建国、张敏《论湖熟文化分期》，《东南文化》1989年第1期。

④萧梦龙《对“湖熟文化”几个问题的再认识》，《东南文化》1990年第5期。

⑤南京博物院《江宁汤山点将台遗址》，《东南文化》1987年第3期。

⑥团山遗址考古队《丹徒县赵家窑团山遗址》，《东南文化》1989第1期。

⑦张敏《试论点将台文化》，《东南文化》1989第3期。

⑧中国社科院考古所实验室《放射性碳素测定年代报告（三）》，《考古》1974年第5期。

⑨同⑤。

⑩李伯谦《中国青铜文化的发展阶段与分区系统》，《华夏考古》1990年第2期。

⑪a. 中国社科院考古所二里头队《1980年秋河南偃师二里头遗址发掘简报》，《考古》1984年第1期；b.《偃师二里头1980—1981年三区发掘简报》，《考古》1984年第7期；c.《1984年秋河南偃师二里头九区发掘简报》，《考古》1985年第12期；d. 考古研究所洛阳发掘队《1958年洛阳东干沟遗址发掘简报》，《考古》1959年第10期；e. 刘绪《论怀卫地区的夏商文化》，《纪念北京大学考古专业三十周年论文集（1952—1982）》，文物出版社，1990年。

⑫聂新发《浅谈澄滤器》，《中国考古学论集》，三秦出版社，1987年。

⑬蔡凤书《岳石文化的基本特征》，《纪念城子崖遗址发掘60周年国际学术讨论会文集》，齐鲁书社，1993年。

⑭同上。

⑮a. 黄宣佩、孙维昌《马桥类型文化分析》，《考古与文物》1983年第5期；b. 宋健《马桥文化探源》，《东南文化》1988年第1期。

⑯同⑤。

⑰南京博物院、吴县文管会《江苏吴县澄湖古井群的发掘》，《文物资料丛刊（9）》，文物出版社，1985年。

⑱李家和等《湖熟文化与江西万年类型文化——谈吴越文化》，《东南文化》1990

年第 5 期。

⑲同⑩。

⑳同③。

㉑南京博物院编《南京附近考古报告》，上海出版公司，1952 年。

（原载《南京博物院建院 60 周年纪念文集》，1992 年）

良渚文化的影响与古史传说

地处东海之滨的良渚文化近年来一系列令人瞩目的重要发现，使得人们对这一文化发展水平之高，作了重新的估计。人工筑成的土台形陵山，祭台，相当普遍的玉殓葬及殉人制度，大量的礼仪用玉和令人叹为观止的精美玉雕，氏族公共墓地的消失，代之为大小墓分葬于不同墓区的制度，种种现象表明了当时财富和权势已急遽地趋于集中，出现了凌驾于一般氏族成员之上的显贵阶层，贫富分化已相当明显，手工业专业队伍已经形成，家内奴隶已较普遍，氏族制已濒临解体，即将步入文明时代。

相对而言，地处东海之滨的良渚文化在我国同时期诸文化中居先导地位，尽管出于某种原因，这一文化突然衰落以至消亡，但它对同时期诸文化及后世文化所产生的广泛而深远的影响，是不容忽视的。

一

良渚文化有自己鲜明的，有别于他种文化的特征，除了上述葬制方面的特点之外，在文化遗物方面，如生产工具中的“犁形器”、斜柄石刀（“破土器”）、翼形石刀（“耘田器”），“风”形及有肩穿孔石钺、有段石锛；陶器中的鱼鳍形—“T”字形足鼎、竹节形高足豆、圈足或瓦足盆（盘）、双鼻长颈壶、双鼻鱼篓形壶、尊形器、宽把带流杯、匜形器、捏流细颈鬶、部分陶鼎和陶壶的表面刻有细密繁复的图案形花纹都反映了这一文化的特点。在玉器方面则更具特色，不仅出土数量众多，而且制作极精，发现了大量的璧、琮等礼仪性用玉，此外如锥形饰、冠形饰、三叉形器等也均具特点，在玉琮等玉器的表面雕刻的神人兽面纹，是这一文化独有的标志。以上种种构成了良渚文化独特的器物群。

良渚文化发源于太湖地区，是这一地区崧泽文化的延续与发展，吴县张陵山和苏州越城都发现了这一文化的早期遗存。该文化的分布以太湖地区为中心，南起杭州湾，东可达舟山群岛，西部大体以茅山为界，江淮之间尽管发现的遗址不多，但海安青墩和阜宁板湖陆庄的良渚遗存都比较典型，故这一文化的北限以划在淮河沿岸为宜。

良渚文化的分布区域并不很大，但其影响范围却甚为辽阔（图一）。根据碳-14测定，良渚文化的年代约为公元前2800—1900年（树轮校正为公元前3400—前2200年）。与其大约同时期或稍后的我国古代诸文化有大汶口文化、龙山文化、河南龙山文化、陕西龙山文化、长江中游龙山文化（包括石家河文化、青龙泉三期文化、桂花树

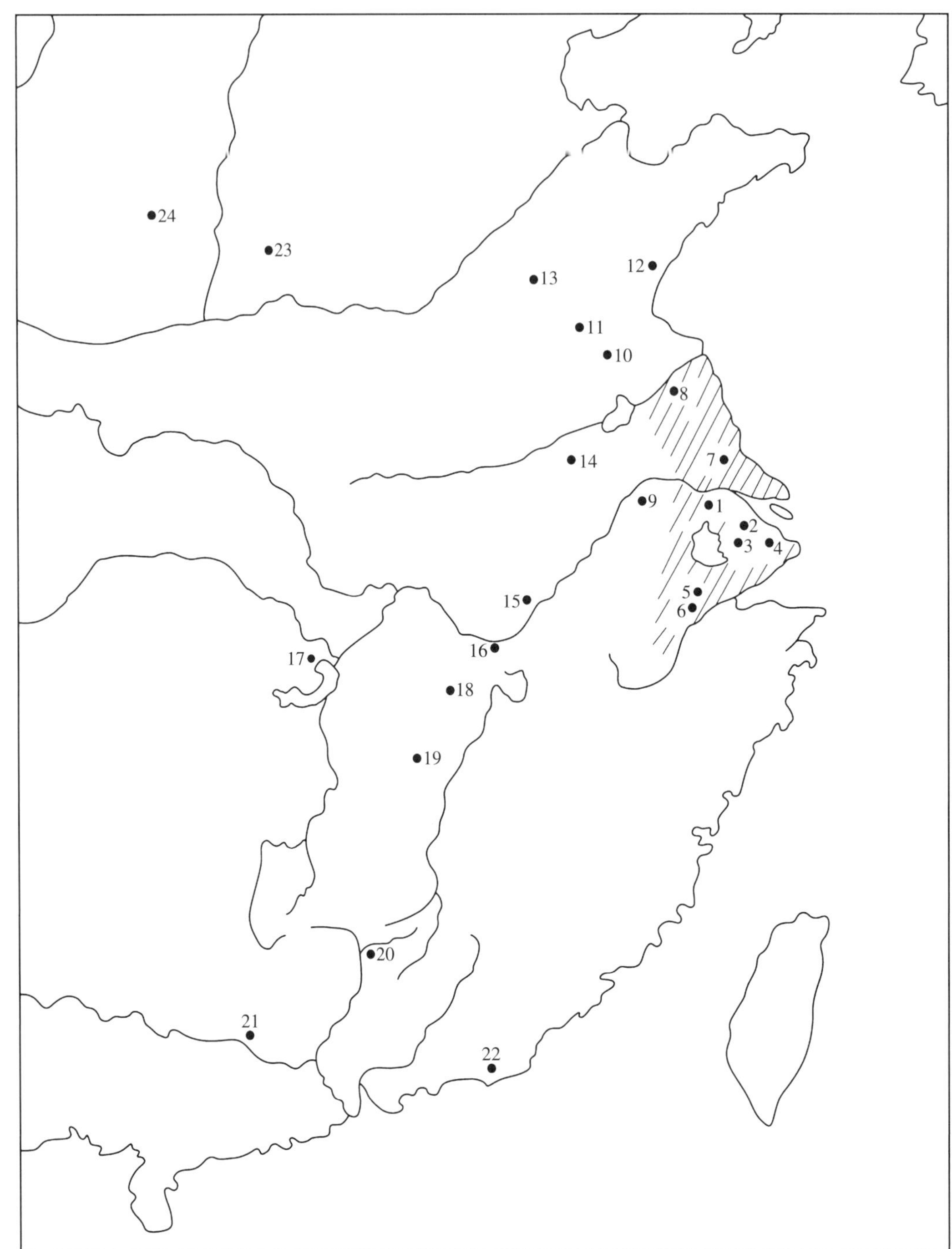

图一 良渚文化区及其影响范围内主要遗址分布示意图

1. 武进寺墩 2. 吴县草鞋山 3. 吴县张陵山 4. 上海福泉山 5. 余杭瑶山 6. 余杭反山 7. 海安青墩 8. 阜宁陆庄 9. 南京北阴阳营 10. 新沂花厅 11. 邳县大墩子 12. 日照两城镇 13. 邹县野店 14. 定远山根许 15. 潜山薛家岗 16. 德安 17. 安乡度家港 18. 靖安 19. 新余变电所 20. 曲江石峡 21. 封开鹿尾村 22. 海丰田墘圩 23. 襄汾陶寺 24. 延安芦山峁村

文化及赣西有关文化)、薛家岗文化（三、四期)、石峡文化等。我们可以根据考古发现探索良渚文化对于上述诸文化所产生的影响。

在北部毗邻的苏北徐海地区和鲁南的大汶口文化，受到良渚文化的影响是很明显的，而且愈是偏南其影响的程度愈是强烈。1987 和 1989 年在新沂花厅遗址，发掘了 66

座大汶口文化中期墓葬，部分大墓中发现了数量众多的璧、琮、锥形饰、串饰等典型良渚式玉器及“T”足鼎、瓦足鼎、双鼻壶、宽把带流杯、匜、有段石锛、双孔石钺等良渚式遗物[①]，说明这一地区正是良渚和大汶口这两大文化的交会地带。此外在邳县大墩子[②]、鲁南的邹县野店[③]、安丘景芝[④]等大汶口文化墓葬中常见双鼻壶、有段石锛、“风”形和有肩穿孔石钺、双孔石钺、玉璧、锥形玉饰等具良渚特征的遗物，虽然数量不多，但可肯定是良渚文化影响的产物，至于在山东日照等地发现的属于龙山文化晚期的刻有兽面纹的石斧及有云雷纹的黑陶片，因其相对年代已较晚，故可视为良渚文化因素在这一地区发展变化了的形态。

在“河南龙山文化”分布地区，似尚少见到良渚文化影响的踪迹，但远在山西襄汾的陶寺遗址发现的数百座龙山文化晚期墓葬中，却也发现了三件玉（石）琮、两件玉（瑗）和多件斜柄石刀[⑤]。有趣的是在良渚文化中常见的斜柄石刀，其用途竟是在这里得到解决的。由于在这里它往往与木俎伴出，有的木俎上还遗有残留的“排骨”，故它实际上是一种厨刀而非什么“破土器”。陶寺遗址相对年代较晚，早期灰坑（H1102）碳－14测它为距今3910±70年，晚期灰坑（H1101）距今3780±70年。良渚文化影响到这里，要有一个时间过程，这也是可理解的。

最不可思议的是1981年陕西延安碾庄公社发现和征集的22件古玉器，其中包括玉瑗3件，玉璧、玉琮、玉镯各2件，梯形玉饰、玉璇玑、玉环、玉笄、三合玉环、玉璜、七孔玉刀、玉斧、玉铲、玉锛、玉虎各1件，还有斜柄石刀1件[⑥]。原简报作者认为：“陕北地区缺少玉石原料，类似古玉多见于南方”，但又说：“专家鉴定倾向是西周时期遗物”。实际上这批玉器具有最为浓烈的良渚文化特征，如琮、璧、瑗、镯、环、斧（即穿孔钺）、斜柄石刀都是良渚文化常见的遗物，特别是分布并刻有兽面纹的玉琮，更是良渚文化的典型器。而且其出土地点据作者介绍“在附近我们采集到一些细绳纹、粗绳纹、刻划纹陶片，还发现了相当龙山文化晚期的居住面、灰坑和石刀等。”因此这些玉器应是晚期龙山文化的共存物。在偏远的陕北竟发现了成组的良渚式玉器是十分值得研究的。

宁镇地区和皖东地区是良渚文化区的西部毗邻地区。这一带相当于良渚时期的文化面貌已和典型的良渚文化有所不同，但在南京北阴阳营二号灰坑、江宁昝庙下层、南京太岗寺相应地层内，分别出土了一定数量的具有良渚文化特征的遗物，如捏流长颈鬶、鱼鳍形鼎足、有段石锛、穿孔石钺、三孔石钺、刻有兽面纹的冠形玉饰等。在安徽定远的山根许，还发现了一批琮、璧、镯等玉器[⑦]。皖西潜山薛家岗相当良渚时期的墓葬中发现了15件“风”字形石钺，6件有段石锛，2件方濉形小玉琮，1件玉瑗以及捏流细长颈鬶等[⑧]。说明良渚文化对皖西地区的影响仍很强烈。江西新余市变电所发现过一座随葬有琮、环、璜、玦等玉石器的墓葬，德安、靖东等县也有发现过玉琮[⑨]。至于分布在两湖的“长江中游龙山文化”，都可以找到良渚文化影响的迹象[⑩]。

位于杭州湾南部的宁绍平原，这里虽然距离良渚文化中心区域很近，但却不是该文化发展的主要方向。当然影响的迹象还是很明显的，如余姚前溪湖遗址，发现过有段石锛和鱼鳍形鼎足，但伴出的黑皮陶豆等却又与良渚文化有别。浙南的金衢地区似乎也受到良渚文化的一些影响[11]。再往南到福建境内良渚文化的影响也是微乎其微了。与在延安发现良渚玉器同样有趣的是，远在广东曲江的石峡1976年发掘的108座墓中，竟然也出土了一批具有良渚文化特征的遗物。163件玉饰件出土于41座墓中，种类有琮、璧、瑗、环、玦、笄、璜、管、珠、坠饰等[12]。其中琮有6件、瑗4件、璧1件。32件环中有不少于吴县张陵山出土的短筒形镯相同。特别是玉琮，质地、造型或纹饰与典型良渚玉琮毫无二致。陶器中明显与良渚文化有关的有3件捏流陶鬶（按：原报告M45:25陶鬶被描述为“鸟喙形流口”，但据照片流部全为石膏修复的。捏流是南方陶鬶的特征，我认为其原形应为捏流），双鼻壶形制与良渚文化的相似而不全同，但系受其影响的产品当无疑义。此外在广东封开鹿尾村[13]与海丰田墘圩[14]也发现过良渚式玉琮。这些良渚式遗物为何出现在遥远的广东，也是十分耐人寻味的。

二

良渚文化不仅在空间上对相当辽阔地区的同时期文化产生影响，而且从时间上讲给后世文化的影响亦是很深远的。

流行于商周乃至秦汉的璧、琮等瑞玉，现已公认为起源于良渚文化。偃师二里头发现过一件玉琮，殷墟妇好墓出土玉琮达14件之多，与良渚玉琮不同的是，其中大部分为素面琮，但也有少量刻有以四角为中轴对称的简化兽面纹，其风格与良渚玉琮很为接近。至于商周时期铜器上常见的兽面纹（饕餮纹）特别是以棱扉为对称轴的兽面纹，与良渚文化兽面纹的相似是极为明显的，显然是良渚文化兽面纹发展了的形态[15]。

商周某些青铜器的形态也能从良渚文化中找到根源。如良渚文化中的双璧鱼篓形壶、尊、带鋬匜等陶器，就可能是商周青铜器中的卣、尊、觥等器物的祖型。

由于良渚玉琮的造型别致，被后人所喜爱，以致宋明以来往往有以这种玉琮的形制造出瓷瓶以供赏玩，这也是很有趣的。

三

良渚文化的绝对年代为公元前2800—1900年[16]，正当我国古史传说时代。就当时来说，这一文化发展水平之高，其影响之深远，是相当突出的。我国古史传说相当丰富，按理应有其一席之地。

首先想说明一下良渚文化不是“先越文化”，良渚文化事实上在这一地区是突然中断了。代之而起的马桥—肩头弄文化，已是另一系统的文化。后来的越文化是由南方印纹陶系统的文化发展而来的，与良渚文化没有直接关系。

我国已故的考古学家徐旭生先生在其力作《中国古史的传说时代》一书中，对我国古史传说时代作了系统的研究。他把中国古代部族大致划分为华夏、东夷、苗蛮三大集团。他认为传说中的太皞、少皞、蚩尤均属东夷集团，其地域范围：北自山东的东北部，最盛时达山东北部全境。西至河南东部，西南至河南极南部。南至安徽中部。东至海。他认为现在江苏运河以东地带，地势下湿沮洳，未见得有居民，就是有也必然很少，所以在古代没有在那一带建国的痕迹。至于江南的太湖地区，徐先生书中没有提到，也许他认为在当时那里更不适于人类居住吧！不过在该书中所附的三大集团团地域分布图上足把长江三角洲一带也划归了东夷集团的。

我认为良渚文化很可能就是古史传说中的蚩尤部落集团。东夷集团中的太皞、少皞主要位于山东境内，这大致没有什么问题。至于蚩尤属于何集团，属于何种身份，历来聚讼纷纭。经徐旭生先生对传说史料的梳理，大致已可肯定蚩尤是东夷集团中的一个部落首领。

《尚书·正义·吕刑》："蚩尤惟始作乱，延及平民。"对此，高诱、马融都说蚩尤是九黎的君名。可是九黎在何地，属何族，古书均无说明。郑玄以为苗民即九黎之后。那么九黎似属苗蛮集团，这显然是不对的。我以为九黎可能就在良渚文化分布地区之内。

据邵望平女士考证，《禹贡·九州》的写作可能早至商末到西周初年，其所记述的九州也大致与黄河、长江流域龙山时代诸文化的分布地域相合[17]。良渚文化区正处在《禹贡·九州》所说的扬州范围之内。《吕氏春秋》指东方的居民都名为夷，其中居扬州者为鸟夷。鸟夷和九黎指的可能是同一部落集团。在考古上的表现就是良渚文化。

由蚩尤所领导的这一部落集团其势力非常强大，《盐铁论·结和篇》说："黄帝战涿鹿杀两暤、蚩尤而为帝。""暤"据徐旭生考证为皋或皞的别体。蚩尤为东夷族的大首领，他联合了太皞、少皞部落集团，先与炎帝族战，大败之。炎帝向黄帝求援。《史记·五帝本纪》："蚩尤作乱不用帝命，于是黄帝乃征师诸侯，与蚩尤战于涿鹿之野，遂禽杀蚩尤。"这场战争进行得异常剧烈，延续了相当长的时日。黄帝先是"五战五不胜"，最后倾全力才将蚩尤战败并擒杀之。

蚩尤和太皞、少皞部落集团的关系密切，交往也应比较频繁。大汶口文化中往往有较多的良渚文化因素，亦可由此得到解释。

黄帝战败蚩尤，蚩尤的族人当有很多为其所俘。前秦王嘉所著的《拾遗记》中说："轩辕去蚩尤之凶。迁其民善者于邹屠之地，迁恶者于有北之乡。"邹屠是今何地已不可考；有北应指北方高寒之地。有是助词，有北即指北方，《诗经·小雅·巷伯》："豺虎不食，投畀有北。"《疏》："以北方太阳之气，寒凉而无土毛，不生草木。寒冻不可以居处之地，故弃于彼，欲冻杀之。"这使我不得不联想到远在离故土数千里之外的陕北延安碾庄公社所发现的那一批良渚式玉器，可能就是被黄帝迁往"有北之乡"蚩尤部落集团的遗民所留下来的遗存。

战争使蚩尤部落集团受到了极其严重的挫折，大量的居民又被迁往他乡。祸不单行，天灾又降落在这一部落集团的头上。

对太湖地区古气象的研究表明，大约距今4000年，这一带气候干凉，平均温度比现在低摄氏1度左右。到距今3885—3500年时，气候变得温暖湿润，平均温度比现在高摄氏2度，年降水量多200—300毫米[18]。雨量的明显增多，加之当时的海平面高出现在2米左右[19]。可留在内陆的水宣泄不畅，势必会造成大的水患。在已发掘的不少良渚文化遗址中，如吴江梅埝袁家埭、大三瑾、青浦果园等都普遍在良渚文化层之上覆盖着一层泥炭层[20]。这显然是湖沼相堆积。这一次的大水灾，使得良渚文化——蚩尤部落集团受到了彻底的摧毁。几百年后，气候复转为干凉，积水消退，马桥文化的人们逐渐来此定居，历史则已发展到另一阶段。

战争和水灾使良渚文化的人们遭受到毁灭性的打击，幸存的人们，可能流落到四方，逐渐被周围诸文化所同化，但同时他们又在我国广大的区域内留下了他们影响的痕迹。其中一部分可能南下，在广东曲江石峡等地留下了他们的足迹[21]。

文化落后的民族在征服文化先进的民族之后，自己往往会被先进民族的文化所征服，这在历史上是不乏其例的。良渚文化较之中原的诸龙山文化在生产发展水平和社会发展程度上似乎较高一些。黄帝征服了蚩尤，但蚩尤集团某些文化因素却根深蒂固地在中原保留下来。商周文化中的璧、琮，兽面纹以及某些青铜的形制明显地具有良渚文化色彩，说明这一文化的影响竟在中原地区延续达数百年之久。

注释

① 南京博物院《1987年江苏新沂花厅遗址的发掘》，《文物》1990年第2期。

② 南京博物院《江苏邳县四户镇大墩子遗址探掘报告》，《考古学报》1964年第2期。

③《邹县野店》，文物出版社，1985年。

④ 王思礼《山东安邱景芝镇新石器时代墓葬发掘》，《考古学报》1959年第4期。

⑤ 中国科学院考古研究所等《1978—1980年山西襄汾陶寺墓地发掘简报》，《考古》1983年第1期。

⑥ 姬乃军《延安市发现的古代玉器》，《文物》1984年第2期。

⑦ 这批玉器是1981年5月在安徽定远山根许农民平整土地发现的，计有玉琮、璧、镯、坠各1件，穿孔石钺3件，石珠9粒。1982年3月南京博物院征集。

⑧ 安徽省文物工作队《潜山薛家岗新石器时代遗址》，《考古学报》1982年第3期。

⑨ 李家和等《江西新石器时代文化类型综述》，江西省考古学会编：《江西历史文物江西省考古学会成立大会暨学术讨论会文集》，1986年。

⑩ 参阅何介钧《洞庭湖新石器时代文化》，《考古学报》1986年第4期。

⑪ 参见牟永抗《浙江新石器时代文化的初步认识》，《中国考古学会第三次年会论

文集》，文物出版社，1984 年。

⑫ 广东博物馆等《广东曲江石峡墓葬发掘简报》，《文物》1978 年第 7 期。

⑬ 杨式挺《封开县鹿尾村新石器时代墓葬》，《中国考古学年鉴（1985）》。

⑭ 毛衣明《海丰县田墘圩发现新石器时代玉器》，《中国考古学年鉴（1985）》。

⑮ 参阅王巍《良渚文化玉琮雏议》，《考古》1986 年第 11 期。

⑯ 参阅安志敏《关于良渚文化的若干问题——为纪念良渚文化发现五十周年而作》，《考古》1988 年第 3 期。这个年代是安先生根据 13 个碳－14 测定数据推算出来的。

⑰ 邵望平《〈禹贡〉“九州”的考古学研究》，《考古学文化论集（二）》，文物出版社，1989 年。

⑱ 王开发、张玉兰《根据孢粉分析推论沪杭地区一万多年以来的气候变迁》，《历史地理》创刊号，1981 年。

⑲ 同上。

⑳ 参阅吴建民《长江三角洲史前遗址的分布与环境变迁》，《东南文化》1986 年第 6 期。

㉑ 广东博物馆等《广东曲江石峡墓葬发掘简报》，《文物》1978 年第 7 期。

（原载《东南文化》1990 年第 5 期）

浅谈吴文化和先吴文化

早在20世纪30年代即已有人提出了“吴越文化”这一名称。由于当时考古实物资料比较缺乏，所以对于这种文化并没有一个清楚的概念。新中国成立以来这个名称仍在继续沿用，但已赋予了较为明确的内容。所谓“吴越文化”一般乃是指西周到春秋战国时期吴越两国（有的还包括百越）的物质文化遗存。在这类遗存中普遍包含一种具有地区性特色的几何形印纹硬陶，其分布范围一般是指今长江下游和东南沿海一带。这种认识当然不能说是错误的，但是无论就名称上看还是从内容上看，都是比较笼统的。

“吴文化”是“吴越文化”的重要组成部分，但时至今日还很少有人对其作专门的研究。我们知道，自从公元前十三世纪太伯仲雍奔荆蛮以来，直到战国初年的公元前473年 越灭吴之前，吴国始终是作为一个政治实体存在于江浙以至于皖赣一带。当其全盛之时竟能“破楚、臣越、制齐，威晋”。那么作为反映这样一个政治实体的物质文化——即吴文化，究竟具有什么特色呢？它的分布范围和文献记载中的吴国疆域是否相一致呢？关于吴文化的起源问题以及与其他文化之间的关系又如何去认识呢？由于目前有关各地已积累了比较丰富的考古实物资料，并且也出现了若干对印纹陶文化遗存进行分期、断代和分区的综合研究文章，因此讨论上述问题的基本条件可以说已经具备了。下面就打算谈谈自己在这方面的粗浅认识。

一　吴国的疆域

在探讨吴文化之前，有必要先了解一下文献记载中有关吴国政治疆域的概况。

清乾隆年间的顾栋高和光绪年间的范本礼对于吴国的疆域都曾做过比较系统全面的研究[①]，虽然在某些具体地点还存在着一些不同的看法，但吴国疆域的大体轮廓还是比较清楚的。

自太伯仲雍“奔荆蛮，自号句吴”以来，直到公元前585年（吴去齐之时），近七个世纪，吴国基本上是一个僻处东南的蛮夷小国。并曾先后作过齐楚两大国的属国。历史文献中关于这一时期吴国事迹的记载很少。一般认为这一时期吴国的疆域大致包括今苏南全部和浙北杭嘉湖平原一带。据郭沫若同志研究，大约在春秋之前或春秋之初，吴的势力就已越过了长江并消灭了江北的邗国，自此以后吴亦往往自称为邗[②]。说明至迟在春秋初年吴国的疆域北面已达到江苏的江淮之间。此外皖南的部分地区这时也可能纳入了吴国的版图。

公元前585年去齐卒，子寿梦立，自称吴王。此时的吴国已经比较强盛，并已有力与楚、齐、晋等强国相抗衡。自此以后直到公元前473年越灭吴之前，吴国和其邻国的争战极为频繁。其中吴楚间规模较大的战争就达二十余次，而后期吴越之间的战争冲突也有十一、二次之多，历史文献中多次记载了这些战争以及会盟的经过和有关地点，这就为我们考察这一时期吴国的疆域提供了一定的依据。

虽然这一时期吴国对外征战频繁，但这些战争却没有一次是发生在江苏境内的江淮之间的。寿梦十六年（公元前570年）晋侯欲与吴会盟，却要使人“逆吴子于淮上”。当时淮水之北分布有徐、钟吾、淮夷等小国，显已不属吴国的势力范围，因此可以说吴国在江苏的北境大致应以淮河（现废黄河）为界。江淮之间除六合县境为楚之棠邑之外，其余皆为吴境。吴国的南部则包括今苏南全部，上海市直到浙江的杭嘉湖平原而与处于宁绍平原一带的越国相接壤。

安徽境内长江南岸的当涂、芜湖和铜陵等地，在春秋时期分别为长岸、鸠兹、鹊岸之所在，都曾是吴楚交兵的战场，注家都明确地指出均为吴地，夫差十六年楚伐吴到达桐汭，桐汭在今皖南广德县境内。另外皖南的宁国乃是吴国頟黄之所在，夫差六年增封越地西至于姑蔑，而姑蔑在今浙西的龙游县一带，靠近江西边界。吴国既能封越西至姑蔑，那么在此以北应属吴国势力范围当无疑问。这样我们也大体可以判断，安徽江南全部或大部均在吴国疆域范围之内。

皖南的西南与赣东北相接壤，阖闾十一年（公元前504年）吴王使太子夫差伐楚，取番。《史记·正义引括地志》云：“（番）饶州鄱阳县，春秋时楚东境”，其地就是今鄱阳湖东岸之波阳县。这就说明至迟在春秋后期，吴的势力已扩展到江西鄱阳湖以东地区了。

至于鄱阳湖以南的南昌一带为古豫章地。《方舆胜览》云：“豫章之地，楚尾吴头”，也就是说这一带也应为吴楚交界之地。朱熹《铅山立春诗》中有：“雪拥山腰洞口，春回楚尾吴头”，也就是指的此处。顾栋高《春秋列国地形犬牙相错表》中引皇舆表和通考，指出今江西宜春地区的清江、高林、新干等地均为吴地，也是十分使人注意的事。

安徽境内的江淮之间，春秋时期分布有：英、六、桐、蓼、焦、向、徐、巢、群舒等小国，这些小国大多为楚的属国或终被楚所灭。诸樊元年（公元前560年）秋，楚共王卒，吴乘楚丧侵楚，战于庸浦。庸浦为楚地，在今无为县西南的长江北岸。伍子胥所过的昭关，显然是楚国的边境要扼，其地在今江北含山县境内。因此总的说来安徽境内江淮之间基本为楚国的势力范围。

至于安徽境内的淮河流域，虽然自吴寿梦以来，吴楚屡次在这一带进行争夺战，而且吴国还曾一度占据了钟离（今临淮关一带）、沙汭（今怀远一带）和州来（今凤台一带）等地，甚至能迁蔡于州来。但最终这一带仍旧为楚所控制，故皖北淮河流域也不能算作是吴境。

综上所述，我们大体可以看出，春秋时期吴国的疆域应包括下述地区，即江苏江淮之间的全部（除六合县以外），苏南全部，上海市，浙北杭嘉湖平原和金衢部分地区，西南沿长江西南岸的当涂、芜湖、铜陵直到九江的以南地带，包括今皖南全部或大部及赣东北和赣中的一些地区。

二　吴文化的特征及其分布

1978年秋在江西庐山召开的“江南地区印纹陶问题学术讨论会”上，曾对印纹陶的分区问题进行过讨论。有些同志主张根据各地自然条件的差异，将我国南方地区几何形印纹陶遗存划分为六个区。即：（1）宁镇区（包括苏北和皖南），（2）太湖区（包括杭州湾），（3）赣鄱区，（4）岭南区，（5）闽台区，（6）粤东闽南区[③]。应该说这种划分是有一定根据的。

联系到前节所述吴国的疆域来看，其中宁镇、太湖和赣鄱三个区的印纹陶遗存应该和吴文化有较密切的关系。

由于吴国的历史前后延续了八百年左右，其疆域也有一个由小到大逐步发展的过程，这些都是我们在讨论吴文化面貌等问题时所应该考虑到的因素。

下面我打算把宁镇、太湖和赣鄱这三个区域从商代到春秋这一历史时期的印纹陶遗存分成三个阶段来进行考察。第一阶段为商代到西周前期；第二阶段为西周中、晚期；第三阶段为春秋时期。

（一）第一阶段——商代到西周前期

这三个地区都曾经发掘过一些这一阶段的典型遗址或墓葬。如宁镇地区的南京北阴阳营的第二、三两层[④]；太湖地区的上海马桥遗址第四层[⑤]；和无锡华利湾西周早期墓葬[⑥]，赣鄱地区的吴城遗址等[⑦]。

其中属于商代这一时期的遗存有南京北阴阳营遗址的第三层，上海马桥遗址第四层，吴城遗址的一、二、三期等。从文化面貌上看，这三处都受到商文化不同程度的影响。如北阴阳营第三层的细绳纹高裆鬲、甗；马桥四层的簋、豆以及尊、觯、觚等酒器；吴城的鬲，假腹豆，大口尊，帽形纽器盖等，均可在郑州二里岗商代遗址中找到相类似的器形。但北阴阳营和吴城的陶器中明显地缺乏酒器，而马桥的炊器只有鼎而无鬲、甗，则又有明显的区别。

如果撇开商文化影响的因素，那么这三处遗存的地方性特征就比较显著了。如北阴阳营三层的梯格纹、贝纹、云雷纹泥质陶罐，细柄豆；马桥的实足甗、凹足鼎和鸭形尊；吴城的折肩罐、圜底罐，釜形甗和鸟喙形捉手盖等，都是具有地域性特色的代表性遗物。

从印纹硬陶和原始瓷的数量来看，吴城最为丰富，特别是其第三期，数量占陶片总数的百分比多达29.2%，而北阴阳营和马桥两处的数量相对就少得多，占1%左右。但一般在泥质陶的表面施加印纹的情况较为多见。从陶片印纹上看，三处共见的有绳纹、云雷纹、曲折纹等；马桥和吴城共见的有方格纹、变体回纹和席纹等。仅见于北阴阳营的有梯格纹和贝纹，仅见于马桥的有鱼纹、鸟纹和带状云纹，仅见于吴城的有圆圈纹、圈点纹和S形纹等。

西周前期遗存，宁镇地区可以北阴阳营遗址第二层为代表，太湖地区可以无锡华利湾西周墓葬为代表。赣鄱地区可以都昌、彭泽、波阳等地发现的几处商代到西周早期遗址为代表[8]。

北阴阳营第二层遗物有一部分和西安张家坡西周早期遗存极为相似，如绳纹鬲，I式豆，罍、肩部有竖方耳的瓿等。至于红陶素面鬲，腰部有一周堆纹的甗等，也可以看出受到西周文化影响的痕迹。另外也有相当一部分遗物具有明显的地方性特征，如这里普遍发现加有宽带形附加堆饰的绳纹陶罐、瓮、盆、缸等器形。印纹陶和硬陶虽也有发现，但数量似较前期更少。与此明显相对照的是太湖地区无锡华利湾西周早期墓葬中，出土的主要为印纹硬陶器和原始瓷器，其中如小口扁腹或肩部有兽形双耳的印纹硬陶罐、原始瓷豆和尊等，印纹陶的印纹很深，一般以曲折为主，间有云雷纹和回纹等纹饰。不过这一时期宁镇地区南部如溧阳社渚也发现过类似的遗存。至于赣鄱地区特别是鄱阳湖以东地区，这一时期的典型遗址似乎还未做过。从都昌、彭泽、波阳等地商代晚期到西周早期的遗存看，均含有数量较多的印纹硬陶，纹饰有云雷纹、曲折纹、叶脉纹、乳钉纹、方格纹、菱形纹等。

综上所述，从商代到西周前期，这三个地区的文化面貌，大体上均各有自己独特的风貌，其中太湖地区的文化面貌似乎与后来的吴文化有着较密切的联系，因此这一带应该是吴文化的发祥地。

（二）第二阶段——西周中、晚期

本阶段宁镇地区可以句容和高淳土墩墓一期墓[9]、南京锁金村上层[10]、安徽屯溪西周墓[11]等为代表；太湖地区可以上海青浦寺前村中层[12]、金山亭林[13]和崧泽遗址[14]的上层为代表；赣鄱地区可以新干西周墓地[15]为代表。

这一时期宁镇地区（包括苏北仪六地和皖南）以及太湖地区，都出现一种颇具特色的层层掩埋，平地起坟的土墩墓。从文化遗物面貌上看，锁金村上层和句容、高淳一期土墩墓，鬲仍常见，且往往附加角状把手，出现了盆形锥足鼎。印纹硬陶器的数量显著增加，常见的器形有扁腹罐（有的肩部有一对小环耳），圆肩小口罐，原始瓷豆和圈足侈口小盂等。印纹陶纹饰有曲折纹、云雷纹、变体云雷纹、席纹、回纹、套格菱形纹等。

太湖地区本期遗存无论就器物组合，形制特征和纹饰种类等，与宁镇地区基本相同，只是缺乏鬲形器。

赣鄱地区这一时期可供比较的资料仍较少，新干县清理的一座西周墓葬，除出了列鼎、甗、爵等铜器外，还出了尊、鬲、盆、瓮等硬陶和陶器，纹饰有圈点纹、叶脉纹、方格纹等。

比较这三个地区的文化面貌，可以看出这一时期宁镇和太湖之间文化面貌上的差异已基本消失，而赣鄱地区仍保留有较明显的地方性特征。

（三）第三阶段——春秋时期

这一阶段宁镇地区可以句容和高淳第二、三两期土墩墓为代表，太湖地区可以吴县五峰山烽燧墩[16]和草鞋山上层[17]为代表，赣鄱地区可以九江磨盘墩上、下两层[18]为代表。

这一时期宁镇地区和太湖地区仍然保持着土墩墓的葬俗，二地出土遗物特征更趋一致。宁镇地区的鬲此时业已消失，炊器只有夹砂陶鼎一种，印纹硬陶仍然盛行，纹样中的云雷已很罕见，常见席纹、填线菱形纹（或方格纹）、方格网纹、变体云雷纹等。早期尚有回形纹、曲折纹，晚期已出现少量的米字纹和米筛纹等。器形则主要以坛、罐为主，原始瓷豆此时已发展为盂或盅形小碗了。

九江盘磨墩的资料尚未正式发表，但从所见的印纹陶拓片看，其纹饰有曲折纹、填线菱形纹、回形纹、叶脉纹、网格纹、变体云雷纹等，这些印纹无论就种类讲还是就风格讲，与宁镇和太湖地区相比较，都有惊人的相似之处。只有少数纹饰如卷云纹、S形纹等较有地方特色，而且原始青瓷豆也是逐渐被盅形碗所取代。

这样我们可以看出，到了春秋时期，宁镇、太湖和赣鄱三个区域的文化面貌已基本上融为一体。

从上述三个阶段发展演变的情况来看，大致可以认为太湖地区应是吴文化的发祥地。到了西周早、晚期，吴文化已向北向西扩展到宁镇地区（包括苏北江淮之间和皖南地区）。而到了春秋时期，赣鄱地区（至少鄱阳湖以东）也被包括到吴文化的范畴之中了。

联系到第一节所述，我们就可以发现吴文化的发展分布和文献记载中关于吴国疆域发展演变的情况，是相当一致地吻合在一起的。

还需说明一下的是，江西境内鄱阳湖以西地区的印纹陶和鄱阳湖以东的相比似乎有些差别，这些遗存可能和湘东地区的印纹陶遗存另为一个小的系统。至于湖北东南部的圻春、黄石、黄陂等地也发现过印纹陶，但其时代大体相当于商代，与吴文化关系不大。安徽江北巢湖以东一带的肥东龙城，大城头，大陈墩[19]等处也曾发现过印纹陶遗存、纹饰有雷纹、席纹、曲折纹、菱形纹、人字纹等。这一带原为古巢国，距吴境很近。阖闾七年（公元前508年）在和楚国的战争中，将巢据为吴地。因此在这一带发现这一时期吴文化遗存也是可以理解的。

三 吴文化溯源

吴国的祖先传说是先周太王之子太伯和仲雍，姑且不论此传说可信程度如何，但有一点是可以肯定的，即商代特别是西周以来的中原地区对江南的影响是非常巨大的。除前述吴疆域范围内相当于中原商到西周的遗存中包含有许多商文化和西周文化的因素外，同时这一带如江苏丹徒、仪征、丹阳、溧水、武进、江宁、浦口，浙江长兴，安徽屯溪，江西新干等地，都发现过西周时期的青铜器[20]。尽管这一带青铜器还有着一定的地域性色彩，如铜器表面常饰有变体云雷纹、圆圈纹、圈点纹、刺状蟠虺纹等。并出现一些中原罕见的器形如丹徒烟墩山的角状器；屯溪西周墓中的五柱形乐器等。但从总的特点来看，又和中原西周文化大体一致。

在江苏的六合、清江、苏州，安徽的贵池，江西的靖安等地，都出现过一批春秋时期的青铜器。这些铜器大多具有浓郁的楚文化色彩。

上述情况说明吴文化在其形成的过程中，曾先后受到中原西周文化和长江中游楚文化的强烈影响。

另外我们尚须追溯一下吴文化的历史渊源。

考古发掘资料表明，大致在距今五六千年的青莲岗文化时期，宁镇地区和太湖地区尽管存在一些地域性差异，但其共性仍是主要的。特别是在宁镇地区的陶吴昝庙和太岗寺等遗址也发现了崧泽类型的遗存，而且这类遗存竟然还分布到江北的海安青墩甚至到达废黄河沿岸。从这一类型文化的分布情况看，大体上和后来的吴文化东部地区是基本上相一致的。

比青莲岗文化稍晚的良渚文化，目前所知仍以苏南太湖地区和浙北杭嘉湖一带为中心，而宁镇地区，江北的海安青墩以至淮河南岸的阜宁板湖陆庄等处也都发现过良渚遗存。在皖南对这类遗存似还未做过什么工作，对这一带情况还不够了解。而江西清江筑卫城下层出土的“T”字形鼎足、黑陶豆、壶和器盖等，都可以看出良渚文化对这一带产生的明显影响。

虽然文献上记载有太伯仲雍奔荆蛮之事，但他们终究是要栖身于当地土著民族之中，因而吴文化首先应该是在这些土著文化的基础之上发展起来的。而追根求源，当时当地的土著文化（湖熟文化、马桥四层文化）又当来源于更早的原始文化，那么将分布在这一带的青莲岗文化和良渚文化看作是吴文化的渊源，应该是没有疑问的了。

但是应该看到，作为吴文化主要特征的印纹陶，无论在青莲岗文化还是在良渚文化中，均未见其踪迹。印纹陶在江苏一带（包括上海）最早见于马桥四层和北阴阳营三层相当于商代这一时期的遗存内，纹饰主要为云雷纹、曲折纹、梯格纹等。但在广东、江西、福建等地早在新石器时代晚期就已出现了印纹陶。譬如广东石峡下层的印纹陶就有曲折纹、方格纹、重圈纹、旋涡纹和云雷纹等纹样。而这一文化层中又出土玉璧、玉琮等良渚文化常见的玉器，其年代应和良渚文化相当[21]。福建闽侯罍石山下层也有编织纹、方格纹和圆圈纹等印纹软陶[22]。江西修水山背[23]和清江筑卫城上层[24]也发现有方格纹、曲折纹、大圆圈纹、大旋涡纹等印纹陶。

如上所述，吴文化中的印纹陶这一因素，从直接关系上看，应是马桥四层和北阴阳营三层这一因素的继承和发展。如再往前推，则这一技术的产生应是受到周围有关新石器文化影响的结果。

四 结语

以上各节所述，可以综合归纳以下几点：

（1）吴文化的发展大体可以划分为三个阶段。在商代到西周早期，宁镇、太湖，赣鄱三个地区的地方性特征比较明显。而从文化面貌上看，太湖地区的遗存和以后的吴文化更为接近，因此太湖地区应是吴文化的发祥地。到了西周中、晚期，宁镇和太湖地区的文化面貌已逐渐融为一体，而赣鄱地区和以上两个地区的面貌仍不太一样，但已看出受到它们影响的痕迹。到了春秋时期，赣鄱地区的文化面貌也逐渐同宁镇和太湖地区趋于一致了。

（2）从现有考古资料看，春秋时期吴文化的分布范围大致如下：即北边可达淮河水南岸（仅限于江苏境内），南部可达杭嘉湖平原和金衢部分地区，西南包括皖南全境和江西鄱阳湖地区（主要是鄱阳湖以东地区）。这个分布范围和春秋时期的吴国疆域大体是一致的。

（3）吴文化的典型遗存，早期可以无锡华利湾西周早期墓为代表，中、晚期可以句容浮山和高淳顾陇的土墩墓的器物群为代表，其面貌特征就印纹陶和原始瓷来看，西周早期大致以扁腹罐和双兽形耳小口鼓腹罐为主要器形，印纹以曲折纹、回纹和云雷纹等为主，原始瓷有豆、尊等器形。西周中晚期，扁腹罐的腹部开始变深，出现了圆肩陶罐。原始瓷豆逐渐演化为盂。印纹陶的纹饰主要为变体云雷纹、席纹、回纹、套格菱形纹以及上述纹饰中两种或两种以上的组合纹。春秋时期印纹陶器中扁腹罐已少见，常见的主要为陶坛一种，形制由长鼓腹逐渐变为肩部微折收腹。印纹样常见填线菱形纹（或方格纹）、方格网纹、席纹。前期仍有变体云雷纹、回形纹、曲折纹等，后期已开始出现米字纹和米筛纹。

（4）吴文化在其形成过程中，先后受到中原西周文化和长江中游楚文化的影响。这可以从这一带发现的青铜器的特征上体现出来。但在陶器上，特别是到了西周中期以后，吴文化地区基本上保持着自己独特的风格。

（5）吴文化的起源可以追溯到分布在江浙皖南一带的青莲岗文化和良渚文化，但在这些文化遗存中从未发现过哪怕是很原始的印纹陶。吴文化中的印纹陶这一因素，应系直接承袭马桥四层和北阴阳营三层这类遗存。但追本求源印纹陶这一因素可能最早是由江西、广东、福建一带的新石器时代文化遗存传播过来的。

以上看法很不成熟，请同志们批评指正。

注释

①a. 顾栋高《春秋列国地形犬牙相错表》；b. 范本礼：《吴疆域图说》。

②郭沫若《吴王寿梦之戈》，《奴隶制时代》，人民出版社，1973 年，第 141 页。

③李伯谦《我国南方几何形印纹陶遗存的分区与有关问题的讨论》，《北京大学学报》1981 年第 1 期。

④南京博物院《南京北阴阳营遗址发掘报告》（未刊稿）。

⑤上海市文管会《上海马桥遗址第一、二次发掘》，《考古学报》1978 年第 1 期。

⑥谢春祝等《无锡华利湾古墓清理简报》，《文物参考资料》1956 年第 12 期。

⑦江西博物馆《江西清江吴城商代遗址发掘简报》，《文物》1975 年第 7 期。

⑧江西省博物馆《江西地区几何形拍印纹样综述》（未刊稿）。

⑨南京博物院《江苏南部土墩墓》（待刊稿）。

⑩尹焕章等《南京锁金村第一、二次发掘报告》，《考古学报》1957 年第 3 期。

⑪安徽文物工作队《安徽屯溪西周墓葬发掘报告》，《考古学报》1959 年第 4 期。

⑫黄宣佩、孙维昌《上海地区几何印纹陶》（未刊稿）。

⑬同上。

⑭上海市文保会《上海市青浦县崧泽遗址的试掘》，《考古学报》1962 年第 2 期。

⑮江西省历史博物馆《江西考古三十年》，《江西历史文物》1979 年第 1 期。

⑯朱江《吴县五烽山烽燧墩清理简报》《考古通讯》1955 年第 4 期。

⑰南京博物院《江苏吴县草鞋山遗址》《文物资料丛刊（3）》，文物出版社，1980 年。

⑱同⑧。

⑲安徽省博物馆《试谈安徽新石器时代文化与长江下游诸文化的关系》，《文物集刊》第 1 集。

⑳a. 南京博物院《江苏省十年来考古工作中的重要发现》，《考古》1960 年第 7 期；b.《文物》1980 年第 8 期“长江下游商周青铜器的若干发现与研究”专题下的有关文章。

㉑广东省博物馆《广东石峡墓葬发掘简报》，《文物》1978 年第 7 期。

㉒福建省博物馆《闽侯昙石山遗址第六次发掘报告》，《考古学报》1976 年第 1 期。

㉓江西省文管会《江西修水山背地区考古调查与试掘》，《考古》1962 年第 7 期。

㉔江西省博物馆等《清江筑卫城遗址发掘简报》，《考古》1976 年第 6 期。

（原载《南京博物院集刊（4）》，1982 年）

先吴时期古吴地区考古文化的族属问题

研究吴文化者无不熟悉《史记·吴太伯世家》中如下的一段话："吴太伯，太伯弟仲雍，皆周太王之子，而王季历之兄也。季历贤，而有圣子昌，太王意欲立季历以及昌。于是太伯、仲雍二人乃奔荆蛮，纹身断发，示不可用，以避季历。季历果立，是为王季，而昌为文王。太伯之奔荆蛮，自号句吴。荆蛮义之，从而归之千余家，立为吴太伯。"史家一般据此记载，认为吴之立国自此始。此时正当中原商代后期。考古学上通常所说的"吴文化"，一般即指公元前11世纪至公元前5世纪，即商末春秋时期的吴国文化。但吴国建立之前，居住和生息在原吴国疆域（主要指吴国的本土）内的"荆蛮"，及其更早时期初民的族属问题，至今似尚无定论。

太伯所奔之"荆蛮"，一般注释者多认为在今"无锡梅里"，但也有不少持异议者。近有学者认为，"荆蛮"之名史籍上仅见于《史记》，可能系指地处于荆地之蛮夷。现安徽芜湖有大小荆山，可能为太伯、仲雍南来首先驻足之地。这里姑且不论孰是孰非。但史书记载，吴王与晋定公争长，吴王夫差力表："于周室我为长。"（《史记·吴太伯世家》）。无可争议地表明自己为周王室后裔。尽管以往有学者认为这是吴国君主为提高自己的身价而伪托自己的家族为周王室之后，但并没有很强的说服力。

一　吴立国前吴地的古文化

新中国成立以来数十年的考古发现证明，吴国在建国之前，在该疆域内（太湖地区及宁镇地区）普遍发现了相当于中原夏、商时期的考古文化遗存。这就说明了这一地域当时确存在着土著居民。可以认为这些居民即为《史记》所说的"荆蛮"族。而且通过考古实物资料，也使人们确信后来的吴国，也的确是在这一地区的土著文化的基础之上建立起来的。

宁镇地区相当于中原夏、商时期的考古学文化有点将台文化和北阴阳营三层文化，太湖地区则有马桥文化等。

马桥文化（也称马桥四层文化或马桥类型文化）已有不少学者撰文对其进行过探讨；北阴阳营三层文化（过去曾称之为早期湖熟文化），笔者也曾著专文进行过分析。概言之，这两支文化是夏商时期分别在太湖地区和宁镇地区以崭新面貌出现的考古学文化。

马桥文化主要分布地域在江苏太湖地区和浙江北部（在浙江又称为肩头弄文化或

高祭台类型文化）。该文化的内涵相当复杂。1. 首先该文化相当普遍地出现了一种在本地区来说是一种崭新的制陶工艺，即几何形印纹陶器。纹饰多为篮纹、叶脉纹、方格纹、席纹、梯格纹、回纹、云雷纹等。常见的典型器有垂腹罐、带鋬罐、高颈罐、深腹盆、鸭形壶。几何形印纹陶系早从新石器时代晚期就已在我国南部的江西、福建、广东等地出现。以后逐步向北扩展，由浙江而至于江苏，到夏商时期已成为长江下游地区的马桥文化的主流陶器。2. 其次，马桥文化中有一定数量的觚、觯、尊、簋等陶器及带状云雷纹、鱼鸟纹等纹饰。此外还发现过少量刀、凿等小件青铜器和铜炼渣等。上述陶器的形制与纹饰与河南郑州二里岗及偃师二里头等早商文化颇为相似。3. 此外，在马桥文化遗存中，还含有少量良渚文化因素，如有柄石刀、“石犁” 等。但这些迹象已如强弩之末，良渚文化最基本的特征，在马桥文化中已很少见其踪迹。

分布在宁镇地区的北阴阳营三层文化，其典型遗址于50年代首先发现于南京北阴阳营而命名。过去曾称之为早期湖熟文化。该文化上承点将台文化，下接镇江马迹山等为代表的遗存。其文化内涵也表现出一定的复杂性。1. 该文化包含有较明显的早商文化因素。表现在陶器上粗细绳纹的普遍使用，云雷纹、曲折纹、圆圈纹、贝纹、饕餮纹等纹饰的出现。尖唇、凹沿细绳纹鬲，折沿盆形细柄喇叭形圈足豆等器形的普遍出现，以及刀、凿、镞等小件青铜器的铸造，占卜术的使用等，都应与早商文化的影响有关。2. 该文化还受到太湖地区马桥文化一定程度的影响。如陶器中以红陶为主，梯格纹和其他几何形印纹陶的使用，以及有肩、梯格纹红陶盆和灰陶三足盘的出现等均是。其中，几何形印纹陶因素，原本起源于南方地区，是经过马桥文化这个中转站，间接传播到宁镇地区的北阴阳营三层文化中来的。开始数量较少，到了后期（如马迹山遗址），纹饰种类和数量都有很大的增长。3. 在北阴阳营三层文化中，还可以发现一些来自北方岳石文化的迹象。如夹砂素面陶表面有篦状擦纹，这种擦纹被认为是岳石文化的特征之一。半月形有孔石刀的大量使用，亦应是岳石文化的影响所致①。

二 马桥文化和北阴阳营文化的族系问题

下面我们可以通过对这两种文化内涵的进一步分析，探索一下它们的族系问题。

如上所述，马桥文化和北阴阳营三层文化是在地区上相互毗邻，文化面貌上有较大差异而彼此间又有着紧密联系的两支考古学文化。

1. 它们都包含有几何形印纹陶（包括硬陶和软陶）因素。在这方面马桥文化表现得比较明显和充分；而北阴阳营三层文化则经历了一个由较少到较多的过程。从而我们可以看到印纹陶这一文化因素由南而北扩展的趋势。

《尚书·禹贡》扬州条中的“震泽” 和《周礼·职方氏》扬州条中的“具区”，都是指本地区的太湖。宁镇地区也包括在《禹贡》所说的古扬州范围之内。

《吕氏春秋·有始览》：“东南曰扬州，越也。”《史记·吴太伯世家》称奔荆蛮。司马贞《史记正义》说荆蛮是“南夷之地，蛮亦称越”。“越” 是我国古代对我国东南地域和族群的泛称。我这里将分布在这广大的东南地域范围之内的越族称之为族群，是因为他们绝不可能是一个单纯的部族。正因为如此，古代又将其称之为“百越”。其中有闽越、瓯越、南越、骆越、扬越等许多名称。但这里又有一个有趣的现象，即从新石器时代晚期或稍后，几何形印纹陶逐步在“百越”族分布区内成为主流陶器。也可以说几何形印纹陶成为越文化的主要特征。马桥文化的陶器以几何形印纹陶为主流陶器，北阴阳营三层文化的这一陶系也呈逐步上升的趋势。

我曾经著文作了这一地区新石器时代晚期的良渚文化最终的衰败以至濒临消亡的论述。因此我们可以认为在夏商之际，南方百越系统的部族，已渐次北迁到太湖北岸，填补了这一地区的真空，然后再西扩至宁镇地区，逐渐成为这一带的主体居民。

2. 这两支文化又都包含有中原商文化的因素，但二者所包含的具体内容却又不大相同。如北阴阳营三层文化常见的商式鬲和甗，不见于马桥文化；而马桥文化的觚、觯等商式酒器，在北阴阳营三层文化中也杳无踪影。我曾推测这可能“主要是早商文化是通过不同的道路对它们施加影响所致。北阴阳营三层文化的早商因素应系由河南经安徽进入宁镇地区的；而马桥文化的早商因素则可能是由江西的吴城文化经浙江间接传入的。在文化传播过程中，北阴阳营三层文化和马桥文化分别吸收了早商文化中自己所能接受的那一部分，这样就形成了上述的那种文化面貌上的差异”②。这一现象说明这一时期中原地区商人势力也通过不同的路线，陆续地进入了这一地区。

这样我们对《史记·吴太伯世家》所说的“荆蛮”所指的族系就有了一个较为明确的认识了。所谓“荆蛮”，即在吴建国之前的吴地土著居民的另称，实际上这一地区的居民以越族系统为主，而代表中原华夏文化的商人也在这一地区建立了一定的势力。因此，当太伯、仲雍南下到此似乎轻而易举建立了“句吴”，而且“荆蛮义之，从而归之千余家”。正是由于华夏族系的商人，为他们奠定了坚实的社会基础。

实际上从考古遗存上看，吴在建国后，其文化面貌基本上仍然保存着南方几何形印纹陶文化和中原青铜文化相结合这一特征。从承接这个意义上讲，马桥文化和北阴阳营文化都可以说是先吴文化。

时光倒溯，历史返回到新石器时代晚期。这一时期中国考古学上称之为“龙山时代”。后来的吴国疆域，亦即原马桥文化和北阴阳营三层文化的分布区内，几乎全被良渚文化所覆盖。

众所周知，良渚文化其文明发展程度之高，在我国新石器时代晚期诸文化中，显得非常突出。它的影响极其广泛和深远。从横的方面看，其影响范围所及，遍及大汶口文化、龙山文化、石家河文化、陶寺类型的龙山文化、石峡文化……等，甚至远到陕北的延安都发现过批量的良渚式玉器。从纵的方面看，夏商以降诸如高台基宫殿建筑，琮、璧、圭、璋等瑞玉的使用，青铜礼器广泛使用的饕餮纹等，都可溯源到良渚文化。相当时期以来，我一直思索着一个问题，即具有如此高度文明，在空间和时间上影响力如此巨大的良渚文化，在我国古史传说中，不可能不占有其重要的一席之地。

1. 良渚文化不是先越文化

良渚文化的族属问题，史学界比较流行的看法是，该文化应为古代越族文化[③]。苏秉琦先生主编的《中国通史》第2卷在谈到龙山时代黄河和长江中下游诸文化的族属问题时，也未能摆脱此窠臼。该书认为中原龙山文化、龙山文化、良渚文化和石家河文化的族属："它们分别同传说中的黄炎、东夷、越和三苗等集团有密切的关系，而这些集团后来又发展为华夏、东夷、吴越、荆楚等族系"。对于这一段论述，我认为将中原龙山文化的族系定为黄炎，龙山文化定为东夷，石家河文化定为三苗，都应该没有什么疑问。只是将良渚文化的族系定为越，似觉欠妥。

首先，我觉得要弄清良渚文化是否为先越文化，就先必须弄清什么是越文化。从而进一步比较良渚文化和越文化在文化内涵上的异同（即延续和继承关系），方能作出比较中肯的结论。如本文第一部分所说，从考古学上讲，所谓"越文化"，就是指主要分布在我国华南和东南地区南部，相当于中原地区商周时期，各种土著文化的总称。其共同的考古学文化特征是普遍包含有颇具特色的印纹硬陶器。从已知的考古发掘资料来看，古越族文化的生产力发展水平，也远远落后于中原地区同时期的商周文化。太湖周围地区，商周时期是属于"百越"中的"扬越"或"于越"一族。在这一地区所发现"马桥文化""高祭台类型文化"以及相当于商周时期的其他考古学文化，也均具有前述古越文化的共同特征。如果我们把良渚文化看成是先越文化，那么就应该能发现许多共同因素或承袭因素。当然，我们不能讲这样的因素完全没有，如二者都发现类似的有柄石刀（"破土器"）和犁状石器等。但从总体上讲，二者的文化面貌却相去甚远。尤其是最具古越文化特征的几何形印纹陶，在良渚文化中，可以说绝无发现。而良渚文化中的最常见的黑陶和黑皮陶制品，在古越文化中已罕见其踪迹。再者，良渚文化以石器制作精良著称，特别是数量巨大、种类繁多、工艺精湛的玉器制作和使用，堪称我国同时期诸文化中之最。而到了后来的古越文化时期，出土的石器制作反而比较粗糙，而制玉传统几乎完全未能继承下来。古越文化发现的少量青铜器的确代表一个崭新时代的到来，但这和良渚文化的传统无关，而应该是受到北方中原地区先进的青铜文化的影响所致。在经济和生产力发展水平上所给予人们的总的印象是，古越文化较之良渚文化普遍呈现出某种倒退趋势。再从葬俗礼制上看，二者也有很大差异。人工堆筑的土陵山和"玉殓葬"等习俗，在良渚文化之后，并未延续下去。因此，根据以上种种迹象来看，太湖地区的古越文化，并非良渚文化的直接延续，也就是说，良渚文化决无可能是先越文化。至于学界之所以有良渚文化是"先越文化"的判断，主要是因为良渚文化的中心分布地带，正是《尚书·禹贡》所说的"扬越"的范围之内。依照逻辑推断，前者似应为后者的祖先为是。但我们应知道，人类历史的进程往往是很复杂的。在古代由于种种原因，例如战争、瘟疫、灾害以及自然地理环境变迁等原因，都往往会造成整个部落或部族的衰落、迁徙乃至消亡。从而使原来的地区，沦为荒芜之地，或被外族人侵入占领，这在世界古代历史上是不乏实例的。因此，如何判断一个文化是否为前一个文化的延续，在缺乏文献资料的情况下，采用考古学文化因素分析法，当是行之有效的。我之所以认为良渚文化而不是先越文化，其主要根据正在于此。

2. 良渚文化与大汶口文化属同一文化圈

上面我们从文化内涵的分析，否定了良渚先越论。那么我们也就可用同样的方法，对其族属问题进行进一步的探索。

纵观整个新石器时代，长江三角洲的马家浜文化、崧泽文化、良渚文化和苏北、鲁南的青莲岗文化、刘林（王因）类型文化、大汶口（花厅类型）文化、龙山文化等，不仅在相对年代上南北互相对应，而且在文化内涵和发展演变规律上，也有着惊人的相似之处。

正因为如此，早在20世纪70年代，我已在文章中明确地指出了这一点，并将青莲岗文化分为江南和江北两个类型④。而这种趋势到了良渚—大汶口文化时期，则更加明显。关于这两种文化的密切关系，在不少文章中均曾论及，其中以吴汝柞先生分析得较为细致，共归纳为九点。其中指出两文化共有的鼎、豆、鬶、贯耳壶、缸形器等陶器和有段石锛等，均有相同或相类似的形制和演变规律。此外还指出两文化关系密切的具体表现还有：上海福泉山T23M2出土的彩陶背壶与邳县大墩子M107彩陶背壶形制一致；有一种粗砂陶缸形器（敞口，筒形腰、厚壁、上部篮纹）为二文化共见的常用器；具良渚文化特征的璧、琮、锥形饰等玉器，亦屡在大汶口文化墓葬中有所发现。这在新沂花厅村大汶口文化北区墓地表现得尤为突出。尤其是M18，大量的随葬品无论是玉器、石器还是陶器均具有鲜明的良渚文化特色⑤。

特别令人注意的是，中国科技大学的科研人员，采用了X射线衍射长石定量分析法和岩相分析法，分别对花厅墓地出土的大汶口式和良渚式两类陶片进行了测定。测定的结果表明，凡属大汶口式陶片，其各种长石的含量和颗粒状况，均与花厅村所属地区地质状况相符，应为当地所制造；而凡属良渚式陶片，所含成分基本属于黏土—亚黏土，土内颗粒细小，长石及其他矿物成分很少。其胎土成分与良渚文化分布的广大地区地质情况相似，推测其应为良渚文化分布区的制品⑥。这说明这两支文化之间关系的密切程度的确非同一般。对于花厅墓地批量出土良渚式遗物的这一现象，那么无论是反映了两个部落文化上的融合，还是良渚文化作为征服者的体现⑦，都有助于我们对《逸周书·尝麦篇》中的“命蚩尤于宇少昊”这句话以及徐旭生先生关于蚩尤为东夷部集团的大领袖这一论断的理解。

3. 蚩尤部族是东夷集团中重要的一支

蚩尤是我国古史传说时代的一位大名鼎鼎的部族领袖或部落联盟领袖，也可以说他是一位传奇式的英雄。他曾经叱咤风云于一时，大兴兵戎，与中原的部族领袖黄帝展开了一场惊天地泣鬼神的大战。他率部驰骋疆场，所向披靡。虽然最后兵败涿鹿，但其余威仍然震慑着中原大地，久久未能平息。以致于“伏蚩尤后，天下复扰乱，黄帝遂画蚩尤形象以威天下。咸谓蚩尤不死，八方皆为殄灭（《龙鱼河图》）。关于这次大战及有关蚩尤的传说，在《尚书·汤诰》《尚书·吕刑》《逸周书·尝麦篇》《山海经·大荒北经》《龙鱼河图》《史记·五帝本纪》《史记·殷本纪》等文献中，都有详略不同的记载。对于蚩尤你可以这样理解，即他既是一个部族的名称，也是一个部族领袖人物，而且是一个带有传奇色彩神话般的英雄人物。他（他们）叱咤风云，勇猛无敌，横行天下，不可一世。使世居中原的黄帝和炎帝部族为之谈虎色变。从一些神话传说来看，即使在他死后，他仍然使他的敌人们心有余悸，在后来钟鼎彝器上铸上蚩尤（饕餮）的形象，显然是为了驱避恶魔厉鬼侵扰之意。死后的他，俨然已被封为部落联盟以及后来国家的保护神了。

像这样一支势力强大，威势显赫的部族，到底是何方神圣？也就是说，在我国古史传说时代诸部落集团中，究竟应归属到哪一个集团？而反映在考古学上，这一部落集团又归属到哪一文化？而这一文化的先进、繁荣、强盛的程度又足以与该强大的部落集团相匹配。这是本文要着重探讨的问题。

蚩尤在三大部落集团中究竟应归入哪一个集团，在史学界一直是一个扑朔迷离、讳莫如深的问题。在众说纷纭的氛围中，唯有徐旭生先生独创新解，他在《中国古史的传说时代》一书中，拨开古文献中的重重迷雾，认定蚩尤应划归为东夷集团，这无疑是非常正确的。在论及各部族中有关东夷的地域分布时，有如下一段话："东夷集团，太昊、少昊、蚩尤均属之。它的地域范围，北自山东的东北部，最盛时达山东北部全境。西至河南东部，西南至河南的极南部。南至安徽中部。东至海"。但是接下来徐文又说："但是，现在江苏运河以东地区，地势下湿菹洳，未见得有居民，就是有，也必然很少。所以在古代没有在那一带建国的痕迹"。至于江南，特别是长江三角洲一带，徐文根本就未提及。大概他认为这一带更无人居住了。不过他在本书关于三大部落集团地域分布图上却将长江三角洲划到了东夷集团的范围之内。徐旭生先生此书初版于抗日战争时期，在新中国成立以后的增订版（1960 年第一版）中，著者的主要论点并无改易，只是在材料上作了不少改动和增补。显而易见，徐先生写作和出版此书时，苏、浙、沪一带的考古工作还刚刚起步，考古资料极为贫乏。因此他认定这一带人烟稀少，也就很自然了。也正因为如此，他在殚心竭力地考证蚩尤部族的领域时，也就忽略了这一地区。这是我们不能苛求于前人的。

东汉的高诱和马融等人都说蚩尤是九黎的君名。郑玄以为苗民即九黎之后（《尚书正义·吕刑》"苗民弗用灵"条下引）。则九黎似乎属于苗蛮集团。徐旭生先生既然肯定蚩尤属于东夷集团，那么有关蚩尤之墟的地理位置，就必然要在我国东部地域中去探寻了，他对三大部落集团及主要部落的分布地域，作了详尽地考证。他认为东夷集团中的太昊、少昊两部落的遗墟均在今山东境内。这应该是毫无疑义的。但对蚩尤之墟的考证就颇费些周折了。经过一番考证，他认为"九黎为山东、河北、河南三省交界处的一个氏族，蚩尤为其酋长"。但此说仍系推测，难以凭信。看来蚩尤之墟究竟位于何地，就需要另行寻求了。

由于历来史家多认为蚩尤属于南方地区的“蛮夷”，而徐旭生先生又精确地考证其属于东夷集团。这样就不由不使得我们目光转向东夷集团的南方地域——即长江下游地区。我认为这一带才是蚩尤部族的原住地，徐旭生先生原以为这一地区“下湿莅洳，未见得有居民”，但新中国成立以后大量发现丰富的新石器时代文化遗存，为我们提供了广阔的想象空间。

4. 良渚文化的族属应为蚩尤

1993 年，我曾经发表过一篇题为《良渚文化影响与古史传说》的文章（《东南文化》1990 年第 5 期）。文章论及良渚文化的族属应为我国古史传说的蚩尤部落集团。在文章发表的稍前或稍后，也有同志著文从各个角度阐述了与此相同的观点。现将上述文章的论据综合整理并略加补充，归纳如下：

（1）古史传说蚩尤与黄帝同时，黄帝的年代已无法确切考订。民国初年曾用黄帝纪元，当时各家所用，有以 1911 年作黄帝 4600 年、4622 年和 4402 年三说（《中国历史大事年表》，上海辞书出版社，1983 年）。根据碳－14 年代测定，良渚文化距今约为 4000—5200 年，在年代上蚩尤所处正当良渚文化的繁荣期到衰退期。

（2）蚩尤是东南方的蛮夷，又是东夷集团中重要的一支；而良渚文化的主要分布区在长江下游一带，地望与之相吻合。同时良渚文化与山东和苏北的大汶口文化、龙山文化在文化面貌特征上有许多相同或相似之处，属于一个大的文化板块。尤其是在苏北新沂花厅等遗址，明显表现出良渚文化与大汶口文化相互渗透交融的现象[8]。这与蚩尤和太昊、少昊同属东夷集团是不谋而合的。

（3）蚩尤率部先后与炎帝、黄帝争战中原，给地处中原的华夏集团造成了巨大的震慑，可以相信蚩尤部族之所以有如此巨大的威慑力，一是该部族本身的繁荣和强盛；二是该部族有由于某种不可抗拒的原因要离开原来的住地，决心北上开辟新的生存空间。而这一切却又与良渚文化的实际情况相当符合。历史传说中的蚩尤似乎是生性好战穷凶极恶的大魔头，众口悠悠，似成定论。实际上该部族之北上、却完全是争夺生存空间的斗争。近年来有不少文章都谈到，良渚文化晚期曾遭遇到一次毁灭性的水灾，其原住地绝大部分都变为水乡泽国[9]。史载：“蚩尤请风伯雨师，纵大风雨”，“黄帝乃下天女曰魃，雨止，遂杀蚩尤”（《山海经·大荒北经》）。传说虽富有神话色彩，但其所描述的气候变迁和良渚文化举族北迁，征战中原时的气候变迁正相合。

（4）蚩尤部族的强盛和长期转战中原，必然将其固有文化，辗转并源源不断地给中原地区造成了广大和深远的影响。这也就是良渚文化的影响极其广泛和深远的原因。从横的方面看，良渚文化的影响范围所及，遍及大汶口文化、龙山文化、石家河文化、陶寺类型的龙山文化……等，甚至远到广东的石峡文化和陕北的延安碾庄芦山峁都发现过批量的良渚式玉器[10]。其影响力之巨大和广泛，一方面是由于该部族政治军事和经济力量上的强大和先进，另一方面是由于该部族后期由于自然原因举族迁徙转战中原的结果。这里要重点提一下1981年在陕北延安碾庄芦山峁发现的，具有浓厚良渚文化特征的玉璧、玉瑗、三合玉环、玉斧、石犁等14件玉石器。很容易联想起前秦王嘉所著《拾遗记》中“轩辕去蚩尤之凶，迁其民善者于邹屠之地，迁恶者于有北之乡”的记载。邹屠是今何地已不可考。有北应指北方苦寒之地。陕北远离良渚文化故土数千里之遥，在这里竟留下了批量该文化的重要遗物。考古发现与文献记载如此吻合，实在令人惊叹[11]。

（5）良渚文化的影响，从纵的方面看，夏商以降诸如高台基宫殿建筑，琮、璧、圭、璋等瑞玉的使用，青铜礼器广泛使用的饕餮纹等，都可溯源到良渚文化。其中在青铜彝器上广泛使用饕餮纹这一点，不能不使我们联想到古史传说中的蚩尤。传说蚩尤被杀后黄帝“乃画蚩尤像以威天下”（《太平御览》卷七十八引《龙鱼河图》）。王献唐先生指出：“后世钟鼎彝器，时范饕餮花纹，谓以戒贪”[12]。近亦有同志力主此说[13]。饕餮纹最早使用于良渚文化，是良渚文化先民的图腾纹饰，广泛装饰在琮、璧、钺、冠形饰、锥形饰等玉器上。战胜良渚文化先民是中原先民足以炫耀当代乃至后世之事，所以直至几百年后的商周时期，还把失败者的图腾形象铸在铜器上“以威天下”（《龙鱼河图》）或“为贪虐者戒”（《路史·后记·蚩尤传》）。

自古以来钟鼎彝器上的兽面纹“饕餮”“蚩尤”之名互见相通，而此种纹饰又始见和盛行于良渚文化的玉礼器之上。这有力地说明了，良渚文化的族属，舍蚩尤其谁?

注释

①纪仲庆《北阴阳营第三层文化遗存的分析》，《南京博物院建院60周年论文集》，1993年。

②同上。

③曾昭燏、尹焕章《古代江苏历史上的两个问题》中说：“良渚文化的居民，可能属于古代的越族。因为根据文献记载，浙北、苏南杭州湾和太湖周围一带，正是古代人居住的地方，而春秋、战国时的越国也就建国于此地。”

④纪仲庆《略论青莲岗文化》，《文物》1973年第6期。

⑤吴汝祚《良渚文化与大汶口文化、龙山文化的关系》，《东南文化》1989年第6期。

⑥a. 南京博物院《1987年江苏新沂花厅遗址的发掘》，《文物》1990年第2期；b. 南京博物院《1989年江苏新沂花厅遗址的发掘》，《东方文明之光——良渚文化发现60周年纪念文集》，海南国际新闻出版中心，1996年。

⑦苏秉琦先生《中国通史》（第二卷），上海人民出版社，1994年，第267—272页。

⑧同⑥b。

⑨吴建民《长江三角洲史前遗址的分布与环境变迁》，《东南文化》1988年第

6期。

⑩姬乃军《延安市发现的古代玉器》，《文物》1984年第2期。

⑪纪仲庆《良渚文化影响与古史传说》，《东南文化》1990年第5期。

⑫王献唐《炎黄氏族文化考》，齐鲁书社，1985年。

⑬张敏《兽面纹与饕餮纹》，《南京博物院集刊》1994年第4期。

（原载《东方文明之韵——吴文化国际学术研讨会论文集》，岭南美术出版社，2000年）

扬州古城址变迁初探

扬州是我国历史上相当重要的一座城市。据文献记载，自春秋后期周敬王三十四年吴王夫差筑邗城以来，历战国、汉、六朝、唐、宋以迄于明，都曾在这里建筑或修缮过城池。对于这些历代古城的地理位置和范围，有关史籍和志书上的记述，大多比较简略，且多有互相抵牾之处。近年来有些人对吴邗城、汉濞城、唐代的子城和罗城以及宋三城等，进行过一些考察和研究，提出了不少颇有见地的看法，但仍有若干问题值得商榷。

1978 年冬，南京博物院为配合某项工程的规划，在扬州市北郊蜀岗上的古城遗址，进行过一次试掘。同时就便对附近的古代城垣、壕堑、古河道等遗迹，作了一些调查。下面我们打算结合文献资料和考古发现，对扬州历代古城的地理位置和范围作一些初步探讨。

一　扬州古代筑城文献资料简录

首先将有关扬州古代筑城记载的文献资料，择其要者摘录如下：

1. 春秋："鲁哀公九年（即周敬王三十四年，吴王夫差十年，公元前 486 年）秋，吴城邗，沟通江淮。"（《左传》）

2. 战国："楚怀王槐十年（公元前 319 年）城广陵。"（《史记・六国表》）

3. 汉："广陵，吴王濞所都，城周十四里半。"（《后汉书・郡国》）。又"广陵城楚汉间为东阳郡、高祖六年为荆国，十一年为吴城，即为吴王濞所筑。"（《水经注》）

4. 东晋："太和四年（公元 369 年）……以温领平北将军、徐兖二州刺史……发州人筑广陵城，移镇之。"（《晋书・桓温传》）又："太和四年，桓温发徐、兖州民筑广陵城，遂移镇焉。时兖州寄治广陵，徐州寄治京口。"（《读史方舆纪要》卷二十三）

5. 南朝宋："大明元年秋，〔竟陵王诞〕又出为南兖州刺史加都督。……至广陵，因魏侵边，修城隍，聚粮练甲。……大明二年（公元 458 年），发人筑广陵城。"（《南史・竟陵王诞传》）又："宋竟陵王诞时又增筑外城子城，城益大，其后自齐梁以迄陈隋城皆无异。"（《雍正府志》）

6. 唐："（德宗）建中四年（公元 783 年）十一月，淮南节度使陈少游将兵讨李希烈，屯盱眙。闻朱泚作乱，归广陵，修堑垒，缮甲兵。"（《通鉴・唐纪四十五》）又："乾符六年（公元 879 年）……高骈至淮南，缮完成垒，召募军旅。"（《旧唐书・高骈传》）又："唐为扬州，城又加大，有大城又有子城，南北十五里一百一十步，东西七里三十步，盖联蜀岗上下以为城矣。"（《雍正府志》）

7. 五代："显德五年（公元958年，一说为显德六年）正月己丑，以侍卫马军都指挥使韩令坤权扬州军府事。二月戊午，帝（周世宗）发楚州，丁卯至扬州，命韩令坤发丁夫万余，筑故城之东南隅为小城以治之。"（《通鉴·后周纪五》）

8. 宋：(1)"宋初李重进毁之（按：指小城），复葺旧南半为城。南渡时，诏吕颐浩缮修，乾道二年（公元1166年）又修，旧称大城，周二千二百八十丈，盖南渡后所增修也。淳熙二年（公元1175年）知州郭棣请即前毁城遗址建筑，与今城南北对峙，中夹甬道，嗣是建夹城，扬州乃有三城。"（《雍正府志》）

(2)"金南迁于汴，朝议疑其进逼，特授（崔与之）直谟阁，权发遣扬州事，主管淮东安抚司公事。……既至，浚壕广十有二丈，深二丈。西城壕势低，因疏塘水以限戎马。开月河，置钓桥。州城与堡城不相属，旧筑夹土城往来，为易以甓。"（《宋史·崔与之传》"复作瓮城五门。"）（崔与之《重修城壕记》）

(3)"宝祐城在府北七里。……宋宝祐四年贾似道奉诏筑，所谓包平山而瞰雷塘者。时又筑新宝城，二城相连，名曰夹城。"（《读史方舆纪要》卷二十三）又："扬州宝祐城贾秋壑（似道）开阃日筑。""……旧名堡城，不当用既废之名，今名宝祐城。是役也，用军三万人……。"（《庶斋老学丛谈》）

(4)"始平山堂瞰扬城，大元兵至则构望楼其上，张平弩以射城中。庭芝乃筑大城包之。"（《宋史·李庭芝传》）

9. 明："元至正十七年（公元1357年），明人取扬州，令佥院张德林改宋大城，筑西南隅守之，周九里。……嘉靖乙卯，知府吴桂芳以倭寇请于上官，接东部建外城，即宋大城之东南隅也。"（《雍正府志·城池》）

二　扬州古城遗迹的现状

扬州在唐代以前，据文献记载，其城址多选在今市区西北2公里的蜀岗之上。唐、宋两朝虽已在蜀岗之下分别筑了罗城和大城，但其子城（牙城）、堡砦城（后为宝祐城）仍在蜀岗之上。南宋灭亡以后，宝祐城和夹城被废弃，蜀岗之上始成为荒郊。至今在这一带的地面上仍残留着不少古代城垣、壕堑和古河道的遗迹，有些地方保存得还相当好，这为我们探求扬州历代古城城址和范围提供了极为重要的线索。

（1）古城垣遗迹

为了便于叙述，我们将暴露于地面的土筑城垣遗迹，按其分布情况分别予以编号介绍如下（图一）。

1号城垣：现存部分略呈曲尺形，位于蜀岗上古城遗址的东北部。其西端起于尹家壕子（庄名）之南（图二），向东迤逦约920米，至江家山坎（庄名）转折向南，延伸700米，至综合大队小学之东北部，复折向东约200米，再折向南约700米，至铁佛

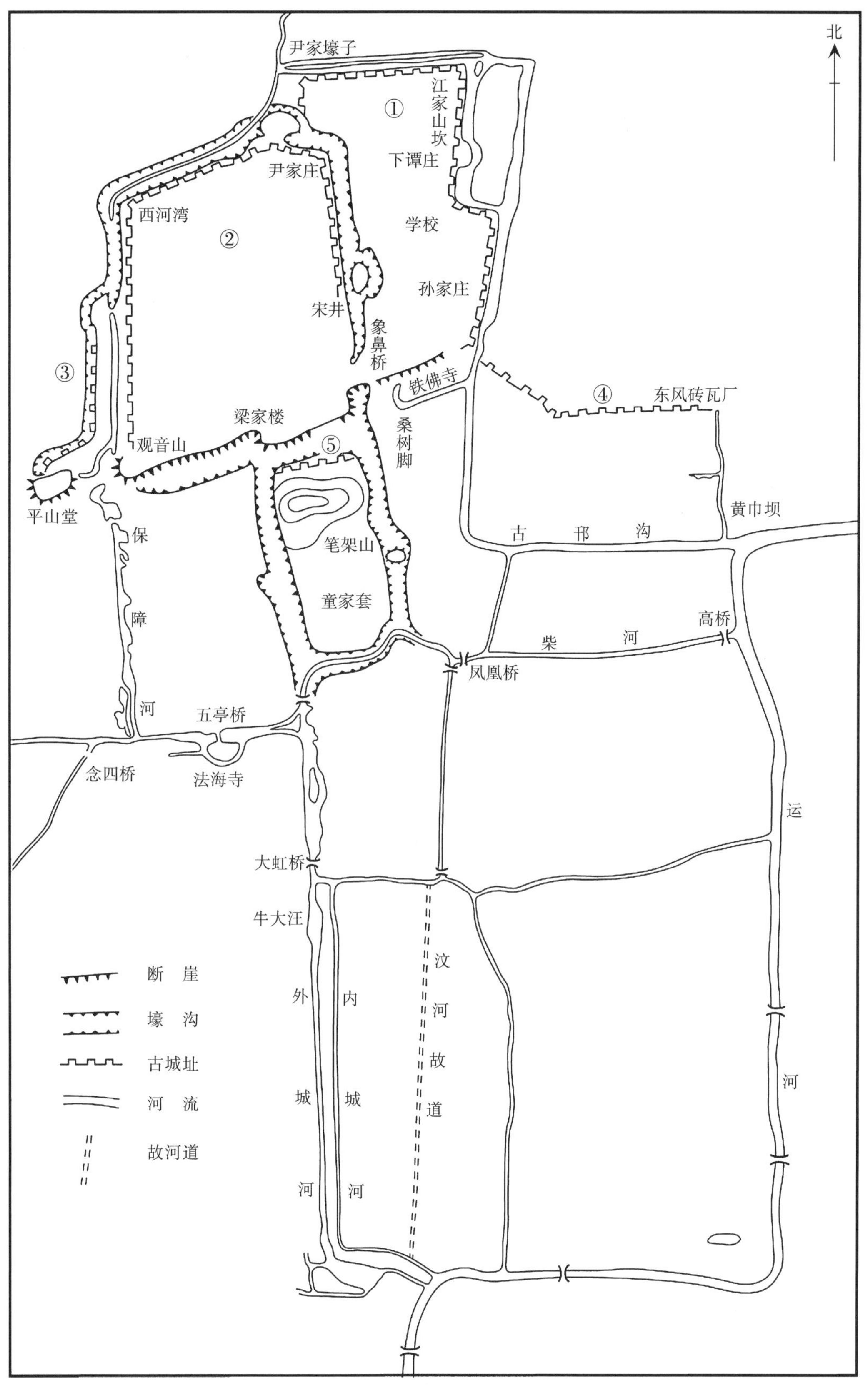
北
尹家壕子
①
江家山坎
下谭庄
尹家庄
西河湾
②
学校
孙家庄
宋井
象鼻桥
铁佛寺
③
④
东风砖瓦厂
梁家楼
桑树脚
观音山
⑤
平山堂
保障河
笔架山
黄巾坝
古邗沟
童家套
高桥
柴河
凤凰桥
五亭桥
念四桥
法海寺
运河
大虹桥
牛大汪
外城河
内城河
汶河故道
断崖
壕沟
古城址
河流
故河道

图一　扬州地形示意图

寺后，又向西折约50米，地面即趋于平坦，但再向西不远已与铁佛寺以西的蜀岗南部断崖相接。

图二　**1**号城垣遗迹

这一段城垣保存情况尚好，除北墙的西端和东墙的南端残高仅2米许外，其余大部分残高均可达4—5米，东墙部分地段可高达7米以上。城垣以外有与城垣相平行的城壕，壕宽20—40米。

北墙和东墙分别有两个和三个豁口，经了解其中北墙的两个豁口和东墙中间的一个豁口是新中国成立后社员为修渠引水而开的。而东墙偏北和偏南两处则是历来就有的。其中偏北的一处豁口在下潭庄之东，豁口之外有一片半圆形的高地，南北长约100米，东西宽约50米，城壕至此则屈曲绕过其外缘，显为城门、瓮城和月河的遗迹。偏南的一处豁口在孙家庄以东，从城外之壕沟，经此豁口至铁佛寺后面的东侧，地势都很低洼，因而怀疑此豁口可能为古代的水门遗迹。在大陆庄的南面，位于蜀岗南部断崖部位亦有一缺口，呈斜坡状通至蜀岗下，与下述之第二条古河道的北端相去不远。此处可能为古代南门的遗迹。此外1号城垣的东北角上有一片隆起的土堆，这迹象可能说明其上曾筑过角楼。这次发掘曾在北墙上开了几条探沟。发掘的结果表明，这段城墙除了近代扰乱层外，大约可以分为四个时期的堆积。第一期为压在最下面的黄褐色夯土层，虽然城内外地面上汉代绳纹瓦片几乎俯拾皆是，但此夯土层内却非常纯净，故其时代应早于汉，可能早至春战时期。第二期为汉代堆积层。如探沟1的夯土层两侧，都有包含有汉代绳纹瓦片的地层斜压在夯土层的下部之上。同时在此层内还发现有一座汉代的瓮棺葬，为确定其年代提供了可靠的依据。第三期大约为东晋时期增筑的部分，主要依据是在探沟3和探沟4的城墙内壁都发现了砖砌的护墙和砖铺的路面。所用的砖六面均有戳印的“北门”或“北门甓”的阴文砖铭，字体近乎篆隶。以往曾有人考证，两汉时期的人们多称砖为“瓴甓”“令甓”或“令辟”，三国两晋时期的南方则多简称为“甓”或“壁”，隋唐以后甓字即被砖字代替[①]。光绪年间陆心源辑的

《千甓亭古砖图释》中，辑录自铭为“甓”或“壁”的两晋纪年砖有数十例，且字体和“北门甓”砖亦十分相近，特别有些砖也是采用的阴文戳记，二者风格更为相似。参照有关文献记载，我们将其定为东晋时桓温筑城时留下的遗迹（详后）。第四期为唐代堆积，主要发现在探沟1的北侧地层内含有大量的唐砖和少量的唐代青釉瓷片。其中有些砖相当完整，有的排列还较整齐。常见的规格为一种长32.5、宽15、厚4.5厘米的砖，青灰色，一面往往印有绳纹，这种砖与1977年在扬州师范学院发掘的唐代寺庙遗址中所出的唐砖几乎完全一致。证明了唐代对这一段城墙曾进行过修缮。

由于在探沟7内发现有北宋时期的小墓压在城墙之上，说明至少在北宋之际该城一度被废弃过（发掘情况详见《扬州古城1978年调查发掘简报》）。

城内地面散布的残砖断瓦数量很多，根据地面调查和发掘所得，主要以汉、唐两个时期的瓦片、陶瓷片等遗物为多，并发现少量六朝青瓷片和春战时期的印纹硬陶片。另外，在城内还发现过一些汉、唐时期的土井，群众还挖到过唐代的砖井，砖上往往有“西窑陈□”“西窑许□”等文字的戳记[②]。

2号城垣：位于1号城垣的西部，暴露在地面的城垣遗迹平面略作门形。城垣东南起自城隍庙之东，向北延伸至尹家庄东北，转而向西，至西河湾（庄名）的西北角，再折向南，直到观音山下而止。现存东、北、西三面城垣的长度分别为720、1060和1400米。城垣的高度一般在5—6米左右。从观音山迤东，经梁家楼至象鼻桥一线，亦即上述城垣所包地区的南部和东南部边缘地带，为蜀岗的南缘。这一带均为陡直的峭壁，高4—5米至7—8米，最高处达10米以上（图三）。岗上除观音山以东有一段长100余米，高1米左右的土埂，疑为原来城垣的遗迹外，大部都看不出原来有城垣的迹象。城周约5公里，周围绕以城壕，壕宽达100米左右。

在东西两墙和北墙偏东处，各有一处豁口，其中东墙的豁口已不十分明显。这些均应是古城门遗迹，至今当地人仍分别称之为东华门、西华门和北门。豁口之外均有半圆形的瓮城和月河的遗迹。这几处瓮城遗迹的占地面积均较大，达1—2万平方米左右。西门外的瓮城南部的月河，现已无存，可能是在筑3号城时填平的（详后）。另外在北门之西约200余米处，亦有一处豁口。这里地势比较低洼，有河道经北豁口外通北城壕，当地人称之为“北水关”，可能为古代的水门。“北水关”内的水道，据说原来往南可通往林家庄一带，现多已淤平。另外在董家庄以南亦有一处缺口，呈斜坡形通向陡壁之下，可能也是古城门遗迹。2号城垣的东北角上亦有一隆起甚高的土堆，亦疑为角楼遗迹。

城内地面散布的古代遗物主要为汉、唐、宋三个时期的砖瓦和陶瓷片。据群众反映，城内经常可挖到大量的砖头，至今在当地民房的墙上，常可看到印有惹草花纹的唐砖和印有“高邮军”等铭记的宋砖等。此外，以往在这里还征集到群众挖出来的唐代“罗城官砖”。

在西门豁口处，近年来因修筑公路，其北侧曾被拓宽了一些（图三）。在北剖面的下层可以看到有与1号城垣第一期相似的夯土堆积。另外，在调查中，我们凑巧发现社员在东门外瓮城遗址南侧的城壕内，挖掘到一口砖砌古井。井砖为扁弧形，一端有凸榫，另一端有长方形小孔，两砖可以彼此密切榫合。此砖内弧长28.5、宽15.5、厚4厘米，井腔一周由十块砖拼成，井的内径为0.9米。用这种弧形砖砌的井，在宋井中是较典型的。类似的宋代砖井，在江苏无锡和宜兴等地都曾发现过。由于这座砖井发现于城壕之内，这就至少说明了2号城垣的东城墙的建筑年代不可能早于宋代，也就是说，这里的东城墙在宋以前是根本不存在的。

图三 **2**号城西门（自内向外）

3号城垣：系指2号城垣西门外瓮城遗址外缘向南延伸的部分。这里有一道隆起的土岗，向南延伸约600余米，在距今烈士墓西北不远处，转向西南约300余米，至蜀岗东峰的平山堂山后而止。从北面被一条道路所切开的剖面上看，岗内的堆积土层中含有多量唐宋时期的砖瓦碎片，可以推定这道土岗原应是人工堆积起来的城垣。另外在此土岗的外侧，还有一条宽达60米左右的城壕，其一部分现已被疏浚为养鱼池。

在城壕内，我们除拣得一些汉代绳纹瓦残片外，还发现了一些宋代瓷片。新中国成立前有人曾在平山堂后挖出过不少有“大使府造”铭文的砖，南宋末年，贾似道和李庭芝先后在扬州担任过“两淮宣抚大使”和“两淮制置大使”等职。“大使府”砖必为南宋时期的遗物无疑[③]。这为考订其建城年代提供了可靠的实物依据。

4号城垣：在1号城垣的东南方，其西北端起自铁佛寺附近的小茅山附近，大体和1号城垣东墙的南端相接，向东南方向伸展约500米，至杨家园附近折向正东，再延伸约1公里至东风砖瓦厂而止。暴露在地面的城垣遗迹除小茅山附近一段保存较好外，大都仅残留着高仅2米左右的土岗，且有一些中断不相连接的地方。这段城垣大部分已下了蜀岗。由于未采集到遗物，尚难断定其建筑年代。从地理位置上来推测，有可能是唐代的遗迹。

5号城垣：在2号城垣的正南，相距约150米处，有一片南北狭长的长方形高地。南北长约1公里，东西宽近500米，周围绕以宽100米左右的壕堑。这片高地的东、南、西三面的坡势均较陡峭，地面残留的土垣痕迹不太明显，只有北面有一道东西横亘，高4.5米，长约430米的土岗，应为古城垣遗迹。我们暂称其为5号城垣。在这道城垣的中部，有一宽约50米的豁口，与2号城垣的南缺口遥遥相对，应为城门遗迹。群众反映，在豁口中间略偏南处，原有1—2米左右高的小土包，使豁口处略呈笔架形，故当地亦称此城垣遗迹所在的高岗为“笔架山”。土包近年已被平掉。

在土垣的剖面上，可以看出这段城垣全系用细沙土筑成，与蜀岗上的黄黏土版筑城迥异。大约在1970年前后，当地林业队的同志曾在此城垣的东端中间的基部，挖到过砖砌券顶涵洞。据反映，涵洞的高度约可容一人弯腰进入其内。涵洞的券顶和两壁均为砖砌，下铺大块的青石板，群众为挖取砖头曾顺城向西挖了10余米，因城上的沙土大量塌落而中止、推测此涵洞为筑城时所敷设的下水道。砌涵洞的砖一般长37.5—39.5、宽17.5—19.5、厚8厘米左右。部分砖的顶端印有“武锋军”楷书阳文砖铭。宋自南渡后，扬州即成为防御金人的前线。当时在扬州的禁军和驻屯大军中，均有“武锋军”的建置[④]，据此可以判断这段城垣应建于南宋时期。

（2）古河道遗迹

在这次考古调查中，我们还对几处古河道遗迹，进行了实地踏查。

1. 在1号城垣北面城壕之外，相隔一道宽约10余米的土埂，还有一条与城壕相平行的古河道遗迹。这条古河道宽约20米，其西端和北城壕汇合，并与一条南北向的小河相通；而此小河向南则与2号城垣的北城壕相汇合。这条古河道从西端起向东延伸约1300米，即越过东城壕的北端再向东约200米处转向正南，又经750米，在1号城垣东墙中部的拐弯处，与东墙南部的城壕相汇合，复向南约700米经小茅山下，再向南延伸约1公里至螺丝湾桥转向正东，又延伸约1.4公里至黄巾坝入于运河。其中从螺丝湾桥到黄巾坝这一段，已有人考证是古邗沟遗迹，当地人至今仍称之为邗沟（其南岸原有吴王庙，内祀吴王夫差和汉吴王刘濞像，今已废）。对于从螺丝湾桥以北，绕1号城垣之外，与2号北城壕相汇合的这一部分，我们以为对于确定扬州历代在蜀岗上所建城的范围有着密切关系。在《嘉靖维扬志》所附的一幅宋江都县图上，在宝祐城周围亦画上了此河道，向南直通市河，与现在所见的古河道位置基本相同。

2. 在上述古河道从螺丝湾桥向北约800米处，又向西岔出了一条河道，此河道经铁佛寺前向西略偏南方向延伸约400米，至桑树脚附近再向北屈曲约100米，而到达其终端。这里紧靠1号城垣的南缺口，距相传为“象鼻桥（相别桥）”的位置也很近。其终点向北向西均为高土岗所阻，与2号城垣的壕堑并不相通。故此河道可能是古代停泊船只用的河浜或码头。可以设想古人从相别桥送别行人，出南门至此登船，确实相当方便。但其开凿的时代尚难断定。在河岸一带我们采集到一些唐、宋瓷片，说明这道河浜在唐、宋时期还是使用的。

除了上述的一些古城垣、壕堑和河道遗迹外，还调查了一些其他古代遗址和遗迹。将在下面探讨历代古城的变迁情况时提及。

三 历代扬州城变迁

下面我们将要结合前两节所列举的文献材料和考古资料，分别对吴邗城、楚广陵城、汉濞城、东晋和刘宋的广陵城、唐代的子城和罗城、宋三城等（图四）的地理位置和范围作一些初步的考察。

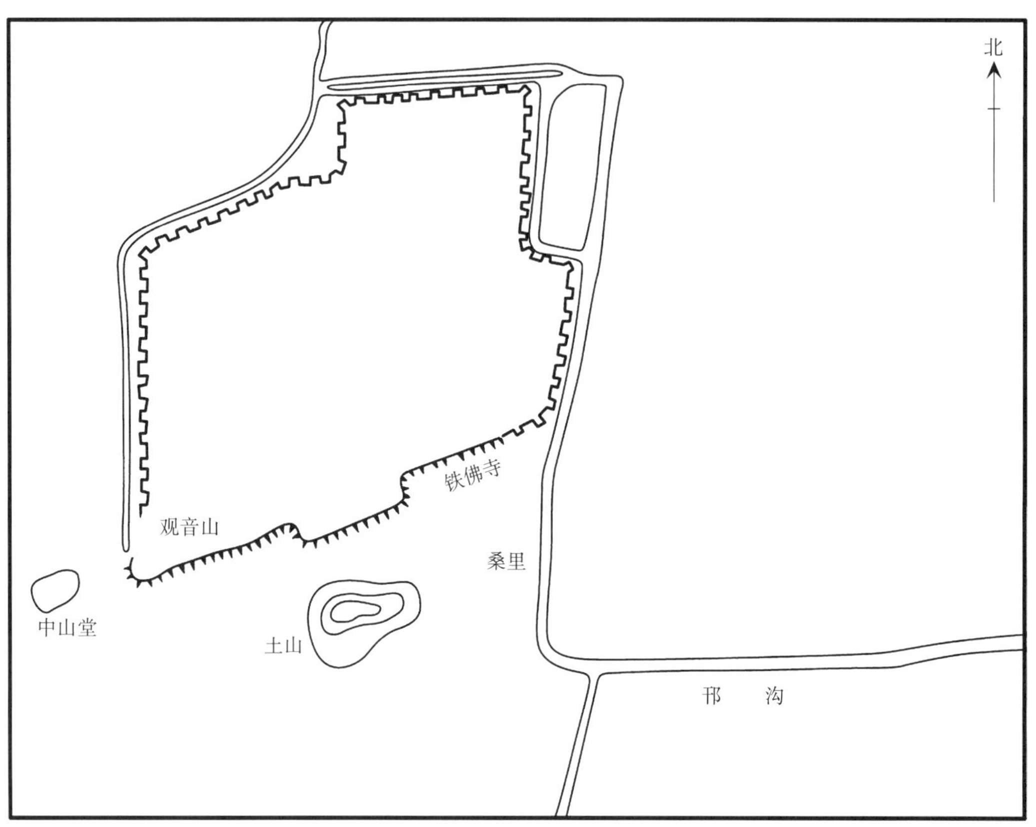

图四 吴邗城、楚广陵城、汉吴王濞城、东晋桓温及刘宋竟陵王诞时的广陵城示意图

（1）吴邗城、楚广陵城、汉吴王濞城

吴邗城的地理位置，今人多从《太平寰宇记》："城在州之西四里蜀岗上"的说法。《读史方舆纪要》卷二十三云："广陵城在府城东北，楚旧县。"《史记表》："怀王十年城广陵，秦因之。二世二年广陵人召平为陈王徇广陵是也。汉因之，吴王濞都此。"又《舆地纪胜》卷三十七云："芜城……古为邗沟城也，吴王濞故都。后荒芜，鲍照作《芜城赋》。"鲜于侁《广陵杂诗序》云："吴城吴王濞所都也。"从这些文献的记述来看，吴邗城、楚广陵城和吴王濞城的地理位置均应是一个地方。证之考古遗迹，亦大体上是可信的。

这次发掘的1号城垣已发现早于汉代的夯土城基，推测即可能是吴筑邗城的遗迹。我们推测吴邗城的东界即为1号城垣的东墙。北墙可以分为两段，东段为1号城垣的北墙，这道墙至尹家壕子为止。西部为一南北向的小河所阻，小河之西一片平原，全无城垣壕堑之迹象可寻。另外从1号城垣北墙西端亦可看出有向南弯曲的迹象。因此，吴邗城的走向应从北向南接2号城垣的北墙，2号城垣的北墙大部应为吴邗城北墙的西段。由于2号城西门亦发现了与1号城早期相似的夯土层，故可以推定2号城的西墙即应是吴邗城的西界。这个范围恰与前节所述之第一条古河道的绕行范围是一致的。另外从观音山经梁家楼至铁佛寺一线，基本上都无城垣遗迹，推测这一带原来就没有修筑城垣，或修筑的城垣较矮，今已湮没，因为这一线已是蜀岗南缘，地势陡峭，即使不筑城垣也足可依以据守。

吴王夫差元年（公元前495年）击败越王勾践，七年开始兴师伐齐，为了达到北霸中原的目的，于十年开始开邗沟、筑邗城，但到了十四年越军即乘夫差参加黄池之会的时机击败吴军，此后吴国即一蹶不振，直至二十三年亡于越之前，再也无力北上争霸，是故此城当时实际并未起过什么重要作用。至今城内散布的春秋战国时期的遗物很少，应与此有关。

楚怀王槐和汉吴王濞虽均有筑城的记载，但据《雍正江都县志》和近年来张华父等同志的考证，认为他们并没有别筑新城，而是“就城修筑，未更原址”[5]。

据此，我们可以认为：楚广陵城和吴王濞城和吴邗城的范围是一致的。至少从城垣有汉代堆积层，1、2号城垣内遍布汉瓦来看，汉濞城即应在此当可无疑。而且从汉代遗物之丰富程度来看，说明此城在汉代沿用时间颇长，这和汉景帝三年“陟汝南王非王江都”；汉武帝元狩六年“立皇子胥为广陵王”；东汉明帝永平元年“徙山阳王荆为广陵王”，十四年“封荆子元寿为广陵侯”等记载是相一致的。《后汉书·地理志》云：“广陵为吴王濞所都，城周十四里半”。既然吴王濞城在吴邗城和楚广陵城的原址上“就城修筑，未更原址”，那么这个十四里半，也应是吴邗城和楚广陵城的周长。按前述之吴邗城四至范围实地测量，其一周之长为7公里左右，和《后汉书·地理志》所记的十四里半是基本相符的。

（2）东晋和刘宋时所筑的广陵城

东汉末年，战乱迭起，广陵户口大多逃亡，城郭废圮。三国时广陵“先属吴、后属魏，皆议重筑不果”（《雍正府志》）。直至东晋太和四年（公元369年）以大司马桓温领平北将军、徐兖二州刺史，始发州人筑广陵城。

上节提到在1号城垣内曾发现用“北门甓”砖砌的护壁，被断定属东晋时期。参照文献记载，则必然为桓温筑广陵城所留下的遗迹。根据以往考古资料，在城门附近和城墙拐角处表面砌砖的做法，应始于六朝，亦可作为佐证。

桓温时所筑的广陵城仍应不离汉吴王濞城的旧址。从印有“北门甓”铭文砖的发现，可以大致确定当时的北门应在1号城垣北墙的偏西处，今已无迹象可寻，这可能是在唐宋以后筑城另辟北门后将此门堵塞了。

南朝宋武帝刘骏大明二年（公元458年），竟陵王刘诞又发民筑广陵城。次年刘诞即据广陵以叛。宋武帝派大将军沈庆之讨平之。文献记载了刘诞增筑广陵城和城门设置的一些情况。1.“庆之进逼广陵城，上命为三烽于桑里，克外城举一烽，克内城举两烽，擒诞举三烽。……庆之身先士卒，亲犯矢石，克其外城，乘胜而进又克小城。”（《通鉴·宋纪十一》）2. “诞遣一百人出东门攻刘道隆营，别遣疑兵出北门。”（《广陵通典》卷四）3. “诞复遣三百人出南门攻刘勔土山，为勔所破。”（《广陵通典》卷四）“广陵旧不开南门，云‘开南门者，不利其主’，诞乃开焉。”（《南史》卷十四）

以上所引资料说明，刘宋时扬州（当时之广陵）已有小城和外城两重城垣，且有东、北、南等城门。其中南门是从竞陵王刘诞时才新辟的。其位置可能为1号城垣的南豁口。

《雍正府志》和《嘉庆府志》都说：“宋竟陵王诞时又增筑外城子城，城益大。”其中“城益大”这个结论的根据似嫌不足。从考古遗迹上看，刘诞的外城仍应未离汉濞城和东晋广陵城的旧址，因为在此范围之外，绝无另外的残隍断堑之遗迹可寻。同时当时的外城一般也不会扩大到蜀岗以下。《通鉴》记载沈庆之在攻进广陵城之前已于城外的桑里设了三烽。可以设想当时之桑里必然距城很近，这样在攻陷外城、小城和擒诞之时，可以立即举烽火为号。因此《读史方舆纪要》中所说的“桑里在府城西南二十里”显然是错误的。今1号城垣之南约200余米处有村名桑树脚，即可能为桑里之旧址。另外刘勔驻军于当时南门外之土山，蜀岗之下为大片平川地。仅在其南部约200米处有一座孤立的、高出附近地面约7—8米的岗丘（即5号城垣所围狭长地带的北端笔架山一带），那么刘勔驻军所在的土山即应在此。而既然“桑里”和“土山”，都在当时广陵城南门外的近郊，那么刘宋外城下蜀岗的可能性也就很小了。

此外还需讨论一下关于小城位置问题。据史籍记载，刘诞久已阴蓄称帝之志，曾“修乘舆法物，习唱警跸”。因此很有可能在他任南兖州刺史以后于大明二年“发民治广陵城”时，另仿宫城之制，在大城之内，另筑小城。由于其地面遗迹已湮没无存，其具体位置尚待今后考古发掘来解决。

六朝时期广陵一带迭经战乱，竟陵王刘诞反叛失败后，“城中士民无大小悉命杀之”。城邑荒墟，鲍照所作之《芜城赋》曾对此城的荒凉情况作了真实的描述。这也就说明了城内发现的六朝遗物为何较少的原因。

（3）唐代的子城和罗城

我国封建社会经历了汉末、六朝的大动乱之后，到了隋唐时期，国家又重新恢复了统一的局面。特别是经过安史之乱以后，经济中心南移，唐王朝的衣食用度多赖江淮一带进奉。由于扬州的地理位置正处于南北水路交通之要冲，成为商业货物的重要集散转运地。因此在唐代扬州是国内外享有盛名的一座商业城市。

随着商业的繁荣，扬州城市建筑的规模也相应地大大扩展了。所以当时已有“江左大镇，莫过荆扬”（杜佑《通典》）之誉。

《雍正府志》和《嘉庆府志》都有“唐为扬州，城又加大，有大城又有子城”的记载。子城又名“牙城”（或衙城），“大城”又名“罗城”。这在《通鉴》关于唐僖宗光启三年（公元887年）秦彦、毕师铎攻陷扬州城这一事件的记述中，有过明确的记载[6]。唐代有两重城还可以上溯到稍早一些时候，杜牧在大和六年（公元832年）曾在牛僧孺淮南节度府掌书记之职，在他《扬州三首》诗中即有“街垂千步柳，霞映两重城”的描述，“两重城”即应指的是子城和罗城。但这两重城究竟在何时、由何人主持修筑和扩建的，不知何故文献竟没有记载。尽管《唐书·高骈传》中有“骈至淮南，缮完城垒”的记述，但那已是唐代末年的事了。而扬州在子城之外扩建罗城的时候应该还要早到“江左大镇，莫过荆扬”的中唐时代。

关于唐代扬州子城和罗城的相对位置，存在着两种意见：一种意见认为“子城在罗城之内”（刘文淇《扬州水道记》）。这种看法是错误的，现已基本被否定。另一种意见认为唐代扬州系“联蜀岗上下为城”（《雍正府志》）。子城在蜀岗之上，罗城在蜀岗之下，迄已成为定论。但对于它们的规模范围，论者意见仍有分歧。因此，仍然有必要作进一步的探讨。

此次发掘表明，1号城垣确乎在唐代曾加以增筑，那么唐代子城和前次历代旧城相比较，除了北门由1号城垣的北部移至2号城垣的北部和可能在某些城门外增加了月河、瓮城外，其范围仍没有什么变化。这里需要指出的是，从现存的遗隍断堑来看，唐代子城只有一重城郭，虽然在2号城垣城壕的外缘有的地方有一些岗势较高，但那只不过是在挖掘和疏浚城壕堆积而成的，并非城垣的遗迹。而且又由于在2号城垣东城壕内发现了宋代砖井，那就证明在唐代2号城垣的东墙根本不存在。因此，关于唐代子城本身也有三重的说法似乎就难以成立了[7]。

关于唐代罗城的范围也基本上存在着两种不同的看法。一种以日本学者安藤更生的意见为代表，从他绘的唐城复原图看，其四至是北起蜀岗以下，东墙在靠近高桥南北一线，南墙在今渡江桥略向北处，西墙在观音山向南的延长线上。总的形状是南北长而东西较狭。耿鉴庭先生同意这种看法。另一种意见以扬州博物馆的朱江同志为代表，他也绘了一张唐城复原图，其罗城部分的北、东、西三面与前一种意见无大出入，只是其南墙画在从保障河经凤凰桥到高桥一线，这就使得罗城形成了东西宽、南北狭的形状了。

下面我们将根据文献记载和考古遗迹现象来谈谈我们对这一问题的看法。

唐代扬州城规模见于文献者，主要有以下几条：

1. 日本圆仁和尚曾于唐文宗开成三年（公元838年）渡海来扬州，在其《入唐求法巡礼行记》中有如下叙述：“七月二十五日，未时，到禅智桥东侧停留，桥北头有禅智寺。……自桥西行三里有扬州府。……扬府南北十一里，东西七里，周卅里。”

2. 北宋沈括在其《补笔谈》中说：“扬州在唐时最为富盛，旧城南北十五里一百一十步。东西七里卅步。”各府志多从此说。

日本圆仁和尚亲身到过唐代的扬州。沈括生活的年代，上距唐代不远，宋英宗治平元年（公元1064年）曾任过扬州司理参军之职，晚年“退处林下”，居于润州（今镇江）达八年之久，《梦溪笔谈》等书，即是在润州梦溪园写成的。因此，这两个人对扬州城规模的描述，定有所依据。虽然他们对于扬州城南北长度的说法略有不同，但不能因此轻易对这两种说法予以一概否定。

日本学者安藤更生考订唐罗城的南墙在今渡江桥以北，看来还是可信的。《通鉴》提到韩令坤筑后周小城是在“故城（即唐城）东南隅”。南宋初年又即周小城旧址筑了宋大城（详后），说明唐罗城和宋大城的南界是一致的。耿鉴庭在《从扬州的南宋城砖砖窑谈到唐代大云寺的寺址》（《文物》1963 年第 9 期）一文中所附的唐宋扬州城图，是根据安藤更生的原图，并参照扬州城建局的地图重绘的。图上可以看到在唐宋城的东南角有一座小土岗，名叫康山。新中国成立后这座土岗被平掉。据耿鉴庭口述，当时他曾到现场看过，在土岗内发现清晰的夯土层，因此这里就是唐罗城和宋大城的东南角遗迹的可能性是非常大的。

至于唐罗城东界和西界，迄今还无什么争议。不过根据地面的遗迹现象，还可以进行讨论。

从 4 号城垣的东端可达今东风砖瓦厂处，而前述之康山城垣遗迹在现扬州市东南角运河转弯处，同时在运河西岸的五台山以往又发现过唐墓⑧，那么罗城东墙在今高桥附近南北一线是大体没有什么问题的。

根据“东西七里”和“西据蜀岗、北抱雷陂”等记载，将西限划在观音山以南一线本来是没有什么疑问的。但此线是否一直向南延伸，而使得罗城如同安藤等人所绘的复原图那样一种规规整整的长方形，却是值得重新讨论的。

我们以为根据地面遗迹和文献资料，对保障河的走向和当时阊门的具体位置的考察，将有助于了解唐代罗城的西墙的走向。

据《雍正府志》记载：“保障河在府西一里，一曰炮山河，自南门通古渡桥，北抵红桥，西绕法海寺。岁久淤浅，雍正十年知府尹会一重加挑浚。”尹会一《重浚保障河记》说：“城西保障一河，即旧所称炮山河者，襟带蜀岗，绕法海以南，通古渡。……于是周回故址，扩而疏之，更为凿其断港绝潢，使欸乃相闻，迤逦以至于平山堂之下。”原保障河的一部分即为现在的瘦西湖。

现在这段河道的走向仍然看得很清楚，北起平山堂之下，向南迤逦 1 公里许，至念四桥附近，转向正东约 1 公里，至小金山处又转向正南，经牛大汪、外城河、荷花池而进入今扬州城南的运河。这条河道的走向很正，基本上都为正南北或正东西向，几个拐弯处均成直角，因此原来可能是人工开凿而成的，我们怀疑它原来应为唐罗城西部城壕的旧址。此外，在此河道从平山堂而下第一道向东拐弯处的河道内侧，即今五亭桥北向西约 400 余米处，据当地群众反映，原来这里沿河有一道曲尺形的土岗，今已被平。这样，唐罗城西墙至此一度屈曲向东的可能性是很大的。

另外在五亭桥的南面，有一块半圆形的地面，面积约 2 万平方米，保障河至此有一支流绕其南缘而过。参照 2 号城垣东、西、北三门外的瓮城遗迹来看，这里也可能是古代瓮城的遗迹。其上有法海寺，此寺“建于元至元间”（《扬州画舫录》），故此城门应早于元，而宋三城的位置均不在此（详后），故极有可能是唐代罗城的城门遗迹。

唐代罗城的城门见于记载者有参佐门、开化门、南门、阊门等，我们怀疑此门应为阊门。

《唐书·王播传》："时扬州城内官河水浅，遇旱即滞漕船，乃奏自城南阊门西七里港开河向东，屈曲取禅智寺桥通旧官河。"但《读史方舆纪要》却说："从府北阊门外古七里港开河而东。"这里不能简单地认为是《读史方舆纪要》把方向搞错了，需要探讨为什么会产生这样两种截然不同的说法。

许慎《说文解字》云："西方曰阊阖风"；张衡《东京赋》有"俟阊风而西遐"之句；《史记·律书》说："阊阖风居西方"。显然说明阊字有西方的意思。今苏州的新、老阊门都是西门可证。

如上所述，唐代阊门既在城南，又在府北，而阊字又作西方解。那么将位于五亭桥、法海寺的城门遗迹解释为唐代的"阊门"，确实相当合适，这座门朝南开，从罗城范围看又偏于北部。而此门又开在西城墙，这样对阊门的多种提法就得到了合理的解释。

另外还要提到的是与阊门有关的七里港河问题。《唐书·王播传》记载的是"自城南阊门西七里港开河向东，屈曲取禅智寺桥通旧官河，开凿稍深，舟航易济，所开长一十九里"。关于七里港河的具体位置以往说法颇多，至今还没有定论，关键在于阊门的位置没有搞清。

唐代扬州运河河道经常发生淤浅，其原因应与这一带都是疏松的沙质土有关。其次河道的水源也是扬州历史上一个难以解决的问题。《新唐书·食货志》云："初，扬州疏太子港、陈登塘，凡三十四陂以益漕河，辄复堙塞。淮南节度使杜亚乃浚蜀岗，疏勾城湖，爱敬陂起堤灌城，以通大舟。"按杜亚疏浚河道在贞元四年（公元788年），至宝历二年（公元826年）王播开七里港河之时不到四十年，官河又淤浅。

爱敬陂是曹魏时广陵太守陈登所浚，由上雷、下雷、小新、句城、陈公五塘所组成，位于扬州城北和城西靠近仪征一带。从唐初到杜亚时，扬州官河均在这一带接引水源。而《王播传》又明确地指出："自城南阊门西七里港开河"，可知七里港也应在城西。我们怀疑七里港可能在今扬州城西七里甸一带。按甸和淀往往可以通用，北京西郊的海甸亦作海淀。而淀和港的意思是相近的。王播所开的七里港河的走向，应该是从七里甸一带开始，向东经廿四桥进保障河（阊门西），又东向凤凰桥、高桥再北上在黄巾坝一带进入"旧官河"，再向东至湾头入运河。黄巾坝距原禅智寺桥很近，与"屈曲取禅智寺桥通旧官河"的记载也很相符。此外还值得注意的是，从七里甸开始沿河至湾头这一段的距离为10公里左右，与文献记载的十九里也是大体一致的。至于从黄巾坝向西至螺丝湾桥这一条城内旧官河，至王播开新河以后就不再作为漕运的河道了。

以上对阊门和七里港河的讨论，无非是想借此弄清唐罗城西墙的走向。据上所述，则罗城西墙的北段应在观音山以南一线，南段则向东收缩约 1 公里，大致和下述宋大城的西壁在一条线上。这样合子、罗二城南北总长约 6.5 公里，东西最宽处约 3.5 公里。与圆仁和沈括所记载的里数也大体相吻合（图五）。

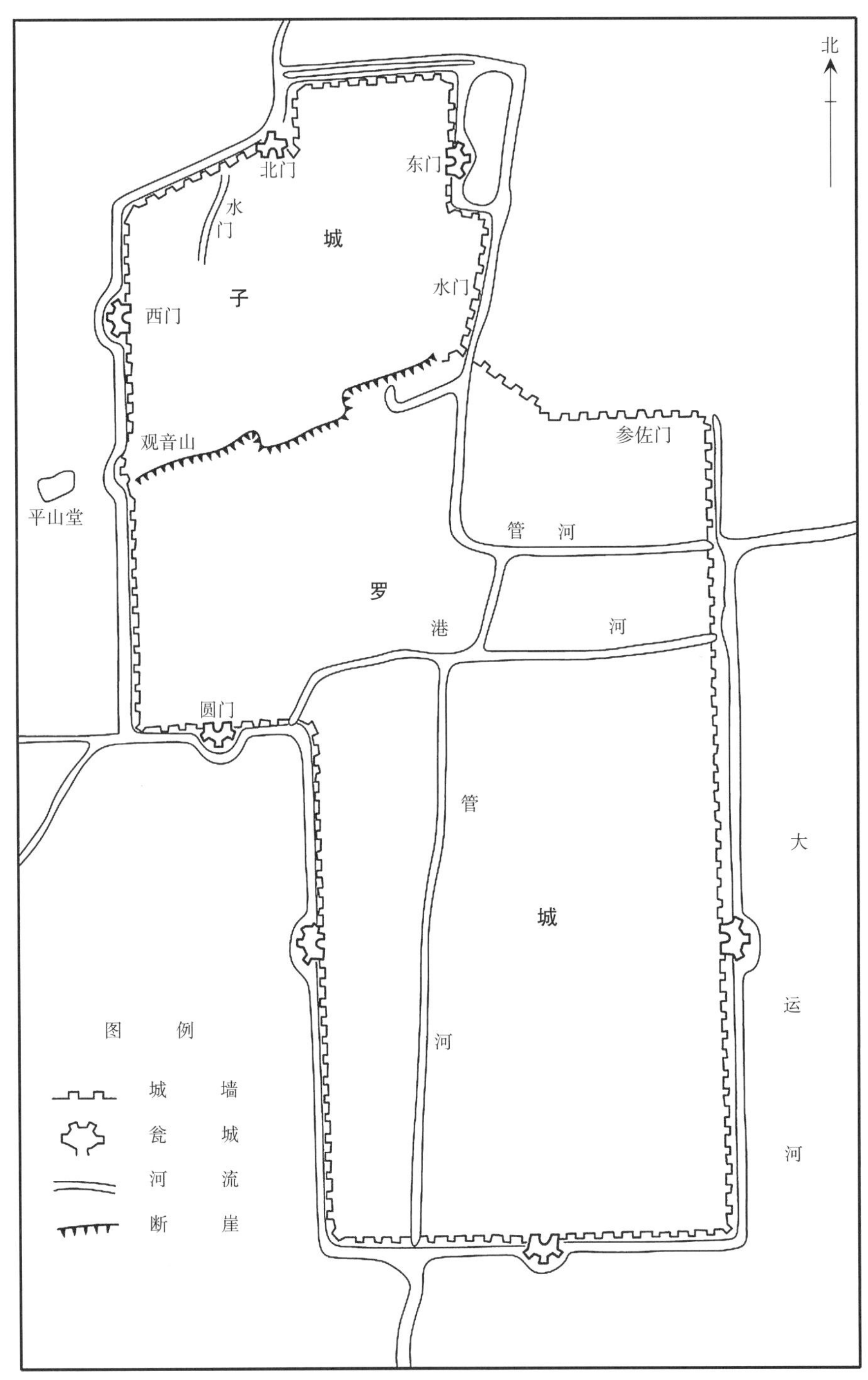

图五　唐扬州子城罗城示意图

附带讲一下，南宋初年金兵南下进入淮南一带，是故于绍兴四年（公元 1134 年）宋高宗赵构下诏“毁陈公塘，无令走入运河，以资敌用”。七里港河闸门以西一段可能也于是时填塞，故至今该段河道遗迹已不明显。

（4）后周和北宋的扬州城

唐末五代扬州一带经历了数次大的战乱，扬州城遭了很大的破坏，到后周显德四年（公元957年）“帝遣铁骑左厢都指挥使武守琦将骑数百趋扬州，至高邮，唐人悉焚扬州官府民居，驱其人南渡江，后数日周兵至，城中仅余癃病十余人而已”（《通鉴·后周纪五》）。到了显德五年韩令坤复入扬州，“命权知军府事。扬州城为吴人所毁”（《宋史·韩令坤传》）。在此情况下，韩令坤又奉命重修扬州城，而当时之扬州已是人烟稀少，以原扬州城之大确实感到虚旷难守。是故，遂“筑故城之东南隅为小城以治之”（《通鉴·后周纪五》）。

关于后周小城的具体位置和范围，胡三省在这段文字所加的注中说：“今扬州大城是也。”胡三省是元朝时人，他讲当时的大城也就是宋大城，说明周小城和后来在南宋时重建的宋大城的范围应是一致的。如果说前述唐罗城的范围是正确的话，那么后周韩令坤筑小城时只要在小金山至高桥这一段加筑一道北墙就可以了。

继韩令坤筑小城之后不久，又有淮南节度使李重进改筑扬州城之举。《扬州水道记》云：“李重进镇扬州，复改筑州城十二里。”《雍正府志》云：“宋初，李重进毁之，复葺旧南半为城。”这就把扬州城又缩小到原周小城的南部了。其北界已在今扬州市区以内，具体位置已无法查考。按李重进于宋建隆元年（公元960年）以扬州叛，是年十月宋太祖赵匡胤亲征扬州，“十一月师次扬州城，拔之，重进尽室自焚”（《宋史·太祖纪一》），因此李重进筑城只能在此以前。韩令坤筑小城是在显德五年（公元958年）距李重进之死不过两年。

终北宋一百六十余年，不复闻扬州有筑城之事。蜀岗上原唐牙城之旧址，北宋之世完全被废弃不用。因此，此次发掘在1号城垣的北墙上发现了宋墓就不足为奇了。

（5）南宋扬州三城和平山堂城

南宋时期的扬州是其北部边境，在其前后期分别是抗金和抗元斗争的前线，其战略地位是十分重要的。因此整个南宋时期扬州城池的变化是相当复杂的。根据《宋史》《读史方舆纪要》以及雍正、嘉庆的《扬州府志》等记载，南宋时期扬州曾数度增筑或修缮城池。早在宋高宗建炎元年（公元1127年）九月即命吕颐浩缮修城池，次年十月又命扬州浚隍修城，乾道三年（公元1167年）五月又修。宋大城至此全部建成（图六）。

淳熙二年（公元1175年）郭棣知扬州，认为蜀岗之上的汉唐故城“凭高临下，四面险固”，可据以防守来犯之金兵。所以又对蜀岗之上的故城重加修筑，改名叫“堡砦城”或“堡城”。与作为州城的宋大城南北对峙，其中相隔二里又筑土夹城，疏两壕，以使缓急足以转饷，至此宋三城基本建成，即自北而南为堡砦城（后改为宝祐城）、夹城和大城。

嘉定年间（公元1208—1224年）崔与之权知扬州事，“既至，浚壕广十有二丈，深二丈。……开月河，置钓桥。州城与堡砦城不相属，旧筑夹城往来，为易以甓。”

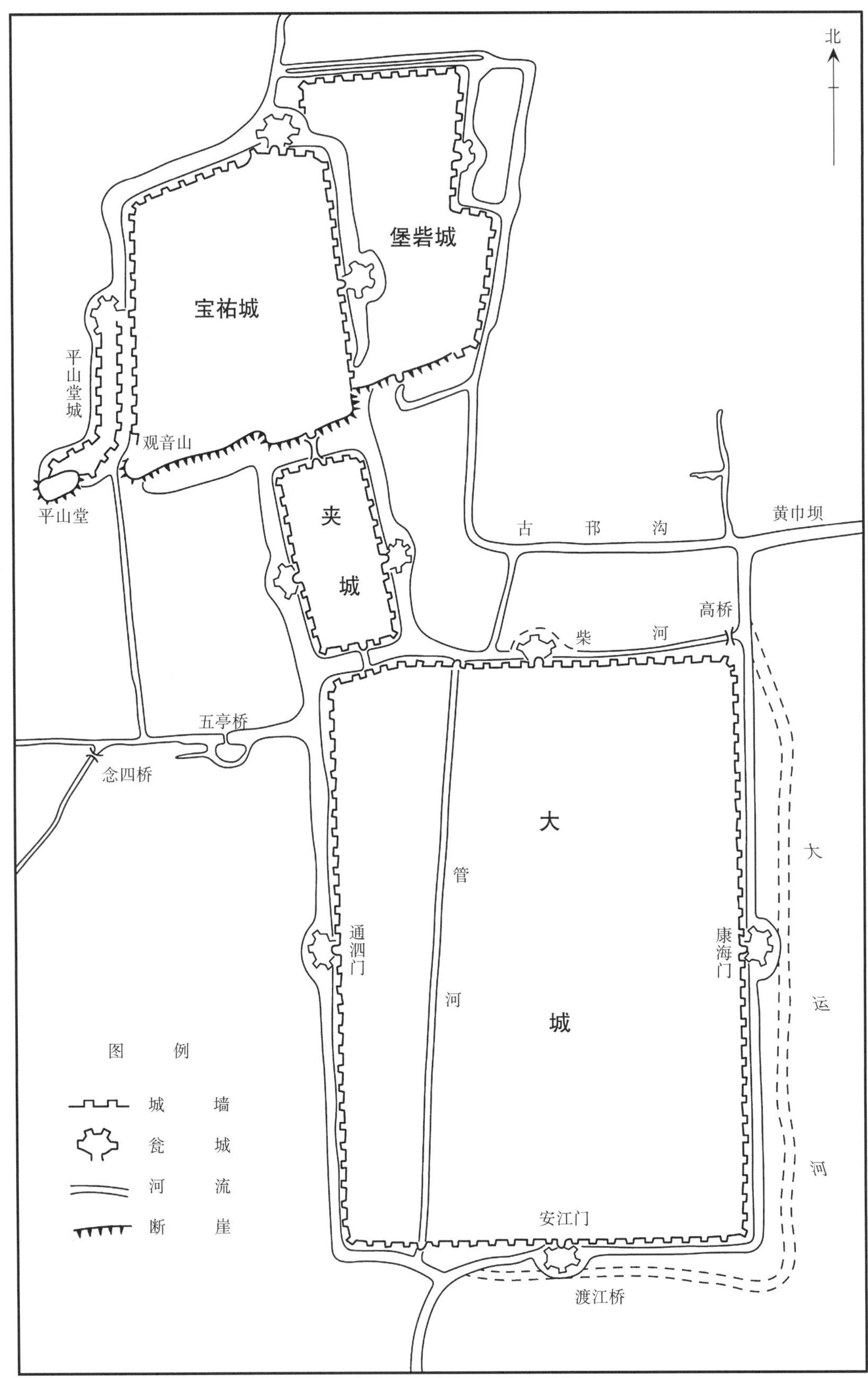

图六 南宋扬州三城及平山堂城示意图

（《宋史·崔与之传》崔与之所做的主要工作是疏浚了壕堑，增筑了瓮城、月河、钓桥和将原土夹城改为砖砌。

宝祐二年（公元1254年）七月，贾似道加筑堡城，于宝祐三年正月竣工，改堡城之名为宝祐城。咸淳五年（公元1269年）两淮制置大使李庭芝为阻止元兵控制平山堂这一制高点，乃加筑大城包平山堂于城内。

综上所述，南宋在扬州修筑的城有大城，堡砦城、宝祐城、夹城、平山堂城等，此外还有加筑瓮城、月河，改土城为砖城等项工程。下面逐一进行考察：

宋大城的具体范围和前述之后周小城基本是一致的。即其东、南、西三面基本和唐罗城相一致，而北界在今长春桥至凤凰桥到高桥一线。这一位置在《嘉靖维扬志》等志传中记载得很清楚。在《雍正府志·河渠》中说："柴河在府城北三里，东通运河，西接市河，相传为旧城壕，南岸之城基犹存。"而《嘉庆府志·古迹》中则明确指出柴河为宋大城的北城壕。郭棣所筑的堡砦城和贾似道所筑的宝祐城均在蜀岗之上。郭棣所筑之堡砦城是"即前毁城遗址建筑"的，故应和汉濞城、唐子城的范围相一致。而贾似道所筑的宝祐城则不然。《读史方舆纪要》说："宝祐城在府北七里，志云城周千七百丈，遗隍断堑，隐隐可寻。"按宋制一千七百丈约合5公里左右。与2号城垣的周长基本相合。另外如前所述，在2号城垣东城壕内曾发现了宋代砖井，而宝祐城建于南宋末年，在年代上也是相符的。据记载宝祐城是在蜀岗上建造的最后一座城，而2号城垣又保存得最完整。还有《嘉靖维扬志》上所附的宋江都县图中，将宝祐城和夹城的东壁画在一条线上，也和2号城垣的位置相仿。凡此均可说明2号城垣就是宝祐城遗迹。至于有的记载说宝祐城周围三十六里，而且还被近人所引用⑨，显然是错误的，但如果是指整个宋三城的周长还是比较合适的。

夹城始建于郭棣，崔与之则"为易以甓"，而且据记载贾似道也修筑过。根据实地考察并参考志书所载的宋三城图，则其位置就是今5号城垣所在地。从梁家楼以至童家套的南部古柴河边，恰为1公里，和大城、宝祐城之间相隔二里的记载是相符的。5号城垣北墙东端发现的用有"武锋军"铭文的砖砌的涵洞，应该就是崔与之"为易以甓"时所增修的。至于城墙上面的砖，可能是到明代被拆去筑旧城用了。

平山堂城是咸淳五年（公元1269年）李庭芝所筑，此前虽有贾似道在筑宝祐城时也筑了圃城的记载，但到后来该"圃城"似并未发挥什么防卫作用。到李庭芝镇扬州时，元兵一至即能构望火楼于上，张平弩以射城中。故包平山堂之城应完成于李庭芝之时。这道城在《嘉靖维扬志》等志书上所附的宋三城图上都画出来了，其位置和现地面残存的3号城垣是相一致的。此城一筑，平山堂这一制高点即可为城内守军所控制。所谓"自是平山堂入城中"，"包平山而瞰雷塘"等描述也就可以理解了。

在城门之外加筑瓮城和月河，应始于唐代，这在杜佑《通典·兵典》中已有记载。

到了宋代已成为制度。《武经总要·守城》中说："门外筑瓮城，城外凿壕去城大约三十步，上施钓桥，壕之内岸筑羊马城。……其城外瓮城或圆或方，视地形为之。"并有附图。扬州古城的瓮城、月河，现在还有遗迹可寻的有五处，即：1号城垣的东门外一处，2号城垣东、北、西三门之外各一处，再就是五亭桥以南法海寺所在地的一处。另外在夹城左右两侧也隐然有瓮城遗迹可见[10]。虽然《宋史》等文献记载中有崔与之"开月河，置钓桥"之事，但扬州之开始有瓮城可能还会早到唐代，只不过像唐罗城一样，其建筑的年代和经过未见于文献记载而已。例如法海寺所在地就可能是唐代的瓮城遗迹。因为这里已超出了宋城的范围之外。再有2号城垣的三座瓮城现状，可能是贾似道筑宝祐城时留下的遗迹，这里并不排斥崔与之也曾在其北、西两面筑过瓮城。但东面的一座则肯定为贾似道时新筑的。至于1号城垣的东门外的瓮城，可能在唐代修子城时就已经有了，到崔与之时又加以增修。

最后附带说明一点，宋三城并不是彼此紧密地连接在一起的，夹城的南北分别与宝祐城和大城都隔有一道宽达百米以上的壕堑，为了便于交通，当时在这些壕堑上都架起了长桥。长桥今已不存，但在《嘉靖维扬志》上的宋三城图上是画得很清楚的。

（6）明扬州城

明代的扬州有新旧二城。元至正十七年（公元1357年），明人攻占扬州，"张德林以旧城虚旷难守，乃截城西南隅，筑而守之。"（《明太祖洪武实录·卷七》）是为旧城。嘉靖三十四年（公元1555年），又"即宋大城东南隅，起旧城东南角，循运河而东，折而北，复折西至旧城东北角，约一十里，今称新城"（《雍正府志》）。扬州新、旧二城以后一直沿用到新中国成立以后才完全拆除。其范围大小，十二座城门和南北二水门的位置在府志上均有清楚的记载，此处就不赘述了。

综上所述，关于历代扬州的变迁，可以大致归纳如下：

1. 吴邗城，楚广陵城，汉吴王濞城，东晋桓温所筑之广陵城，刘宋竟陵王诞时之广陵城，唐子城，南宋堡砦城，均在城北五里蜀岗之上。其范围东南起自铁佛寺，向北顺1号城垣之东壁至江家山坎附近，转而向西至尹家桥头，再向南，接2号城垣的北墙，向西延伸包括2号城垣的西半部，其南界则为从观音山到铁佛寺一线。历经这些朝代，筑在蜀岗之上的古扬州城的规模基本上没有什么变化。只是东晋桓温时曾在城门附近增加了砖砌的护壁；南朝宋刘诞增开南门。唐以后将此门从1号城垣的北部改在2号城垣的北部，以后又增筑了瓮城。至于在某些文献、志书和近人所写的文章中所提到的，诸如："邗城在广陵城东南濒江"；"吴王濞别筑城于蜀岗下"或"别筑附郭东城"，"宋竟陵王时又增筑外城、子城，城益大"。唐子城是三重城，"可分为内城、外城，附郭东城"等等的说法，均可商榷。

2. 唐代除在蜀岗上有子城外，又在蜀岗之下增筑了罗城，罗城平面略呈曲尺形，北抵蜀岗之下，南至明城南墙略偏北处，东墙在老运河西岸，即高桥附近南北一线，西墙较复杂，北起观音山下，向南至廿四桥附近转向东，至小金山一带转而向南，大致沿后来宋大城的西壁直到西南角。过去有人将罗城的西墙划在自平山堂以南的一条直线上（安藤更生），或将罗城的南墙划在柴河北岸（朱江），可能都值得商榷。

3. 后周韩令坤在蜀岗下筑小城，其范围是截唐罗城之东南隅，和宋大城范围基本相同。后来李重进毁之，将城缩小到南半部，周仅十二里，其北墙已在今市区以内。北宋时蜀岗上旧城已废弃不用。

4. 南宋一百五十余年间曾在扬州数度筑城。所谓宋三城，最北面先是郭棣就汉唐故城旧址筑了堡砦城，以后贾似道又将东壁线西移至象鼻桥以北一线，是为宝祐城。南面是大城，范围与周小城同，其东、南、西三面与唐罗城的南部一致，北墙在柴河南岸。南北两城相隔约二里，中有夹城，夹城今在童家套一带。而宝祐城西门壕外发现的通向平山堂后的城垣，则为宋末李庭芝所筑的平山堂城。

以上是我们根据一些考古资料结合文献对历代扬州城的变迁所作出的一些推测。由于扬州城的考古工作还没有全面开展，有些推论还缺乏足够的考古资料来加以证实，加之自己水平有限，同时又是初次接触这方面的工作，因此文中错误之处肯定在所难免。这里只作为一种初步看法提出来，请历史考古界的同志们批评指正。

注释

① 曾庸《汉至六朝间砖名的演变》，《考古》1959 年第 1 期。

② 耿鉴庭在《从扬州的南宋城砖、砖窑谈到唐代大云寺的寺址》一文中曾将这种戳印有“东窑□□”“西窑□□”等印文的砖断为南宋年代的砖。这次 1 号城垣的发掘中，在唐代的堆积层里，也发现了这种残砖，故可确定为唐代遗物。1975 年 4 月扬州博物馆在邗江县杨庙公社清理的一座五代大墓中，部分砖上印有“西窑章拱”“西窑闵求”等文字，可能在砌造墓室时利用了部分当时被毁弃的唐代城砖。

③ 耿鉴庭《从扬州的南宋城砖砖窑谈到唐代大云寺的寺址》，《文物》1963 年第 9 期。

④《嘉靖维扬志》云：“南宋扬为边境……崔与之节渡淮南，选厢禁军。……扬之禁军有四，曰效忠军，有指挥一，威果军，有指挥三，忠节军，有指挥一，武锋军，有指挥一，以上四军六指挥。每指挥五百人，共三千人，俱隶禁军。……其次在扬则有诸屯驻大军，曰强弩军，武锋军……。”

⑤ a.《雍正江都县志 · 吴王濞城考》；b. 张华父《扬州城变迁略述》，《扬州师院学报》1962 年总 16 期。

⑥《通鉴 · 唐纪》：“辛酉，秦彦遣其将秦稠将兵三千至扬州助师铎。壬戌，宣州军攻南门不克；癸亥，又攻罗城东南隅，城几陷者数四。罗城西南隅守者焚战格以应师铎，师铎毁其城以内其众。用之帅其众千人，力战于桥北，师铎垂败，会高杰以牢城兵自子城出，欲擒用之以授师铎。用之乃开参佐门北走。骈召梁赞以昭义军百余人保子城。”

⑦ 朱江《对扬州唐城遗址及有关问题的意见》，南京博物院编《文博通讯》1978年第20期。

⑧ a. 吴炜《江苏扬州五台山唐墓》，《考古》1964年第6期；b. 南京博物院《江苏扬州五台山唐五代、宋墓发掘简报》，《考古》1964年第10期。

⑨ 同⑤a。

⑩《嘉靖维扬志》所附宋三城图中的夹城两侧均有瓮城。

（原载《文物》1979年第9期）

略论古代石器的用途和定名问题

马克思在《资本论》中有一句脍炙人口的名言："动物遗骸的结构对于认识已经灭绝的动物的机体有重要的意义，劳动资料的遗骸对于判断已经消亡的社会经济形态也有同样的重要意义。各种经济时代的区别，不在于生产什么，而在于怎么生产，用什么劳动资料生产。劳动资料不仅是人类劳动力发展的测量器，而且是劳动借以进行的社会关系的指示器。"①

马克思的这句话，对于我们在考古研究工作中如何看待古代劳动生产工具，有着重要的指导意义。

我国开始使用金属生产工具，只有四千年左右的历史。在此以前的漫长岁月里，先民们主要使用石、木、骨等质地的材料来制作生产工具，其中以石器在生产工具中占主要地位。旧石器时代人类使用的石器，基本上都是打制的。器形一般较简单，有砍砸器、刮削器、尖状器、端刃器等、用于砍伐、切割、刮削、钻孔等用途。进入新石器时代以后，人们逐渐用磨制石器代替了打制石器，而随着生产经济的发展和生产技术的改进，石器的分工也越来越细，制作也越来越精，复合工具在农业生产工具、手工业生产工具、狩猎工具和武器等各个领域中已普遍使用。由于使用这些工具的时代距今已很遥远，特别是那些复合工具的非石质部分不易保存下来，致使我们对于这些石器的使用方法和用途的正确认识造成了一定的困难。本文拟就当前对新石器时代石器的用法、用途和定名等方面研究工作中存在的问题，谈谈自己的粗浅看法。

一　关于研究方法问题

新中国成立以来，我国在新石器时代考古方面，调查和发掘的遗址数以千百计，并做了大量的综合研究工作。但专门就发现的石器进行研究的文章数量还比较少②。不可否认，其中有几篇文章也提出过一些新颖而有见地的看法。但总的说来，对新石器时代石器进行全面的、系统的科学研究，做的还很不够。已发表的一些研究文章中，有些结论也还不能完全令人信服。一种石器究竟是农具、手工业工具、还是狩猎工具和武器，以及它们应叫什么名称，在不同的报告和文章中，往往并没有一种统一的意见。如果我们根据对这些生产工具的错误判断来研究当时的社会经济形态，那么就可能得出错误的结论。因此对于古代石器用法、用途的判断和名称的确定，需要我们十分谨慎。在实在暂时无法作出准确的判断时，宁可暂时存疑，不可遽下定论。

可以在一些考古报告和文章中看出，执笔者对出土石器的分类定名似并未经过细心观察和深思熟虑，往往仅从石器的外观形态与近现代某种金属工具相似就轻易地作出判断，而这种判断又往往因人而异。例如我国东南地区新石器时代遗址和墓葬中常见的一种长方形扁平穿孔石器，在有关的报告和文章中就分别有：穿孔石斧、石铲、石耜、石锄，石钺等不同名称。其中有的器形完全相同，在不同的报告中采用了不同名称；有的在一个报告中将形制略有差异者分别给予了不同的名称。如《大汶口》报告中，凡属器体较厚实者称之为斧；较宽扁者称之为铲[③]。安徽潜山薛家岗遗址所出的这类石器基本上全属宽扁形，但报告执笔者似仅从器形的大小着眼，将较小者称之为铲，较大称之为钺[④]。而南京北阴阳营出土的宽短型的这类石器则被称之为石锄[⑤]。这些名称究竟对不对呢？如果我们仅从外形上去鉴别，而不借助于其他的方法，是不容易得出正确的结论的。

在如何正确地鉴别石器的用法和用途，从而给予符合实际的名称这个问题上，我并不排斥从外形上进行观察比较的重要性。但仅仅依靠这种方法还很不够，还要尽可能从以下几个方面来考虑。

1. 必须仔细地观察石器的使用痕迹。石器在使用之后，必然会因与劳动对象的经常接触而在其有关部位形成使用痕迹。由于劳动对象的不同，所以造成的使用痕迹也表现为若干不同的特征。例如砍砸较硬的劳动对象，会对刃口造成崩缺等硬伤；斫削加工竹木器会在刃口留下平行的短擦痕；刮割皮革使刃口部较光滑；挖土工具则因长期与泥土摩擦，在刃口和器身表面会产生一种特有的光泽，并形成许多我们常可以在犁铧和锄刃见到的那种细长而密集的摩擦痕迹，它们的刃口即常因碰到土壤中的硬物造成损缺，但由于继续使用，也会使缺损处形成一种流线型缺口。此外还由于新石器时代的石器多系复合工具，有的石器上往往还留有便于捆缚的柄、铤、凹槽或圆孔，这些部位由于长期同木柄、绳索摩擦，也会留下痕迹。

对于石器的使用痕迹，新中国成立以来还很少有人进行过认真的研究。近年来已有一些同志在通过对使用痕迹的观察来研究石器的用途方面作出了不少努力，得出了一些具有说服力的结论[⑥]。

2. 必须认真观察分析这些石器出土时的原始状况。特别是在墓葬中，要十分注意那些作为随葬品的生产工具的组合状况和放置位置，甚至它是横摆或竖放都值得注意，因为这往往会提示我们，它们是如何装柄使用的。这不仅在石器方面是这样，甚至在青铜工具方面也往往是如此。例如苏浙一带西周到春秋时期的墓葬中，常出一种带锯齿的外形似镰的工具，在一般的报告和文章中多称之为锯镰，认为是收割稻子的工具。但在墓葬中它们却往往与兵器、车马具、手工业工具中的斧、锛、凿等共存[⑦]。如果在它的后端缚以木柄，则刀柄之间的角度亦嫌过大，并不便于用以收割，因此这种工具究竟是否为收割用的农具就很值得怀疑了。我认为这种工具应是一种刀形锯，其用途应主要用来切割皮革或割断绳索之用，也可作为小木作的加工之用。由于本文主要是讨论石器问题，这里就不再详细地讨论了。

3. 复合工具中的木柄，由于年代遥远，一般是很难于保存下来的。但是在良好的条件下，也偶尔会发现一些还保留有木柄的工具，这就使我们有可能直接观察某些工具的使用方法。例如在余姚河姆渡遗址就发现过不少带木柄的骨耜和石锛[⑧]。在吴县澄湖古井和溧阳沙河良渚文化遗址内都发现过石斧嵌在木柄榫眼中的实物[⑨]。这些发现无疑是极其重要的，有了这些完整的实物，就可使我们直接了当地了解到它们的使用方法，更准确地推断它们的用途并给予适当的名称。不过应该注意的是，形状相近的某些工具，其装柄的方法不一定就只有一种，甚至可能不一定装柄。譬如石锛就有扁平、条形、有脊、有段等各种不同的形制，它们的装柄方法是否都是相同？最近有的文章就指出过，在传统认为是石斧的工具中，有一部分顶端有敲砸痕迹的应为石楔[⑩]，而这些石楔却是不装柄的。因此不要以为有了装柄的实物就可摒弃对使用痕迹进行观察的方法了。

此外在出土的遗物中有时还会发现一些按照工具的形状模写的图像或雕塑的模型器，这些也是我们研究这些工具用法和用途的好材料。

4. 参照民族志和历史文献材料，也有助于对古代工具使用方法的了解。已故的林惠祥先生对有段石锛的研究，就曾利用过一些民族志方面的材料。但是对民族志材料的运用也必须十分慎重，要考虑到某种工具的具体运用在当时的历史条件下是否具有可能性。落后的民族由于和先进民族的交往，往往会受到一些先进生产技术的影响。某些少数民族若干年前使用过木犁，并不等于说我们的祖先在数千年前的新石器时代晚期也一定使用了木犁或石犁。

5. 在探讨古代石器的用法、用途等问题上，我们还可以借助于物理学上的力学、地质学上的岩石学等方面的科学原理来进行研究。佟柱臣先生根据石斧，石锛等刃邻角度的大小到产生的分力合力，并结合使用痕迹的观察，对这些工具的用法、用途和工作效率，作出了较科学的解释[⑪]。此外如果条件许可的话，还可以进行模拟试验，用以检验我们对某种工具用途的判断的可靠程度究竟如何。

二　石器用途研究举例

前面提到在以往已发表的报告和文章中，由于对一些石器的用法和用途的看法不一致，因而同一种石器往往会出现几种不同的名称。那么如何在几种名称之中区别出正确和谬误呢？下面我打算借助上节提到的那些方法，以长江下游新石器时代遗址中常见的而且目前尚无统一意见的几种石器为例，谈谈我的看法。

1. 穿孔石斧，这是一种主要分布于长江下游的江浙一带的新石器时代的常见的生产工具，西至长江中游的两湖，北至山东华北地区，南至广东均有发现。

斧主要是用于砍伐的工具，确定这种工具用途的主要依据，除外形外，还可以在使用痕迹、出土状况和出土的带柄实物和图形中得到证明。

笔者观察了数十例带有使用痕迹的这类工具，这种使用痕迹主要表现为刃部有因和较硬的劳动对象碰击而留下的崩缺。崩损的缺口有大有小，反映了这种工具不仅可用来伐木，抑或亦可用作狩猎工具和武器。

从这类生产工具在南京北阴阳营，邳县大墩子、刘林，吴县草鞋山，泰安大汶口，襄汾陶寺等墓葬中出土的情况来看，在一般没有经过晚期扰乱的情况下，它们一般多横置在人架的身侧或胸腹部一带。不仅是体型较厚实的穿孔石斧，就是那种体形扁薄往往被人叫作“石铲”的工具也均是如此放置。正如商周墓葬中铜戈放置的情况相类似。说明其木柄都应是与人体相平行的，在山西襄汾陶寺 M1364 中，发现了一件横置的穿孔石斧，旁边还有垂直放置的涂饰有红彩的木柄痕迹[12]。

最具有说服力的是近年来出土的这类带有器柄的图像和实物模型。山东莒县陵阳河遗址出土的一件灰陶缸上，就刻划有带柄穿孔石斧的图像[13]（图一，1）。1979 年江苏海安青墩遗址出土了一件陶制的带柄穿孔斧模型。全器全为泥质红陶制成，分柄和穿孔斧两部分，柄为剖面呈椭圆形的棒状，前粗后细，前端翘起，一侧有浅槽，正好可将有孔斧的后端嵌入，槽上端并列三孔，可穿绳缚住穿孔斧使其固定在槽内。这件有柄穿孔陶斧虽非实用工具，但却为穿孔石斧的装柄方法和木柄的具体形象提供了极为珍贵的实物证据[14]（图一，2）。此外 1982 年在丹徒磨盘墩遗址也发现过较简单的带柄陶斧模型。

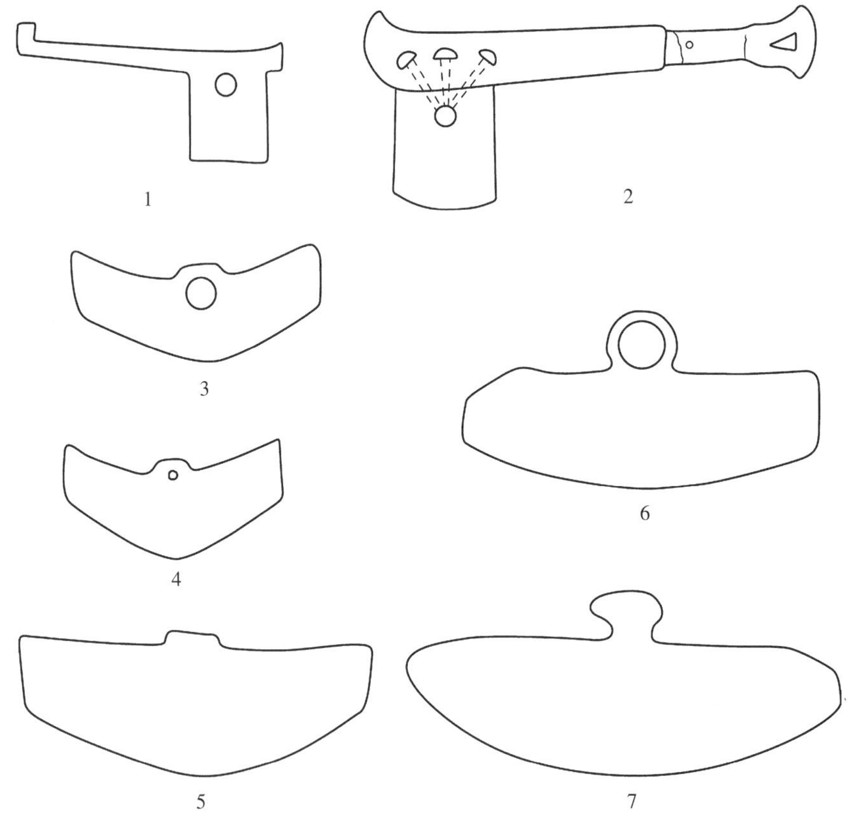

图一 石斧与石刀

1. 莒县陵阳河灰陶缸上的图案 2. 海安青墩出土的陶制有柄斧模型 3. 钱山漾出土翼形石刀 4. 舟山出土翼形石刀 5. 良渚出土翼形石刀 6. 吴县草鞋山出土的环柄石刀 7. 昆山绰墩出土的有纽石刀

这里还拟对那种宽扁形的穿孔石斧作进一步的阐述。在不少报告和文章中称其为“石铲”，认为用它进行翻土或松土比较合适，而且进而认为由于此型工具的出现证明了耕作技术的改进。实际上这种意见是错误的。这不仅由于在墓葬这种宽扁形的和较厚实的穿孔石斧出土时同样是横置的，而且莒县陵阳河有柄斧的图形也属于宽扁形的。同时在我们所观察到的这类生产工具，还没有发现一件在刃口和器表上留有与泥土摩擦的痕迹。石器上的穿孔也很难固定直立的木柄。所以它们不能称之为“石铲”或“石耜”。顺便说一下像北阴阳营和刘林出土的那种宽短形的有孔石器，也不过是一种变形的穿孔石斧，而并不是什么“石锄”，它们的表面也同样没有与泥土摩擦的痕迹，石器上的穿孔，也完全不能插入木柄并使之固定，因此也就完全无法适用于锄草或耕种。

至于是否可以将这类工具称之为“石钺”？当然钺和斧在装柄的方法上基本上是相同的。我国古代也往往将斧钺视为同一类器物。《集韵》说：“戉、说文、斧也。或从金。”《尚书・牧誓》：“王左仗黄钺。”《尚书・顾命》：“一人冕、执钺”，郑玄注：“钺，大斧。”所以钺就是大型的斧。但据古文献，钺纯粹是一种武器，而且应该是一种长兵器。在新石器时代穿孔石斧尽管也可作武器使用，但主要还应该是一种生产工具。另外钺和斧大小之间的界限也很难找出一个划一的标准，所以我意还是统一称之为穿孔石斧为好。

我这里否定了把穿孔石斧作为翻土工具的意见，这并不是说在我国新石器时代还没有掌握使用铲、耜一类的生产工具。实际上在余姚河姆渡、吴县草鞋山和海安青墩，都发现过骨耜，磁山、裴李岗、北辛、大墩子下层都发现过带有明显与泥土摩擦痕迹的大石铲。河南临汝大张、湖北郧县青龙泉，都成批地发现过一种有肩石铲，表面与泥土摩擦的痕迹也很明显（图二，1、2）。因此应该说我国在新石器时代已掌握了利用骨耜或石铲（耜）进行翻土或挖土，但绝不是把穿孔石斧当作铲来使用。

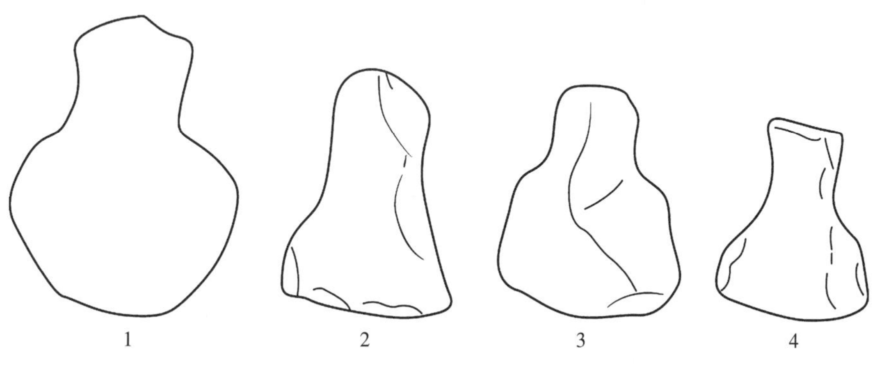

图二　有肩石铲

1. 河南临汝大张出土　2. 湖北勋县青龙泉出土　3. 无锡仙蠡墩出土　4. 浙江良渚出土

2. 在太湖地区的良渚文化遗址里，常可以发现一种主要用页岩制成的，窄而扁的凸刃石刀。平面呈鸟翼形、长方形或半圆形等不同形状。共同特征是体薄而宽短，刃部呈弧形凸出，上端中部有孔或纽，也有少数孔纽俱无。

这种形制的器物最早发现于浙江杭县良渚。1955年安志敏先生在《中国古代的石刀》一文中，曾认为这种石刀时间较晚，并说“可能是模仿金属工具的形制而制作的”，而且“可能与越南民主共和国东京附近出土的肩状铜斧有密切关系”。现在由于这类石器多次出自有明确地层关系的良渚文化层内，这种看法自然就要予以修正了。

1960年首次出现了将这类石器称之为“耘田器”的说法。浙江吴兴钱山漾遗址发掘报告执笔者，将该遗址出土的这类石器同南方现代的铁制耘田器相比较，认为二者外形上相似，因而在用法上也应该相同。而且他们还设想了“穿孔的地方是用作插木杆或竹竿的，孔缘外凸出的一块是系绳索的，使竹木杆插在孔内不致脱落[15]（图一，3)。

显然这种设想的主要根据是很不足的，仅仅是从出土的个别器物的外形，就作出了过于大胆的判断。其中主观臆测的成分过多，缺乏说服力。尽管如此，这种说法的影响却相当深远，直至现在一些报告和文章中仍沿用此名称。

如果说“耘田器”的说法能够成立，那么就可以说远在四千多年以前江南地区的水稻种植技术就已经相当进步了，但这却和历史事实不相符合。江南地区的水稻耕作直到两汉时期还处于“火耕水耨”的落后状态[16]。甚至六世纪前期成书的《齐民要术》上有关江淮稻作技术的记载基本上也还是属于这种尚未充分发展的类型。因此很难设想早在新石器时代晚期就会出现和使用在精耕细作时期才会有的“耘田器”。

这种工具除发现于浙江良渚、钱山漾、老和山等地之外，最近在舟山群岛也有出土[17]。在江苏太湖周围的良渚文化遗址中也屡见不鲜，如吴江梅埝，苏州越城，吴县草鞋山，昆山绰墩和太史淀，以及武进寺墩等处都有发现。

值得注意的是，这种工具的形制并不完全一致。类似钱山漾出土的那种翼形穿孔石刀，在舟山、梅埝、越城都有发现。梅埝的一件穿孔未透；舟山的一件，孔径仅0.4厘米，完全无法插上木杆或竹竿来使用（图一，4)。至于良渚和绰墩还各出土一件根本无孔的此类石刀，则更否定了穿杆的可能性。(图一，5)

草鞋山、水田畈出土过另一类型的这类石刀，即不是在刀体上钻孔，而是在刀背的上方做出一个小圆环（图一，6)。类似的器形在湖北京山屈家岭遗址中也发现过[18]。这种单薄而脆弱的圆环，显然也不能穿杆使用。昆山绰墩还出土过一件背部带有蘑菇状小纽的这类石刀，也是无法穿杆使用的。

笔者有机会用放大镜仔细地观察了几件这类工具的使用痕迹。一般说来这类工具的刃部都比较锋利（并不像钱山漾那件那样“刃部不开锋，很钝”)，且保存大都比较完好。在锋刃部往往可以观察到一些如芝麻或米粒般大小的缺损。这种使用痕迹大体上应是和较细软的劳动对象接触所形成的。在刃部和器表我们完全看不出有与泥土相摩擦而留下来的痕迹。

根据对这类工具的形制特征和使用痕迹的观察和分析、可以认为这种工具大致应具有与双孔石刀相类似的功能，即主要作刈割稻谷穗头之用，但也不排斥可以用来芟草。孔和纽可用以扎绳，缚在手指上以避免滑脱。它们的名称仍应叫石刀，或可对不同形制者冠以不同的形容词，如“翼形穿孔石刀”“环柄石刀”“有纽石刀”等，但绝不是“耘田器”。

3. 在良渚文化遗址中，还经常发现一种至今在用途和名称上还有争议的石器。这种石器的形体大小不一，制作也较粗朴。往往采用砂质页岩打制成型，刃部磨制。全器平面大多呈三角形，刃部均在底边，大型者多为单面刃，小型者则为两面对称刃。三角形的顶部往往伸出一斜柄，有的则在三角形的一个侧边切割出一个深凹槽，凹槽的上部形成斜柄，在三角形的另一侧有的还有一至二个穿孔（图三，1、2、3、4）。除这些基本器形外，还有一些变体，如有的柄部基本直立，刃部形成对称的双肩；有的整体作靴形。

这类工具主要出自良渚文化遗址内，但其中有些体形较大，制作较精者，至少有一部分已跨入西周至春秋时期。如1977年吴县洞庭西山消夏湾出土的一件长达46.2厘米（图三，4），同出的有青铜剑和印纹硬陶等属于春秋时期的遗物。

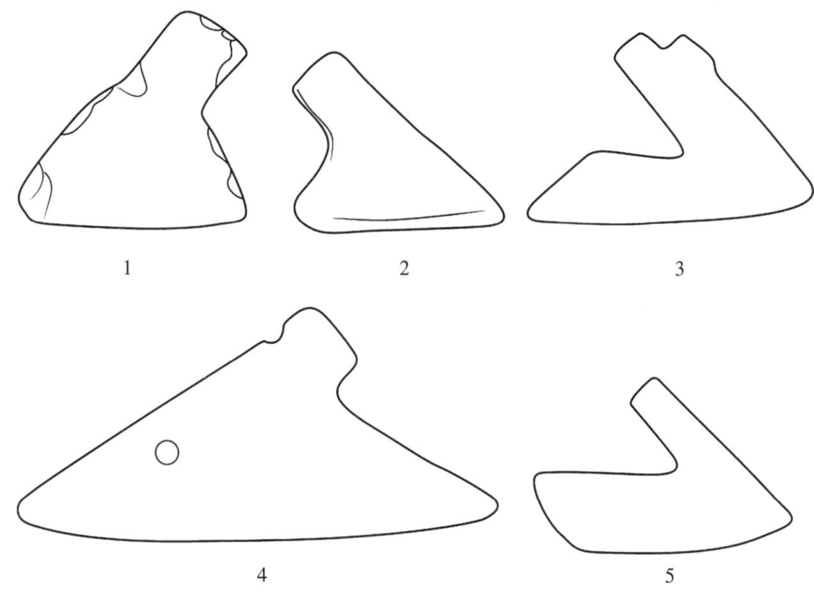

图三　斜柄三角形石刀

1. 良渚出土　2、3. 昆山荣庄出土　4. 吴县消夏湾出土　5. 山西陶寺出土

这类石器的名称，在已发表的报告和文章中很不一致，如有三角形石刀、有柄石刀、石钺、斜柄石钺、石锄、犁形器、石犁、破土器等。特别是近来新出现的“破土器”的定名，有人对此写了专文进行了论证[19]。我认为此说法是值得商榷的。

文章的作者认为“破土器”应在斜柄处加装木柄，用绳索牵引，作为破土挖沟之用。但如果确系如此，那么由于工具和土壤的强力摩擦一定会在工具的表面生成大面积的明显的擦痕，即如同我们在铁犁铧和锄刃所见的那种擦痕。但遗憾的是，我观察了多件这类生产工具，却没有发现一件具有这种擦痕。相反，我所见到的这类工具的使用痕迹多表现为刃部有一些锯齿纹的崩裂缺痕，显然是在砍割某种东西遇到了硬物所造成的损伤。

另一方面，从力学原理上看，这种刃部向下，前部较为圆钝的工具，也很难用绳索牵引使之前进。文章还援引浙江桐乡县农村以往使用的一种开沟用的拖刀来证明“破土器”也应如此使用。其实这是两种完全不同的工具。拖刀这种工具在江苏农村中也有使用，农民往往利用它来制作土基（类似砖坯），其方法是先用石磙反复将水田里半干的泥土压紧，然后用人牵曳拖刀将压紧的泥土切割成小长方块，最后用铁锹将这些土基铲起晒干，用来砌猪圈或简易房屋。但是必须注意到拖刀在使用时是刀尖朝下，刃部是向前的。而所谓的“破土器”却不具备这个条件，因此它也就根本不是什么破土器，而是另有其用途。

1978 年到 1980 年社会科学院考古研究所山西队在山西襄汾陶寺发掘了一批新石器时代墓葬，发现了一批这样的工具（图三，5）。在 1980 年发表的简报上，原将其称之为“犁状器”；1983 年简报中改称为“V 字形石刀”。特别引人注意的是，这种工具在大墓中（如 M3015）每每出于木俎（砧板）的附近，因此报告说其用途“似属厨刀一类”，而且还发现装置木柄的痕迹[20]。陶寺的发现为这类工具的主要用途找到一个正确的答案。即凡这类工具中，其基本形状是三角形带柄的且形制较大者，应属于一种大砍刀，主要作屠宰和庖厨之用。这类工具刃口的崩缺情况，也是和砍割带骨头的肉所造成的损伤是相吻合的。至于形制较小的，则可作切割和刮削之用。

至于还有人将这类工具说成是石犁，则更加错误了。将其称为石钺，也不大合适。由于说者并没有详细说明其理由，故此也没有一一加以辨明的必要。不过将那种直柄有对称双肩的这类石器称之为石铲或石锄，却并非没有道理。这种形制的工具在良渚，钱山漾，水田畈，无锡仙蠡墩、许巷，上海马桥，昆山绰墩都有发现（图二，3、4），它们和上节所提到的湖北郧县青龙泉、河南临汝大张所出的石铲基本同形。故单就这一类型的工具来说，作为翻土用的石铲的可能性还是存在的。

以上列举了在考古界常被误认为“石铲”“耘田器”和“破土器”等石器为例，从其外形，历史条件，使用痕迹，出土状况，共存遗物，出土的完整复合体的图形和实物，以及力学原理等各个方面，探讨了它们的实际用法和用途问题，并给予了我认为比较合适的名称。至于这些结论是否正确，当然还要靠今后的考古发掘来继续验证，但是我认为在研究方法上，通过多条渠道来分析比较，总要比单纯从器物外形上考虑将会更全面可靠一些。

注释

①《马克思恩格斯全集》第 23 卷，人民出版社，2006 年，第 204 页。

② a. 安志敏《中国古代的石刀》，《考古学报》1955 年第 2 期；b. 牟永抗、宋兆麟《江浙的石犁和破土器》，《农业考古》1981 年第 2 期；c. 林惠祥《中国东南区新石器文化特征之一：有段石锛》，《考古学报》1958 年第 3 期；d. 佟柱臣《仰韶、龙山文

化的工具使用痕迹和力学上的研究》，《考古》1982 年第 6 期。

③ 山东省文物管理委员会等：《大汶口》，文物出版社，1974 年。

④ 安徽省文物工作队：《潜山薛家岗新石器时代遗址》，《考古学报》1982 年第 3 期。

⑤ a. 南京博物院：《南京市北阴阳营第一、二次的发掘》，《考古学报》1958 年第 1 期；b. 杨鸿勋：《石斧石楔辨——兼及石锛与石扁铲》，《考古与文物》1982 年第 1 期。

⑥ 同⑤b。

⑦ 六合程桥二号东周墓即是如此，与此镰形锯同出的生产工具主要为锛、凿、铲、削、锄（应为斧）等木工工具。见南京博物院：《江苏六合程桥二号东周墓》，《考古》1974 年第 2 期。

⑧ 浙江省文物管理委员会等：《河姆渡遗址第一期发掘报告》，《考古学报》1978 年第 1 期。

⑨ 两件实物分别收藏在南京博物院和镇江博物馆。

⑩ 同⑤b。

⑪ 同②d。

⑫ 考古研究所山西工作队等：《1978—1980 年山西襄汾陶寺墓地发掘简报》，《考古》1983 年第 1 期。

⑬ 见③之 119 页插图。

⑭ 南京博物院：《海安青墩新石器时代遗址》，《考古学报》1983 年 2 期。

⑮ 浙江省文物管理委员会：《吴兴钱山漾遗址第一二次发掘报告》，《考古学报》1960 年第 2 期。

⑯ 可参考〔日〕西嶋定生《中国古代农业发展的历程》（《农业考古》1981 年第 2 期，董恺生译）一文。该文说："简单说来火耕水耨是把地里前一年的枯草用火烧掉，再把水稻直播田中，待发芽后苗长七八寸时，割除杂草、再灌水灭绝，可见当时那里还没有实行育秧移栽。火耕水耨在汉代以后也还在实行"。这种将稻种直接撒播到田里的种植方法，耘田器根本无法使用。

⑰ 王和平、陈金生：《舟山群岛发现新石器时代遗址》，《考古》1983 年第 1 期。

⑱ 考古研究所编：《京山屈家岭》，科学出版社 1965 年。

⑲ 同②b。

⑳ 考古研究所山西工作队：《山西襄汾县陶寺遗址发掘简报》，《考古》1980 年第 1 期。

（原载《南京博物院集刊 6——建院五十周年论文专号》，1983 年）

江苏青铜器概说

根据各地考古发现，现已证实我国中原地区早在距今4000多年以前的龙山文化晚期，已开始用铜铸造比较原始的小型工具。江苏省淮河以北地区属于龙山文化的分布范围，这一带先后曾发现过十余处龙山文化遗址，但由于发掘工作做得不多，尚未发现过这一时期的铜器。大约与龙山文化同时，分布在江南地区的，主要是良渚文化。虽然迄今尚未发现过属于这一文化的铜器，但是有的学者根据良渚文化玉璧、玉琮孔壁遗留的宽仅0.5—1毫米的钻槽，玉琮兽面纹上直径仅2毫米的圆圈状眼睛等现象，判断当时可能已使用了青铜制造的管钻等工具，不过尚待今后考古发掘出实物加以证明。

苏北地区继龙山文化之后的是岳石文化；苏南地区继良渚文化之后的是马桥四层文化（简称马桥文化）。这两种文化的年代都相当于中原夏代和早商时期。在山东泗水尹家城和牟平照格庄遗址的岳石文化地层中，都有小件青铜工具出土；上海马桥遗址的第四层，曾发现过铸造的小铜刀、铜凿和仿铜制品的穿孔石钺。我国考古界现已确认这两种文化已进入青铜时代。岳石文化遗存在江苏省的徐州高皇庙、铜山丘湾、赣榆下庙墩、灌云大伊山等处都有发现；马桥文化遗存在苏南太湖地区亦发现过多处。但由于考古发掘工作做得少，还没有这一时期的青铜器实物出土，但相信今后一定会有所发现。

到了商代中期以后，江苏大江南北各地，如南京北阴阳营、江宁点将台，徐州铜山丘湾等遗址的相应地层中，都分别发现了一定数量的小件青铜器，其中主要是削、钻、凿、镞等小型工具和兵器。在南京锁金村、北阴阳营等遗址中还发现过铜炼渣和陶钵、陶勺等炼铜工具。作为“坩埚”使用的厚壁陶钵，与北方常用的大口尊和“将军盔”的形制不同；作为挹灌铜汁用的陶勺，亦为中原所未见，这些都反映了这一地区青铜铸造业的地方性特征。

相当于商代的青铜礼器，迄今在江苏发现的数量很少。本书收录的三羊罍是1973年在江宁县发现的，就其造型和纹饰特征来看，可以说完全是一件典型的商代礼器，很难看出有什么地方性特色。联系到一些遗址出土的铜削和双翼长铤铜镞，与中原的同类器几乎没有区别来看，可以认为在商代这一地区的青铜铸造，还处于单纯模仿中原地区的阶段。

西周以降，江苏地区的青铜文化已进入了繁荣时期。新中国成立迄今，省内发现两周青铜器的地点已达60余处之多，其中一半以上分布在宁镇地区及其附近的南京、丹徒、丹阳、高淳、江宁、溧水、溧阳、句容、金坛、仪征、六合等市县；其余各处则分布在太湖地区的苏州、吴县、吴江、无锡、武进；江淮平原的淮阴、淮安、盱眙、涟水、泗洪、沭阳；徐海地区的连云港、邳县、东海等市县。

据《史记・吴太伯世家》记载："吴太伯，太伯弟仲雍，皆周太王之子而王季历之兄也。……太王欲立季历以及昌，于是太伯，仲雍二人乃奔荆蛮，文身断发，示不可用，……自号句吴。荆蛮义之，从而归之千余家。"太伯、仲雍所奔的荆蛮在今何处？论者意见颇不一致。目前考古界有一部分人根据新中国成立以来江苏各地青铜器分布及其特征分析，认为这个"荆蛮"可能在今江苏宁镇地区。其理由可以概括为二：首先，吴国的创立，正是我国青铜时代的鼎盛时期，那么青铜器就必然会是吴文化的主要代表性遗物。迄今为止在宁镇及其附近地区发现的，西周时期青铜器地点达20余处，其中主要有丹徒烟墩山、仪征破山口、丹徒母子墩、丹阳司徒、江宁陶吴、溧水乌山、江宁横溪等处。而太湖地区的苏、锡、常一带所发现的青铜器，一般都是春秋以后的，而西周青铜器在这一地区还基本上没有发现过。据此我们有理由相信早期吴国政治中心就在宁镇地区。其次，这一地区的青铜器，特别是西周和春秋早、中期的青铜器，无论从造型上还是从纹饰上，都显示了中原文化与当地土著文化因素并存或相互混杂的现象。其中中原文化的因素一般多表现于礼器，有的礼器如丹徒烟墩山出土的"宜侯夨簋"，学者认为就是中原的产品。这些现象可能反映了由于统治者来自中原，带来了他们固有的礼制。而土著文化特征主要反映在兵器及某些特殊用具的形制和纹饰上。

宁镇及其附近地区出土的四凤盘是一件罕见的西周大型铜盘，造型典雅稳重，盘沿立四只凤鸟，具有典型的西周风格。凤鸟纹兕觥，其造型和繁缛的纹饰与中原同类器大致相似，但又具有鲜明的地方性特征。西周早期的兽面纹铙，通高46厘米，重32公斤。铙初见于商代，而大型铙多出土于长江以南地区（两湖、皖、浙、闽都有发现）。这件铜铙表面以卷云纹和连珠纹组成兽面图案，极富地方特色。

在江苏发现西周青铜器的地点还有连云港市的大村和华盖山等处。这一带是古剡国的所在地。

春秋时期，特别是寿梦称王以后，吴国日益强大，阖闾征楚，夫差伐越都取得了重大胜利，国力强盛到能够争霸中原。由于和楚、越等国争战和交往的频繁，江苏这一时期的青铜器也吸收了不少楚式和越式青铜器的特点，甚至在吴县枫桥还出土过春秋时期典型的楚器。春秋时期淮河下游的徐国，也是一支重要的政治力量，但徐国的青铜器多发现于江西、浙江和江苏的宁镇地区，而淮河下游反而很少发现，这可能是吴灭徐后，掳走了徐国的重器所致。

江苏出土春秋时期青铜器的地点主要有：六合程桥、丹徒北顶山、武进淹城、丹徒谏壁王家山、吴县枫桥等处。

出土编钟的六合程桥一号墓，被考古界认为是春秋晚期吴国典型墓葬之一。钟的铭文中有："唯王初吉丁亥，攻敔仲终□之外孙，坪之子臧孙……"等字样。以往，学术界以为此钟当是吴器无疑；但近来有人认为，铭文既称编钟主人为"攻敔仲终□之外孙"，则外孙不一定是吴人，而铭文开头为"唯王初吉丁亥……"又与已知吴器铭文体例不合，从而怀疑此编钟非吴器，而可能是与吴国有姻亲关系的某诸侯国器，但无论如何此器在研究吴国史上的重要意义是毋庸置疑的。丹徒北顶山墓葬是江苏省近年来清理发掘的又一座春秋晚期的重要墓葬，出土了一批带重要铭文的青铜器。出土的编镈一组5件，铭文相同，共72字，此器是徐王义楚之子遱祁（章羽）为祭祀祖先而铸，属于典型的徐器。錞于是流行于春秋战国时期的军中乐器，丹徒北顶山和谏壁王家山都各出土过一组3件青铜錞于。王家山錞于兽纽穹顶，腹部一侧凹进，铸有人面形图案，形制古朴，是我国目前所知最早的錞于；北顶山錞于的相对年代稍晚，但作为虎纽盘项式的錞于，却是我国已知同类器中之最早者。针刺蟠虺纹尊是1958年在武进淹城内城河内出土的，同出的还有另两件尊，三轮盘、三足盘、牺匜各一件，句鑃一组（7件），这批铜器具有浓郁的地方性特色。尊这种器形在中原流行于商代和西周初期，西周中期以后即趋于绝迹，但在南方各地却一直延续使用到春秋晚期。针刺蟠虺纹是江南地区这一时期的流行纹饰，是以细密的变体蟠虺纹为地，其上密布短细的芒刺，不仅美观大方，而且手捧时又可防止滑落。

进入战国时期，江苏地域范围内产生了较大的政治变动。公元前472年，越北上灭吴；公元前334年楚东下灭越。这种政治势力上的消长，在出土的青铜器上也得到了反映。例如常熟发现的姑冯句鑃，吴江横扇出土的鸟书残钟等，都是典型的越器；无锡前洲出土的战国晚期郏陵君三器，则是典型的楚器。

战国时期的青铜器由于受到奴隶制向封建制转变这一重大历史变革的影响，在性质上也产生了新的变化。也就是说，这一时期的青铜器已逐渐脱离作为礼器的轨道，而日趋成为单纯的生活用具；在造型和纹饰上也逐渐失去了神秘的色彩，而代之以浓郁的生活气息；在工艺上镶嵌、错金银、镂空精密铸造等技艺，已广泛流行。

南京博物院院藏战国青铜器，大多具有极高的工艺价值或历史价值。包括1965年在涟水三里墩同墓出土的立鸟镶嵌铜壶、铜卧鹿、铜牺尊；1982年盱眙南窑庄出土的错金银饰重簃铜壶，1972年沙洲鹿苑出土的雕花车钉等。

立鸟壶、卧鹿和牺尊这3件青铜器，造型和装饰都十分华丽，立鸟壶和牺尊通体均饰以繁复的错金银和镶嵌松绿石组成的图案花纹。就造型看，立鸟壶的盖顶和底部均饰以展翅欲飞的立鸟，使得凝重的器形变得轻巧起来，其构思之奇巧令人称绝；卧鹿神情和体态被刻画得栩栩如生，充分表现出梅花鹿驯良和机灵的特性；牺尊为一肥壮的小牛犊形象，憨态可掬，惹人喜爱。它们都是具有很高工艺价值的战国晚期铜器。

盱眙南窑庄的错金银饰重簃壶更是一件精绝的青铜艺术品。壶的口内和圈足上均刻有铭文。圈足上的29字刻铭，与现藏于美国宾夕法尼亚大学博物馆的"陈璋方壶"铭文几乎完全一样。据考证，铭文记述了该器是齐国陈璋伐燕时掳获的战利品，如果没有错，那么这就是一件典型的燕器，至于这件燕器又是如何辗转流落到江苏境内，则无法得知了。这件铜壶除了通体饰以华丽的错金银纹饰外，最奇怪的是在虬龙重窾上密布梅花钉饰。据现在所知先秦铜器表面以植物作为装饰图案主题者，还仅此一件。

值得提及的是，这件铜壶出土时，壶口上还盖有一个重达9100克纯金铸造的虎形"镇"，壶内盛有郢爰、金饼、马蹄金、麟趾金等楚汉金币36枚。推测这批贵重的珍宝，原系西汉某贵族的珍藏，后因某次动乱将其仓促埋藏于地下，以至于今。

被定名为车釭的曲臂镂空斗拱形器，是在沙洲鹿苑出土的。类似的器形曾在陕西凤翔一带出土过多件。有的学者将其定名为"金釭"，认为这种器形是配置在建筑中壁柱和壁带上的铜构件，兼起装饰和加固的作用。但1978年淮阴市高庄战国墓中出土的乘舆，也有类似的构件。故这种器形可能具有多种用途。

两汉时期江苏境内有几个比较重要的诸侯王。徐州的沛县是汉高祖刘邦的家乡，刘邦建立西汉王朝后，即分封其四弟刘交为楚王，管辖以徐州为中心的三郡三十六县。东汉以后，徐州一带又为彭城王的封地。长江北岸的扬州一带，西汉初曾封吴王刘濞于此，吴楚七国之乱后削国，武帝时这一带为广陵王刘胥的封地。东汉初光武帝又封其同母弟广陵王刘荆于此。新中国成立以来南京博物院等单位在徐州和扬州一带先后发掘过几座两汉时期的大墓，其中包括徐州龟山、东洞山和北洞山等与西汉楚王有关的崖洞墓，徐州土山与东汉彭城王有关的东汉墓，高邮神居山与西汉广陵王有关的黄肠题凑式木椁大墓，扬州邗江甘泉东汉广陵王墓等。

一般来说，到了汉代民间的青铜制造业已普遍商品化，青铜制品多注重其实用性，工艺水平高的制品已不多见。但在诸如楚王、彭城王、广陵王等两汉诸侯王及其家族的陵墓中，仍不乏精美的青铜制品。

1973年在铜山县龟山一号汉墓出土的鎏金铜熏炉，据该墓同出的其他青铜器上有"楚私官""文后家官""丙长翁主"等刻铭来看，此墓肯定为西汉某代楚王的家族墓无疑。此熏炉呈细柄球腹豆形，柄上端分为三立鸟托住炉体，盖面透雕着蜿游在云气之间的三龙三虎，形象十分生动，加之通体阴刻细密的图案花纹，外罩鎏金，更显得光燦夺目，美不胜收，在汉代同类器中，确属难得的珍品。鎏金镶嵌兽形铜砚盒，是1970年在徐州土山东汉墓出土的，该墓同出的还有银缕玉衣等遗物，推测系东汉某代彭城王或其家族墓。这件砚盒造型浑厚丰满，极富想象力，通体作一蹲状的异形怪兽形象，外加鎏金并满缀红、蓝、绿各色珠饰，雍容华丽，极为珍贵。错银铜牛灯，是1980年在邗江甘泉二号东汉墓内出土的，由于该墓同出有"广陵王玺"金印和有"山阳邸……建武廿八年造"铭文的雁足灯，可以证明墓主人为东汉广陵王刘荆。这件铜灯系由牛形灯座、灯盏、罩板和带有烟道的罩盖四个部分所组成，这种结构的灯有一个特殊的名称，叫作"釭鐙"。该器造型端庄雄伟，通体饰以纤细而绮丽的错银纹饰，纹饰母题除各种图案外，还杂以龙、凤、虎、鹿及各种神怪异兽等形象。其艺术造诣比之河北满城窦绾墓出土的长信宫灯，有过之而无不及。

1965年在仪征县石碑乡东汉墓出土的铜圭表，专家认为是一种用于方士炼丹的便携式计时仪器。这件圭表的发现，为我们研究古代圭表及其附属结构提供了最早的实物证据。

元明时期的铜器。元代的孔雀牡丹纹大铜盘，直径达57厘米，盘内满饰以孔雀、牡丹为主题的花鸟图案花纹。花纹以阳线为主，主要部分鼓出为浮雕形，有强烈的立体感，是将花鸟画艺术融于青铜铸造工艺的代表性作品。鎏金喇嘛塔，是明初的作品，1956年出土于南京市牛首山宏觉寺塔基地宫内。经过比较研究，发现该塔可能是以北京妙应寺白塔为蓝本制成的。该塔的造型庄重典雅，除基座为红色砂岩制成者外，全为铜铸，表面鎏金，并施加各种华丽的浮雕、圆雕、透雕、刻纹等装饰，有很高的工艺水平。塔上和塔内的佛、菩萨等造像均属喇嘛教的造型，说明喇嘛教自有元一代的大力提倡，已从西藏传人到内地的广大地区，也深入到江南一带。另一件明代的青铜器，是1953年在南京市西善桥，明司礼太监金英墓内出土的青铜灶，这是完全按照实物此例缩小的模型铸件。灶体由灶台、灶山、烟囱三部分组成，五个火膛，分置五锅，锅盖、铲、勺等炊事用具一应俱全，依次缩小，铸造得十分精细逼真，连锅盖上木板拼接和明穿栓部分都清晰可辨。烟囱基部还铸有供奉灶君的小龛。我国自汉代以来一直使用单火膛纵式灶，而这种多锅多火膛横式灶到明代才开始出现，这件铜灶的发现提供了不可多得的实物证据。

除了上述考古出土品之外，有两件传世青铜器：其一是举世闻名的毛公鼎，传说系清道光末年出土于陕西岐山县，铭文长达497字，是迄今所发现的西周青铜礼器中铭文字数最多者，具有极其重要的史料价值。此鼎原藏南京博物院的前身国立中央博物院筹备处，新中国成立前夕被运至海峡彼岸，现存于台北故宫博物院。

另一件传世铜器为眉[illegible]鼎（原名窓鼎），据称系清同治初年（一说光绪中）在陕西凤翔出土，为西周康王时器。该鼎造型古朴精美。有铭文27字，为西周早期青铜器中之珍品。1955年吴大澄先生之孙吴湖帆先生捐赠给南京博物院。

（原载《南京博物院藏宝录》，上海文艺出版社，1992年，为“青铜器”部分之概述，收入本文集时略有改动）

漫谈战国到汉代的灯具

人们为了便于在晚上进行各种活动，照明设备往往是必不可少的。考古工作者曾在五十万年以前的北京猿人的洞穴遗址里，发现过大量的灰烬堆积的烧灼过的骨头等遗物，可知当时的人们已知使用篝火。由于当时取火十分困难，所以这种篝火往往是长年不熄的。篝火可以用来烤熟食物，取暖，到了晚上则可借此吓退野兽并作照明之用。

专门用于照明的设备，最早的大概是火炬了。《诗经·小雅·庭燎》中说：“夜如何其夜未央，庭燎之光”。许慎《说文》：“烛，庭燎大烛也”。说明庭燎燃的是“烛”。而《礼记·曲礼》上又说：“烛不见跋”，疏：“古者未有蠋烛，唯呼火炬为烛也”。由此可知，周代所谓之烛，大概不过只是用松枝竹苇等材料制作的火炬而已，亦即松明之类的东西。

至少到战国时期，照明就已经开始使用灯具了。《楚辞·招魂》中就有“兰膏明烛、华镫错些”的诗句。考古实物也有若干发现，例如成都羊子山172号战国晚期墓就出土过一件高足浅盘豆形铜灯。1978年河北平山的战国中晚期中山国墓葬中，更出土了两件造型别致的铜灯，一件为十五连盏，下为三虎夔龙及圆座，在层层伸出的十五根连有灯盏的枝杈上，攀援一群形态各异的猴子，树下还有二人持果饲猴；另一件为银首人俑灯，系由一个双手执着灯柄的银首铜俑和上下错落的三个灯盏所组成，眼眶内嵌以黑宝石。这两件组灯反映了当时工匠杰出的艺术构思和娴熟的铸造工艺。

尽管战国时期就有了如此精美的灯具，但就当时整个社会来说，灯的使用尚不普遍。例如从已发掘的资料看，长沙仰天湖，长治分水岭，西安半坡，易县燕下都等地发现总数达万座的战国墓，均未发现过灯具。说明当时灯具可能还只是上层封建贵族所使用的一种奢侈品。

传说秦始皇曾制作了极为豪华的青玉灯，据梁吴均《西京杂记》记载，“高祖入咸阳宫，周行库府，金玉珍宝，不可称言。其尤惊异者，有青玉五枝镫，高七尺五寸，作蟠螭，从口衔镫。镫燃，鳞甲皆动，焕炳若列星而盈室焉”。如记载所云，此玉灯真可算得上是巧夺天工了。参照平山中山国墓出土的铜灯的精巧程度，看来，此记载亦恐非全属虚构。但“镫燃，鳞甲皆动”则可能是夸张之词。

灯具使用的普及是在汉代，例如河南陕县刘家渠46座汉墓中即出土各种灯具达38件之多。据记载和实物铭文，灯在汉代多称为镫或锭，这两个名称可以互相通用，另外也有自称为“钉”的。

汉代灯具和质料，据目前考古发现来看，以陶质的属多，铜质的也较常见，偶尔也有铁灯发现。其中陶灯多出于平民阶层的墓葬内，而铜灯则多为当时封建统治阶层所使用，是故其制作也往往比较精致。

从形制特征上看，汉代的灯具大致可以分为三个大的类型。

第一类可称为盘形灯，其共同特征为具有浅盘形灯盏。大多数呈高足豆形，且往往自铭为“铜镫”“铜锭”或“高镫”。也有下附三矮足的，叫“行镫”。有的支撑灯盏的柄作雁足形的叫“雁足镫”，且据足之长短分别自铭为“雁足长镫”或“雁足短镫”。将卮盖反过来作灯盏使用的叫“卮锭”。河北满城两座汉墓出土铜羊尊灯，俑座灯，朱雀灯等，风格各异的造型，显示了工匠的丰富想象力。如羊尊灯形如卧羊，形象逼真，颈后置活纽，可将羊背翻置于头顶作灯盘使用；俑座灯之铜俑，作半跪状，左手按左膝上，右手上举支托灯盘，盘壁有“御当户锭一，第然广”八个铭文；朱雀灯的灯座为一昂首翘尾的朱雀形，嘴衔灯盘，足踏蟠龙，作展翅欲飞状。这些都是此类铜灯中的精品。还有多枝灯，也可以归入此类，其中以甘肃武威雷台汉墓中出土的十三连枝灯和十二连枝灯最为精美，这种灯的底座饰以瑞兽纹和云纹，座上立三节相连的有透雕人像的主干，每层间又伸出透雕鸾凤缠枝纹的十字形支架，在主干和每一支架的顶端，均托有灯盏，其造型奇巧别致，纹饰瑰丽繁复，另外在河南陕县刘家渠汉墓中还出土过朱雀九枝陶灯或三龙三枝陶灯，造型都很优美。

第二类可名之为“虹烛灯”（此名初觅《博古图》所录之灯铭）。这种灯在结构上的共同特点是，整个灯是由灯座、灯盏、罩板和罩盖四个部分组合而成。灯座为一中空的容器，灯盏即套接于灯座的圆口之上，灯盏四周有一道沟槽，内置两块瓦状罩板，可以用来调节光缘的亮度和照射的方向，罩盖往往作复碗形，盖在罩板之上，盖顶有烟管，屈曲与灯座上部伸出之烟管相套接。当灯火点燃时，烟炱即可通过烟管，溶于灯座腹内的水中，从而可以保持室内空气免受污染。

虽然这类灯在总的结构方面大体一样，但是在外形上，却又不尽相同。通过工匠们的精心构思，把这种“虹烛灯”设计制作为各种人物、动物和器皿的形象，使这些灯不仅可用以照明，而且也可以作为美观大方的室内工艺陈设品。

这类灯最常见的形状为鼎形，肩部左右伸出一对向上弯曲的烟管，与盖顶两个下垂的烟管帽衔接。南京大学收藏了一件出自长沙的这类铜灯，在此灯的肩部，有“闵翁主铜钉鐎一具”八字铭文。这里“钉”指金器而言，“鐎”为“盏”字的异体。于此可知，这种带烟管之灯，也称之为“钉”。

虹烛灯或铜钉中，当以河北满城二号汉墓（窦绾墓）中所出的长信宫灯为最，这件灯整体为婀娜多姿的宫女形象，左手执灯盏之柄，扬起的右臂和宽大的袖笼作为烟管和灯盖，通体鎏金，美观大方。而堪与长信宫灯相媲美的，则当推1980年江苏邗江甘泉二号汉墓出土的错银铜牛灯了，这件铜牛灯的灯座为一俯首挺立的黄牛形，体态端庄雄伟，各部比例匀称。烟管道置于头顶中部，与盖顶下弯的烟管相套接。尤令人惊异的是该灯通体均饰有精细的错银花纹，纹饰主要以流云纹，三角云纹，螺旋纹组成的图案为地，杂以龙、凤、虎、鹿和各种神怪异兽等图像。构图精妙奇特，神态生动自然。可能为一件精绝的工艺杰作。此外如长沙桂花园和江苏睢宁刘楼出土的另一形制的牛灯，广西合浦出土的两件凤灯等，都是在造型上各具特色的工艺品。

第三类为筒形灯，这种灯在甘肃武威雷台汉墓和江苏邗江甘泉二号汉墓都出土过。以甘泉二号汉墓出土的一件为例，灯体为圆筒形，有盖，盖顶中心有圆孔，孔内插以铜管，伸入到腹内，有三蹄足，上承筒身，下连托盘，通体鎏金。雷台所出的一件形制与此类似，所不同的是下为三蟾足，盖与器身有链条相系结。这种灯很容易使我们联想起，我国过去农村中使用的用墨水瓶改装的小煤油灯。

《急就篇》颜师古注说：“镫，所以盛膏，夜然燎者也。”“膏”即动物脂肪，古代多用此作照明的燃料。另外根据长沙、满城、昭通等地汉墓出土的铜灯中往往发现残蜡饼和残蜡烛的情况，可知当时已用蜡作燃料了。从第一、二两类的灯盘看，有的盘内立了尖钎，有的没有，其中有尖钎者，应系插蜡烛之用，无钎者可能燃点蜡饼。至于第三类灯，使用时需在铜管中穿入灯芯，通过毛细作用吸取灯内的燃料至上端，才能燃点。因此这种燃料必须是液体燃料，估计当时可能使用的是植物油。

铜灯的使用，在汉代是鼎盛时期，到魏晋南北朝时期，由于铜器铸造工艺的衰落，而且青瓷灯盏的使用逐渐普遍起来，所以就很难看到这一时期比较精致的铜灯具了。

（原载《文博通讯》1982 年第 1 期）

破解南窑庄窖藏之谜

1982年2月10日江苏省盱眙县穆店乡南窑庄发现了一座楚汉时期的窖藏，出土了一件精致华丽的铜壶，壶口盖有一件金兽，壶内盛有36枚黄金铸币。这一考古重大发现，引起了全国乃至世界的轰动。归纳各种与之相关的报道和文章的内容大致有如下几点：(1) 金兽是我国迄今地下出土的最重的金器。(2) 36枚黄金铸币集中出土，实属罕见。尤其是有两块郢爰分别钤有54和36个“郢爰”印记，印记之多创历史最高纪录。对金饼、马蹄金、麟趾金的时代说法不一，多数认为是汉代遗存。(3) 陈璋圆壶（重金络壶）铸造工艺的精美令人惊叹。根据铭文考证该器原为燕国重器，后于齐宣王五年为齐国的陈璋伐燕时所获。这点基本已成定论。(4) 对窖藏时代的考订大体可以归纳为三种看法，即：a. 战国晚期；b. 秦汉之际；c. 汉武帝以后。

对于上述诸家论述中的歧义，我们当然还需要进一步澄清。但是笔者认为对南窑庄窖藏的研究，还存在不少更深层次的问题需要探讨。在以前发表过的报道和论文中，不少人曾提到造成出现南窑庄窖藏这一事件的原因应与历史上的重大政事或战争有关，应该说这一判断的理由是很充分的。但遗憾的是至今尚无人沿此思路对此进行过深究，甚至有人将其看成是个难解的千古之谜。如果我们能将窖藏的时代定得更准确一些，进而提出疑问：具有何等身份的人才能拥有如此巨量的财富？为什么燕国的陈璋壶会辗转来到盱眙并且和楚汉金币、金兽共存？窖藏是在什么样的历史背景下产生的？窖藏地点又为什么会在盱眙？这些看起来好像一团乱麻的问题，结合出土遗物的特点，结合文献资料来思考，还是可以梳理出一些头绪的。

一　出土文物时代、性质、历史背景和窖藏主人的再探讨

1. 随金兽踏上了探索之旅

金兽重达9100克，含金量达99%，通高10.2、身长16、身宽17.8厘米，是迄今我国地下出土的最重的一件金器。金兽呈蜷伏状，头枕伏于前腿之上，屈腰团身，首靠前膝，耳贴脑门两侧，头大、尾长、身短而粗壮，形如豹，附耳瞪目。颈部戴三轮项圈，头顶有一环纽，通体捶击圆形斑点纹，象征豹身上的斑纹。底座空凹，内壁刻有小篆“黄六”二字。

金兽的形象对于从事考古的专业人员来说并不陌生，在战国到西汉时期的墓葬中，常发现一种叫作“镇”的遗物，这件金兽从形制上看，亦应为“镇”。不过我们常见

的镇，多系用青铜制造的，而此件则纯用黄金铸造，且体型如此硕大，为考古史上所仅见。

古人使用“镇”的记载始于春秋时期，文献记载古人为了压物须使用“镇”。《广雅·释话》中释作“镇，重也”，我国唐代以前，人们一直习惯席地而坐，席也是家居中的重要设施，为防止席角卷折，而在四角置“镇”用于固定，“镇”的使用遂盛行开来。

青铜质重色美，方便铸造且不易损坏，是当时造压镇所用的主要材料，在很多青铜镇上还铸造有精美的纹饰，有的还在上面加上错金银花纹和镶嵌宝石，使其更加生动神秘且富有韵味。另外珍贵的白玉也用于雕制压镇，纯金的制品似乎只此一例。在汉画像石、画像砖中都可看到博席的四角放置有圆形的镇，很形象地表现出它的用法。1972 年广西西林县西汉墓同时出土有铜博局和 4 枚博戏人物铜镇，考古发现显示一组压席和博局要用 4 枚镇①。

从考古发现来看，早在春秋战国时期就屡屡发现铜镇或其他质料的镇。例如浙江省博物馆“越魂展”中就陈列有 4 枚春秋带提环半球体铜镇和绍兴县印山越王允常陵出土的春秋八棱形玉镇，浙江越窑战国时期也烧造不少带有小提纽的半圆形青瓷镇②。

曾侯乙墓出土的铜镇，“四件大小相同，形制、纹饰亦相同。全器如盖，半球形，内空，平口沿。顶有衔环龙形纽，面部有规律地雕铸八条互相纠缠的龙……高 8.0、径 11.8 厘米，重 1.25 公斤”③。根据该墓出土的镈钟为楚惠王熊章 56 年（公元前 433 年）为祭奠曾侯乙所铸造，故此墓年代大体与其同时或稍晚。河南三门峡上村岭战国墓还出土有错金银铜豹镇④。

到了汉代，“铜镇”的使用更加普遍，据考古资料，汉代墓葬出土的“镇”已达数百件之多，在文物市场上也常常可以见到它的踪迹。镇的形状多作端曲而卧的动物，刻画极其生动传神，有虎形、豹形、羊形、狮形、龙蛇形等。如 1968 年河北满城窦绾墓曾出土四件错银铜豹镇，蜷卧状，头部高昂，通高 3.5、径 5.9 厘米，形象逼真、栩栩如生。全身以错金银技法装饰出豹皮的斑纹，眼珠则用玛瑙镶嵌而成⑤。

再如 1995 年狮子山楚王墓也出土了 2 件铜豹镇，豹呈卧姿，肌肉强健，两前爪一放于前，后腿相交于身下，长尾从两后腿间反卷曲于背上，脖颈上戴有镶缀海贝的项圈。豹体上阴线刻“尚卧重十三斤十二两十八朱铅重十九斤十三两十朱”，说明该豹采用了铜铸外形，体内灌铅的方法制作而成⑥。

以上列举的例子主要是想说明“镇”的使用（主要是铜镇）在我国春秋战国到汉代一直相当盛行，而其中以“豹镇”最为常见。而南窑庄窖藏出土的这件也属于“豹镇”，与前面列举的诸“镇”相比较，其腹内中空、颈部系有项圈、上部有环形纽等造型，这些特点在春秋战国时期铜镇上都已具备了。从已有的资料来看，上述这些特点到西汉前期以后，就基本不再延续下去了。徐州狮子山汉墓出土的铜豹镇属于戴有项圈、圈上有环、腹内中空（但其中已用铅灌实）的一种。据考证徐州狮子山汉墓的墓主人是西汉第二代楚王楚夷王刘郢客，楚夷王在位仅4年（公元前178—前174年），正当西汉早期。据此推断（再加上其他理由，详后），我认为南窑庄“金豹镇”的年代定在秦汉之际为宜。

还有，此“金豹镇”纯为黄金铸成，其硕大沉重惊世骇俗，曾侯乙墓、满城汉墓、狮子山汉墓的墓主人分别是曾侯乙、中山靖王刘胜窦绾夫妇、楚夷王刘郢客。他们的地位不可谓不显赫，但这些墓内随葬的铜镇虽然也堪称精美，只是若和南窑庄金豹镇相比，不免显得黯然失色。可以想见这件金豹镇主人的身份，绝不会比上述这些人逊色，甚至更加尊崇高贵。

前面讲过“镇”的用途本来是镇压座席的。古人的座席面积一般不会很大，所以用来压席的“镇”也用不着很大，从出土的实物来看，一般高3—5、底径7—8厘米左右，重在1公斤以内。也有少数规格稍大的，但数量很少。像“金豹镇”这样的庞然大物，绝对罕见。因此它也绝非作为镇压座席之用。

据《汉旧仪》记载：“汉法……祭天用六彩绮席，六重，长一丈。”汉代皇帝祭天是一件大事，皇室显贵、文武百官跪拜要用六张长一丈重叠在一起的席子，因此，有学者认为，这件黄金伏兽席镇就是汉代皇帝祭天时用于压席的。果真如此的话，那么窖藏的主人岂非真有帝王之尊的身份了吗？这正是我们要继续探究的问题。

2. 巨量金币——探索窖藏秘史又一重要线索

A. 郢爰

据报道南窑庄窖藏的金币共有36枚，其中完整的郢爰金版就有11块，重达3260克。其中最大的两块，一块长12.2、宽8厘米，重610克，上有54个印戳；另一块长10.4、宽7.9厘米，重466.3克，有35个戳记。为迄今发现的戳记最多的两块郢爰金版。

春秋战国时期楚国盛产黄金，金版已作为流通的金属货币之一（另一种为铜铸货币“蚁鼻钱”，也叫贝币。银布币仅在河南扶沟古城村一地发现过，不一定是流通货币），是我国最早的黄金铸币，金版一般也称为爰金，完整的多呈方饼状，少数为圆饼状，表面印戳有郢爰、陈爰、鄟爰、鄗爰、卢金、𨚕金等钤记，均用于大额交易。爰金是我国也是世界上最早的黄金铸币，“郢爰”是楚金币中当今出土最多的一种。郢就是郢都，是楚国的都城，历史上楚多次迁都，据《战国策》《史记》等记载，楚文王元年（公元前689年）建都郢。昭王十二年（公元前504年）为避入侵的吴国军队，迁都若，即湖北宜城，后又迁回郢。楚顷襄王二十一年（公元前278年）为秦军所迫，迁都陈城，即河南淮阳。楚考烈王十年（公元前253年）迁都钜阳，即安徽太和；楚考烈王二十二年（公元前241年）又迁都寿春，即安徽寿县。郢爰是楚国建都于郢时所铸，但楚国每次迁都以后，往往也把新的都城称为郢都，因此我国许多地点都发现过郢爰，但又不一定是同一地点所铸造，要具体分析。由于爰金还属于称量货币，使用时往往要将其切割成小块。历来各地出土的爰金，大多为分割的小块，整版的爰金，往往发现于一些窖藏中。目前在河南、浙江、山东、陕西、湖北、安徽、江苏等都有爰金出土，而以安徽境内发现的数量为最多。根据现有资料，安徽寿县、太和、阜南、临泉、六安、合肥、芜湖等20多个县市的40多个地点都有出土，发现零整爰金400多块，总重量23000余克，占全国总出土量的三分之二。

在安徽出土楚国金币古已有之，北宋沈括在《梦溪笔谈》中说："寿州八公山土中及溪涧之间，往往得小金饼。"并说："寿春渔人处得一饼，言得于淮水中，凡重七两余，面有二十印。"清道光中期寿县南谢家圩出土一钣陈爰，共有14个印记。

《安徽省地方志·文物志》第六篇《馆藏文物》第七章《金属铸币》中，对安徽省境内历年出土的楚国金币，做了相当详细的记录。现择其要者列举如下。

（1）1970年5月在阜南县三塔乡朱大湾村出土。同时出土郢爰25块，其中3块完整，其余为小切块，总重量1180余克。最大者长7.8、宽6.8、厚0.45厘米，重280克，其正面戳印19个"郢爰"钤记，现藏安徽省博物馆。

（2）1969年春在六安县三十铺公社立新大队陈小庄出土了3块完整的郢爰金版，其中2块均重270克左右，均戳有16个"郢爰"钤记；另一件重264克，有16个"郢爰"钤记，现藏安徽省博物馆。

（3）1979年8月，寿县东津乡花园村门西生产队农民在渠坡取土时，发现大小19块楚金币（18个整版和1小块），总重5187.55克，其中2块完整的金版中有两块各有22个"郢爰"钤记。出土金币中还包括有5块"卢金"，其中4块完整的均呈近方形，分别重250.1、261.33、264.55、266.05克，分别戳印有21、19、18和16个圆形"卢金"钤记。

前面提到安徽的太和、寿县是楚国最后的两个都城。而这两处又是出土楚国金币最多的地方，说明楚国越是到了后期，其爰金铸造和流通量就越大，至战国晚期达鼎盛阶段。大型或超大型的"郢爰"金版，也大多发现于这一时期和这一地区。

盱眙的地理位置在苏中偏西部，与安徽接壤，距离寿县、六安市都不很远。实际上盱眙在历史上长期以来一直属于安徽省的建制，1955年才划归江苏。南窑庄窖藏出土的郢爰，应该都是战国晚期，在楚国最后一个郢都寿春铸造的；又由于11块郢爰金版全部完整无缺，是故这批郢爰（包括下面还要讲到的金饼、麟趾金、马蹄金等）原本应都属于库存金币，尚未进入流通领域。

B. 金饼、麟趾金和马蹄金

在盱眙南窑庄窖藏的除11块郢爰金版外，还有9块半金饼和15块马蹄金、麟趾金，这些名称目前人们在使用上有些混乱。北宋沈括《梦溪笔谈》："襄、随之间，故春陵、白水地，发土多得金麟趾马蹄。麟趾中空，四傍皆有文，刻极工巧。马蹄作圆饼，四边无模范迹，似于平物上滴成，如今干柿，土人谓之'柿子金'。"而今人则多将圆饼状的叫作金饼，中空如蹄壳状的称之为"马蹄金"或"麟趾金"。关于马蹄金和麟趾金的形状，在史书上没有明确记载。本文也并不去深究这类金币性质和名称说法有什么不同。只想弄清楚它们开始发行和广泛流行在何时。

据《汉书·武帝纪》："太始二年（公元前95年）三月，诏曰：'有司议曰，往者朕郊见上帝，西登陇首，获白麟以馈宗庙，渥洼水出天马，泰山见黄金，宜改故名。今更黄金为麟趾、褭蹄以协瑞焉。'因以班赐诸侯王。"所以不少人以为这类金币是汉武帝太始二年（公元前95年）以后才开始使用的。这是对历史记载的一种误解，其实这类金币早在战国中期就已经开始发行和流通了。汉武帝太始二年只不过将这类金币定了新的名称而已。如若不信，请看下面的实例。

1979年8月，寿县东津乡花园村发现大小19块楚金币中，就有大小不等被切割过的金饼4块，现藏寿县博物馆。1974年河南扶沟古城村楚国金银币中就有爰金和马蹄金共存⑦；还有湖北江陵望山1号墓出土10枚包金箔的铅锡饼⑧；湖南长沙左家公山战国墓出土陶饼等冥币。据此分析，楚国至迟在战国中期就已铸行金饼这种货币。此外如前文所说，北宋沈括在《梦溪笔谈》也有"马蹄金"的记载，笔者怀疑这一带发现的麟趾金和马蹄金绝大多数也应该是楚国的遗物。

当然，金饼、麟趾金、马蹄金这类金币到了西汉时期，铸造得更多，流行的地区也更加广泛，这是不争的事实。但与其说据此就认为南窑庄窖藏中的这类金币可能是汉代遗物，那毋宁说南窑庄的这批金币更可能是战国晚期的遗物。因为和这批金饼、马蹄金、麟趾金共存的还有一大批"郢爰"，而郢爰到汉代基本上已不再流通了。如果说窖藏的时间正处在上述这几种金币都在流通的时代，那么笔者的这个推断就非常合理了。

C. 陈璋圆壶的神秘迁徙

南窑庄窖藏的36枚金币出土时原来都盛在此壶之内，金豹镇就盖在壶口之上。但从文物价值上来品评，它绝对不在那些金灿灿的文物之下。

据有关文章报道，圆壶为青铜制品，根据它的形状及工艺，专家给它取名为"镶嵌金银镂空网套饰壶"。壶高24、口径12.8厘米。侈口、束颈、广肩、弧腹、平底。腹部另铸镂空外套，由双层卷曲起伏的长龙、上下左右屈曲纠结的蛟龙组成，两龙相接处缀以梅花钉，整个网套共有96条。网套分上下两半一次铸成，上半焊于壶肩，下半接于圈足，中间接缝处有一横箍衔接，并有对称兽面衔环和立兽竖耳各4个。颈及圈足饰错金斜方格云纹，肩饰错银斜方格云纹，横箍饰错金流云纹，兽面镶嵌绿松石，衔环饰细如发丝的错金流云纹，立兽通体镶金银饰。口沿内有铭文11字，记器的重量和容量。圈足有铭文39字，记壶为齐国陈璋伐燕国时所获，因此又称"陈璋圆壶"。这个由7个部分、19个构件组成的铜壶造型独特、制作精美，高超的工艺可谓巧夺天工。据史书记载，齐宣王五年（公元前315年），田忌再次执政时，齐国趁燕国内乱，派陈璋率兵灭燕，"毁其宗庙，迁其重器"，使得此壶由燕来到齐国。

令人费解的是明明是陈璋从燕国掳到齐国去的战利品，怎么会又千里迢迢跑到楚国境内盱眙的地下去了呢？俗话说"好东西人人喜欢"，难道后来是楚国人又从齐国把这件宝物抢去了吗？看来这种可能性很大。下文还将就此问题追究下去。

二 盱眙的特殊地理位置和特定的历史背景提供了重要的追踪线索

如前所述，南窑庄窖藏出土的郢爰、金饼、麟趾金和马蹄金等金币，均应为秦汉之际的遗存。那么接下来，我们就应该进一步追问，这段历史时期，在盱眙这块土地上，究竟发生过哪些重大事件？

首先让我们看一下盱眙的地理位置：盱眙位于淮河中下游、洪泽湖南岸、江苏省中西部，淮安市南端。境内冈峦起伏，形势险要，自古为兵家必争之地。旧志载“两淮常为天下战场”，“而盱眙控两淮之要，据三口（清河口、汝河口、颍河口）之险，系淮南江左之本，自古未有不得盱眙，而能东下江左、西上中原者”⑨。

回顾历史，我们很自然地就想到秦末轰轰烈烈的反秦大起义。各路义军中，以复楚的旗号最具号召力。陈胜、吴广初起兵时就号称“大楚”，随后陈胜自立为王，号称“张楚王”，意谓张大楚国的声威。公元前208年张楚王陈胜被车夫庄贾所杀，端月（即正月），他的部下秦嘉在彭城（今江苏徐州）自立为大司马，并拥立景驹为楚王（不久原楚国贵族项梁称景驹、秦嘉背叛陈王，大逆无道，派英布打败秦嘉，并将景驹、秦嘉杀死）。另一位要提及的义军领袖是陈婴。陈婴原是东阳县（今盱眙县东南）令史，为人信谨，有能耐有威望。时东阳少年杀死县令响应陈胜起义，立婴为长，迅速聚众2万人，义众又要推立陈婴为王，但遭到陈母的反对。当时项梁已在吴中起义，并率兵过江。项氏世世为将，在楚国非常有名，陈婴遂将所部归属项梁、项籍。时陈胜已死，项梁等在淮北民间找到为人牧羊的楚怀王熊槐的孙子熊心，将其拥立为王，亦称为怀王，定都于盱眙。陈婴被封为楚国上柱国，项梁为武安君。

在各路打着复楚旗号的义军中，张楚王陈胜只是一介贫民，秦嘉所立的楚假王景驹仅为楚国贵族之后，而熊心却为货真价实楚怀王熊槐的嫡亲孙子，把他拥立为楚王自然是名正言顺了。可以想见楚怀王熊心一定在楚国新都盱眙举行了隆重的登基大典，而他的登基也必然会赢得原来楚国的贵族和子民热烈拥戴。其麾下的项梁、项籍和刘邦两支主力义军，也就借此东风顺势迅速壮大起来，最后荡平暴秦。

陈婴、项梁等当时拥立楚怀王熊心的用心是很明显的，那就是抬出他的名头，壮大自己的声势，同时借此机会激励一大批旧权贵和富豪慷慨解囊、踊跃捐输以扩大财源。

话说到这里，我们就要把话题转到南窑庄窖藏的大量金币的问题上来了。前面说过，窖藏金币的年代极有可能是秦汉之际的遗存，而此时的盱眙确确实实又发生了如此惊天动地的大事。加上楚怀王熊心如此高贵的身份，使我们没有理由不相信，这一大批金币非常可能就是当时这批新贵搜刮到国库来的财物。

接着问题又来了：既是国库财物，为什么又被窖藏起来。而且又和一个似乎和楚国毫不相干的陈璋圆壶埋在一起？这个问题我们不难在历史记载中找到答案。据史书记载：陈婴、项梁拥立楚怀王熊心的时间是公元前208年6月。当年7月，项梁军即在东阿（今山东阳谷东北）击败进攻齐地的章邯军。秦军向西退去，项梁独自率兵追击，又在濮阳（今河南濮阳东南）大败秦军，进逼定陶（今山东定陶西北）。与此同时，项羽、刘邦率领的另一支部队在攻克城阳（今山东菏泽东北）后，继而转攻雍丘（今河南杞县），大破秦军，斩秦将李由。

请注意，项梁、项羽、刘邦这一系列胜利都是在原齐国境内取得的，前面说过“陈璋圆壶”原是燕国的重器，齐宣王五年（公元前315年），齐兵伐燕，齐将陈璋攻下燕都得到该圆壶，壶圈足的铭文写着陈璋得壶的过程，这样该壶就从燕国来到了齐国。而这次楚军在齐境大破秦军。很可能这件陈璋圆壶又成了楚军的战利品（无论是掳自齐人或是从秦军手中辗转获得），既然该壶是国之重器，那么将其呈献给楚怀王熊心也就是顺理成章的事了。

这样一来原来不少人对于齐国从燕国掳获的重器怎么会跑到楚境内来了这件百思不得其解的事，现在反倒成为窖藏之谜的重要锁钥。如其不然，世界上哪里会有如此凑巧的事？时间（公元前208年6—7月）、地点（楚都盱眙和齐国境内）、人物（熊心、项梁、章邯等）、重大政事（熊心被拥立为楚怀王、定都于盱眙）、战争（项梁在齐境内大败秦军）等结合得如此恰到好处，如此天衣无缝，真是妙不可言。

当然，我们也并不排除存在着别的可能性，例如齐王田儋败于秦军被杀，田假搞政变夺取了齐王的位置，不久田假又被田儋的弟弟田荣赶下台。田假无奈，选择了南下投奔楚国，依附了已是楚怀王的熊心。那陈璋圆壶有没有可能是田假带去的觐见礼呢？而且这个假设在时间、地点和人物的吻合上，似乎也是无懈可击的。

但不管通过什么途径，陈璋圆壶都是从齐国到了楚国，到了楚怀王熊心手中。循理探究到此，好像可以结案了。现在我们大致可以肯定南窑庄窖藏的这批财物的所有者就是楚怀王熊心。剩下的最后一个问题就是这批财物为何被埋藏到地下。

原来项梁的楚军在齐境内屡败秦军后，产生了轻敌麻痹思想，让章邯率领的秦军缓过劲来，随后进行了疯狂的反扑，大败楚军于定陶，项梁战死。起义军遭受了一次惨重的挫折。楚怀王熊心被迫将楚都由盱眙迁至彭城（今徐州），时在公元前208年9月，距当初定都于盱眙的6月只有3个月。俗话说“兵败如山倒”，仓促撤退中，不免会将一些不便携带的财物，临时埋藏在地下，等到时局稳定，回归故里后再行取出。南窑庄窖藏就很有可能是这样被埋入地下的。他哪里会想到，他这一去就再也回不来了。

楚怀王熊心迁都到彭城后，作为义军统帅，确实有过不少作为。直到公元前206年10月，麾下刘邦率军到达霸上，迫使秦王子婴无条件投降，秦王朝宣告彻底覆亡。原来怀王与麾下诸将有约在先，即“先进咸阳者为关中王”，可争斗中却让刘邦捷足先登了。眼看着刘邦要摘桃子了，急得项羽缠着怀王直问：“怎么办?”怀王的回答只有两个字：“如约!”这下可惹火了项羽。先是假惺惺地加怀王尊号为“义帝”，实际上是把怀王架空，接着又自封为“西楚霸王”，然后再逼义帝迁都到长沙的郴县，另外却又派人在途中将其截杀。自然盱眙南窑庄窖藏就一直被埋藏在地下达2200年之久，直至1982年才重见天日。

现将本文的结论归纳如下：（1）南窑庄窖藏的金豹镇和各类金币是秦汉之际楚国遗物；（2）窖藏的主人是楚怀王熊心；（3）窖藏的时间是在公元前208年6月楚怀王熊心定都盱眙之后到同年9月迁都到彭城之前；（4）陈璋圆壶是项梁等率领的楚军在齐境内大败秦军时所获，再呈献给怀王的战利品，在怀王迁都之前，将其和金镇、金币等一并埋藏于地下；（5）此后战乱不止，秦亡后，怀王熊心又被项羽杀掉，故此被永久埋藏地下至今。

这篇带有点推理性的论文，就写到这里为止。南窑庄窖藏也可算得上是一桩历史疑案吧。本文的结论是根据文物本身的特点、时代特征、盱眙县的特殊地理位置、相关的历史人物、重大的政事、战争等因素，进行了综合分析得出的。笔者认为这个结论应该说基本上是合理的，但要找到更为确凿的证据证实它，那就太困难了。

注释

①杜文《石镇话源流》，《收藏界》2005年第5期。

②同上。

③湖北省博物馆《曾侯乙墓》，文物出版社，1998年。

④中国科学院考古研究所《上村岭虢国墓地》，科学出版社，1959年。

⑤卢兆荫《满城汉墓》，生活·读书·新知三联书店，2005年。

⑥马晓辉《徐州出土的汉代青铜器赏析》，《文物世界》2004年第2期。

⑦河南博物馆、扶沟县文化馆《河南扶沟古城村出土楚金银币》，《文物》1980年第10期。

⑧湖北文化局考古队《湖北江陵三座楚墓出土大批重要文物》，《文物》1960年第5期。

⑨清光绪《盱眙县志》。

（原载《南京博物院建院集刊11——南京博物院建院七十五周年纪念文集》，文物出版社，2010年）

广陵王玺和中日交往

一　广陵王玺的出土

1981年2月24日，在江苏省扬州市邗江县甘泉乡出土了一方罕见的汉代诸侯王金印——“广陵王玺”。此印系纯金铸成，制作精工，光灿如新。印台呈方形，上立龟纽。印面阴刻篆文“广陵王玺”四字，字体端庄凝重，刀法遒劲老练。龟纽的背上铸有六角形图案组成的龟背纹。龟甲的周缘、双眼、四肢等部位，均錾有小圆圈形的花纹——俗称鱼子纹。经笔者用精密量具仔细测量，测得“广陵王玺”的印面长为2.372厘米，宽为2.375厘米，台高0.945厘米，通纽高2.121厘米，重122.87克。

这方金印出自1980年发掘的甘泉二号汉墓附近的杂土乱砖堆中，是农民陶秀华在挖取碎砖铺路时偶然发现的。这座墓早年被盗，盗洞内填满了碎砖、杂土和破碎的陶瓦片等文物。多年来甘泉砖瓦厂即在此墩上取土烧砖，但由于盗洞内的杂土很难制坯，故往往被弃置堆放在近旁。金印出于此处，可以肯定原来就是该墓的随葬物。1980年南京博物院清理这座残墓时，仍清理出不少具有历史和艺术价值的珍贵遗物。其中有一件铜雁足灯，其底盘周缘铸有“山阳邸铜雁足长镫建武廿八年造比十二”十七字铭文，为判断这方金印的主人，提供了主要实物证据①。

据《后汉书》等史书记载，东汉光武帝刘秀之子刘荆于建武十七年（公元41年）被封为山阳王，明帝永平元年（公元58年）又将其徙封为广陵王，因此这方金印的主人可以肯定就是由山阳王徙封为广陵王的刘荆。

二　“广陵王玺”在日本引起轰动

1981年4月上旬以加藤巳一郎社长为首的日本“中日新闻友好访华团”访问我国时，曾来南京博物院参观。当他们亲眼看到这颗新出土的金印时，禁不住发出一片由衷的赞叹：“啊！真了不起！”“真是惊人的发现！”

1981年6月27日，日本《中日新闻》《朝日新闻》《北陆新闻》等各大报纸均以头版头条的显著位置发布了发现了“广陵王玺”的消息，并同时发表了大幅彩色照片。在报纸的标题上出现了“冲击性的发现”“伟大的发现”“解决古史之谜之光”等词汇，还以通版的篇幅报道日本史学界人士对这一发现的重要意义所发表的谈话和文章。

日本博物馆界也一再表示要在日本展出这方金印的愿望。

汉代金印当然非常罕见，但也并非绝无仅有之物。仅新中国成立后就曾经发现过几次，其中主要有1955年在陕西阳平关的“朔宁王太后玺”[②]，1962年在山东发现的西汉的“石洛侯印”[③]，1956年在云南晋宁发现的“滇王之印”[④]，1983年在广州南越王墓出土“文帝行玺”等三方金印[⑤]。这些金印当然都具有重要价值。但为什么唯独只有“广陵王玺”在日本学术界引起了如此大的反响呢？这当然是不无原因的。

三　“广陵王玺”和“汉委奴国王”金印

“广陵王玺”之所以受到日本史学界的高度重视，主要是由于它的发现，最终解决了日本延续了近200年的关于“汉委奴国王”金印真伪问题的悬案，从而证明了《后汉书·东夷传》中关于“建武中元二年（公元57年）倭奴国奉贡朝贺，……光武帝赐以印绶”这一段记载，具有无可辩驳的真实性。这无疑在中日交往史上具有重要意义，它是中日两国最早开始交往的实物证据。

“汉委奴国王”金印是1784年（光格天皇天明四年）2月23日，由福冈东郊志贺岛上的农民甚兵卫在修整水田沟渠时偶然发现的[⑥]。金印呈方形，上缀蛇纽，纽上满契鱼子纹，印面阴刻篆文“汉委奴国王”五字。1966年日本九州大学冈琦敬教授曾对此印作过一次精密的测量，其测量的数据是长和宽分别为2.341和2.354厘米，台高0.874—0.906厘米，重108.729克。

“汉委奴国王”金印发现以后，立即引起了日本史学界的极大重视。在金印发现的当年（公元1784年）上田秋成即发表了《汉委奴国王金印考》的文章。此后百余年又陆续发表了不少有关考证这颗金印的论文。当时已认为这颗金印可能即是《后汉书·东夷传》所记建武中元二年（公元57年）光武帝赐给日本使节之物。我国最早见到这颗金印的是清末维新派人士黄遵宪。光绪三年（公元1877年）他出使日本时曾见到此印，并作诗一首以记之，诗云：“博物千间广厦开，纵观如同宝山回。摩挲铜狄惊奇事，亲见委奴汉印来。”在附记中还说：“考《后汉书》，建武中元委奴国奉贡朝，光武赐以印绶，盖此物也。”[⑦]

然而对此看法持有异议者，亦不乏其人，特别是在第二次世界大战后的近几十年来，不断有人著文表示不同的看法，其中最主要的就是“私印说”。所谓“私印说”，就是认为“汉委奴国王”印不是汉王朝赐给的，而是委奴国王自己铸造的“私印”。其理由是：1. 印文的末尾缺少“印”或“章”的字样；2. 印文中出现“国”字，在汉印中无先例可寻；3. 按汉制金印应为龟纽而不是蛇纽。因而认为这些都与汉室赐给外臣之王的印制不合[⑧]。甚至还有人认为“汉委奴国王”印的雕刻方法与风格与汉代的一般印章不同，从而断言这颗金印实际上是甚兵卫等人预谋的大骗局，是江户时代的伪作。由于这些争论，使得这颗金印的身价大受影响。

由于后来考古发现所提供的新证据和一些学者提出了新的论证，又重新使“汉委奴国王”金印为东汉光武帝所赐的说法，得到了大多数人的认可，这其中有：1. 1956年云南晋宁发现的“滇王之印”也是蛇纽，说明倭印之为蛇纽并非孤例。这可能是汉王朝给南蛮、东夷等外臣赐印所规定的一种纽式；2. 1966年冈琦敬教授对“汉委奴国王”印进行了精密测量，其边长正合汉制一寸，与汉代印相合；3. 1974年大谷光男在《研究史——金印》论文中，以唐初显庆五年（公元660年）编纂的《翰苑》倭国条中的“中元之际，紫绶之荣”为依据，认为依汉制紫绶必然要配以金印，因此《后汉书》所载的赐给倭奴国的印绶，无疑的就是金印紫绶，这和天明四年发现的金印完全是相符的。虽然上述这些论证，已具有一定的说服力，但仍不能做出最后的肯定性的结论。“广陵王玺”的出土，才算把这一延续了近20年的悬案最终解决了。

“广陵王玺”在中日交往史上之所以具有极其重要的价值，就在于它和“汉委奴国王”印有着惊人的相似之处。这种相似表现在它们的大小、花纹、雕法和字体等各个方面。

1. 大小　“汉委奴国王”印长宽分别为2. 341和2. 354厘米，台高0. 906厘米；“广陵王玺”长宽分别为2. 372和2. 375厘米，台高0. 945厘米。均基本合乎汉制边长1寸，台高4分的标准。

2. 花纹　两颗金印的纽上都布有大小和特征均相同的鱼子纹，而且同样都是在金印铸好之后，再用工具錾上去的。

3. 雕法　以往篆刻家多认为纯金质地过软，不适于雕刻，“必掺以铜，方能成印”[⑨]。日本学者大谷光男也说过：“雕刻金印的技术非常困难，在现在的日本连一个人也找不出来”[⑩]。但是“广陵王玺”和“汉委奴国王”印恰恰都是用刀雕成的。据介绍“汉委奴国王”印运用的是“药研雕”的方法。推测系用极其锋利的薄刃钢刀，沿长笔画的边缘以双刀斜入，而后用不足半分的平头小刀在笔画两端契平，再剔清笔画，使每道笔画的横切而呈“V”字形。“广陵王玺”虽然采用的不是“药研雕”[⑪]，但在技法上也大致与前者相同。略有不同的是沿长笔画边缘以双刀正入，然后再以平头小刀在两端契平，再剔清笔画，是故“广陵王玺”的每道笔画的横切面呈“U”形。

4. 字体　由于这两颗金印的雕刻技法基本相同，所以在印文的字体上也有一个共同的特征，即每一笔画都是方笔起方笔落，这和一般汉印印文每一笔画的两端多呈钝圆形有很大的区别。

非常凑巧的是光武帝赐“汉委奴国王”印的时间是建武中元二年（公元57年），而明帝赐“广陵王玺”时在永平元年（公元58年），前后只相差一年。由于这两颗金印十分相似，以致于中日许多学者怀疑这两颗金印本来就可能出自同一工匠之手。

附带要提及的是1955年陕西阳平关发现的“朔宁王太后玺”金印。此印较大，每边长达3. 3厘米，上立龟纽。有趣的是此印印文的字体也是方笔起落，而且龟纽上也有鱼子纹。据史书记载，朔宁王是东汉初年地方割据势力公孙述赐予隗嚣的封号[⑫]。也许这种具有方笔起落的印文和印纽上錾有鱼子纹就是东汉初年金印所具的一种特征。

但不管怎样，这的确在证明“汉委奴国王”印为真品这一点上，它也是一个有力的旁证[13]。

四 对中日交往史研究的新启示

《后汉书》的作者范晔是南朝刘宋时期的人，该书成书时间比陈寿的《三国志》还要晚200年，因此《后汉书·东夷传》中有关东汉初倭奴国的记载，后人并不是完全确信不疑的。现在既然“汉委奴国王”印已被确证为汉光武帝所赐之物，那么《后汉书》中关于建武年间倭奴国奉贡朝贺，光武帝赐以印绶的记载也就得到了确证。范晔在其自序中曾说：“吾杂传论，皆有精意深旨。……至于《循吏》以下及六夷诸序论，笔势纵放，实天下之奇作。其中合者，往往不减《过秦篇》。尝共比班氏所作，非但不愧之而已。”[14]看来《东夷传》正是他的得意佳作之一，其史料价值确实是很高的。

倭奴二字在日本史学界多解释为倭之奴国[15]。倭国地处现在日本之九州，东汉初年的日本尚处在弥生文化的中期。据日本考古界和史学界研究，当时的日本尚处于原始公社制的晚期阶段，没有文字，人们居住在竖穴式的简陋房屋中。虽然这时已开始从朝鲜半岛引进了水稻种植技术，但种田的工具仍然是石镐、石镰、木镐和木制的杵臼等原始的石器和木器。金属工具和武器如青铜剑、青铜钎、铁刀、铁斧等，已开始从朝鲜半岛输入，但铁工具数量很少，主要用于木器加工；而青铜器则主要作为祭祀的礼器，它们对农业生产并没有起很大的作用[16]。《后汉书·东夷传》说：“倭在韩东南大海中，依山岛为居，凡百余国”。这里所说的百余国，实际上就是分散在九州各地的百余个部落集团。

在当时尚处于如此落后状态的“倭国”，其中叫作“奴国”的部落集团的使节，竟然敢于冒着风险，横渡对马海峡[17]，经朝鲜半岛，深入到内地的洛阳，向东汉王朝进贡，并得到紫绶金印的赏赐，这个事实本身就对研究日本这一时期的历史和中日交往史具有重要意义。

据日本史学界研究，这一时期的日本虽然还处在原始社会末期，但已开始了阶级的分化和对立。部落集团之间已不断进行着统治和从属关系的争夺，并已开始形成了若干部落国家。奴国就是其中最强大的一个。可以设想，倭之奴国之所以不辞艰险，向遥远的东汉王朝首都派遣使臣，接受了“汉委奴国王”印的封赏，以取得臣属于强大的东汉王朝的荣耀，这一切都完全是为了凭借汉王朝的威势，取得对自己权力的保障，并进一步称霸和统一全国。由于奴国地处北九州沿海的有利地形，扼海上交通之要津，这也为其西渡对马海峡提供了有利的条件。

如果说上述这段历史的根据，过去还是建立在使人若信若疑的基础上，那么今天就可以说，由于我们已掌握了充分的实物证据，也就大大提高了这段历史的可信程度。难怪日本大谷光男教授等认为，由于“广陵王玺”的发现，不仅确定了“汉委奴国王”印的历史真实性，而且也提高了奴国在历史研究中的地位。延续了多年的历史之谜，今天终于得到了解决。

最后要顺带提及的是，“广陵王玺”出土自扬州市属的邗江县，而“汉委奴国王”印的出土地点正靠近唐津市。事有凑巧，就在“广陵王玺”出土一周年后的1982年2月22日，扬州市和唐津市结为中日友好城市。这在中日友好交往史上，又增添了一段佳话。

注释

① 参见南京博物院《江苏邗江甘泉二号汉墓》，《文物》1981年第11期。

②《陕西阳平关修筑宝成铁路中发现的“朔宁王太后”金印》，《文物参考资料》1955年第3期。

③《一件极珍贵的历史文物西汉石洛候印》，《光明日报》1962年8月5日。

④ 陈丽琼等《云南晋宁石寨山古墓清理初记》，《文物参考资料》1957年第4期。

⑤《西汉南越王墓发掘初步报告》，《考古》1989年第3期。

⑥ 这是一种较普遍的说法，此外还有说是百姓秀治发现的。

⑦ 钟叔河辑校《黄遵宪日本杂事诗广注》，湖南人民出版社，1981年。

⑧ 参阅〔日〕日栗原朋信《汉帝国与印章——关于“汉委奴国王”印私印说的检讨》，1962年。

⑨ 邓散木《篆刻学》，人民美术出版社，1979年。

⑩ 参见〔日〕《中日新闻》1981年6月27日第一版。

⑪ 日本冈琦敬教授等人以为“广陵王玺”也系采用“药研雕”的方法刻成，这可能是照片所给予人们的视觉误差所造成的。

⑫ 见《后汉书·隗嚣传》。

⑬〔日〕藤山礼之助《日中交流二千年》，卞立强译，北京大学出版社，1982年。

⑭ 见《宋书·范晔传》。

⑮ 同⑬。

⑯ 参阅〔日〕井上清《日本历史》，岩波书店，1968年。

⑰ 日本海沿岸有一股左旋海流，因此由日本到朝鲜半岛必须逆海流而进，相当困难。

（原载《东南文化》第1辑，1986年）

谈汉代螭虎纽印

印章的使用文献中最早见于周礼[①]。目前见到的考古实物最早为战国时期，但数量较少，自汉朝取代嬴秦以来，由于封建官僚体制和礼仪的逐步完善和生产力的发展，简牍文书往来频繁，从而也促进了印章的使用日趋广泛。

一　印绶制度是汉代封建等级制的标记之一

我国古代的印章，按其性质，大致可以分为官印和私印两类。在我国长达两千余年的封建社会里，对官印所用的材料，印纽的形状及印绶[②]的颜色，均因封建等级上的尊卑和官阶品位的高低而有着不同的规定。一般说，战国时期在印绶的使用上还没什么限制。但到了秦始皇时期就制定了“天子称玺；又独以玉，郡臣莫敢用也”的法规。到了汉代更形成了一套完整而严格的制度。

据文献记载，汉代官印大致可分为如下几等：

1. “皇帝六玺，皆白玉，螭虎纽”。“皇后玉玺，文与帝同。皇后之玺，金螭虎纽”。“皇帝带绶，黄地六采。”（均引自《汉旧仪》）。

2. “太子及诸王金印，龟纽，纁朱绶”（《后汉书·舆服志》徐广注）。又：“诸侯王，黄金玺，橐驼纽，文曰玺”（《汉旧仪》）。

3. “丞相、列侯，将军，金印紫綢绶，龟纽”（《汉旧仪》）。

4. “中二千石，二千石，银印青綢绶，龟纽”（《汉旧仪》）。

5. “秩比六百石以上，皆铜印黑绶、龟纽”（《汉书·百官公卿表》）。

6. “比二百石以上，皆铜印黄绶”（《汉书·百官公卿表》）。又“六百石、四百石至二百石以上，皆铜印鼻纽”（《汉旧仪》）。

历来有关印章的著录和新中国成立前后考古发掘出土的汉代官印中，以鼻纽和龟纽的铜印最为常见。龟纽银印也时有发现，如1970年河南伊川出土的“驸马都尉”印即是一例[③]。橐驼纽金王玺似尚未见到实物。龟纽金印出土实物也较罕见，目前已发现的实物有1955年陕西阳平关发现的“朔宁王太后玺”[④]，1962年山东博物馆新收的西汉“石洛侯印”[⑤]。以及1981年春江苏邗江出土的“广陵王玺”等。

汉代皇帝六玺的实物，早已失传，目前能见到的只有一件“皇帝信玺”的封泥。从封泥上只能看出其大小约为2.7厘米见方，约合汉尺1寸2分。但其螭虎纽的形象却无从得知，而历来有关的著述中，对此也缺乏明确而具体的解释。尽管如此，我认为根据现有的文献和考古材料还是可以大致弄清螭虎纽的形状的。

二　汉代皇玺的种类和纽式的有关记载

要弄清汉代皇帝六玺螭虎纽的形象，首先有必要将很容易和汉代皇帝六玺相混淆的汉传国玺加以区别。

所谓皇帝六玺，据蔡邕《独断》说："皇帝六玺，皆玉螭虎纽，文曰皇帝行玺，皇帝之玺，皇帝信玺，天子行玺，天子之玺，天子信玺"。而汉传国玺则与之不同，据《吴书》等文献记载，传国玺系秦始皇初定天下所刻，其文曰"受命于天，既寿永昌"并相传为李斯所书（一说印文为"受天之命，皇帝寿昌"）。汉高祖刘邦进兵咸阳，至霸上，秦王子婴于轵道旁进献此玺，以后世代相传，故称为汉传国玺。

传国玺后来的经历大致如下：西汉末年王莽篡汉，威逼元后交出传国玺，元后不得已乃出玺投地[⑥]。玺上螭之一角遂因而断缺。及莽败玺归王宪，后李松等杀宪，又持之诣宛上献与更始帝刘玄，更始帝败，此玺又入于赤眉军刘盆子之手。建武三年（公元27年）光武帝征服赤眉，刘盆子君臣面缚将传国玺呈献给光武帝[⑦]。

东汉末，宦官专权，中平六年（公元189年）八月，宦官张让、段珪等假何后诏，宣大将军何进进宫议事，以伏兵杀了何进。袁绍等遂率兵入宫，诛杀宦官二千余人。张让、段珪等劫持少帝刘辩及陈留王刘协（即后来的汉献帝）外逃至小平津一带，因走时仓促，玉玺未及携带。三四天之后少帝等返回洛阳，见皇帝六玺仍在阁上，但汉传国玺却不知去向了[⑧]。

不久后，孙坚北讨董卓，至洛阳，屯军城南，据史料记载："官署有井，每旦有五色气从出。坚使人浚得传国玺，其文曰'受命于天，既寿永昌'，方围四寸，上有纽，文盘五龙，瑨七寸管，龙上一角缺。"[⑨]

据上所述可知汉传国玺和皇帝六玺完全是两回事。所以早在西晋时期虞喜就在《志林》一书中说："传国玺、自在六玺之外，天子凡七玺也。"

秦传国玺在我国历史上得而复失，失而复得，反复了很多次，但最后还是下落不明。其具体形象现仅能从冯云鹏《金石索》中蔡仲平、向巨源两种摹本上略窥其大概。因其所据的遗物即可能为后世仿造的赝品，则其可靠程度如何，自然大可怀疑。但传国玺为蟠龙纽，文献所记如此，在未见到考古实物的情况下，也只能姑依此说。

至于汉代皇帝六玺的螭虎纽的形象如何则是另一问题。而要弄清其形象，首先又必须弄清螭虎指的是一物还是二物。有人以为螭虎指的是螭和虎二物[⑩]。其实这是一种误解。按常理一种印纽一般不可能同时具备两种不同动物的形象。况且在古文献上也常可见到螭虎这一名词，如班固《燕然山铭序》中云："应扬之校，螭虎之士，爰该六师。"傅玄《晋鼓吹曲》中也有"御群龙，勒螭虎"之句。观文意也可知螭虎应指的是一物。

既然螭虎是一物，那么应该是什么形象呢？螭虎前面这个螭字，也使人容易理解为龙的形象。但螭和龙究竟还是有些区别的。《说文》:“螭若龙而黄……或龙无角曰螭。”《后汉书・张衡传》:“画螭之飞梁。”注引《广雅》曰:“无角曰螭龙也。”《汉书・扬雄传》:“驷苍螭兮。”补注韦昭曰:“螭似虎而鳞。”这里可看出螭的形象无角,形似虎但有鳞。至于螭虎纽之名称,则显然更强调了其虎的形象这一面。所以有的文献实际上就已经把螭虎纽解释为虎纽了。应劭《汉官仪》中就有这么一段话:“(玺者印也)印者因也。所以虎纽,阳类。虎,兽之长,取其威猛以执服群下也;龟者,阴物,背甲负文,随时蛰藏以示臣道,功成而退也。”所以邓散木《篆刻学》中说“汉制,皇帝玉玺虎纽,皇后金玺虎纽”应该说是有一定的依据的。

如上所述,根据文献我们可以做出如下结论:汉代皇帝玉玺有皇帝六玺和汉传国玺两种。传国玺为蟠龙纽。六玺为螭虎纽。螭虎应为一物而不是二物。螭虎的形象应作虎形,而不是蟠龙形。

三　螭虎纽即虎纽的实物例证

以上我们根据文献资料推断汉代皇帝六玺的螭虎纽应为虎形,现在我们再看看近年来的考古实物例证。

1973年咸阳发现的皇后玉玺,在说明螭虎纽的具体形象上,是一件极为重要的考古实物材料。该玉玺为白玉制成,印面长宽为2.8厘米,大小和“皇帝信玺”封泥相似,通高2厘米,纽为虎形,据考证可能为西汉初吕后之玺[11]。由于卫宏《汉旧仪》等都说皇后玺和皇帝六玺一样都是螭虎纽,那么,皇帝六玺的玺纽应为虎形,也就得到了实物旁证。

汉代皇帝六玺的尺寸,文献上尚未查到记载。但在司马彪《续汉书》上却有如下一段话:“建武三十二年,上许梁松等奏,乃求元封故事,议封禅所施用,有司奏当刻玉,一枚方寸二分,一枚方五寸。”汉制一尺约为23厘米。“皇帝信玺”封泥和皇后玉玺的边长分别为2.7和2.8厘米正合1寸2分之制。

四　江苏邗江出土的虎纽玛瑙印及其有关问题

1980年5月,江苏邗江甘泉二号汉墓出土遗物中,有一枚虎纽玛瑙印。系用浅黄色玛瑙制成,印体复斗形,长宽各为2.7厘米,印面未刻字。通高2.4厘米,令人惊异的是印上的纽亦作虎形。

根据墓葬的规模和出土的各种精美贵重的随葬品,特别是一件带铭文的铜雁足灯(铭文为“山阳邸铜雁足长镫建武廿八年造比十二”)等,我们初步判断该墓主人为东汉初年原封山阳王,后改封广陵王的刘荆[12]。而1981年2月又在该墓附近发现了“广陵王玺”龟纽金印一枚。我们推测原为该墓随葬品,后来被盗墓者翻出去的。此印的发现,一方面更进一步证明了墓主人身份确为广陵王刘荆,另一方面也证明了刘荆作为诸侯王的身份按制度只能使用龟纽金印。

那么墓内又何以会出虎纽玛瑙印这种有僭制之嫌的东西呢？我认为这可以从刘荆其人本身的历史中找到答案。

据《汉书·光武十王列传》等文献记载。刘荆是东汉光武帝刘秀的第九个儿子，与汉明帝刘庄同为阴皇后所生。建武十五年（公元39年）封为山阳公，十七年（公元41年）晋爵为山阳王。建武中元二年（公元57年），光武帝死后，明帝即位，刘荆曾写信给原皇太子东海王刘彊（郭皇后所生，郭后被废后，改立刘庄为皇太子）策动他起兵叛乱，刘彊胆小怕事，揭发了此事。明帝遂将刘荆徙封为广陵王，并使之就国。但刘荆的政治野心并不因此而有所收敛，有一次他问一个相命先生说，他的相貌与先帝一样，先帝是三十岁当皇帝，他今年也三十岁，是不是也能当皇帝。相命先生恐惧万分，又告发了此事，汉明帝念及同母兄弟情分上，仍未深究。但刘荆仍不思悔改，最后结果是被赐自杀而死。

从上述一段史实看，刘荆实际上是一个权欲熏心，一心想篡夺皇帝宝座的政治野心家。按照他的身份，只能使用“广陵王玺”这样的龟纽金印。而出土的纽形和大小与“皇后之玺”相似的虎纽玛瑙印，尽管其质地为玛瑙而且并未刻字，可能是一件明器，但从另一方面看，仍应视为僭制之物。因此这也证明了历史上关于他几次反叛行为的记载基本上是可信的。

注释

①《周礼·地官·司市》：“以玺节出入之。”注：“玺节、印章、如今斗检封矣。”又《周礼·掌职节》：“货贿用玺节。”

②绶是系在印纽上的丝带。

③贺官保等《洛阳博物馆藏官印》，《文物》1980年第2期。

④杨啸谷、黄自敬《陕西阳平关修筑宝成铁路中发现的“朔宁王太后”金印》，《文物参考资料》1955年第3期。

⑤〔清〕吴式芬、陈介祺《封泥考略》。

⑥事见《汉书·元后传》。

⑦事见《后汉书·光武帝本纪》注及〔宋〕曹彦约《玉玺本末》。

⑧事见《东汉会要》卷九。

⑨事见《三国志·吴志·孙破虏传》注引《吴书》之言。

⑩〔日〕林巳奈夫《汉代の文物》和《大汉和辞典》上均可作如此解释。

⑪见秦波《西汉皇后玉玺和甘露二年铜方炉的发现》，《文物》1973年第5期。

⑫南京博物院《邗江甘泉二号汉墓发掘报告》（待刊稿）。

（原载《文博通讯》1981年第4期）

略谈中国古代金银器

考古发掘证明，我国早在商代就已初步掌握黄金饰物的制作技术了。在我国河南、河北、北京、山西等地的商代墓葬中，均曾发现过为数不多的小件黄金饰件。在安阳殷墟就发现过眼部贴金的虎形饰及金片、金箔等饰件，金箔的厚度只有1%毫米，证明当时人们已能掌握和利用黄金最富延展性这一特点。北京平谷县刘家河商墓出土的一件金笄，重108.7克，含金量为85%，经鉴定证明确为铸造物。须知黄金的熔点为1064.43℃，熔铸金器确乎不易。平谷金笄的发现，证明我国早在3000多年以前，就已掌握了浇铸黄金的技术。

白银的使用出现较晚，约开始于春秋时期，最初主要用在错银铜器之上。银制饰品和器皿到战国以后才开始出现。

春秋战国时期，由于铁工具的普遍使用，社会生产力有了很大的发展，黄金、白银的产量有了明显的增长。金银器制品和用金银装饰的青铜制品，数量也随着不断增加。陕西凤翔县出土的异兽形金饰件，湖北随县曾侯乙墓出土的金盏、金勺，内蒙古伊克昭盟匈奴墓出土的鹰形金冠饰，山东曲阜东周墓出土的猿形银带钩，江苏涟水三里墩出土的兽形金带钩，河南辉县固围村战国大墓出土的包金镶玉嵌琉璃银带钩等，都是这一时期代表性作品。这一时期金银制品的造型和纹饰一般比较粗犷并带有神秘感，纹饰的表现多采用浇铸或锤压的技法，已有了较熟练的镶嵌技术。

秦代的金银器目前发现尚少，山东淄博窝托村古墓出土的秦始皇三十三年鎏金刻花银盘，盘内外錾刻龙凤纹，花纹活泼秀丽，线条流畅，布局疏密得宜，反映了秦代的金银工艺水平。

两汉时期，金银的产量已相当可观，皇帝赏赐功臣的黄金，动辄以千斤、万斤计。金银器制作工艺更趋成熟。江苏盱眙南窑庄出土的西汉金兽，重达9000克，表面锤印圆形斑纹，形如豹，是一件十分罕见的汉代黄金重器。江苏邗江甘泉二号东汉墓出土的10余件小金饰件，已采用了诸如锤鍱、掐丝、累丝、炸珠、焊接、镶嵌等精细工艺。由于金银细工的发展，已使得金银器制作从青铜器制作传统工艺中分离出来，成为一种独立的工艺门类了。

唐代是我国金银器制作的繁荣时期，其中最重要的发现有以下三批：（一）1970年，西安南郊何家村窖藏出土碗、杯、觞、壶、盒、匜、香囊、炉、钗等金银器270件。（二）1983年，江苏丹徒丁卯桥窖藏出土龟负“论语玉烛”酒筹筒、盒、盆、茶托、碟、盆、杯、注子、瓶、熏炉、锅、箸、匕、镯、钗等银器956件。（三）1987年，陕西扶风法门寺地宫出土金银器121件。其中日常生活用具有：盆、盒、茶罗子、碗、碟、香炉、香囊、茶碾子、碢轴、笼子、盐台、风炉灯、臂钏、掸子、捧钵、箸、匙、蹀躞等；还有一批与佛教有关的造像和法器，为菩萨像、香案、舍利棺椁、宝函、阏伽瓶、锡杖、如意、钵盂等。这几批唐代金银器的出土，是我国唐代考古上极其重要的收获，其数量之大，品类之多，都可称得上是全国之最。在工艺水平上则更是异彩纷呈，美不胜收。

宋代的金银器制造业有了进一步的发展，而且更为商品化。金银器不仅为皇室宫廷、王公大臣、富商巨贾所享用，就是在上层庶民和酒肆妓馆的饰物器皿上，也往往使用金银制品。随着金银器的商品化、社会化，宋代金银器无论在造型上或纹饰上较之唐代均有了很大的变化。宋人喜追求造型美，在出土的许多宋代金银器中，有不少表面光素无纹，而以造型素雅大方取胜的。在纹饰上则一反唐代富丽之风，而改变为素雅和富有生活气息。福建邵武故城出土的饰以亭台楼阁、人物花草的八角银盘，浙江衢州史绳祖墓出土的金丝盒与金娃娃，都具有一定的代表性。

元代金银器的风格大体近似，只是器物锋廓的棱角更为突兀，且常用圆雕和高浮雕的技法。江苏吴县吕师孟墓出土的如意纹金盘，苏州张士诚父母合葬墓出土的银镜架，台北故宫博物院收藏的元代著名银工朱碧山制作的银槎，都是风格清新，造型秀雅的代表性珍品。

明代金银器在工艺上没有多少创新，精湛的珍品多出在帝王陵墓之中。北京定陵出土的万历皇帝的金丝冠和孝靖皇后的点翠金凤冠，是明代金银工艺品中出类拔萃的代表。

清代金银器工艺空前发展，皇家用金银器更是遍及典章、祭祀、冠服、生活、鞍具、陈设和佛事等各个领域。现存精品多藏于北京故宫博物院。其中如錾花八宝双凤金盘的精雕细凿，轻盈秀丽；錾云龙纹金执壶的造型别致，秀美古雅；累丝银花瓶的寓华丽庄重于玲珑剔透，从各个方面反映了清宫廷金银工艺的成就。

（原载《国宝大典》，文汇出版社，1996年，为该书“金银器”部分开篇综述，标题为收入本文集时所加）

南齐帝陵考

一　南齐帝陵的壁画

在南朝中心地南京市和其东部约80公里的江苏丹阳县一带的大型砖室墓中，有一种在墓壁上饰以砖印壁画的墓。根据这些墓的规模和所在地等条件，其中有些可以定为南齐的帝陵。

1. 砖印壁画墓

所谓砖印壁画，就像现代瓷砖壁画一样，把整幅的画面分割为几个到几百个砖面，按一定的顺序拼砌起来的壁画。罗宗真曾将其制作过程作如下设想："估计是先在整幅绢上画好，分段刻成木模，印在砖坯上，再在每块砖的侧面刻就行次号码，待砖烧就，依次拼对而成的。"[①]在拼砌成墓壁后也有在其上施加青、红等色彩的。

南朝砖室墓一般均采用长方形砖来构筑墓壁。在此情况下，把砖的长侧面（以下称侧面）向内，用错缝法平砌三层，然后在其上把短侧面（以下称端面）向内竖砌一层，一般将此砌法称为三横一竖，反复使用这种砌法，就砌成了墓壁。因此压印的画面不是按照砖的上下面，而是按照砖的侧面和端面的大小来分割的。

砖印壁画和以一个端面或一个侧面为单位的花纹砖相比较，其制作更加费工费时，在拼砌上也更慎重。这样的砖印壁画在前代还未曾见过，是在南朝时才开始出现的墓室装饰。

采用这种技法营建砖印壁画墓，是受到极为严格限制的，由负责陵墓营造的政府直属陶官瓦署[②]，在每次营造陵墓时重新制造。现在我们已知有以下五座墓出有砖印壁画：

南京西善桥宫山墓[③]（1960年4月发掘）。

南京市西善桥油坊村罐子山墓[④]（1961年10月至1962年4月发掘）。

江苏省丹阳县胡桥公社仙塘湾墓[⑤]（1965年12月发掘）。

江苏省丹阳县胡桥公社宝山大队吴家村墓[⑥]（1968年8月发掘）。

江苏省丹阳县建山公社管山大队金家村墓[⑦]（1968年10月发掘）。

关于墓室的构造，将在后面谈及，首先谈一下壁画的位置。在墓室[⑧]总门部位的大块砖砌壁画，亦即在封门砖内羡道门左右的壁面上有狮子图，狮子图上有天象图。在羡道中部的石门之内的两壁，配置有守门武士图。在放置棺木的玄室两壁下部配置有由骑马武士、持戟武士、侍从、骑马乐队组成的出行图。在玄室左右壁的上部，东壁前配有羽人戏龙图，后部配置有半幅竹林七贤及荣启期图中的四个人物肖像。西壁前部为羽人戏虎图。后部为竹林七贤及荣启期图中的另外四个人物肖像。此外，在仙塘湾墓还发现过刻有“朱雀”字样的砖块，可知还有朱雀图存在。可是由于它的构图和位置都不清楚，故以下不再述及。

仙塘湾、金家村、吴家村这三座墓配置了上述所有的壁画。而宫山墓只有竹林七贤及荣启期图，罐子山墓只有狮子图。由于罐子山墓已彻底被破坏，原来配置除狮子图以外的壁画的可能性还是有的。以下是根据报告所见的壁画内容[⑨]。

图一 狮子图和守门武士图

2. 壁画的题材

ⅰ狮子图（图一，左）

狮子图位于羡道最前部的左右两壁，意为阻挡从外部侵入的邪气。金家村、吴家村、罐子山墓都有，仙塘湾墓由于发现了砖刻字，所以也知道有狮子图的存在。

金家村的狮子图“作蹲伏状，张口吐舌，竖耳，尾上翘。清理时发现上涂彩色，两耳、两眼、鼻、舌、发均涂红色，两颊涂白色”[⑩]。高77、宽113厘米的画面。身上的毛和颈部的鬃，均用平行线来表现。足部的三趾像爪子。在狮子周围配以飘拂形莲蕾纹（パルソット）[⑪]。

吴家村墓的狮子图没有发表，所以不甚清楚。报告称和金家村墓非常相似，因此二者是否同范制作，也颇令人感兴趣。不过罐子山墓的狮子图已发表用斜角度拍的缺头部的东壁照片，构图与金家村墓相似，从缺少周围莲花纹来看，应是另范制作的。

ⅱ天象图

在金家村墓东壁狮子图的上部，在两块砖的端面压印有三足乌的太阳。在西壁狮子图的上部，有桂树和捣仙药的玉兔，也是描绘在二砖的端面上的[⑫]。乌被描绘成如同优雅地舒展着长羽毛的凤凰。玉兔捣仙药作为一种图形，是属于较早的实例。

ⅲ守门武士图（图一，右）

发现于金家村和吴家村墓。仙塘湾墓有无此图还不清楚。宫山墓和罐子山墓原来就没有。其形象是防止邪气侵入的守门武士。

金家村的守门武士图："画面高79、宽31厘米。武士头戴皮弁（或牟冕），身着裤褶，外罩筩袖铠，足着靴，双手握剑，垂于腹下"⑬。在腰部周围用竖直平行线描绘的部位，好像不是褶的裾，似乎表现的是草褶。像杖那样的东西，也不是剑，而是系有组纽的环头大刀。左右两壁武士的面部表情和手的位置也不同。西壁武士的右手，误把袖口的上端向上延伸，可能是在画稿上造成的错误。吴家村墓的守门武士图没有发表。

ⅳ出行图（图二）

位于玄室左右壁的下部。左右形成一对构图相同的画面（均朝向羡道）。自前而后顺序排列着骑马武士、持戟武士、侍从、骑马乐队，表现为墓主人外出时的仪仗队。每个画面是各自独立的，小的画面用十余块，大的画面用三十余块砖拼砌而成。

在仙塘湾、金家村、吴家村墓都有发现，吴家村的图像与金家村墓的相似，但没有发表。仙塘湾墓的出行图，发表的拓本很小，细部不易分辨，因此它和金家村墓的图形是否同范制作，尚需观察比较。

骑马武士（图二，2、6）：金家村的骑马武士"高0.34、宽0.37米。武士一人披甲，背弓，头戴赤帻，骑在一匹披甲的马上，马首及马尾均饰有羽旄，马作四蹄奔驰状"⑭。仙塘湾墓的骑马武士，与前者大体相似。有人把套在马身上的铠称之为"具装"，把臀部羽旄那样装饰物称之为用鸟的羽毛做成的"寄生"⑮。

金家村墓的马尾挽结成束，仙塘湾墓的马缺少马尾。"寄生"在仙塘湾墓很好地表现为写实的羽旄，马面的眼睛也作圆形。金家村墓西壁骑马武士图在左腰部佩有环头大刀，而仙塘湾墓西壁好像没有佩带环头大刀。仙塘湾墓西壁负于背上的短弓，弦在前并置于上方，两手合于胸部，这个表现和金家村墓东壁的骑马武士图相类似。可以看得出各自的画稿分别是表里相反而刻成的。

砖上刻有"具张"二字的意义，不很明了，也许有"具装"的意义。在居延汉简中有"具弩"的用例，也许有张弦之弓的意义。

持戟武士（图二，1、5）：金家村墓的持戟武士"画面高0.44、宽0.15米，一人头戴广冕，帽下插发簪，身穿宽袖长袍、手执长戟，腰挂一剑，作侍立状"⑯。仙塘湾墓则从头部以上都缺失了，说明大体与前相同。长戟当时被称为"棨戟"。附在其上的飘拂状的东西被称之为"幡"，此人物形象可称之为"戟吏"，同时还发现有"垣戟"的刻字。仙塘湾和金家村二墓的持戟武士像，从胸部到腰部都有显著的差异。

侍从（图二，3、7）：金家村墓的侍从"画面高0.42、宽0.33米。侍从两人，均戴'赤帻'，穿大衽上衣，束裤。一人执长扇，一人持伞盖均作侍立状"⑰。仙塘湾墓的侍从像，从头部以上均已缺损，说明与前者相同。

图二 出行图

1—4. 仙塘湾墓出土 5—8. 金家村墓出土

仙塘湾墓的侍从像在裤子上系有脚绊，衣褶为左衽，和骑马武士一样，左右的画稿都是表里相反的。金家村墓持盖的侍从，没有衣褶的腰带，衣襟的线和袖口相连，显得很不自然，或是在绘画稿时就搞错了。在仙塘湾墓还有释读为“散迅”和“护迅”的刻字砖。

骑马乐队（图二，4、8）：金家村的骑马乐队“画面高0.45、宽0.70米。三人为一组，各骑一马，马头均饰羽旄，在前一人执‘建鼓’，建鼓上饰盖歇和一鸟，人作击鼓状。其中一人手握‘排箫’，作吹箫状。在后一人，亦头戴广冕，手握埙，作吹埙状。建山金家村墓所有马匹涂绘白彩”[18]。仙塘湾墓也有大致相同的构图。一般在马的身上都表现出鞍、泥障板、镫的形象，乐队的上方有飘拂的莲花，不过仙塘湾的画面比较单纯，而金家村墓则十分华丽。

V 羽人戏龙图和羽人戏虎图（图三）

在玄室的东部配置有羽人戏龙图，西部则配置有羽人戏虎图。金家村、仙塘湾、吴家村三墓均有发现。这三座墓的西壁都残存有画面，东壁仅吴家村墓有发现。只从羽人戏虎图来看金家村墓和仙塘湾墓应系同范制作，而吴家村墓则是别范制作的。与金家村和仙塘湾墓相比较。吴家村墓此幅画面的横幅可能有30厘米的误差[19]。

仙塘湾的羽人戏虎图（图三，1）：“‘羽人’立于画面的一侧，其腰系飘带，衣袖、裤管均作羽带状，其上并有羽纹。左手执拂帚、帚尖系一花饰，右手作捧帚的动作。全身作舞蹈姿势，面向一只张牙舞爪、双翼飞腾的‘大虎’（砖侧文字题为‘大虎’可证），虎的位置立于画面中央，昂首翘尾，四足奔驰，身态修长，威武有力。其右上角有两‘飞天’，一持仙果，一作散仙果状。整个画面四周散刻卷云，莲瓣，花草等装饰。这幅壁画后部稍缺，从另两墓壁画可知，所缺部分是虎的尾部，其上还有一个‘飞天’，作吹笙状”[20]。

吴家村的羽人戏龙图（图三，2）：“画面宽2.40、高0.94米。《羽人戏龙》砖文自铭为‘大龙’，头上双角高竖，全身刻鳞纹，下有四足，每足作三爪。身态修长，张牙舞爪，昂首翘尾，腾空奔驰。龙前刻一羽人，羽人腰束飘带，衣袖、裤管作羽翼状。胡桥吴家村墓的羽人，右手执一长柄勺。勺下饰花朵，勺中熊熊烈火，火焰蒸蒸上冒，勺内盛的可能是冶炼的丹物；左手握一束仙草，从左上方拂向龙口，作诱龙前进姿势。大龙上方有三‘天人’（据砖文自铭），都似女性，皆髻发束腰，花带随风飘舞，作腾空飞翔姿势。在前一人，双手捧盘，盘中置一三足鼎，鼎中直冒火焰，炼的也可能是丹物；中间一人右手托盘，盘中盛装仙果，脸转向后一人；在后一人，右手执杖，杖端悬挂一磬”[21]。

吴家村的羽人戏虎图“虎前羽人的姿势与它的‘大龙’画同，左手执长柄勺。‘大虎’上方的三个‘天人’，在前一人，双手捧三足鼎，鼎中火焰熊熊，盛的可能是丹药；在中一人，双手未见持物，转脸向后一人，招手示意；后一人右手执杖，杖端悬挂一铃”[22]。

图三 羽人戏虎戏龙图

1. 仙塘湾墓西壁 2. 吴家村墓东壁 3. 吴家村墓西壁 4. 洛阳上窑北魏石棺侧板

羽人（图四）：仙塘湾、金家村墓羽人的头戴插有三根羽毛的冠，有长大的耳朵，似乎是象征着与常人不同的仙界中的神人。被称之为“拂子”的手持物，从形状花卉来看，应是类似莲花之类的仙草，其形状有如半朵飘拂的莲花。褶襟位偏上，怀部敞开显得不太自然。还有应该作为裤的左裾的羽毛，从腿肚子处飘出，也很有趣。

吴家村墓的羽人也大体上取同一形象。此图像的面部长有胡须，耳朵的前端较圆。

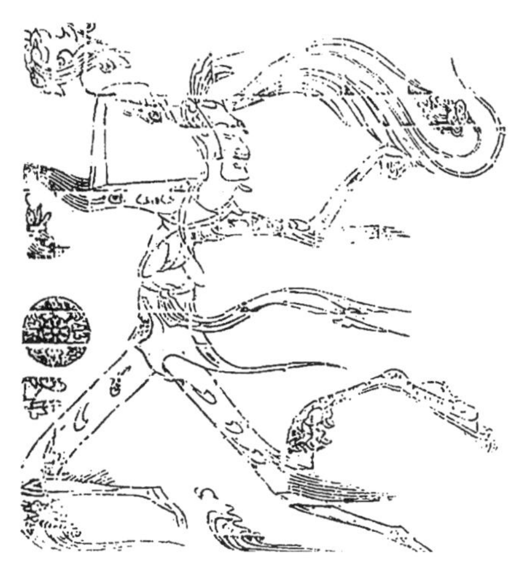
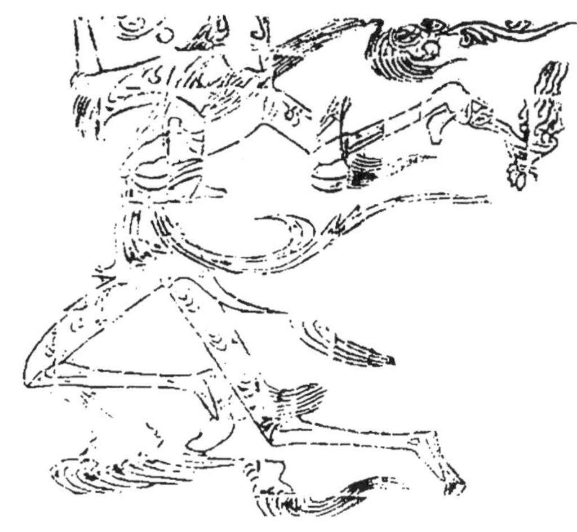

图四　羽人比较图
左：金家村墓　右：吴家村墓

在腹部左侧绘出一大段没有意义的突出部分。其他如腰带的结也较简单。羽人右手所持的仙草，在仙塘湾和金家村墓，都是一根茎，五片叶子，表现得比较简单。吴家村墓则增加了飘拂的莲蕾，叶和茎成束状握在手中。画面还表现了握在左手被称之为“勺”的有柄香炉。给人以豪华和格调甚高的感觉。

龙和虎：龙虎的表现各墓没有什么大的差别。如果说有差别的话，就是因为吴家村墓的画面较大，所以身躯和四足也描绘得较大。此外，口吻较短，颈部粗壮，在四足关节部位生长的毛也较丰富。还有，吴家村墓的虎，在右肩部没有描绘出拖曳在后面的长毛。

天人：仙塘湾墓、金家村墓和吴家村墓表现得相当不同。关于姿态和手持物的不同，已如前述。印象中最不同之处，前者对衣服的描写比较简单，足伸向后方，身体倾斜。据吴家村墓的说明，在虎上部的天人之中，中间的两个人手中什么也没有，好像是拼砌砖时搞乱了。在龙上的天人手中大概持的是仙果。

莲花：配置在画面周围的莲花纹、飘拂的莲蕾纹、云纹等纹饰，在两种壁画上是不同的。莲花纹在仙塘湾、金家村两墓位于羽人之前（暂称之为莲花纹A，图七，5）和虎尾之下（暂称之为莲花纹B），吴家村墓仅见于尾下。

仙塘湾、金家村墓的莲花纹A，中房配置有1+5粒莲子，外面有被圆圈包围着的八个花瓣，周围再配置有四枝完整的飘拂莲蕾纹和四枝侧面形莲花，最外层又绕以圆圈。莲花纹B有些较大，中房的莲子在12个以上，有12个花瓣，飘拂莲蕾纹和侧面莲花的数目与莲花纹A相同，其尖端常露出于圆圈之外，侧面莲花的两侧还伸出子叶。

吴家村墓的莲花纹类似于莲花纹B。中房有7粒莲子，有12个花瓣，花瓣短而没有圆圈，飘拂莲蕾纹和侧面莲花相对于中心饰来说要大些，侧面莲花的子叶较小。

仙塘湾、金家村墓的飘拂蕾纹。有两种，一种是从侧面莲花之下伸出三支半展的花蕾，并从花卉的端部伸出一支半展的花蕾（暂称之为飘拂莲蕾纹A），一种是在莲卉下没有展开的花蕾，可表现为须状（暂称之为飘拂莲蕾纹B），莲卉之下还表现出萼的形象。吴家村墓也有两种飘拂莲蕾纹，特别是卉端的莲花很发达，有中心夹着整朵莲花的半飘拂莲蕾纹，飘拂莲蕾纹B的那种须状部分，在半飘拂莲花纹中也有发现，使人有一种豪华之感，只是莲花萼没有表现出来。

在仙塘湾、金家村墓，是用多根曲线表现出须状云气纹，其中两枝在上部弯曲呈“山”字形。吴家村墓的描绘比较简单，向上伸出线只有一根。

画稿：仙塘湾、金家村墓的羽人戏虎图和吴家村的相比较，初看好像相类似，实际在描绘上有不少相异之处。还有，吴家村墓华丽的表现也可以理解为仙塘湾、金家村墓的省略和发展形态，也就是说，这两者的差异完全不是由于不同系统的粉本而产生的现象，而应该看成是相继描写一个系统粉本的过程，并掺入附会和省略因素的结果。

例如：吴家村墓的羽人在不必要的地方所表现出的突起物，即起因于仙塘湾、金家村墓的被夸张了的胸襞。还有，腰带的表现，仙塘湾、金家村墓的也是写实的。在虎形方面，吴家村的描绘得大而勇猛，右羽毛有部分缺失。莲花纹和飘拂莲蕾纹也大体上可以看出有相同的倾向。从这个观点出发，那么吴家村墓的羽人戏虎图就是一方面吸取了仙塘湾、金家村墓的羽人戏虎图或其他相近的图稿，同时又将其改变为另一幅壁画。

羽人和升仙：羽人的图像的确在西汉时就已出现了。在洛阳烧沟发现的卜千秋墓天井壁画中所描绘的羽人[23]，导引着龙、麒麟、凤凰、驺虞，身着羽衣，披发，有须，两手持节。其意义表现为一个手持天帝授予的节的天帝使者，随行着瑞兽引导墓主人到西王母处，达到升仙的目的[24]。云南省昭通县桂家院子东汉墓的摇钱树[25]，山东省沂南画像石墓[26]等处，都发现过东汉的羽人，前者持节，后者持有叫作灵芝的瑞草。

南朝的羽人基本上是由沂南画像石的羽人发展而来。手中物成为莲花类的仙草，四周相应地配置了莲花纹，飘拂莲蕾纹和天人等，强烈显示出把中国传统的神仙界和佛教的净土糅合在一起的状态。天人持在手中的仙果也许就是昆仑山上生长的叫作沙棠果的仙药[27]，以便借助它渡过环绕昆仑山、除龙以外很难渡过的弱水。此图不是仙界羽人和龙虎嬉戏之图，而是导引地上的死者进入仙界的升仙图。

以羽人作龙虎先导的升仙图，在六世纪初北魏石棺刻画上也有表现。北魏的石刻与南朝的砖印壁画相比，较为厚重而繁缛。一方面大胆采用佛教的装饰纹样，同时又保留了汉魏以来的纹样。这里我们可以看一下近年发现的洛阳市缠河公社上窑大队出土的石棺画[28]。

画题的中心是描绘于石棺左右侧板上的龙和虎。并分别在它们的前面放置两个羽人，后面置有一个羽人，手持仙草。龙上骑有男神，虎上骑有女神，同时手里还持有类似莲花的仙草和扇。龙虎之后跟随有乘小龙的羽人乐队和怪兽等，与南朝的壁画相比较，羽人的服装是相同的，而神人乘瑞兽这一点却不一样。报告的作者认为骑乘人物是墓主人夫妇。由于同时期的北魏墓志上表现有青龙、白虎、朱雀、玄武四种图，因此神人骑乘瑞兽这个场面，不一定表现的是夫妇。可能乘龙的是东王公的使者，乘虎的是西王母的使者[29]。

河南省邓县彩色画像砖墓[30]，描绘有手持莲花形仙草跨虎的仙女，可以认为，这样的升仙图是南朝、北朝墓中的共同的装饰题材。同时，按照后述时代的考订，与神人骑乘龙虎的图像相比较，在砖印壁画的构图方面，呈现出若干较古的特征。

ⅵ竹林七贤及荣启期图

宫山、仙塘湾、金家村、吴家村墓都有竹林七贤和荣启期图。仙塘湾的画像没有发表，能够比较的仅限于其他三座墓[31]。

所谓七贤指的是阮籍、嵇康、山涛、向秀、阮咸、刘伶、王戎七人，他们是魏晋时代的人物，常在竹林相会清谈。他们把个人主义、无政府主义的庄子思想，加入过去对老子的研究，以方外的态度表现出批判的精神[32]。憧憬与南朝贵族艳丽淫靡的现实生活有别的隐者方士的生活方式。选择竹林七贤作为题材，可能也表现了逃避现实的一面。

壁画用银杏、枳、槐、柳、竹等树荫，将坐在兽皮上的贤人左右隔开，把树木和乐器等部分涂以红色（图五）。表现的细部和题字有所不同，但构图和砖范的分割上又有共同之处，可以看成是同系统的绘画。由于画面繁杂，我们从东壁前部的人物开始来看[33]。

图五　竹林七贤及荣启期图（宫山墓）

嵇康（图六，1、5）：吴家村墓的画面已被破坏，宫山、金家村墓都在银杏和松树之间描绘为身着长袖袍、长裾裳、立膝弹琴的无冠男子形象，胁部有“嵇康”题字。头部结有两个髻，袒胸，琴置于左膝，这些都是相同的。而两袖、左膝、腰带的表现不同。从腰带的表现来看，宫山墓属于写实，而金家村墓则是退化了的。还有，金家村墓向上竖立的左袖的形状也不自然。如报告作者所说这个画像与善于咏诗的嵇康传记是相符的。

阮籍（图六，2、6）：吴家村墓的画面已被破坏，宫山和金家村墓都是身着长袍和裳，一只手支撑着身体，一只手置于口部吹口笛，左足伸直，右足作立座姿势，头戴帻。旁边有斟酒的杓置于承盘之上。

此画面在二墓中表现得相当不同，宫山墓是左手支撑身体，右手放在口部；金家村墓则是用右手支撑身体，左手放在口部，背部朝前。不仅如此，带子的结头在前面也不自然。宫山墓的杓中，浮有小鸟，而金家村墓则没有，而且在杓和人物之间还立有莲花形仙草。金家村墓此像的题字为刘伶。据阮籍传说阮籍嗜酒善啸，作为阮籍的肖像，宫山墓是正确的。

山涛（图六，3、7、9）：仅宫山墓的形象完整，其他墓都有缺损。头部戴叫作帽的头巾，右膝屈立，左手持作为酒杯的羽觞。宫山、金家村墓二者相似，但金家村墓的右手放在膝上，且缺少杓。吴家村墓欠缺部分较多，裳的裾和羽觞的形状亦显得僵直，还有垫坐的皮毛也缺少轮廓，在缺少兽头的表现的这一点上，和后面叙述的诸贤人是相同的，均有“山涛”的题字。

王戎（图六，4、8、10）：左手搁在小几上，作立膝盘坐姿势，无冠，手执如意，这些方面都是相同的，宫山墓和金家村墓初看极类似，但面部表情和长袍的左袖表现得不同。金家村墓的杓中没有浮着的小鸟。吴家村墓则更有显著的不同，成了一个驼背的老人。头和手足也显得不平衡，如意的方向亦相反，缺少杓柄和羽觞。除宫山墓以外都有阮步兵（阮籍的别称）的题字。如报告作者所说，据王戎传和乐府的对酒歌，有王戎题字的宫山墓是正确的。

向秀（图六，11、15、19）：作倚靠着银杏树打瞌睡的姿势，头戴巾帻，露出左肩，张开双足而坐。宫山、金家村墓的图形相似，但右手的大小不一样。吴家村墓的巾帻分不出是两个，露出的胸肩部分表现也不充分。右手和右足也被袖和裳裾遮盖了。宫山墓的题字为向秀，金家村墓题字为王戎，吴家村墓题字则为荣启期。从向秀传来看，宫山墓是正确的。

刘伶（图六，12、16、20）：一膝屈立，左手持羽觞，用右手小指作拨酒的姿势。宫山墓的图像右手露出，金家村墓其胫部被裳所覆盖。宫山墓是羽觞的部位，在金家村墓则变为翻过来的袖子，左手向前伸出。吴家村墓和金家村墓相似，老年化显著，体态也不平衡。宫山墓的题字为刘伶，金家村墓为山司徒（山涛的别称），吴家村墓则为阮咸。据刘伶传，宫山墓是正确的。

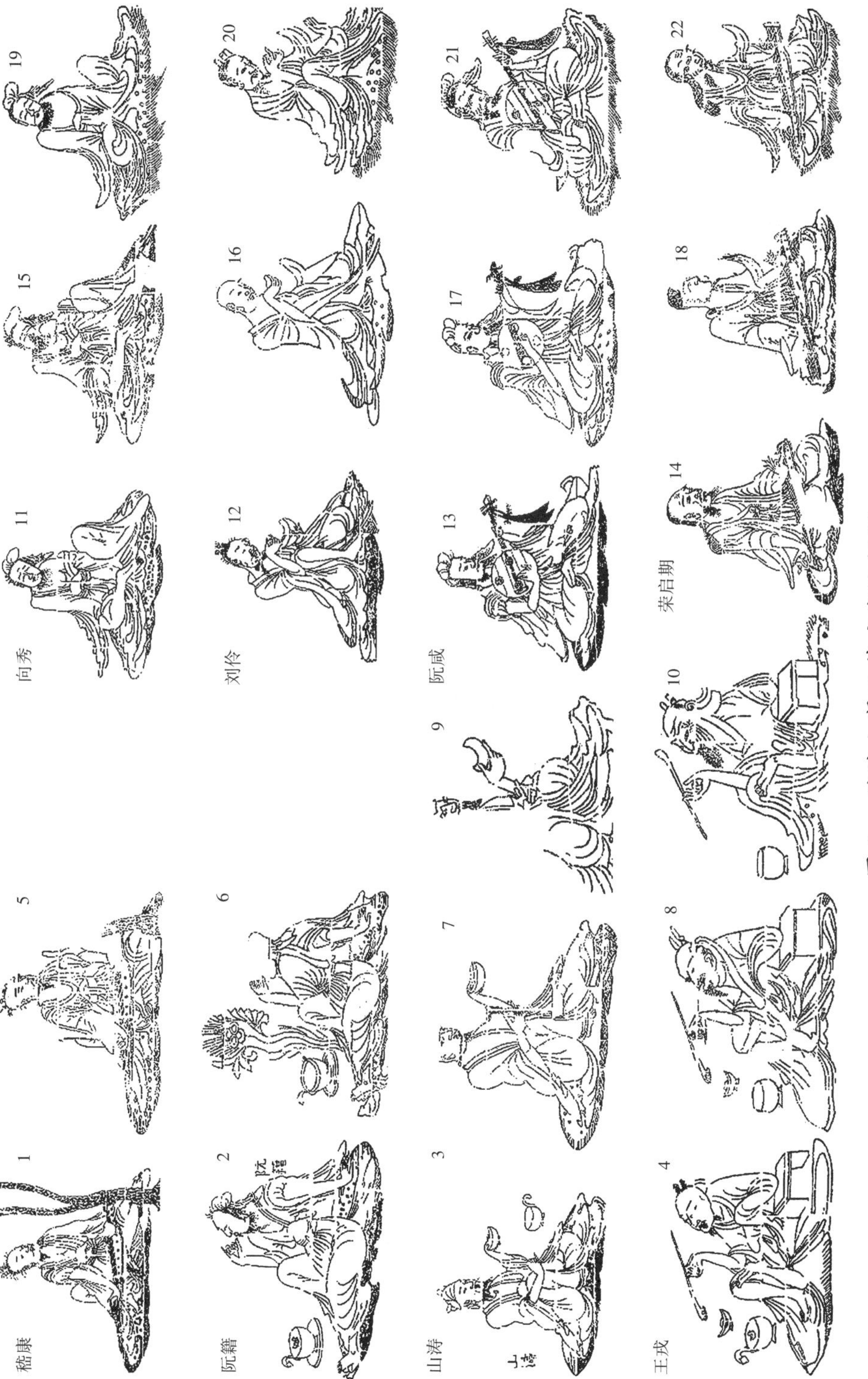

图六　竹林七贤及荣启期比较图

1—4. 宫山墓出土　5—8. 金家村墓出土　9、10. 吴家村墓出土　11—14. 宫山墓出土　15—18. 金家村墓出土　19—22. 吴家村墓出土

阮咸（图六，13、17、21）：戴巾帻，盘腿弹琵琶。宫山墓和金家村墓相似。金家村墓左肘向下，没有弹拨。吴家村墓则成了一个大头老人，把琵琶伸入胁内。还有琵琶上垂下的丝绦的表现也不一样。宫山、金家村墓的题字为阮咸，吴家村墓的题字为山司徒，据阮咸传和这种叫作阮咸的乐器来看，吴家村墓是错误的。

荣启期（图六，14、18、22）：作披发老人正坐弹琴的姿势。宫山墓和金家村墓相似，但金家村墓没有上衣（鹿裘?），敞开的襟口也不恰当，绳带开始于上部。吴家村墓则浮贴在腰前。襟和腰的表现与金家村墓相近。只有吴家村墓题字为王戎，其他都题荣启期，不用说是前者错了。

荣启期为春秋时代高洁之士，据《高士传》，他身着鹿裘，以绳索为带，鼓琴而歌。把荣启期加进竹林七贤之中，大概是为了左右壁的人物都能配齐四个人的缘故。

画稿：竹林七贤及荣启期图也和羽人戏虎图一样，使用的是沿袭下来的同系统的粉本。作为整体包括周围的树木，宫山墓是写实的，个性很丰满。金家村墓的描绘与宫山墓相近，看来在细部上有退化的倾向。吴家村墓则与宫山墓有显著的区别，如以金家村墓作为中介的话，也应是同系统的东西。还有，表现技法上，也变得极其机械化。吴家村墓的壁画，按照意图把所有的人物都老人化，这不外乎是把作为实在的隐士的竹林七贤，改变为理想境界的隐士和方士。这一阶段，壁画的意义在很大程度上转向对神仙的礼赞。

金家村墓和吴家村墓在题字上出现了混乱，金家村墓因为重复了山涛（山司徒），向秀就漏掉了。也就是说，在制作金家村墓的木范阶段，就出现了缺名的部位，其填补也不够慎重，画稿作者的意图和木刻者的意图产生了背离。反过来说，在这一阶段，对于每个人物的人名也未予以重视，这不正说明了把全体作为理想的隐士的看法是能够成立的吗?

即便是在上述邓县彩色画像砖上，也描绘了秦汉交替时期隐遁于南山（商山）的东园公、绮里季、夏黄公、角里先生的四皓[34]（即须眉皆为皓白色）。在山中弹乐器、谈论的情景，也是以升仙为目的，把自由奔放的仙界加以理想化，这就是把吴家村墓的贤人描绘成白发老人的理由。这是南北朝后期贵族的一般的理想境界。

据上所述可以知道，竹林七贤及荣启期图是按宫山墓→金家村墓→吴家村墓这一顺序制作的。仙塘湾墓如也有同样图形的话，想来应该是这一时期的另一种范型。

从墓室位置关系上来说，竹林七贤及荣启期图，不外乎描写了被龙虎导引升仙的墓主人希望在仙界生活的情景，也就是说，墓主人希求在死后和先贤们在一起清谈，过着自由奔放的生活。汉魏的壁画墓喜欢描绘墓主人住在豪华的建筑内，带领家臣宴饮的情景，对照之下是很不相同的。

ⅶ花纹砖

除砖印壁画之外，还有用一块砖到两块砖完成一个单位花纹的花纹砖。

宫山墓（图七，2）：有菱形纹、钱纹、卷草纹。所谓菱形纹就是在砖的侧面印有

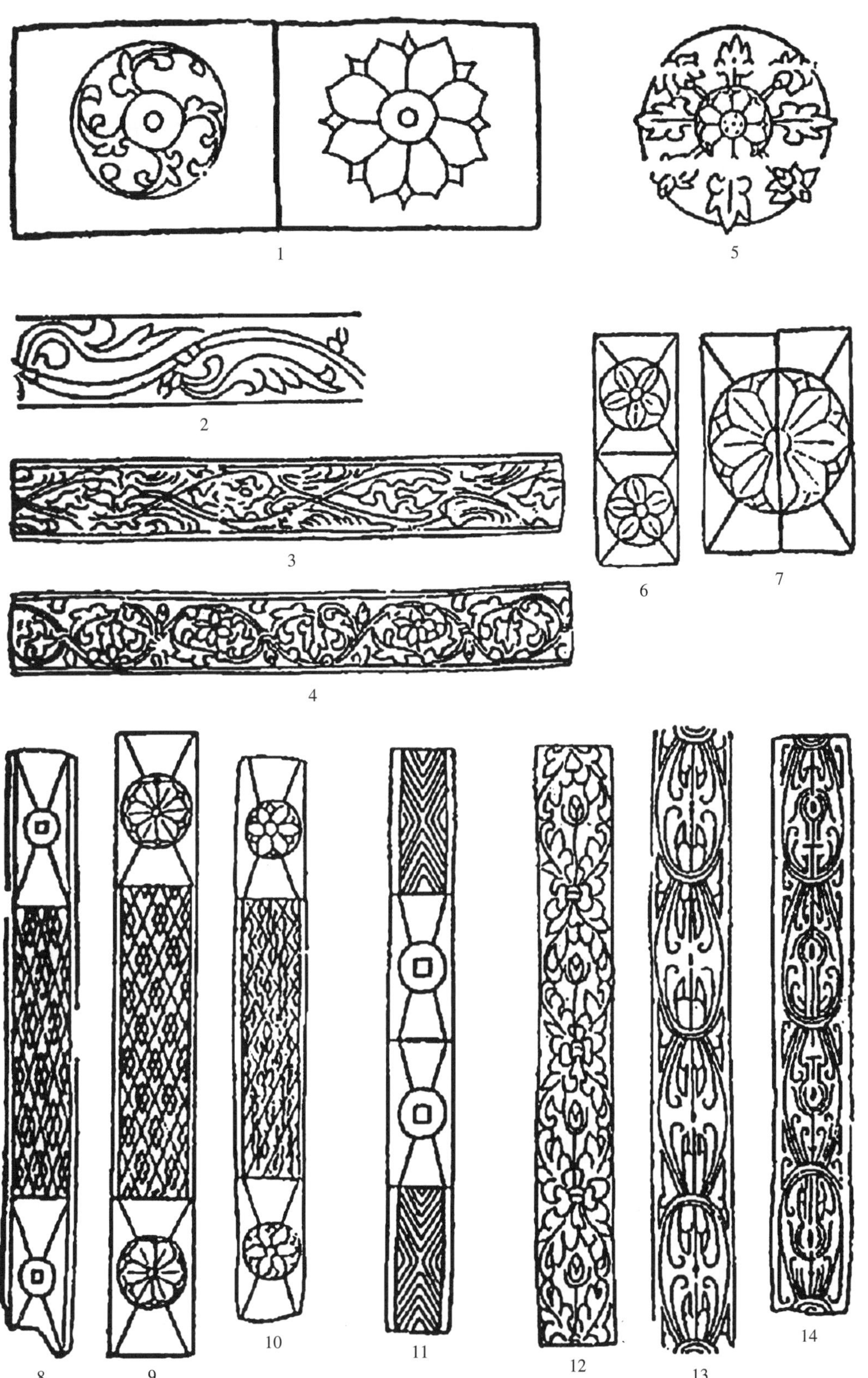

图七　花纹砖（1∶6）

1、3、4、8. 罐子山墓出土　2. 宫山墓出土　5—7、9、12. 仙塘湾墓出土　10、11、14. 尧化门梁墓出土　13. 梁萧融墓出土

大块的菱形纹样。钱纹就是在圆形的中央有方孔的钱形纹样。在其他地方还有在砖的侧面和端面都有钱纹的例子。所谓卷草纹，从拓本来看，是把半个飘拂的莲蕾纹截印在砖的侧面，即使在南朝，也是属于古式的纹样。

仙塘湾墓：据说有十几种纹样，大致可以分为四类。第一类是在砖的一端或两端印有大小不同的一对八瓣莲花纹或者一对五瓣莲花纹（四出莲花纹），此外还有半个莲花，两块砖拼成一个单位的莲花纹（图七，6、7）。第二类是刻印在侧面的纹样，中间置以斜格纹或菱形纹，两端配以六瓣莲花，此类砖规格大小不一（图七，9）。第三类是钱纹，端面配有一对钱纹，侧面中央饰以斜格纹或者菱形纹，在两端各配置一个钱纹。第四类在中心置以侧面形的莲花，左右连接着半个飘拂莲蕾纹的单位纹样，成为连续的波状唐草纹（图七，12）。

金家村、吴家村墓的说明很简单，只有大梅花、小梅花、钱纹、网目纹、十字方格纹、缠枝纹等，据插图来判断，所谓梅花纹是8瓣或6瓣的莲花纹，所谓花瓣缠枝纹，就是以半个飘拂莲蕾纹组成的波状唐草连续纹。金家村的纹样构成，大体上和仙塘湾的酷似。可是，吴家村墓的唐草连续纹，成了僵直的几何形风格，与后述的梁墓的纹样较为接近[35]。

罐子山墓：这座墓有压印的花纹砖和篦描的花纹砖两种，篦描的花纹砖，仅限用于从羡道到墓室的壁面上。其中有在砖的平面上用八瓣莲花纹和从中心伸出四枝五叶的飘拂莲蕾纹或从中心伸出四株半边飘拂莲蕾纹组合而成的例子，是这座墓的特色（图七，1）。

不管压印型还是篦描型，在仙塘湾墓四类纹样砖都具备了。例如在夹菱形钱纹方面，两端各有两根突线。仙塘湾等墓中，其中一根线也未达到钱纹区，反之，罐子山墓的两根线都达到了两端（图七，8）。报告作者称作卷草纹的在其余的例子里还没见过，可以分为A、B两式。卷草纹A式为纵带式连续唐草纹的一种，纹样的构成不太清晰（图七，3）；卷草纹B式为以完整的飘拂莲蕾纹和莲花为中心饰的波状唐草纹（图七，4）。卷草纹A与仙塘湾的唐草连续纹相似，卷草纹B则和宫山墓的卷草纹相似。附于篦刻飘拂莲蕾纹上的莲花纹也比仙塘湾羽人戏虎图的莲花纹A（图七，5）和B要单纯，在年代上罐子山墓可能较早。

花纹砖的比较：我们再看一下其他花纹砖与此相类似的例子。在墓砖上表现出佛教系统莲花纹的例子，南京市苜蓿园[36]，2号墓出土过单瓣和8瓣相间的花卉纹和中心有7粒莲子的莲花纹砖。同时还发现有菱形纹和钱纹砖，与晚期南朝的花纹砖相比较，显出继承了汉魏古拙的因素。而且此墓还发现了东晋太元九年（公元384年）的纪年铭纹砖。至于宫山墓的菱形纹和钱纹与苜蓿园的是否类似尚难比较。

南京市尧化门梁墓[37]根据神道碑的片断来考订，系死于梁中大通四年（公元532年），开府仪同三司萧伟之墓。这个墓使用的是和仙塘湾同一系统的花纹砖（图七，10、11、14），但纹样也有差异，如配在夹菱形钱纹两端的钱纹，聚集到中央部位，在菱形区的两重菱形中的部分也变成了扭丝形。唐草连续纹的半边飘拂莲蕾纹变为蕨形重复连续的纹样。这种唐草连续纹，存在于南京市桂阳王萧融墓[38]（公元 502 年殁）（图七，13），这和上述吴家村墓的纹样是共同的。可以看出这两座墓在年代上是相衔接的。

据上所述，可以把砖印壁画墓的年代放在宋到齐即公元 5 世纪之时。

二　帝陵的结构

从花纹砖来看砖刻壁画墓的年代还不十分清楚，下面拟通过对墓的形状，墓室的结构，神道石柱、石兽等方面的分析研究，进一步探讨其详细的年代。

1. 刻字砖

墓室所用的砖，根据报告来看有多种式样，要想全部掌握是有困难的。建筑墓室所用的砖，除了一般的长方形砖外，还有其他各种形状的砖，数量仅次于长方形砖的要算楔形砖了，楔形砖可以分为一端厚一端薄，断面呈梯形的楔形砖 a，及一端宽一端窄的平面呈梯形的楔形砖 b 两类。仙塘湾、金家村、吴家村墓有戳印墓砖分类名称的刻字砖[39]，梁萧融墓及尧化门墓也有同样的刻字砖。仙塘湾墓的种类更多，可以确认的有六类三十种。现在依照仙塘湾墓砖的分类，并将其他各墓的刻字砖名称列表表述之（表一）。

长方形砖：1 类是方砖类，实际上就是一般的长方砖。“正方”砖的大小尺寸分为长 34 厘米（1.4 尺，晋尺：24.6 厘米，以下同），宽 16.5 厘米（0.7 尺），厚 4.8 厘米（0.2 尺）。也有较此稍厚的（5 厘米）、稍薄的（中 4.5 厘米），或更薄的（4 厘米）。“墚”的字义不够清楚，系指窄幅砖（14.5 厘米，0.6 尺）而言。在金家村墓包括有若干“□□砖片”，吴家村墓的砖中几乎不包括有“砖片”字样的刻字砖。即使是下面述及的各种墓砖也是如此。萧融、尧化门墓砖很单纯，只有“正方”砖。

楔形砖 a：2 类和 4 类是楔形砖 a。鸭舌砖和马圬砖的不同处不够明确，似乎后者稍有厚实感，平面的大小和 1 类相同，是 1.4 尺×0.7 尺，大鸭舌砖是厚 6 厘米（0.24 尺）— 5 厘米（0.2 尺），中鸭舌砖是厚 5.5 厘米（0.22 尺）— 4.5 厘米（0.18 尺）。小鸭舌砖是 4.5 厘米（0.18 尺）— 3.5 厘米（0.14 尺）。急鸭舌砖是断面的内角特别大，厚 7 厘米（0.28 尺）— 3.5 厘米（0.14 尺）。大马圬砖是厚 7 厘米（0.28 尺）— 6 厘米（0.24 尺）。中马圬砖是 6 厘米（0.24 尺）— 5 厘米（0.2 尺）。实际上金家村墓的大圬、中圬、小圬都是薄型，与鸭舌砖的大中小大致是相同的。

楔形砖 b：3、5 类是楔形砖 b，有一个说法是上、中、下都是表示砖垒砌部位的词。一般斧形砖的宽度是 14.5 厘米（0.6 尺）—12 厘米（0.5 尺）、厚 4.8 厘米（0.2 尺）。急薄斧砖是一端窄而薄，宽 17.5 厘米（0.7 尺）—11 厘米（0.45 尺）、厚 3.4 厘米（0.14 尺）。金家村、吴家村墓的“上急斧”砖的大小和这个一样，只是厚为二寸。薄斧砖和斧砖同样大小，厚度较薄（3.5 厘米、0.14 尺）。“𡋾圩”与斧砖相类，宽 16.5 厘米（0.7 尺）—11.8 厘米（0.5 尺）和厚 14.5 厘米（0.6 尺）—11.5 厘米（0.5 尺）。

表一　刻字砖一览表

类	铭文	罐子山墓	宫山墓	仙塘湾墓	金家村墓	吴家村墓	萧融墓	尧化门墓
	正方砖片		●	●	●			
	厚方砖片		●	●				
	中方砖片		●	●				
	薄方砖片		●		●			
	堞方砖片		●					
1	正方			●	●	●	●	
	中方	●		●				
类	厚方				●			
	薄方			●	●			
	薄	●	●					
	大方	●						
	大宽鸭舌砖片			●				
	大鸭舌砖片			●				
	大　鸭　舌			●	●	●		
	宽鸭舌砖片			●				
	中鸭舌砖片			●	●			
	小鸭舌砖片			●				
	迟鸭舌砖片			●	●			
	急鸭舌砖片			●				
	堞鸭舌砖片			●				
	薄鸭舌砖片			●				
2	大　鸭　面					●		
	大 宽 鸭 舌				●	●		
	中　鸭　舌				●	●		
	小　鸭　舌				●			
	堞　鸭　舌				●	●		
类	焦　鸭　舌				●			
	急　　鸭				●			
	锺　鸭　舌				●			
	薄　鸭　舌				●			
	大　鉀　舌						●	
	中　坤　舌						●	
	中　　坤						●	
	小　　坤						●	
	大　　鸭							●
	中　　鸭							●
	中斧砖片				●			
3	下斧砖片				●	●		
	下字斧砖片				●	●		
类	急斧砖片				●			
	急薄斧砖片				●			
	下薄斧砖片				●			

类	铭文	罐子山墓	宫山墓	仙塘湾墓	金家村墓	吴家村墓	萧融墓	尧化门墓
	上字斧					●		
	中字斧				●	●		
	下字斧				●	●		
	上字怎斧				●	●		
3	中字薄斧					●		
	中字斧砖片				●			
类	下字斧砖片				●			
	下字坤				●			
	下字斧						●	
	中斧						●	
	中垆						●	
	上字急斧					●		
	大马垳砖片			●				
	大 垳 砖片			●				
	大垳马砖片			●				
	中垳马砖片			●				
	中垳砖片			●				
	中 马 砖 片			●				
4	大　　垳				●	●		●
	中　　垳				●			●
	小　　垳				●			
类	中　马　垳				●	●		
	中　字　垳				●			
	急　　垳							●
	倒　　臣							●
	中　埗　圩			●				
5	下　埗　圩			●				
	中 字 炒 玗				●			
类	上字急炒玗				●	●		
	中字炒圩斧					●		
	上字急炒玗							
	埗（沙）圩	●	●					
	上	●	●	●				
6	中	●	●	●				
	下	●	●	●				
类	大　　宽							
	中　　急	●						
	后　　堞	●						
	広							
	计	9	5	32	30	20	9	7

6类的上、中、下都没有记尺寸，均系一般长方形砖，刻字应系指的是使用部位。

其他墓：罐子山墓在报告中有薄、上、中、下、大方、中方、中急、坳圩、后爍的刻字砖，各种砖的尺寸不详，还没有像仙塘湾等墓葬那样进行分类，显示出还没有分化到那种程度（表一）。

关于砖的尺寸，还有以下五种可以介绍。34厘米（1.4尺）×17厘米（0.7尺）×4.5厘米（0.18尺）。34厘米×17厘米×3.5厘米（0.14尺）。32厘米（1.3尺）×14厘米（0.57尺）×7厘米（0.28尺）。32厘米×14厘米×5.5厘米（0.22尺）。32厘米×14厘米×5厘米（0.2尺）。这些砖的大小可以区别为两类，一类是和仙塘湾等墓的长方形砖相同的大型砖。另一类是比这个尺寸小一些的小型砖，前者是用来平砌的，后者是用来竖砌的。

宫山墓也有上、中、下、薄、坳圩的刻字砖，这些刻字砖的尺寸在报告中未载明，该墓墓砖是长方形砖，长、宽、厚为34厘米（1.4尺）×14厘米（0.57尺）×5厘米（0.2尺）。楔形砖宽度是12厘米（0.5尺）—15厘米（0.6尺），厚5厘米（0.2尺）及3厘米（0.12尺）二种。砖的长度与仙塘湾墓同，宽度不同，而和罐子山墓的小型砖的宽度相同。宫山墓的刻字砖的应有状态如果是和罐子山墓的相似，那么也可能是罐子山墓大小二种砖折中的尺寸，这里没有大小的区别。

苜蓿园2号墓用的是36厘米（1.5尺）×18厘米（0.7尺）×5厘米（0.2尺）的长方形砖。同样形状、同样大小的长方形砖在东晋恭帝司马德文（421年歿）的冲平陵，南京市富贵山墓[40]、南京市和平门外幕府山1号墓[41]等大墓中也使用。这种类型的砖可以推测是东晋的砖制。富贵山墓使用的是另一种长度较短的长方形砖33厘米（1.3尺）和罐子山墓同样使用大小两种砖。由于这些东晋后期的砖上没有表示分类的刻字，说明罐子山、宫山墓的年代不会早到东晋。

2. 墓室的构造

砖刻壁画墓与一般中小型墓相比较是一种规模大且附有羡道的穹隆顶砖室墓[42]。而且都是夫妇合葬墓，除宫山墓以外的四座墓都是在丘陵的中腹部开凿出大的墓圹，用砖砌墓室，再筑坟丘，自坟丘向下在丘陵的下部，有的还放置了表示神道存在的被认为是麒麟或天禄的石兽，各个墓室的尺寸如表二。

表二　墓室的规模〔单位用米、括号内为晋尺（24.6厘米）〕

	全长	羡道			玄室			备考
		长	幅	高	长	幅	高	
苜蓿园2号墓	6.48（26.3）	2（8.00）	1.17（4.80）	1.81（7.36）	4.48（18.20）	1.67（6.80）	2.26（9.20）	木门1
幕府山1号墓	7.8（31.70）	2.3（9.30）	1.4（5.70）	2.45（10.00）	5.5（22.40）	2.6（10.60）	3.05（14.20）	墓圹20m×8m－7m、木门1

（续表）

	全长	羡道			玄室			备考
		长	幅	高	长	幅	高	
富贵山墓	9.2 （37.4）	3 （12.2）	1.68 （6.8）	3.35 （13.6）	6.2 （25.2）	5.18 （21.1）	5.15 （20.9）	墓圹 35m ×（6.85 – 7.5m）–（4.3 – 7m）木门 2
罐子山墓	13.5 （54.90）	4.75 （19.30）	1.75 （7.10）	3 （12.20）	8.75 （35.60）	6.7 （27.20）	6.7 （27.20）	墓圹 45m ×（9 – 11m）–？石门 2
宫山墓	8 （32.50）	2.1 （8.50）	1.3 （5.20）	2.7 （11.00）	5.9 （24.00）	3.1 （12.60）	3.45 （14.0）	
仙塘湾墓	11.8 （48.0）	4 （16.2）	1.72 （7.0）	2.92 （11.9）	7.8 （31.9）	4.9 （19.9）	4.35 （17.7）	墓圹、石门 2、石兽
金家村墓	13.6 （55.3）	5.2 （21.1）	1.77 （7.2）	3.28 （13.3）	8.4 （34.1）	5.17 （21.0）	5.3 （21.5）	墓圹、石门 2、石兽
吴家村墓	13.5 （54.9）	5.3 （21.5）	1.73 （7.0）	1.9 +2	8.2 （33.3）	5.19 （21.1）	5.1 （20.7）	墓圹、石门 2、石兽
萧融墓	9.8	？	？	？	？	？	？	石门 1
尧化门墓	10.25 （41.70）	4.05 （16.50）	1.62 （6.60）	2.55 （10.40）	6.2 （25.20）	3.1 （12.60）	4.15 （16.90）	石门 1

椭圆形玄墓室罐子山墓（图九，1）是迄今为止发掘的南朝墓中最大的墓，坟丘高10米，筑有周长141米的圆坟，在石山中开凿有长40米，上宽12米×下宽9米的墓圹，有砖砌墓室。墓室采用的是其他南朝墓所未见的一种特殊形制，即玄室的平面呈椭圆形，较厚的墓室壁上砌成穹隆形状的天井。羡道口及两侧筑有封门墙。两侧部分的里侧砌有挡土用的砖墙，墓室外面涂以石灰，墓圹的壁面也用砖砌以作挡土之用。

仿椭圆形玄室：宫山（图八，4）、仙塘湾（图九，2）、金家村、吴家村墓（图九，3）的玄室墓本是长方形的，但又采用使其带有椭圆形的平面形状。因此宫山、仙塘湾墓各边的壁面都向内弯。吴家村墓则是取抹四角的手法筑成八角形的玄室[43]，天井仍是穹隆形一种，在靠近玄室的入口处筑有竖井，与墓底通到墓室外面的排水沟相通连，成为一种内井。当然还用砖刻壁画等来装饰壁面，各壁面还造出放灯盏的小龛，和仿连子格子的假窗。灯龛的形状不是东晋的“凸”字形，而是桃形。在宫山墓砌有约占墓室四分之三的高起的棺床，前面剩下的四分之一意味着是供献饭食用的前室。在四角立有似乎是放灯盏用的石柱。但是仙塘湾、金家村、吴家村墓，棺床将要达到玄室的入口处，棺床的前半部似乎充当了前室的机能。

羡道内的玄武岩石门，只有宫山墓是一重门，其他均是二重门。设有二重石门的仙塘湾等墓，为了保护墓室，在玄室的外侧，亦即在墓室和墓圹壁之间，筑有10数根像地梁样的护墙。墓石外面涂以石灰，以后用版筑法加固，再筑一圆坟，至此造墓即告结束。

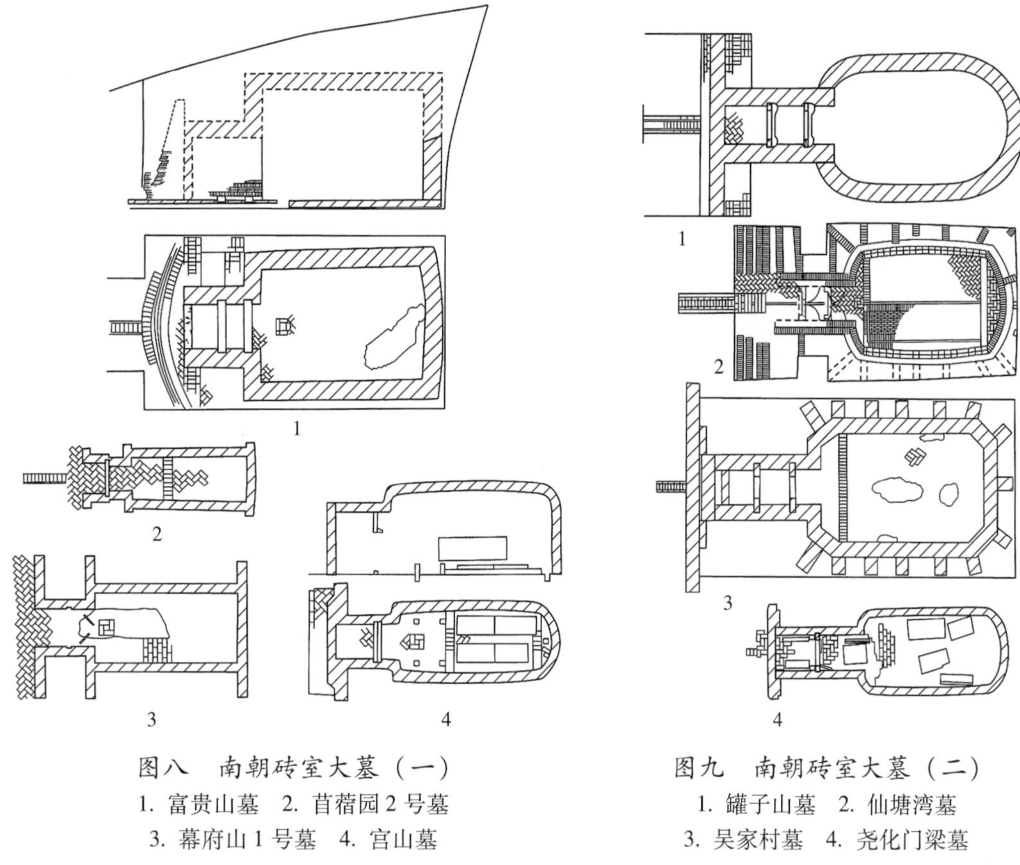

图八　南朝砖室大墓（一）
1. 富贵山墓　2. 苜蓿园 2 号墓
3. 幕府山 1 号墓　4. 宫山墓

图九　南朝砖室大墓（二）
1. 罐子山墓　2. 仙塘湾墓
3. 吴家村墓　4. 尧化门梁墓

石门（图一〇）：设在羡道内的石门，是用合掌（人字形构件）梁、冠木、方立、扉、蹴放等构成的。罐子山墓和宫山墓均在猬石上雕刻出合掌、梁、冠木等形象，仙塘湾和吴家村墓的梁上施以方形的装饰性雕刻，前者在合掌上也雕有方形的装饰。梁代墓葬的石门雕刻更为发达，尧化门梁墓的合掌呈弧形，冠木上也加有装饰。南京市对门山的梁墓[44]。在合掌的横向附加有斗拱。

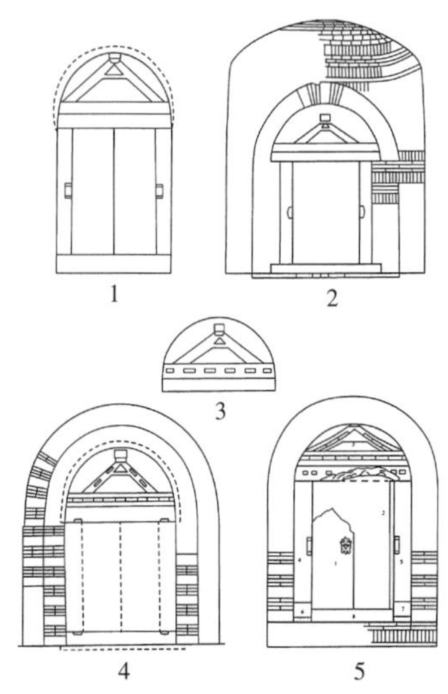

图一〇　南朝大墓的石门
1. 罐子山墓　2. 宫山墓　3. 吴家村墓　4. 仙塘湾墓　5. 尧化门梁墓

石门的状况，结合花纹砖的变化来考虑，仙塘湾、金家村、吴家村墓都不会晚于梁代，从出有梁代墓志确证，诸王及皇族墓葬没有设置二重门来看，可以说二重石门是只有帝陵才被允许设置。

3. 帝陵的考订

以往的考订（图一一，表三）：丹阳县城之北，地跨胡桥公社和建山公社，从西北向东南延伸有长约8公里、宽3.5公里、海拔100米的经山。黄泥山处，有七座需要考订的陵墓。其中除近年发现的金家村、吴家村墓以外，还有五座，据朱希祖等人的考证，认为是齐朝的帝陵[45]。

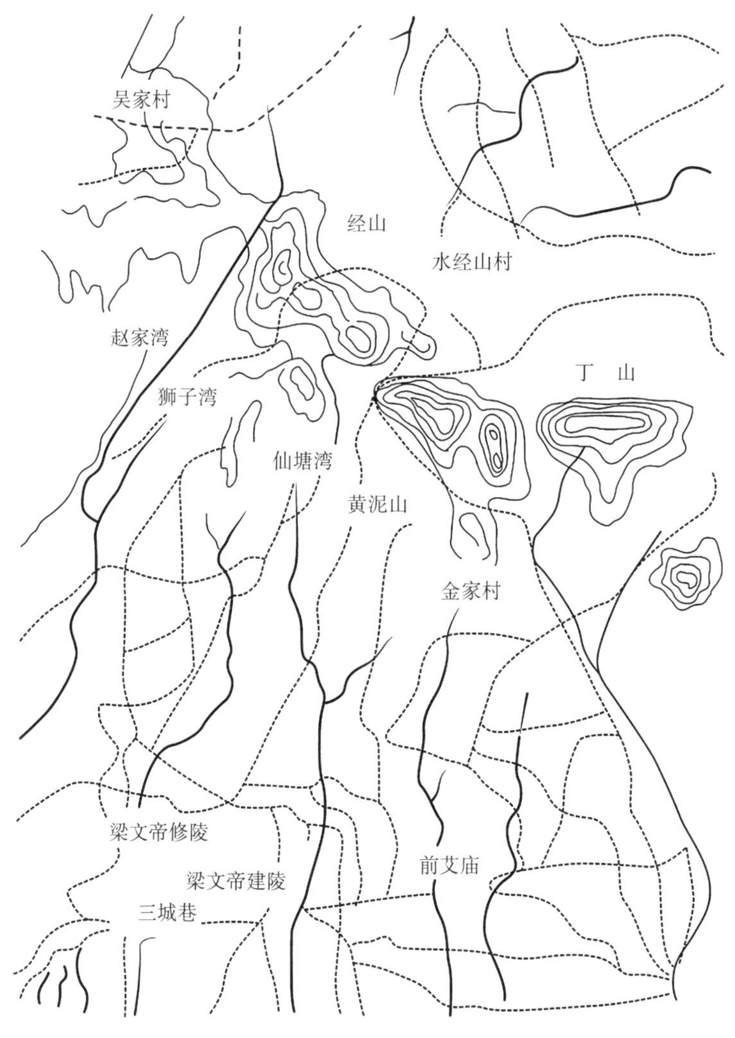

图一一　丹阳南朝陵墓分布示意图

经山南麓的胡桥公社狮子湾的石兽被认为是宣帝萧承之（公元479年追尊帝号）的永安陵。但坟丘都已削平。胡桥公社赵家湾的石兽被定为高帝萧道成（公元482年殁）的泰安陵。仙塘湾墓被认为是景帝萧道生（公元495年追尊帝号）的修安陵。至于经山北麓的建山公社烂石陇和埠城公社水经山村的石兽，由于石兽小，被推测是按照王礼安葬的前废帝郁林王萧昭业（公元494年殁）及后废帝海陵王萧昭文（公元494

年殁）的陵墓。在建山公社前艾庙的石兽被定为武帝萧赜（公元493年殁）的景安陵，荆林公社三城巷的石兽则被定为明帝萧鸾（公元498年殁）的兴安陵。这些都位于经山南部的平地上。

南京博物院一些现在的学者也沿袭了朱希祖等人的说法，把新发现的金家村及吴家村墓定为废帝东晋侯萧宝卷（公元501年殁）的墓及和帝萧宝融（公元502年殁）的恭安陵[46]。但朱希祖等依据的文献是《元和郡县志》及康熙年间编的《丹阳县志》，也不一定能说是绝对可信。

丹阳曾称为兰陵，这里是齐、梁二朝的故乡，因此经山大墓定为齐朝的陵墓应该是正确的。

表三　齐朝陵墓改订表（改订理由栏内的数字表示形式的顺序）

陵墓	原来推测的地点	改正之后的地点	改订理由			
			羽人戏虎图砖	竹林七贤图	纹样·刻字	石兽
宣帝萧承元永安陵（公元479年帝位追尊）	胡桥公社狮子湾	荆林公社三城巷				1
高帝萧道成泰安陵（公元482年殁）	胡桥公社赵家湾	同　左				
武帝萧赜景安陵（公元493年殁）	建山公社前艾庙	胡桥公社仙塘湾	1		1	2
前废帝郁林王萧昭业墓（公元494年殁）	建山公社烂石陇	同　左				
后废帝海陵王萧昭文墓（公元494年殁）	埤城公社经山村	同　左				
景帝萧道生修安陵（公元495年帝位追尊）	胡桥公社仙塘湾	建山公社金家村	1	1	2	3
明帝萧鸾兴安陵（公元498年殁）	荆林公社三城巷	胡桥公社狮子湾				4カ
废帝东昏侯萧宝卷墓（公元501年殁）	建山公社金家村	建山公社前艾庙				5カ
和帝萧宝融恭安陵（公元502年殁）	胡桥公社吴家村	同　左	2	2	3	

配置有石兽的神道以及墓室的墓道有二重石门，都具备了帝陵的条件。这些陵墓不会晚到梁朝，所以定为齐朝的帝陵比较妥当。金家村、吴家村墓报告的执笔者尤振尧，认为这二座墓比仙塘湾墓建造简单，且砖刻壁画的砌法紊乱，因而推测是在齐末不安定的状态下所建造的。这种说法果真恰当吗？即使从砖刻壁画上也引起了如下的疑问。

金家村墓的“竹林七贤及荣启期”图比吴家村墓接近宫山墓的作风，而且如前述，羽人戏虎图和仙塘湾墓是用同范制作的，因此可以认为金家村墓是接近仙塘湾墓时期的帝陵。而从吴家村墓的花纹砖接近梁墓来看，那么可以推测是齐代晚期的陵墓。

石兽：在帝陵的墓室全部构造还未能十分明确的情况下，要确定陵墓的前后关系，只有观察树立在神道上的石兽。现在我还未来得及对南朝的石兽进行分类，仅举其特征部分叙述之。

南京市麒麟门外麒麟铺的宋武帝刘裕（公元422年殁）初宁陵的石兽，据说很早

图一二　石兽

1. 宋武帝初宁陵　2. 宋文帝长宁陵　3. 陵口镇　4. 三城巷　5. 前艾庙　6. 仙塘湾墓

就发现有标志墓域的石柱，因此，被考定为帝陵[47]。这个石兽头大、颈短，全体有厚重朴实之感，表面装饰平坦，在翼的根部有朴素的鳞状纹，伸展出不宽的带状翅毛，前脚的翼的底部连接着近似飘拂莲蕾形的纹样，后脚前部也有同样的花纹，关节的后面有伸出的羽毛，尾短（图一二，1）。

南京市甘家巷南狮子冲的石兽，一向被认为是陈文帝陈蒨（公元566年殁）永宁陵，罗宗真认为是宋文帝刘义隆（公元453年殁）的长宁陵比较妥当[48]。石兽采用类似初宁陵的作风，纹样较为流畅，特别是尖部卷曲的眉毛和口边两侧的须显得很有力。像这种形式的石兽姑且称之为宋式（图一二，2）。

宋式石兽对齐代也有影响，兰陵的齐梁陵墓地的入口处丹阳县陵口镇树立的石兽，就属于宋式[49]。纹样成为起伏较大的浮雕。羽翼变宽，鳞状部分似水滴状，前脚部分的羽毛状纹样也有变化，卷曲的部分加上了平行线（图一二，3）。

被考定为齐明帝萧鸾的兴安陵的三城巷石兽也采取了这种形式，在装饰化方面（图一二，4）更进了一步[50]。

仙塘湾墓[51]（图一二，6）、金家村墓[52]、狮子湾石兽[53]、前艾庙石兽[54]，与宋式相比有显著不同。怪兽的种类也有可能变更，姑且称齐式[55]。全体的比例是长颈、小头、后垂长尾，宽翼，前爪饰以三根平行突线，羽毛状的表现消失。翅根的鳞状部分呈半圆形突出，其上有四瓣的花形纹，眉毛的幅度变宽，眉梢的卷曲部分小。

从形式上看仙塘湾墓的石兽似乎较古，头部后引，眉毛从基部伸出的平行线显著，前脚突线的前端卷曲，在这些方面，可以看出宋朝的遗风。狮子湾和前艾庙的石兽头向前伸，身体修长，眉毛用三根线勾成边缘，此外，在和眉缘没有关系的地方加刻了近于水平的平行线。前脚的突线在狮子湾的是前端卷曲，前艾庙在关节的附近自然消失。在这里如硬行把狮子湾排在前，则两者的前后关系就产生了问题。从金家村墓的石兽翼上表现出花形轮廓和鼓起的花瓣来看，可能与仙塘湾墓较为接近。烂石陇和水经山村的石兽小，因为是狮子，可能不是帝陵。其翼羽的表现循例于齐的石兽形式。

梁代初也制作齐式的石兽。根据神道石柱的铭文，可以确定为梁文帝萧顺之的神兽，由于其时代紧接在齐之后，所以与前艾庙的石兽极为相似[56]。

齐帝陵的重新考订：经山北麓二墓，根据石兽小，又是狮子，旧说认为属葬以王礼的前废帝、后废帝的墓，应该是正确的[57]。砖印壁画提供了最新的线索，把使用与梁墓相同的花纹砖的吴家村墓定为齐代最后的和帝恭安陵（公元502年），我没有异议，如此按照其他的营陵顺序与石兽的前后关系进行核对，就得出如表三所示的结果。

宣帝永安陵（公元479年）＝三城巷石兽，武帝景安陵（公元493年）＝仙塘湾墓，景帝修安陵（公元495年）＝金家村墓，明帝兴安陵（公元498年）＝狮子湾石兽，萧宝卷墓（公元501年）＝前艾庙石兽。根据石兽的形态还不能确定的泰安陵（公元482年），按过去的见解，仍定为赵家湾的石兽。

狮子湾石兽（兴安陵）及前艾庙石兽（萧宝卷墓）的前后关系可能尚有问题，其他大概是妥当的。用了同一砖范的羽人戏虎图的仙塘湾墓（景安陵）及金家村墓（修安陵）其间相差二年，金家村墓（修安陵）及吴家村墓（恭安陵）的时间相差七年。

东晋墓及宋墓：东晋的大墓筑有羡道及拱顶砖室。幕府山1号墓（图八，3）玄室的外侧四角有伸出的砖墙，应看作是后来的护墙的萌芽。苜蓿园2号墓（图八，2）及富贵山墓（冲平陵）（图八，1）的玄室后壁向内弯曲，可以说是这时的新的现象。羡道内的门似为木制，仅留有痕迹，门有二重及一重，当然前者的墓室大。也就是说和齐代相同，二重门的墓室，也仅限于帝陵。

罐子山墓（图九，1）从筑有椭圆形玄室，设二重石门等方面看似齐的帝陵；而从玄室的长度和羡道的长度的比例和墓室的长度与宽度的比例来看，类似富贵山墓（冲平陵）。只是从花纹砖看，近似齐的帝陵，可推测为宋代后半的帝陵。这个墓既不是陈宣帝陈顼（582 年殁）的显宁陵也不是梁的帝陵[58]。

与罐子山墓相比，宫山墓（图八，4）和齐的帝陵的形态较为相近。砖刻壁画及花纹砖与东晋相比也更接近于齐。但与墓室的长度相比，墓道较短，从棺床前面设有前室等方面看又残留有东晋墓的遗风。因此，宫山墓的年代不能是在东晋末宋初，也不能说是齐墓，只能是宋代后半王一级的墓。

三 结语

留有南朝绘画风貌的砖印壁画，是帝陵乃至诸王陵独有的墓室装饰。被五世纪后半的陶官瓦署的工匠们反复加以附会和省略并承袭下去，这是很清楚的。

宫山墓与以后出现的齐代壁画具有连贯性，故其年代较早，由于目前宋代大墓的资料还不大清楚，所以缺乏确定年代的绝对根据，是故仍未越出推测的范围。

关于罐子山墓，也有是梁墓的说法。但梁的帝陵在西善桥存在的事不易得到证明。同样也不能说明是齐帝陵。因此应定在佛教的莲花纹样正式传入时期的宋代。这一点应强调和宫山墓的纹样有共同性。两个墓同样筑在西善桥，这一所在地点也值得注意。只是目前对花纹的分析还不够充分，将来要进一步研究。

在本文进行陵墓的编年时，未能提到随葬品。在大墓遭到毁灭性的破坏，而南朝的中小墓葬的发掘又很少的情况下，要做出随葬品的编年是有困难的。现阶段，例如要把东晋及宋，宋和齐，齐和梁，梁和陈的陶瓷器加以区别是不可能的，因此，本论文未涉及随葬品。

本文以砖刻壁画墓为齐的帝陵作为前提，把过去对于帝陵的考订，大胆加以改订。由于未进行实地考察，也没有运用地方志等文献资料，在方法论上可能有问题。但对于一向以文献材料为中心的方法论来说，我认为本文提出了新的视角。利用石兽作为线索，当然还要立足于更为精细的分类。关于这一点，希望将来能有机会得到实现。

注释

①南京博物院、南京市文管会《南京西善桥墓及其砖刻壁画》，《文物》1960 年第 8、9 期。砖砌排列编号，如记有“大虎上行第二”等。

②《大唐六典》卷二十三：“晋少府领甄官署，掌砖瓦之任，宋齐有东西陶官瓦监督令各一人，北齐大府寺，统甄官署。”作为在唐代属于将作大匠这一职能的甄官令“凡砖瓦之作，瓶缶之器，大小高下，各有程准，凡丧葬则供其明器之属”。南朝的陶官瓦署的职能也大概与此无甚差别。《颜氏家训·经制第二十》叙述了将颜之推母亲的墓从江陵东郭迁至扬州之事：“承圣末已启求扬都欲营迁厝，蒙诏赐银百两，已于扬州小郊北烧砖。”由此可见，每次造墓所用之砖都是定制的。

③南京博物院、南京市文管会《南京西善桥墓及其砖刻壁画》，《文物》1960 年第

8、9 期。一般称之为西善桥南朝墓，此处称为宫山墓。

④罗宗真《南京西善桥油坊村南朝大墓的发掘》，《考古》1963 年第 6 期。一般称为油坊村南朝大墓，此处称为罐子山墓。

⑤南京博物院《江苏丹阳胡桥南朝大墓及砖刻壁画》，《文物》1974 年第 2 期。因将此墓考订为齐景帝萧道成的修安陵，所以有时就简单地将其称为修安陵。但由于以下叙述不方便，所以这里称之为仙塘湾墓。

⑥南京博物院《江苏丹阳胡桥、建山两座南朝墓葬》，《文物》1980 年第 2 期。

⑦同⑥；姚迁、古兵：《六朝艺术》，文物出版社，1981 年。这两处文献均称之为金家村南朝失名陵，此处根据发掘报告称之为金家村墓。

⑧砖室墓各部分的名称，有各种称呼。此处将砖室整体称之为墓室。通路部分称之为羡道（相当于甬道、过道），置棺的房间称之为玄室。

⑨本文的插图采自姚迁、古兵《六朝艺术》和南京博物院《江苏丹阳胡桥南朝大墓及砖刻壁画》，现将其刊载的图版表示如下：

	宫山墓	仙塘湾墓	金家村墓	吴家村墓
狮子图			201，202	
天象图			199，200	
守门武士图			203，204	
骑马武士图		∗16	205，206	
持戟武士图		∗17	208，209	
侍从图		∗18	207，210	
骑马乐队图		∗6	211，212	
羽人戏龙图				189，191—192
				195—198
羽人戏虎图		180—182	213—215	1190，193
				194，198
竹林七贤及荣启期图	162—179		216—223	184—188

⑩同⑥。

⑪表示一种飘拂的莲蕾，参见林良一《佛教美术的装饰纹样》，《佛教艺术》合订本，1981 年。

⑫同⑥。

⑬同⑥。

⑭同⑥。

⑮杨泓《中国古兵器论丛》，文物出版社，1980 年，第 42—43 页。

⑯同⑥。

⑰同⑥。

⑱同⑯。

⑲关于羽人戏龙、戏虎图的大小，吴家村墓的羽人戏龙图为宽2.4、高0.94米。假定以一砖宽17、厚4.8厘米来计算，金家村羽人戏虎图宽为2.83（竖砌59砖的厚度）、高为0.91米，（平砌9砖厚度+竖砌3砖宽度）。用以计算吴家村墓则其高度没有变化，但宽度则为3.12米（竖砌65砖厚），原测宽度似有误。

⑳南京博物院《江苏丹阳胡桥南朝大墓及砖刻壁画》，《文物》1974年第2期。

㉑同⑥。画面的宽度参照注⑲。

㉒同⑥。

㉓洛阳博物馆《洛阳西汉卜千秋壁画墓发掘简报》，《文物》1977年第6期。

㉔〔日〕曾布川宽《昆仑山升仙考》，中央公论新社，1981年，第158页。

㉕云南省文物工作队《云南昭通桂家院子东汉墓发掘》，《考古》1963年第8期，图6。

㉖曾昭燏等《沂南古画像石墓发掘报告》，文化部文物管理局，1956年，图版63。

㉗同㉔，第27页。

㉘洛阳博物馆《洛阳北魏画像石棺》，《考古》1980年第3期。此外王子云：《中国古代石刻画选集》（中国古典艺术出版社1957年版）还收有洛阳出土的神人没有骑乘龙虎的石棺刻画。

㉙石刻人物不是东王公、西王母本身，因为女神没有描绘出作为西王母象征的玉胜饰物。

㉚河南省文化局文物工作队《邓县彩色画像砖墓》，文物出版社，1958年，图29。

㉛南京博物院《江苏丹阳胡桥南朝大墓及砖刻壁画》，《文物》1974年第2期。胡桥大墓（仙塘湾墓）的砖刻壁画风格与南京西善桥油坊村南朝大墓（罐子山墓）的砖刻壁画“竹林七贤”完全一致，另两墓所出“狮子”壁画也与西善桥南朝大墓（宫山墓）残存的“狮子”砖刻壁画与文字一模一样。但是，原报告罐子山墓未发现“竹林七贤”，宫山墓未发现“狮子”，可能是把两座墓的壁画搞错了。

㉜京都大学文学部东洋史研究室《东洋史辞典》，1961年，第461页。`

㉝竹林七贤及荣启期的文献上的考证，在南京博物院、南京市文管会《南京西善桥墓及其砖刻壁画》（《文物》1960年第8、9期）等发掘报告及南京博物院《试谈“竹林七贤及荣启期”砖印壁画问题》（《文物》1980年第2期）中，已有详细的论述。此处从其说。

㉞同㉚，图31。

㉟同⑳。金家村、吴家村墓的花纹砖没有区别，但在各自的羽人戏虎图图版上，有一部分连续波状唐草纹，二者有所不同。

㊱南京博物院《南京中山门苜蓿园东晋墓清理简报》，《考古通讯》1958年第4期。

㊲南京博物院《南京尧化门南朝梁墓发掘简报》,《文物》1981年第12期。

㊳南京市博物馆阮国林《南京梁桂阳王萧融夫妇合葬墓》,《文物》1981年第12期。

㊴刻字砖似以表述砖的形状为原则,但是垳、坾圩等字包含的意义却不清楚。而且释读也无定论。这里采用了被一般认为较妥当的释文。

㊵南京博物院《南京富贵山东晋墓发掘报告》,《考古》1966年第4期。在离此墓400米的山麓出土了一块记有“晋恭帝玄宫”的石碣,见李蔚然:《南京富贵山发现晋恭宫石碣》,《考古》1961年第5期。

㊶华东文物工作队《南京幕府山六朝墓清理简报》,《文物》1956年第6期。

㊷关于南朝墓的形式分类,有李蔚然《南京六朝墓葬》(《文物》1959年第4期)、尹武炳《武陵王墓和宋山里六号墓砖筑构造的综合考察》(《百济研究》第5辑,1974年)、〔日〕冈内三真《百济武宁王墓与南朝墓的比较研究》(《百济研究》第11辑,1980年)等。李蔚然的分类只搜集了初期的,未包括以后发现的新资料。尹武炳和冈内三真的论述加入了近年来的资料,取得了一定的成果。但遗憾的是,因为主要是和百济古坟相比较,没有考虑详细年代和地域上的差别,此处仅采用了能考订为帝陵的大墓资料,并无意对南朝墓的全部进行形式分类。关于南朝帝陵,罗宗真:《六朝陵墓埋葬制度综述》《中国考古学会第一次年会论文集》,(文物出版社1980年版)可作参考。

㊸玄室的壁面采用内弯的技法,在西晋方形穹隆顶砖室墓中已有所表现,此后继续有这样的建筑形式。

㊹南京市文物保管委员会《南京郊区两座南朝墓清理简报》,《文物》1980年第2期。

㊺朱希祖等《六朝陵墓调查报告》,《中央古物保管委员会调查报告》第1辑,1925年;朱偰《建康兰陵六朝陵墓图考》,商务印书馆,1936年;朱偰《丹阳六朝陵墓石刻》,《文物参考资料》1956年第3期。

㊻同⑥。

㊼该陵所在地载于《建康实录》。在《六朝事迹编类》所引的《蒋山图经》中说,在蒋庙有刻有“初宁陵西北隅”的石柱,见朱希祖等:《六朝陵墓调查报告》,《中央古物保管委员会调查报告》第1辑,1925年,第11页;姚迁、古兵《六朝艺术》,文物出版社,1981年,图版1—3。

㊽罗宗真《六朝陵墓埋葬制度综述》,《中国考古学会第一次年会论文集》,文物出版社,1980年,第364页。关于陈文帝陈蒨的永宁陵,应为位于江宁其林门灵山之墓,这是1972年发掘的,但未见报告。姚迁、古兵《六朝艺术》,文物出版社,1981年,图版104—111。

㊾姚迁、古兵《六朝艺术》,文物出版社,1981年,图版124—127。

㊿同㊾，图版28—31。

51同㊾，图版18—27。

52同㊾，图版125—132。

53同㊾，图版4—9。

54同㊾，图版10—17。

55梁代的石兽与齐形式相比，更近于宋的形式。但翼的涡卷和长的尾巴是宋形式所没有的。曾昭燏等《沂南古画像石墓发掘报告》，文化部文物管理局，1956年；赵万里《汉魏南北朝墓志集释》，1956年；王子云《中国古代石刻画选集》，中国古典艺术出版社，1957年；河南省文化局文物工作队《邓县彩色画像砖墓》，文物出版社，1958年；姚迁、古兵《六朝艺术》，文物出版社，1981年；罗宗真《六朝陵墓埋葬制度综述》，《中国考古学会第一次年会论文集》，文物出版社，1980年，第358—386页；尹武炳《武陵王墓和宋山里六号墓砖筑构造的综合考察》，《百济研究》第5辑，1974年，第155—186页；〔日〕冈内三真《百济武宁王墓与南朝墓的比较研究》，《百济研究》第11辑，1980年，第223—277页。

56同㊾，图版32—40。

57朱偰《建康兰陵六朝陵墓图考》，商务印书馆，1936年，第19、20页。

58〔日〕冈内三真《百济武宁王墓与南朝墓的比较研究》，《百济研究》第11辑，1980年；〔日〕小田富士雄《从南朝砖墓看百济、新罗文物》，《九州文化史研究所纪要》第26号，1981年。

（日本学者町田章1983年在日本奈良国立文化财研究所创立30周年论文集《文化财论丛》上发表《南齐帝陵考》一文，纪仲庆将其译成中文，以笔名“劳继”发表于《东南文化》1986年第1期）

“中国东南滨海地区古代文化学术讨论会”总结报告

各位代表：

从6月5日开始，历时四天的中国东南滨海地区古代文化学术讨论会，今天下午即将闭幕。召开这种形式和性质的学术性会议——即汇集滨海各地的有关专家学者，全方位的、多学科的探讨滨海地区古文化的学术会议，在我国应该说还是第一次。根据代表们的反映。这次会议开得还是比较成功的。

参加这次大会的代表有84人，代表们分别来自辽宁、北京、江苏、上海、浙江、福建、广东、海南等省市。除山东、台湾之外，中国沿海各省市都有代表参加。代表中有一部分是国内颇具名望的专家学者，其中不少是某一地区或某一方面的学术带头人，有许多年轻的专业研究人员，还有一批在各地从事某项具体业务工作、有相当丰富实际经验的基层干部。这些同志们坐在一起。探讨共同关心的课题，这对于推动东南滨海地区古代文化的研究和促进这一地区文化事业的发展，无疑是起了积极作用的。

下面我想谈两个问题，首先谈一下召开这次会议的缘起，亦即召开这次会议的原因和目的；其次就个人的认识，谈谈这次会议的收获。

一　召开这次学术讨论会的缘起

这次会议的发起和筹备工作是从1989年9月开始的。发起这次会议主要是从以下几个方面来考虑的。

1. 自1977年10月在南京召开的长江下游新石器时代文化学术讨论会之后，沿海各省市的文物考古、历史、民俗及其他人文学科的研究者，又做了大量的调查、发掘和研究工作，取得了丰硕的成果。但相互之间沟通不够，需要交流和协助。

2. 时代的要求。沿海各省市面向海洋，地处开放前沿，是文化交汇融合的地带。历史上的文化，从时间上讲有一个演化变迁过程；从空间上讲也存在一个传播交流的问题。探讨历史上滨海文化的产生、特点及其发展演变和传播的规律。能够为当今文化建设提供历史借鉴。我们要继承和发展我国优秀的传统文化，首先要正确地认识传统文化，分清其精华与糟粕，然后才能真正地谈到继承。因此研究滨海地区古文化是时代赋予我们沿海各省市社会科学工作者的历史重任。

3. 沿海地区文化的发展和地理环境，尤其是和海洋洋面的变化有密切关系。因此通过各时代古文化的分布状况、经济特征和繁荣程度的研究，可以发现海进和海退及地理环境变化的规律，从而为当代和未来沿海地区的建设，提出有价值的科学依据，这种研究靠单个省市是难以解决的，只有沿海各省市的学者都来关注这一课题，才能得出科学的有指导意义的结论。

4.《东南文化》杂志是以研究探讨中国东南地区的历史文化为主要内容的学术性刊物。1985年创刊以来，取得了一些成绩，并受到了社会各方面的嘉许和鼓励。但我们在编辑此刊的过程中，也日益感到关于东南地区古文化的综合研究是该刊的一个薄弱环节。我觉得为了改变这一现状，必须加强东南沿海各省科研的协作。只有协作才能打破行政区划和学科上的隔膜，才较易形成重大的集约性的科研成果。在目前沿海地区缺乏统一的科研组织的情况下，组织学术会议应该说是一种较为有效的协作方式。通过出版编辑工作，将与会代表的学术论文和讨论研究的收获，汇编为历史性的学术文献，为民族文化的研究积累成果。

以上就是我们为什么要发起和组织这次会议的指导思想。

去年9月，当我们提出召开这次会议的计划时，当即得到了江苏省文化厅、江苏省考古学会、苏州博物馆、张家港市文管会、南通博物苑、南通市文管会等单位的响应和支持。许多同志为筹备这次会议付出了辛勤的劳动。首先我们要感谢张家港市人民政府、文化局、文管会的领导和同志们对大会所作的无私的支持。我们还要感谢北京，辽宁及东南沿海各省市兄弟单位的大力协作，感谢各地代表们不辞辛苦长途跋涉来参加这次盛会。在会议筹备期间还得到了安志敏、牟永抗、王明达、陈国强、陈存洗、蔡凤书等专家学者的指导。我们还要感谢这次会议的各发起单位，他们是：南京博物院、东南文化杂志社、张家港市文管会、苏州博物馆、常熟市文管会、南通市文管会、南通博物苑、南通纺织博物馆、连云港市古建筑修缮工程处、浏河郑和纪念馆、太仓县博物馆、淹城博物馆共12家。无锡博物馆也为大会做了许多工作，这些单位及其负责同志为这次会议能如期召开，都作了很大的贡献。《东南文化》杂志社和张家港市文管会办公室的同志们做了大量细致而具体的组织筹备工作。张家港宾馆高质量的服务，为大会提供了极为优越的条件。苏州大学历史系和吴文化公园联合向大会代表赠送《吴文化研究专刊》。均在此一并表示感谢。

二　大会的收获

这次大会收到各地代表的论文有77篇，共70余万字，内容相当丰富。其中包括考古、历史、地理、环境、民族、民俗、宗教、艺术、文学、民间舞蹈、建筑、航海等内容的文章。不少论文具有相当高的质量。

会议按代表所从事的学科，划分为考古、历史、民俗三个组，在分组讨论会上，各地代表进行了广泛的学术交流。交流的内容包括近年来各地有关工作的主要收获、主要研究成果以及对共同关心的问题进行探讨等。在分组会的基础上，还有19位代表作了大会发言。代表们反映，这次会议的确使自己了解到许多学术方面的重要信息，开阔了自己的视野，知道了当前滨海地区古文化研究的现状，感到收获很大。不少同志认为，像这样的多学科的、共同探讨一个中心课题的学术会议，以后每隔一段时间，就应该开一次。浙江和海南的同志都表示他们有意主办第二次滨海地区古代文化学术讨论会，说明这次会议的确开的还是成功的。

由于我们是第一次召开这样的会议，必然存在不足之处，下面就这个问题谈谈个人的意见。

1. 由于滨海地区各省市以及各学科，过去一直处于比较隔阂的状态，彼此缺乏了解，因此不少文章大多是各谈各的。跨地区、跨学科的综合研究文章较少。东南滨海是中国的东南滨海，因此如何把这一地区的古文化纳入全国范围来考虑，也就是说在深入研究某一地区古文化的同时，进而研究其在全国的地位和作用是十分重要的。从这次会议来看，这方面的文章似乎比较薄弱。另外，在当前科研领域中，对于某一课题的研究，往往需要许多有关学科的共同协作，才能取得理想的结果，不同的而有密切相关的学科，互相渗透，互相促进，是当前科研中的趋势。在座的有许多学科的专家，大家坐在一起研究滨海地区古文化问题。我希望大家能够互相吸取彼此的研究成果，融合到自己的研究工作中去，以使滨海地区的古文化研究更上一层楼。

2. 我国现在正处在改革开放时期，文物考古界现在已开始提出了面向世界的问题，当然，其他学科也同样是如此。中国东南滨海，如果从大范围来讲，是属于环太平洋文化圈的一部分。因此，如何把中国东南滨海地区古文化放在环太平洋这个大范围中去考虑，也应是我们沿海社会科学工作者的职责。中华民族文化的外延，也即是说中国文化对海外的传播和影响是很深远的，其影响所及不仅日本、朝鲜、东南亚，甚至远及欧美，而这些影响很多都起源于我国东南沿海地区。东南沿海地区还是接受外来文化影响的前沿。如何加强这方面的研究，有待于我们共同努力。

当然，我讲的上述两点意见并不是否定一个地区、一个学科对某一特定课题研究的重要性。个性与共性是对立的统一，对个别事物的认识不深不透，也就无法归纳出较有普遍意义的规律来。我的意思是，在我们研究个别事物的同时，能够把眼界放得更宽一些，使研究手段更丰富一些。如此而已。我相信今后在第二次，第三次的讨论会上会取得更多的新成就，以无愧于我们的国家和时代。

我的发言就到这里。谢谢大家！

南京博物院藏宝录

新石器时代的两头石镐

镐是一种刨土用的工具，也叫“䦆”或“镢”，形似锄，但刃较锄坚钝而狭窄，由镐头和木柄两部分构成。这种工具在我国出现较早，如广东马坝石峡等新石器时代晚期遗址出土的石䦆即是。

这里要介绍的是两头镐。两头镐又名十字镐，一般说是近百余年从欧洲传入我国，故有“洋镐”之称。它的形制特点是，一端窄刃，一端为钉齿，中部有椭圆形孔，可穿木柄。这种工具在开垦荒地和筑路施工中被广泛使用。

令人感到十分惊诧的是，1976 年江苏邳县大墩子遗址第三次发掘时，在一座新石器时代大汶口文化早期的墓葬中，竟出土了一件石制的两头镐（图一）。

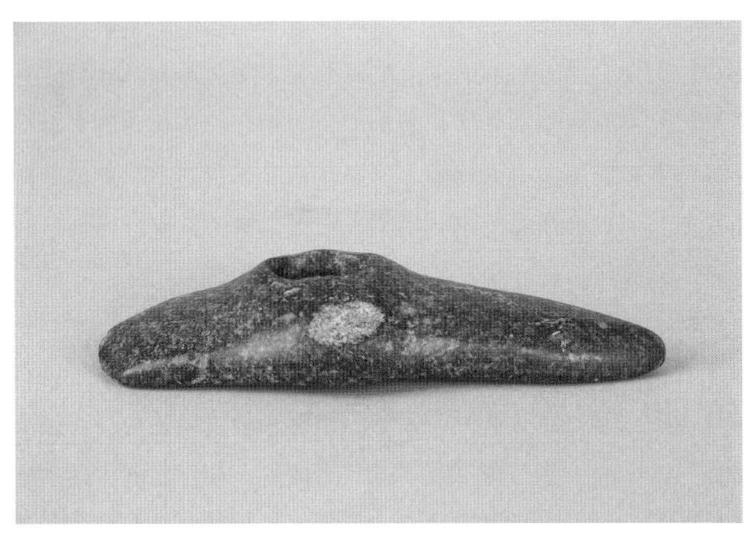

图一　新石器时代石镐（侧视）

这件两头石镐，系用灰黑色辉绿岩制成，通长 16.6 厘米，宽 6.8 厘米，也是一端为窄刃，一端为钉齿，中部有椭圆形孔。磨制，孔系琢成。两端的窄刃和钉齿均有因长期使用而遗下的摩擦痕迹和缺损的疤痕。这种使用痕迹的特点，与常见的用作砍伐的石斧的使用痕迹基本相同，因此我们怀疑它原来作刨掘树根等用途。总之，这件石镐除了长度较短以外，其形制特征与近现代的两头镐并无二致，用途也基本相同。据目前所知，这不仅是我国，也是世界上发现的最早的一件两头镐，距今已有 5000 多年。难怪有人说："过去好多人把它叫作'洋镐'，其实我们的祖先早在5000多年以前就创造了这种工具，看来'洋镐'这个词，确实不宜再使用了。"

这件石镐的正面中部两侧，还琢出了两个左右对称的椭圆形凹窝，如果将石镐的钉齿朝下放置，正视石镐则有如一个鸟头形，两侧的凹窝则为鸟的双眼，构思颇为巧妙。邳县一带在商周以前为东夷及其先民的居地，而东夷及其先民是以鸟为图腾的。石镐作成鸟头形，或者正是这一历史事实的反映。

五千年前的玉匕首

匕首是一种便于隐藏，利于近身袭击的短兵器。汉服虔《通俗文》云："匕首，剑属，其头类匕，短刃可袖者。"其基本形制犹如短剑，一般长不盈尺。在我国先秦史中，不乏利用匕首进行劫持和行刺的记载。如春秋时期的"曹沐执匕首劫齐桓公"；"公子光……使专诸置匕首于鱼炙之腹中而进之，……因以匕首刺王僚"；豫让"挟匕首欲以刺（赵）襄子"；战国时期的燕太子丹"预求天下之利匕首，得赵人徐夫人匕首，取之百金。……乃为装遣"，于是以后有荆轲刺秦王之举，"秦王发图，图穷而匕首见，（荆轲）因左手把秦王之袖，而右手持匕首揕之。"以上事在《左传》《史记·刺客列传》《史记·吴泰伯世家》《战国策·燕策》等文献中有详细记载。

从考古发掘品来看，以往在河南辉县琉璃阁战国墓和固围村六号墓各出土过一对铜匕首。在洛阳中州路的一座西周晚期到春秋早期的墓葬中出土了一件长28.5厘米，带有象牙柄、鞘的青铜短剑，实际上也应是一柄匕首，有人推测匕首这种兵器可能起源于西周早期。

20世纪60年代以来，南京博物院先后对江苏邳县大墩子新石器时代遗址进行过三次发掘，清理了新石器时代墓葬近600座。在数以千计的出土物中，就包括了十余件匕首，它们均出自大汶口文化早期（花厅期）墓葬，距今5000年左右。

这些匕首绝大多数是用鹿角和兽骨制成。其共同的形制特征是，前部如锋利的短剑，后半部为圆形环柄。其中最为珍贵的是出自97号墓的玉匕首。这件玉匕首是用白色透闪石（软玉的一种）制成，形制特征与骨、角匕首相同，通长21厘米，刃端宽2.5厘米。磨制极精。尖端如圭，并起脊，两侧有刃，后部刳空为半环形（附图）。出土时握在墓主人左手中。

大墩子出土的玉匕首和骨、角匕首，是我国迄今发现这类武器的最早实物遗存。以往研究我国兵器史者，谈到我国新石器时代的武器，主要只限于斧、钺、锛、矛、矢等数种。大墩子玉匕首和骨、角匕首的发现，无疑为我国兵器发展史研究上提供了重要的新资料。尤其是这柄玉匕首，由于其精湛的工艺，使得它在同类品种中更显得出类拔萃，引人注目。这是我国最早的、唯一的玉匕首，因此南京博物院将其定位一级藏品（图二）。

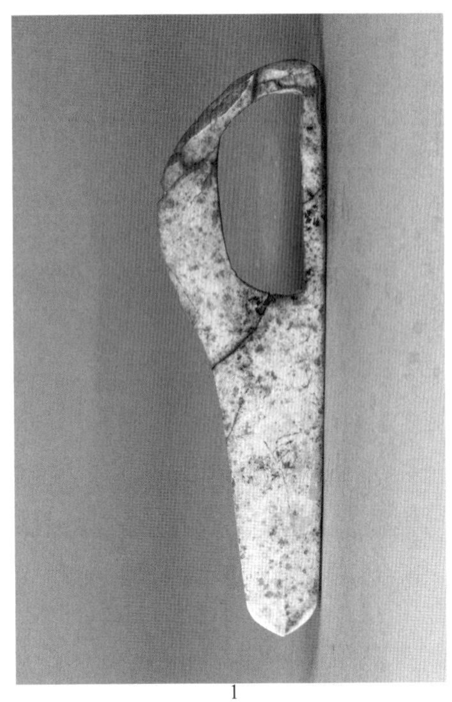
1

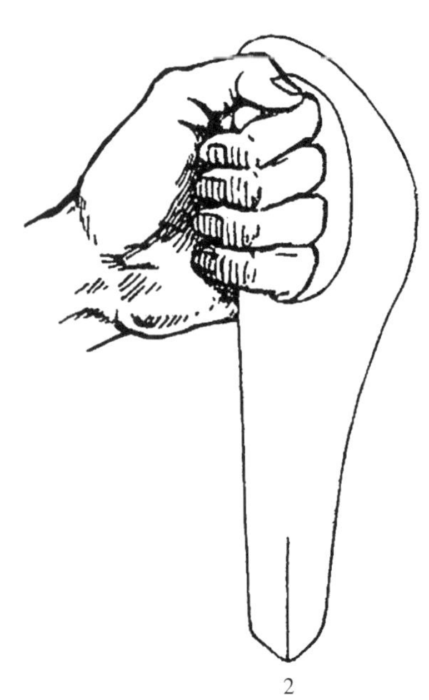
2

图二 新石器时代玉匕首
1. 玉匕首 2. 匕首使用示意图

西汉鎏金银鹰座玉琮

玉琮是我国古代所特有的一种玉器，其形制呈外方内圆的粗管状。它最早出现于我国长江下游距今4000—5000年前新石器时代晚期的良渚文化时期。稍晚，在河南安阳的殷代大墓中仍有发现。西周以后，考古发现的实物已经很少见了。到了汉代，虽然当时仍盛行玉器，但玉琮却已近乎绝迹了。因此1965年2月在江苏涟水三里墩西汉墓出土的一件鎏金银鹰座玉琮，就格外地引起了人们的注意。

这件鹰座玉琮通高8.4厘米，面阔6.2厘米。琮的本体是用羊脂白玉制成，表面光洁无饰。但较为别致的是，上端射口上套有鎏金的银盖，盖面隆起，中心嵌有一粒水晶泡，下端射口套有鎏金的银底座，四周展翅的银鹰分立在底座四隅，成为底座的四足。底座的边缘，还刻有花纹一周，鹰的造型十分逼真，充分地表现出雄鹰那种伟岸矫健的神态，完全可以称得上是一件精美的、写实的工艺品（图三）。

玉琮在先秦时期被儒家学者说成是六种“瑞玉”中的一种。《周礼·大宗伯》中说：“以玉作六器，以礼天地四方。以苍璧礼天，以黄琮礼地，以青圭礼东方，以赤璋礼南方，以白琥礼西方，以玄璜礼北方。”这种说法显然已糅进了战国时代的儒家思想，不足凭信，至少目前尚未能得到考古资料上的证明。从考古发现来看，良渚文化和殷代墓葬中出土的玉琮，一般形体均较大，显然不适宜作装饰品。据目前所掌握的资料，在新发现的数以百计的玉琮中，除少数出土情况不明者外，几乎全部都出自较大型的氏族显贵和奴隶主的墓葬内。因此玉琮在当时仍属于一种礼仪上的用品，用它

图三　西汉带盖鹰座玉琮

来随葬可能是为了标志墓主人身份的尊贵。

到了汉代虽然还有在仪礼上使用玉器的情况，但已只限于璧、圭两种。玉琮已不再制作。涟水三里墩西汉墓出土的鎏金银鹰座玉琮的玉琮部分，其形制特征与安阳殷墟妇好墓出土的玉琮极为相似，因此，它极可能是利用旧玉琮另外配上鎏金的银盖和银质鹰座改制而成的。很显然这样的玉琮已失去了原来作为礼仪用品的作用。而成为当时封建贵族玩赏的陈设品了。

这件玉琮的盖可以开启，中空部分可作小盒使用。至于原来是盛放何物的，已无从得知。

嵌石饰卧鹿

1965 年 2 月发掘的江苏涟水三里墩的西汉墓，出土了好几件具有很高工艺水平的青铜器，嵌石青铜卧鹿就是其中较为突出的一件。在南京博物院的陈列室里，不少中外观众都被这件铜鹿的艺术魅力所吸引，久久徘徊或伫立在橱柜前，不愿离去。一位美国观众对这件铜鹿大加赞赏，他说："我愿意罄我全部家财，来换取这件铜鹿。"充分说明了他对这件古代艺术品的喜爱程度。

这件铜鹿的形象作匍卧状，身体后部略向左侧。头部昂起，双耳耸立，两眼眺望着右前方（图四）。头顶犄角槎枒，各分四叉。在脊、臀、头、耳等部位，均镶嵌有成组的瓜子形绿松石为饰。铜鹿通角高 52 厘米，身长 26 厘米。

从造型艺术的角度看，这件铜鹿除身上镶嵌的绿松石花纹具有纯粹的装饰作用外，其形体是完全按照梅花鹿的形象来塑造的。铜鹿身体各部分的比例十分匀称，形态毕肖，甚至连身体各部的肌肉也得到了很好的表现。梅花鹿雌性无角，雄性第二年起生角，角每年增加一叉，5 岁后共分四叉而止。这件铜鹿的角共分四叉，故其形象应是一

1

2

图四　战国铜鹿

1. 战国铜鹿　2. 战国铜鹿局部

只成年的雄性梅花鹿。

一件成功的艺术品不应仅仅表现为它的形似，更重要的还是必须要表现创作对象的神韵。这件铜鹿在艺术上的成功之处，正在于它具有形神兼备之妙。鹿的性情善良温和，却又机智灵敏。你瞧！这只梅花鹿虽然正在安详地俯卧休息，但是那伸长了的颈项，无一不在表示它正在保持着高度的警觉。它的神态使人似乎感觉到，如果它一旦发现可能遭到猛兽袭击的危险时，就会突然跃起，拔脚飞奔。

我国古代野生鹿的数量很多，而且分布范围很广，与人类生活关系十分密切。我国古代人历来对鹿有一种特殊的好感。"呦呦鹿鸣，食野之苹。我有嘉宾，鼓瑟吹笙"是人们熟悉的《诗经·小雅·鹿鸣》中的诗句。据汉儒们解释说，鹿遇到食物就会鸣叫，招呼同伴来共同进食。君臣之间也应像鹿一样，有乐共享。此外，鹿又与禄谐音，而且往往还被认为是长寿的象征。传说鹿五百岁即可以变化，活至千岁则毛色变白。周平王时白鹿出现，被视为一种"祥瑞"。因此古代人们喜爱用绘画和雕塑等艺术形式来表现鹿的形象，就不足为奇了。

在湖北江陵等地的战国楚墓中，常有一种木雕彩绘鹿出土。这种木鹿在艺术造诣上虽然不及三里墩铜鹿，但在造型特征上，二者却十分相似，因此可以肯定这件铜鹿的制作受到了楚文化的强烈影响。湖北江陵等地的楚墓出土的木鹿往往作为鼓架座或鼓架来使用，而这件铜鹿出土时，却和一面蟠螭纹铜镜（图五）共存，因此这件铜鹿很可能是作为镜架来使用的。这件铜鹿系采用分段合铸法铸成，即先将犄角和四脚分别铸好，然后再与鹿的躯体合铸在一起。鹿体中空，体腔内充满未取出的泥范。

图五　战国蟠螭纹铜镜

错银饰牛灯

人们为了便于在晚上进行活动，就需要照明设备。专门用于照明的设备，最早大概是火炬了。《诗经・小雅・庭燎》中说："夜如何其？夜未央，庭燎之光。"许慎《说文》："烛，庭燎大烛也。"说明庭燎燃的是"烛"。《礼记・曲礼》上又说："烛不见跋。"疏云："古者未有蜡烛，唯呼火炬为烛也。"由此可见，周人所谓之烛，不过是用松脂竹笔等材料制作的火炬而已，亦即"松明"之类的东西。

根据文献资料及考古发现，我国灯具的使用大约始于战国时期。考古实物有成都羊子山 172 号战国晚期墓出土的高足灯，河北平山战国中晚期中山王墓出土的银首人俑灯及十五连盏灯等。但就当时整个社会来说，灯具的使用尚不普遍。长沙仰天湖、长治分水岭、易县燕下都等地发掘总数上完座战国墓，均未发现过灯具。

灯具开始普遍使用是在汉代。根据考古出土的实物来看，汉代灯具以陶制的最多，铜质的也较常见，偶尔也有铁灯发现。一般平民多使用陶灯，而铜灯则多为封建贵族阶层所使用，其制作也往往比较精致。

汉代的铜灯以盘形最为常见，这类灯多呈高柄、圈足、豆形，且往往自铭为"铜镫""铜锭"或"高镫"。附有三足的叫"行镫"。柄作雁足形的叫"雁足镫"。此外还有各种仿动物和人物形象的造型灯，如河北满城汉墓出土的羊尊灯、朱雀灯、俑座灯等均是。由铭文可知，"镫"和"锭"可通用，与灯为同义字。

这里介绍的是另一类汉代铜灯，叫作"虹烛灯"。这种灯在结构上的特点是，整个灯是由灯座、灯盏、罩板和罩盖四个部分组合装配而成。灯座为一中空的容器，灯盏为一带柄的圈足圆盘，圈足直接套在灯座的圆口之上。盏内置两片可以沿灯盏内缘转动的半圆形铜罩板，既能挡风，又可以用来调节光线的亮度和照射的方向。罩盖往往作覆碗形，扣合在罩板之上。盖顶有烟管，屈曲与灯座上不伸出的短管相套接。当灯火点燃时，烟炱即可通过烟管溶于灯座腹内的水中，从而可以保持室内空气的清新，免受污染。由于整个灯的各个部分可分可合，因此使用和擦拭都十分方便。

1

2

图六 东汉错银饰牛灯

1. 东汉错银饰牛灯 2. 东汉牛灯身上的错银纹饰

虹烛灯的名称来自《博古图》卷十八收录的“王氏虹烛锭”的自铭。南京大学还收藏有一件这类铜灯，在灯体上有“闵翁主铜釭鐶一具”八字铭文，可知这类铜灯，又可名之为釭鐶。江淹《别赋》中有：“冬釭凝兮夜何长”句，应即指此。

“虹烛灯”或“釭鐶”的制作工艺，一般都十分精致。图版所示的错银铜牛灯，更是这类铜灯中的佼佼者。其灯座为一俯首挺立的黄牛，体态端庄雄伟，各部比例匀称，腹中空。背负灯盏，盏内置两片可以转动的罩板（《西清古鉴》称之为“灯隐”），其中一片有菱形格状镂空的小环。罩板上扣穹顶形罩盖。全灯通高46厘米，长36.4厘米。这件牛灯（图六）不仅造型优美别致，而且通体还饰有精细的错银花纹。纹饰主要以流云纹、三角云纹、螺旋纹组成的图案为地，杂以龙、凤、虎及各种神怪异兽等形象。构图精妙奇特，神态生动自然，可称得上是一件精绝的工艺杰作，堪与河北满城窦绾墓出土的长信宫灯媲美。

这件铜牛灯是1980年5月，在江苏省邗江县甘泉镇一座东汉初年墓内出土的（甘泉二号汉墓）。根据该墓出土的“山阳邸”铭文的雁足灯和“广陵王玺”金印，可以断定墓主人即应为东汉初年广陵王刘荆。因此用如此绚丽而贵重的错银铜牛灯随葬，是与墓主人的身份十分相符的。

图七　南宋素色漆托盏

薄木胎素色漆器

漆器是我国在世界上享有盛名的传统工艺品之一。宋代的漆器在我国漆器工艺发展史上占有及其重要的地位。这一时期不仅创造出瑰丽多彩的戗金、剔犀、剔红、犀皮等新工艺，而且对传统的素色漆器工艺也取得了新的成就。

宋代素色漆器在工艺上的杰出成就，以往尚不大为人们所注意。一件精美的素色漆器尽管表面上朴实无华，但却具有一种特殊的感人的艺术魅力。那轻盈而流畅的线条，秀丽而端庄的造型，素雅而和谐的色调，能给人以一种优雅恬静、高逸脱俗的艺术享受。正因为如此，素色漆器在宋代即已深受当时的士大夫阶层的人们所喜爱。据宋敏求《春明退朝录》记载，宋祥符和天禧年间，王冀公（旦）为宰辅，喜爱绿色素漆，每有聚会，则盛为陈设，供宾客观赏。

宋代素色漆器在江浙一带的考古发掘中屡有出土，其中以1972年3月在宜兴县和桥镇一座南宋墓出土的一批实物最为精美。在36件随葬品中，素色漆器就占了32件，其中有大漆盒1件，盘11件，碗4件，钵4件，托子2件，圈足盆2件，唾壶1件，盂1件，细颈瓶2件，匙1件，镜匣1件（内置带柄素面铜镜），还有马桶和脚盆的模型器各1件。除马桶和脚盆为厚木胎髹黑漆之外，其余30件均为薄木胎素色漆器，大多数内外均髹酱红色漆，也有一部分外表髹酱红色漆，腹内髹黑漆，共同之处是均以黑漆镶边。这批薄胎素色漆器几乎能在定窑和龙泉窑等宋瓷中找到同类形制的产品。和桥漆器造型大方、制作精细，富有浓郁生活气息。最难能可贵的是，这批漆器在地下埋藏了达千年之久，出土时仍光璨夺目，完整如新，为以往出土的漆器所仅见。

这里介绍的是其中的一件，名叫漆托子（图七），通高6.5厘米，口径6厘米，是用来放置茶碗防止烫手的一种器皿。关于它的起源，在李匡乂的《资暇集》下“茶托子”条有如一段记载：“蜀崔宁之女以茶杯无衬，病其熨指，取楪承之，既啜而杯倾，乃以蜡环楪夹杯，遂定。即命匠以漆环代蜡，进于蜀相，相奇之，名为茶托子。”崔宁为蜀相时在中唐建中年间（公元780—783年），作者李匡乂是与崔宁同时或稍晚几年的人，所记应属可信。由此可见这种器具始创于中唐，但考古发现证明到了宋代才广为流行。以往出土多为瓷制品或为铅锡制作的明器，漆制品较为少见，是故和桥漆托子的发现弥足珍贵。

和桥漆托子等薄胎素色漆器，除了具有优美的造型和典雅的色泽外，还具有轻、薄、光三大特点，说明这时在木胎漆器的制作工艺上，较之汉唐时期用整木刳成的厚胎漆器已有了较大的革新，关于这种薄胎素色漆器的制作过程，明黄大成《髹饰录》中有较为具体的记载，大体说来一般要经过“棬榡”“合缝”“稍当”“布漆”“垸漆”“糙漆”6道工序。最后根据不同的用途，再上色漆或加绘饰。6道工序需时一二日至三五日不等，也就是说先将精选的木料劈成薄片，于旋床上圈叠胶接成形，胶干后以刀刳缝，再炀牛皮胶和生漆细心嵌入缝内，以防暑日胶汎。然后粘贴细布，并依次用粗、中、细三等瓦灰调漆以后顺序涂抹，涂一次打磨一次。再后才是上漆，漆至少要刷两次，要求不留刷痕。最后是打磨抛光，要求依次用笋壳和细布打磨，再涂抹菜油，末了用出光粉抛光，才能使漆器表面光洁如镜。因此这样的漆器在当时确乎十分奢侈的日用品。

当和桥漆器在我院展出后，扬州和温州漆器厂的技师们，会专程来南京观赏。他们认为从工艺特点来看，这批漆器可能是浙江温州的产品。宋代温州、杭州、湖州等地是著名的漆器产地，当时的浙漆与定瓷、端砚、吴纸等齐名，皆被称为“天下第一”。以和桥漆器证之，浙漆能得到如此赞誉是当之无愧的。

神兽纹镶银金带钩

带钩是我国古代特有的用于束腰的革带上的扣件，起着连接革带两端的作用，用法是将带钩的钩纽插入革带一端的纽孔内，钩身正面向外，钩首钩住革带另一端的钩孔，如此即可将腰带束于腰部。在陕西西安秦始皇兵马俑坑的许多武士俑的腰部，逼真地塑出腰带和带钩的形象。

以往提起带钩，人们总会联想到我国战国中期的改革家赵武灵王。他为了要振兴赵国，极力提倡“胡服骑射”，为此和各种守旧势力进行了坚决的斗争，最后取得了胜利。因此人们多认为带钩就是赵武灵王提倡“胡服骑射”以后，随着“胡服”一道从鲜卑、犬戎等游牧民族传入的。古文献上所提到的师比、胥纰、犀比、犀毗、饰比、私比、鲜卑等器名，历来注家皆认为是胡语带钩的谐音。千百余年来人们对于上述说法一直深信不疑，但新中国成立以来的考古发现，却使人们对这一传统说法产生了怀疑。

从新中国成立以来全国各地发掘的数以千计的先秦和秦汉时期的墓葬资料看，可以肯定在春秋中期，带钩即已流行于我国的中原地区，其分布范围北不过辽河，西不过宝鸡，南不到岭南。这就证明了我国带钩的使用，并不是开始于战国中期，而是在春秋中期或更早。它的流行似与赵武灵王提倡“胡服骑射”无关。从出土的带钩分布范围来看，辽河以北匈奴、鲜卑等游牧民族故地出土的带钩的相对年代，明显晚于中原地区。因此带钩也就不可能是起源于北方游牧民族，然后再传入中原的。事实可能正好相反。至于师比、胥纰、犀毗等器名，近已有人考证系指另外的东西，与带钩无关。

战国秦汉是我国带钩盛行的时期，这一时期的带钩除了实际用途之外，人们愈来愈重视它的装饰作用，我国历年出土的工艺水平较高的带钩，绝大多数都是这一时期的制品。

从资料上来看，带钩以青铜制品为主，此外还有铁质的、玉质的以及用金、银等贵重金属的制品。为了加强带钩的装饰效果，有在表面鎏金或镶嵌金银、绿松石、玉片和琉璃者。有以浮雕、圆雕、透雕、错金银等手法表现出人物、怪兽、螭首夔龙、犀牛、象头、虎、鹿、猿、蝉、鸭、龟等形象及各种图案花纹者，真称得上是争奇斗妍、琳琅满目。

各种带钩中以纯金制成者最为珍贵。迄今为止我国出土的纯金带钩总共只有十余件。1928 年洛阳金村出土的嵌玉虬龙纹金带钩、嵌玉怪兽纹金带钩等，其精美华丽的程度，一向为人们所称道。新中国成立以后出土的金带钩中，工艺水平可与之相媲美的，恐怕只有 1965 年江苏省涟水县三里墩西汉墓出土的神兽纹镶银金带钩了。

我有幸参加了涟水三里墩西汉墓的发掘工作。我清楚地记得当时亲手清理出这件珍贵文物时的激动心情。当时我们几个参加发掘的考古工作者，面对这件造型奇特、技艺高超的工艺品杰作，都禁不住发出由衷的赞叹。

这件金带钩（图八）造型略近于琵琶形，长 12、宽 2. 8 厘米，重 257 克。除了纽为铜制的以外，钩身全为黄金铸成，含金量达 94%—95%。带钩全身以圆雕、浮雕等技法铸出美丽复杂的花纹。如钩首向上放置，正视为一坐立的神兽形象。钩首部分为带有双角的兽头，钩颈即为神兽的长颈，钩身即为神兽的躯干和四肢部分。蜷曲的四肢，锋利的钩爪，显示出神兽威武有力的神态。两条小夔龙分别蜿蜒于神兽后肢的两侧，更增添了几分神秘感；如将带钩上下倒置，则钩身中段呈现为一长耳加镶银双角的兽头，瞋目利齿，相貌狰狞，钩颈犹如口中吐出的长舌。这种造型奇特正反都可以单独构成图形的奇巧构思，以及两种圆形的巧妙结合的双联纹，真令人拍案叫绝。

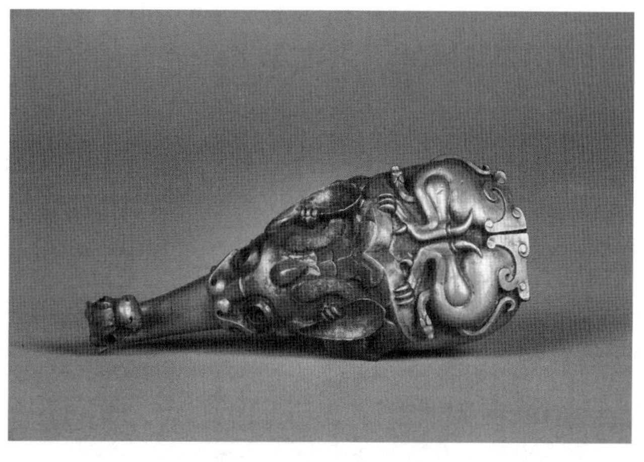

图八　战国兽形金带钩

如此精美的带钩使得我很自然地联想起西汉刘安《淮南子·说林训》中有关当时士大夫阶层中以带钩的华丽竞相炫耀的记载。原文是：“满堂之坐，视钩各异，于环带一也。”可见当时每逢盛会，嘉宾满座，个人腰间所佩带的带钩，作用虽然相同，但每一个人都以自己的带钩的华丽别致相炫耀，其中竟无一相同者。

这件带钩，虽是西汉墓出土，但与共出的其他的精美铜器，都具有鲜明的战国作风，故此它的年代亦应定在战国较为确切。

东汉金印“广陵王玺”

1981 年 2 月 24 日，在江苏省扬州市邗江县甘泉乡出土了一方罕见的汉代诸侯王金印——“广陵王玺”。此印系纯金铸成，制作精工，光璨如新。印台呈方形，上立龟纽。印面阴刻篆文“广陵王玺”四字，字体端庄凝重，刀法遒劲老练。龟纽的背上铸有六角形图案组成的龟背纹。龟甲的周缘、双眼、四肢等部位，均錾有小圆圈形的花纹——俗称鱼子纹。经笔者用精密量具测量，测得印面长为 2. 372 厘米，宽为 2. 375 厘米，台高 0. 945 厘米，通纽高 2. 121 厘米，重 122. 87 克（图九）。

图九　东汉广陵王玺

这方金印出自 1980 年发掘的甘泉二号汉墓附近的杂土乱砖堆中，是农民陶秀华在挖取碎砖铺路时偶然发现的。这座墓早年被盗，盗洞内填满了杂土、碎砖、破陶片和零星的小件文物等。多年来甘泉砖瓦厂即在此墩上取土烧砖，但由于盗洞内的杂土很难制坯，故往往被弃置堆放在近旁。金印出于此处，可以肯定原来就是该墓的随葬品。1980 年南京博物院清理这座残墓时，仍清理出不少具有历史和艺术价值的珍贵遗物。其中有一件铜雁足灯，其底盘周缘铸有“山阳邸铜雁足长镫建武廿八年造比十二”17 字铭文，为判断这方金印的主人，提供了重要的实物依据。

据《后汉书》等史书记载，东汉光武帝刘秀之子刘荆于建武十七年（公元41年）被封为山阳王，明帝永平元年（公元58年）又被徙封为广陵王，因此这方金印的主人可以肯定就是由山阳王徙封为广陵王的刘荆。

这方金印的发现引起了国内外考古界的极大重视，其重要意义可以归纳为如下几点。

一、汉代诸侯王金印，以往仅见于文献记载。“广陵王玺”是迄今为止发现的唯一的一方汉代诸侯王金印。《后汉书·舆服志》徐广注云：“太子及诸侯王金印、龟纽、朱绶”。“广陵王玺”确为龟纽金印，与徐广所记的东汉印制完全相符。

二、已故著名学者陈直先生在《汉书新证》中会论及汉代的“玺多为涂金”，并说：“称玺为元狩四年（公元前119年）以前制度，以后皆称印”。而“广陵王玺”为纯金制成，又明确地称之为“玺”，这至少证明了东汉初年在诸侯王的印制，已突破了西汉元狩四年以后的限制。

三、以往篆刻家多认为纯金质地过软，不适于雕刻，“必渗以铜，方能成印”。日本学者大谷光男也说过：“雕刻金印的技术非常困难，在现在的日本连一个人也找不出来”。而“广陵王玺”四字却明显是用刀雕成。推测系用极其锋利的薄刃钢刀，沿长笔画的边缘，以双刀正入，而后用宽1毫米左右的平头小刀在笔画两端錾平，再剔清笔画，使每道笔画的横切面呈凵形。这种刀刻金印的技法，为研究我国篆刻史提供了新资料。

四、“广陵王玺”的发现，最终解决了日本延续了近二百年的关于“汉委奴国王”金印真伪问题的悬案，从而证明了《后汉书·东夷传》中关于“建武中元二年（公元57年）倭奴国奉贡朝贺，……光武帝赐以印绶”这一段记载的可信性。

“汉委奴国王”金印是1784年（光格天皇天明四年），在日本福冈东郊志贺岛上发现的。印台呈方形，上缀蛇纽，纽上满錾鱼子纹，印面阴刻篆文“汉委奴国王”5字。此印发现后即有不少学者撰文，认为这颗金印可能即是建武中元二年光武帝赐给日本使节的之物。然而对此看法持异议者亦不乏人，特别是在第二次世界大战后近几十年来，不断有人著文表示不同看法。其中最主要的就是“私印说”。所谓“私印说”就是认为“汉委奴国王”印不是东汉王朝赐给的，而是当地统治者自己铸造的“私印”。甚至还有人断言这是一个骗局，是江户时代的伪作等等。

这个历史悬案直到“广陵王玺”出土后，才算真正的得到解决。这主要是因为这两颗金印有着惊人的相似之处。这种相似表现在：1. 大小基本相同，二印的大小均合乎汉制边长1寸，台高4分的标准，2. 花纹特征相同，两颗金印的纽上都布有许多鱼子纹，而且同样都是在金印铸好之后，再用工具錾上去的。3. 二者印文均用刀刻成，而且书体也有一个共同特征，即每一笔画都是方笔起方笔落，这和一般汉印印文每一笔画的两端多呈钝圆形有很大的区别。上述三点，显然不会是巧合。这样就可以证明“汉委奴国王”金印确是真品无疑。

非常凑巧的是光武帝赐“汉委奴国王”印的时间是建武中元二年（公元57年），而明帝赐“广陵王玺”时在永平元年（公元58年），前后只相差一年。由于这两颗金印十分相似，以致于中日学者多人怀疑它们可能出自同一工匠之手。

“汉委奴国王”金印是日本的“国宝”，“广陵王玺”为“汉委奴国王”印系汉光武帝所赐提供了令人信服的证据，这就不能不引起日本学术界的震动。1981年6月27日，日本《中日新闻》《朝日新闻》《北陆新闻》等各大新闻报纸均以头版头条的显著位置，用“冲击性的发现”“伟大的发现”“解决古史之谜之光”的醒目标题，发表了“广陵王玺”出土的消息，并同时刊登了大幅彩色照片。还以通版的篇幅报道了名古屋市博物馆学艺员梶山胜先生撰一专文，题曰《汉委奴国王王印与金印国家群》（Museum Kyushu 第19号），对自1954年以来在我国境内发现的十二枚金印进行了比较研究。这些评论和文章，充分说明了“广陵王玺”的发现对研究日本这一时期的历史和中日交往史上的重要价值。

撰写的考古报告和简报目录

一　考古报告专集

《北阴阳营——新石器时代及商周时期遗址发掘报告》，文物出版社，1993 年（该报告专集最初由罗宗真等先生编写成初稿，最后由纪仲庆改写定稿）。

二　考古报告

1. 《 江苏邳县四户镇大墩子遗址探掘报告》，《考古学报》1964 年第 2 期。
2. 《江苏邳县刘林新石器时代遗址第二次发掘》，《考古学报》1965 年第 2 期。
3. 《江苏海安青墩遗址》，《考古学报》1983 年第 2 期。

三　考古简报

1. 《江苏邳海地区考古调查》，《考古》1964 年第 1 期。
2. 《洪泽湖周围的考古调查》，《考古》1964 年第 5 期。
3. 《吴县张陵山遗址发掘简报》，《文物资料丛刊》第 5 辑。
4. 《江苏涟水三里墩西汉墓》，《考古》1973 年第 2 期。
5. 《铜山小龟山西汉崖洞墓》，《文物》1973 年第 3 期。
6. 《扬州邗江甘泉二号汉墓》，《文物》1981 年第 11 期。
7. 《江苏连云港海州侍其繇墓》，《考古》1975 年第 11 期。
8. 《江苏铜山县江山西汉墓清理简报》，《文物资料丛刊》第 1 辑。

纪仲庆年表

1929 年，出生

纪仲庆，祖籍江苏省宿迁县。1929 年 8 月 26 日（农历 7 月 22 日）出生在南京。祖父纪梓桢，塾师。父亲纪毓鲁，毕业于保定军校第二期炮科，毕业后由下级军官逐步递升为炮兵独立第六团团长。仲庆为其次子。

1935—1936 年（6—7 岁）

南京武定门小学，一、二年级。

1937—1938 年（8—9 岁）

抗日战争爆发，父亲率军辗转各地抗日，无暇顾家。举家老小逃难，经武汉辗转到重庆。

1939 年（10 岁）

重庆市歌乐山高店子小学四年级。

1940 年（11 岁）

父亲突发脑溢血去世，享年 45 岁。举家迁至四川璧山县。

1941—1942 年（12—13 岁）

四川璧山县城中镇中心小学五、六年级。

1943—1946 年（14—16 岁）

四川合江县桂溪园（后迁至永川县红炉场）国立第十六中学初中一年级到三年级。

抗日战争胜利后，从重庆返回南京。

1946—1948 年（17—19 岁）

南京私立昌明中学高中一至三年级。

1949 年 6—9 月（20 岁）

是年 4 月 23 日南京解放。6 月考入南京市公安学校学习。

1949 年 9—12 月

9 月参加中国人民解放军西南服务团，进军大西南。12 月到达重庆，分派到该市公安系统工作。

1949 年 12 月—1952 年 9 月（20—23 岁）

先后在重庆市公安局第六分局治安科和鸡冠石派出所任治安干事和户籍干事等职。

1952 年 9 月—1953 年 9 月（23—24 岁）

因重庆市公安局精简机构，响应号召退职返回南京。复习功课，准备报考大学。

1953 年 9 月—1958 年 7 月（24—29 岁）

被北京大学历史系录取，随即赶赴北大报到，开始了为期五年的学习生活。三年级分专业，毅然选择了考古专业，其今生数十年的考古生涯，迈开了第一步。

三年级暑假期间（1956 年夏），由著名的考古学家裴文中教授领队，进行教学实习。实习项目为田野考古调查，调查了内蒙古赤峰红山遗址和林西锅撑子山沙窝子细石器遗址。这是我国著名考古学家梁思永先生早年发现和发掘过的两处遗址。

五年级（1957—1958 年）进行了毕业前的田野实习。当时虽然全国已开展了轰轰烈烈的反右运动，但这次野外实习未受到什么影响。实习基地在河北邯郸。实习期间先后发掘了涧沟、龟台两处古遗址和一处战国墓地。涧沟和龟台是两处内涵十分丰富而又典型的遗址。涧沟是单纯龙山文化遗址，龟台则包含了龙山（与涧沟不同类型）、早商、晚商和西周早期文化遗存。期间还进行过一次考古调查。这次田野实习，使其基本上掌握了中原地区从史前到先秦各个时段的考古学文化面貌，为今后从事考古工作奠定了良好的基础。

1958 年 9 月—1961 年冬（29—32 岁）

1958 年秋，北京大学毕业，分配到中国科学院考古研究所。随即分派到该所新成立的长江考古队。

当时鄂西北正在均县老河口一带兴建丹江水库大坝。考古队为配合水库淹没区的文物抢救工作，在大坝库区内的湖北均县、郧县等地开展了考古普查和发掘工作。纪仲庆在这一地区前后工作了三年多。虽然这时正值我国三年自然灾害时期，但该队的考古工作没有受到什么干扰，依然进行得井然有序。只是生活艰苦了一些。

三年来所做的工作有以下几项：

1. 1958 年冬，主持发掘均县乱石滩遗址。这次发掘的面积只有 143 平方米。发现了上下叠压的两个文化层。下层为“仰韶文化”层；上层文化遗存的面貌与河南龙山文化相近，但又具本身特征，当时将其命名为“乱石滩文化”。

2. 1959 年春、夏之交，队里分派纪仲庆和雷文汉同志负责郧县境内古遗址普查工作，同行的还有县文化馆顾馆长。历时一两个月，在全县境内发现古遗址六十余处。其中重要的有青龙泉、大寺、庹家洲、彭家嵊等遗址。

3. 1959 年秋以后，长江考古队工作重点转移到郧县。纪仲庆先后参加了青龙泉和大寺两处新石器时代遗址的发掘。发掘结果为研究中原和江汉两史前文化区之间的交互影响关系和文化谱系提供了重要实物资料。

4. 1960 年，春节期间直到开春，队里大部分同志都回北京休整了，留下纪仲庆、蒋忠义二人，带领民工发掘了分布在青龙泉遗址西部的春秋战国时期墓葬群。

1961 年秋，接考古研究所牛兆勋所长通知，同意其调往南京博物院工作的请求。在整理完手头资料并办好交接后，年底回北京办好工作调动手续，次年初赴南京博物院报到，又进入到了一个新的工作环境。

1962 年（33 岁）

年初，赴南京博物院报到，受到曾昭燏院长和赵青芳、尹焕章先生亲切接见。

10 月，参加江苏邳海地区考古调查，由尹焕章先生任组长，同行的还有张正祥先生等人。自 10 月 16 日至 12 月 17 日，历时两个月。这次调查的地域遍及东海、海州、新浦、连云港、赣榆、新沂、邳县等地。此次调查新发现古遗址 33 处。著名的邳县大墩子遗址就是此次调查的重要发现之一。考古调查报告，刊登于《考古》1964 年第 1 期。期间，调查组一行还顺道考察了山东日照两城镇龙山文化遗址。对该遗址范围之辽阔，包含之丰富留下了深刻印象。

1963 年（34 岁）

是年 2—5 月，参加整理南京北阴阳营第三、四次发掘（1957 和 1958 年）出土的陶片。主要是该遗址居住区第二、三两层和数十个灰坑出土的陶片。整理工作小组由尹焕章负责，同时参加此项工作的还有汪遵国、袁颖等。通过整理确定了第二层和第三层的文化性质为湖熟文化的早晚两期，其年代分别相当于西周早期和商代早期。灰坑中绝大部分属第三层；属第二层的有三座。另有两座（H68、H70）为新石器时代早期，文化面貌与淮安青莲岗文化遗存相似，一座（H2）较晚，面貌与良渚及大汶口文化中晚期相类似。这些观点，在后来 1992 年出版的《北阴阳营——新石器时代及商周时期遗址发掘报告》中，已有详细的阐述。

同一期间，小组还整理了南京西善桥太岗寺遗址出土的陶片。该遗址是江苏省文物工作队于 1961 年发掘的。发掘简报《南京西善桥太岗寺遗址的发掘》，当时业已发表（《考古》1962 年第 3 期）。但大批地层出土陶片却未曾整理。通过此次整理，发现地层内文化遗物包涵异常丰富。从上到下，有春战时期的印纹硬陶层、西周时期的湖熟文化层、和相当于良渚和北阴阳营时期的新石器时代文化层。纪仲庆觉得这与原报告说的该遗址从上到下都同属湖熟文化的结论大相径庭。于是就写了一篇对该遗址文化内涵的认识方面的文章。目的只不过是想更客观地反映该遗址文化遗存的真实面貌。未曾想到文稿交给曾昭燏院长审阅，不知何故此稿被她压下。1964 年曾院长去世后，原稿下落不明。

11 月 12 日至 12 月 21 日，参加江苏邳县大墩子新石器时代遗址第一次发掘。发掘由尹焕章先生主持，张正祥负责测绘。此次发掘面积虽然不大，但收获颇丰。主要是首次发现在苏北地区新石器时代花厅类型、刘林类型和青莲岗类型的三叠层的叠压关系。为研究苏北地区新石器时代考古学文化谱系，奠定了坚实的基础。发掘资料的整理和发掘报告的编写，主要由纪仲庆先生完成。发掘报告《江苏邳县四户镇大墩子遗址探掘报告》刊登于《考古学报》1964 年第 2 期上。（与尹焕章、张正祥共同署名）。

1964 年（35 岁）

4 月 10 日至 6 月 28 日，参加邳县刘林新石器时代遗址第二次发掘。由尹焕章先生领队。此次发掘面积达 2025 平方米，清理新石器时代墓葬 145 座。发掘结束后，全部资料交由纪仲庆先生整理，并编写出《江苏邳县刘林新石器时代遗址第二次发掘》考古报告。刊登于《考古学报》1965 年第 2 期上（与尹焕章、袁颖共同署名）。

此次发掘的主要收获是，进一步对刘林新石器时代早晚两期文化遗存的划分，建立起器形演变的谱系。另外，墓葬分成若干墓群并排列有序的丧葬制度，在反映当时的社会制度等问题上，也提供了重要的信息。

1965 年（36 岁）

1 月，调查六合县李岗楠木塘西汉铸钱遗址，并做了详尽的记录。后来尤振尧先生据此记录写成报告发表。（《江苏六合李岗楠木塘西汉建筑遗迹》，《考古》1978 年第 3 期）。

11—12 月，奉领导之命也是当时阶级斗争为纲的形势使然，偕同庄群、吕群、戴先玲、吴兰芳等文博业务人员，带着一批阶级教育展览图片，深入到淮北盐场巡回展出。一边展出，一边还要访贫问苦，接受阶级教育，顺带征集讨饭碗、打狗棍等用来教育后代忆苦思甜的“文物”。

1966 年（37 岁）

春，基本上仍是原班人马，由陈列部主任王英带领，开赴连云港港口，要用阶级斗争的观点，调查并编写出连云港港史（真有点像开玩笑）。折腾了几个月，到了夏天，轰轰烈烈的“文化大革命”开始了。“小分队”回到南京。当时领导自顾不暇也没有心思听汇报了，大家随即投身到火热的斗争中去了。

1967—1969 年（38—39 岁）

继续“文化大革命”，铺天盖地的大字报，无休无止的批斗会，今天是响当当的造反派，明天又靠边审查。两三年的时间，就这样浑浑噩噩度过来了。1969 年底，接南博工宣队通知，被光荣地“批准”，下放到高邮去当农民了。

早在北京大学时就选修了日语作为第二外国语。“文革”时期为了不白白浪费大好时光，抓紧一切可利用的时间，自学日语，几年下来，基本过了阅读和口语关。

1970 年初—1971 年底（41—42 岁）

下放到高邮一沟公社红马大队汤西生产队，成了一名货真价实的下放干部。除了参加农业劳动外，也偶尔做些“农业学大寨”的宣传工作。而且在考古上还有了一次意外的收获。就在下放住的村子到公社的必经路上，有个叫龙虬庄的村庄，就在这里发现了一处包含异常丰富的新石器时代遗址。可以说这是在江苏里下河地区发现的第一处新石器时代遗址（1993—1995 年南京博物院对该遗址进行了四次发掘，领队张敏。该项目被评为 1993 年全国十大考古新发现）。

1972 年（43 岁）

1 月 6 日，在下放高邮接受再教育两年之后，因工作需要，重返南京博物院。又干上了考古老本行。

3 月，赴宜兴县和桥调查宋墓出土漆器事。该墓为南宋砖室夫妻合葬墓。墓虽被掘毁，但出土了一批保存得极其完好且精美绝伦的素色漆器，现分别珍藏于南京博物院和镇江博物馆。

4 月，配合南京大学历史系考古组发掘南京北园东晋大墓，出土罗马帝国时期制作的玻璃杯等文物。

6 月，发掘铜山县小龟山西汉崖洞墓。出土了金饼、鎏金铜熏炉等一批精美文物。据铜器铭文知墓主人为丙长翁主。这批资料后来由纪整理成发掘简报——《铜山小龟山西汉崖洞墓》，刊登在《文物》1973 年第 3 期上。

1973 年（44 岁）

3 月，为配合农业生产（村民挖取遗址灰土作肥料），南京博物院派纪仲庆、尤振尧二人，对东海县焦庄古遗址作了一次发掘。出土遗物具典型中原西周早期特征。证明西周初年周人的势力已经达到了僻于海隅的连云港地区。后由纪写成《江苏东海焦庄古遗址》，发表于《文物》1975 年第 8 期。

4 月，奉姚迁院长之命，开始撰写《略论青莲岗文化》一文。历时阅月，写成此文，随即发表于《文物》1973 年第 6 期。

12 月，发掘连云港市海州网疃庄西汉中晚期的土圹竖穴夫妻双棺合葬墓。从出土龟纽银印的印文得知男性墓主姓名为侍其䌛。该墓出土了木牍 2 块，木牍的内容为随葬衣物的清单。随后写成《江苏连云港市海州西汉侍其䌛墓》考古简报，发表于《考古》1975 年第 3 期 。

1974 年（45 岁）

是年春，吴县车坊乡因围湖造田，在澄湖西岸的前湾、后湾，原来的湖底部，发现了数以千计的古井。南京博物院派汪遵国、尤振尧和纪仲庆组队进行抢救性的发掘，吴县文管会张志新也参加此项工作。此次发掘共清理古井 150 余座。从出土遗物看，古井的时代最早为新石器时代（包括崧泽、良渚早期、典型良渚），印纹硬陶文化遗存，汉代直到宋代。其中以良渚文化土井最多，约占总数的 1/3。澄湖古井群的发现，为澄湖形成和变迁的研究，提供了重要的依据。考古简报《江苏吴县澄湖古井群的发掘》，刊于《文物资料丛刊》第 9 辑，文物出版社，1985 年。

8 月，溧水县乌山乡发现明代大墓，南京博物院派纪仲庆负责清理此墓。此墓规模很大。根据发现的墓志知此墓系明初驸马都尉西宁侯宋瑛和他妻子咸宁公主朱智明（明成祖朱棣之女）的合葬墓。因该墓规模宏大，结构与南京灵谷寺无梁殿类似，故于 1999 年被列为南京市文物保护单位。

10 月，应连云港市文化局和博物馆之请，赴连云港海州区，协助清理海清寺塔心柱发现的北宋天圣年间的舍利棺。棺室位于第二层塔心柱内。出土了石函、铁匣、银棺、金棺、银精舍、银盒和“佛真身舍利”和“阿育王佛牙”等文物 26 件以及北宋时期钱币十一市斤等。

1975 年（46 岁）

遵从领导的安排，从 1974 年冬开始到 1975 年全年，偕梅晓春共同负责南京博物院的基建工作。历时一年许，完成了博物院大殿全部雕花屏门和格栅木窗的制作和安装。兴建了考古部和技术部工作楼。次年，重返考古部。

1976 年（47 岁）

4 月，南京博物院为了配合南大历史系考古组的工农兵学员田野考古实习，对大墩子进行了第三次发掘。由纪仲庆主持，共开挖 5 个探方，发掘面积 250 平方米，墓葬 211 座，出土陶、石、骨器近 1200 件，包括一批精美的彩陶和玉、石雕刻和陶塑等原始工艺品。

7 月 28 日。唐山大地震。南京也将发生七级以上地震的谣言四起，搞得人心惶惶。忙防震忙了好几个月，正常业务工作陷于停顿。

1977 年（48 岁）

5 月，参加吴县张陵山（西山）新石器时代遗址的发掘。遗址所在原是一座土山，土山旁的砖瓦厂，在挖山取土过程中，发现了一批精美的良渚式玉器。南京博物院闻讯后随即派汪遵国、尤振尧、纪仲庆等人进行抢救性发掘。此次发掘共清理出新石器时代墓葬 11 座，其中崧泽文化 6 座；早期良渚文化 5 座。发掘报告《江苏吴县张陵山遗址发掘简报》由纪仲庆执笔完成，发表于《文物资料丛刊》第 6 辑，文物出版社，1982 年。

10 月，南京博物院、文物出版社在南京联合召开长江下游新石器时代文化学术讨论会。有 35 个单位、62 位代表参加。会上纪仲庆系统地阐述了他对长江下游及其邻近地区新石器时代文化的看法。（后整理成《长江下游新石器文化若干问题的探析》一文，发表于《文物》1978 年第 4 期）。与会者围绕青莲岗文化问题展开了热烈的讨论和争论。会后，应文物出版社之委托，写成《长江下游新石器时代文化学术讨论会纪要》，刊载于《文物》1978 年第 3 期。

1978 年（49 岁）

4—5 月，南京博物院发掘海安县青墩新石器时代遗址，由纪仲庆主持。青墩遗址是江淮之间，特别是里下河地区首次发掘的重要的新石器时代遗址。此次发掘 150 平方米。

冬季，南京博物院对扬州北郊蜀岗之上的古城遗迹进行探掘，发现了六朝时期印有“北门甓”铭文的砖砌城脚散水遗迹，大体确定了当时扬州北门的位置。期间，对发掘地区附近的古城垣、城壕及古河道进行了实地踏查。后来，根据古文献资料，结合考古学上的历次发现，写成《扬州古城址变迁初探》一文，得到了《文物》编辑部主任俞筱尧先生的赏识，并刊登在《文物》1979 年第 9 期上。

1979 年（50 岁）

4 月，配合南京大学历史系考古专业田野考古实习，对海安青墩遗址进行了第二次发掘。发掘面积 340 平方米。加上第一次发掘的 150 平方米，共发掘 490 平方米。这次发掘连同 1978 年第一次发掘资料，由纪仲庆整理成考古发掘报告《江苏海安青墩遗址》，发表在《考古学报》1983 年第 2 期上。

1980 年（51 岁）

4 月，主持发掘邗江甘泉二号墓，该墓为大型东汉砖室墓。墓早年遭毁灭性盗掘，但仍出土了不少珍贵文物。如错银铜牛灯，有“山阳邸……”铭文的铜雁足灯、玛瑙螭虎纽印及若干精美的金饰件、古罗马玻璃器皿（残片）等。经考证墓主人应为东汉广陵王刘荆。

9月，出席江苏省考古学会成立大会，当选为理事。

11月，出席在武汉召开的中国考古学会第二次年会。参观了随县曾侯乙墓出土文物，叹为观止。会议组织代表实地考察了荆州楚都纪南城遗址及出土文物。会后乘机飞合肥，参观安徽省博物馆的考古成果。

1981年（52岁）

2月14日，邗江甘泉二号汉墓附近的农民陶秀华（女）在清理该墓被砖瓦厂弃置的盗洞杂土时，不经意间发现了“广陵王玺”龟纽金印。纪赶赴邗江，在当地政府部门的协助下，将金印征集到手（现珍藏于南京博物院）。此金印成为甘泉二号汉墓的主人就是东汉广陵王刘荆的铁证。作为历史文物上的重要性，已有不少专文论述。

12月8—13日，出席在杭州召开的中国考古学会第三次年会。提交题为《宁镇地区新石器时代文化性质及其与相邻诸文化的关系》论文一篇。有关内容成为与会者热议的话题之一。

1982年（53岁）

9月，出席在徐州召开的江苏省考古学会第三次年会，会议中心议题是江苏汉代考古。

1983年（54岁）

春，被任命为南京博物院考古部主任。

8月，以日本奈良县立橿原考古学研究所长岸俊男教授为团长的日本中国都城制研究学术友好访中团一行20余人，在中国江南地区考察访问。8月30日，到达南京，由纪仲庆负责接待，并向客人扼要地介绍了南京建城史和主要古代城市遗迹。随后又全程陪同参观考察了明孝陵、灵谷寺、午朝门、石头城、台城等胜迹。后来，因该团秘书长小笠原好彦教授很看重纪在《文物》上发表的《扬州古城址变迁初探》一文。在征得纪的同意后，由崛内明博教授（日）将该文译成日文，作为附篇，刊登在该团编著的《中国江南の都城遗迹》一书之后。

9月，由国家文物局主办的苏、浙、皖、赣、京四省一市文物干部训练班，开始田野考古实习。实习交由南京博物院负责安排。实习队由纪仲庆领队，辅导老师由张敏、殷志强、贺云翱、车广锦、谷建祥等人组成。发掘面积1000平方米。发现新石器时代北阴阳营文化和早期湖熟文化的叠压关系。资料整理和报告编写工作，由张敏负责完成。发掘结束后，又组织学员赴山东曲阜，参观了三孔（孔府、孔庙、孔林）和鲁故城。看了中国社科院考古研究所存放在孔庙中的，大汶口等遗址的出土遗物标本。最后又组织学员游览和考察了泰山胜迹。

1984 年（55 岁）

3 月，偕邹厚本赴四川成都参加国家文物局主办的第一次“全国考古发掘工作汇报会”，这是国家文物局为贯彻新的工作方针和管理办法的一个重要会议，也是解放思想的重要会议，在某种意义上代表了中国考古“黄金时代”的到来。会议期间参观了都江堰、武侯祠、杜甫草堂等，会后沿归途铁路线在宝鸡、西安、洛阳等地，参观学习。特别在西安逗留期间，受到石兴邦、袁仲一等先生的热情接待，并安排参观陕西历史博物馆、秦兵马俑博物馆、周原青铜器陈列馆、西周宗庙遗址及凤翔秦公大墓等，收益良多。

6 月，江苏省考古学会第四次年会在南京举行。纪仲庆任学会秘书长。

8 月 25 日，扬州市南通西路基建工地发现古代扬州南门遗址，遗址延续时代跨唐、宋、元、明、清。南京博物院派纪仲庆、黎忠义前往协助工作。由于该遗址具有极重要历史价值，而各时代遗迹叠压、打破关系相当复杂。为保证发掘工作质量，遂偕同发掘队长王勤金，带上图纸等资料，前往北京中国考古研究所向夏鼐、王仲殊等专家求教，使发掘取得较为理想的结果。该遗址的发掘在我国城市考古史上具有极其重要的价值，被考古界誉为“中国的城门通史”。

1985 年（56 岁）

11 月，出席并主持在常州召开的江苏省考古学会第五次年会。这次会议是和中国第四纪研究委员会海岸线分委员会联合召开的。会议中心议题是长江三角洲、太湖地区海岸线、地貌变化和人类活动。

1986 年（57 岁）

3 月 30 日—4 月 5 日，出席国家文物局在昆明召开的全国文物普查考古发掘会议，会议要求继续完成田野普查任务，并部署了《中国文物分布图集》的编辑工作。归途经桂林，实地参观了中国华南地区新石器时代早期的洞穴遗址——桂林甑皮岩遗址。

6 月，应聘为南京大学历史系考古专业研究生戴国华毕业论文评阅人和答辩委员会委员。

7 月，浙江省考古学会在普陀山举行成立大会。纪仲庆代表江苏省考古学会参会并致贺词。

日本学者町田章 1983 年曾在日本奈良国立文化财研究所的《文化财论丛》中发表了题为《南齐帝陵考》一文。1985 年町田章来南京考查访问时，领导安排纪仲庆负责接待。临别时町田章将此文的抽印本相赠。纪阅后认为此文具有很高的学术价值，遂亲自将其译成中文，发表于《东南文化》第 2 辑上（1986 年 10 月）。

10 月，出席江苏省考古学会暨省吴文化研究会在苏州召开的学术年会。这次会议为纪念苏州建城 2500 年而举行的。

11 月，应邀偕邹厚本赴山东济宁，作为考官组的成员，为国家文物局举办的第三期田野考古领队培训班进行毕业论文答辩。

1987 年（58 岁）

1 月，由南京博物院和香港华润公司联合举办的《南京博物院珍品展》在香港中国文物展览馆展出。由省文化厅杜有生副厅长率代表团前往出席首展式。代表团成员还有梁白泉、宋伯胤、王英、纪仲庆等。期间，走访了香港中文大学，与林寿晋、杨建芳、邓聪等教授会晤。

6 月，应浙江省文物考古研究所牟永抗先生的邀请，偕同汪遵国对他们正在发掘的余杭瑶山良渚文化时期的祭坛遗址，进行现场参观并交流经验。

10 月 26 日，光荣地加入中国共产党。

1988 年（59 岁）

6 月，恢复职称评定，被评为研究馆员。

8 月，应聘为南京博物院学术委员会委员。

9 月 1 日至 10 月 15 日，纪仲庆和罗宗真作为中国江苏省考古学家，应联邦德国巴登符腾堡州文物局之邀，去联邦德国考察考古工作和进行学术交流。共 45 天。在主人的安排下，考察访问了斯图加特、康司坦斯、弗莱堡，海德堡、科隆、慕尼黑、波恩、法兰克福等十余座城市的考古机构、各类博物馆、古城堡、各种艺术风格的教堂，古遗址、遗迹等共达 77 处。其中凯尔特古城、罗马时期浴池建筑的完整修复和保存，博顿湖的水下考古，利用遥感技术进行考古调查，有名的海德堡古城堡和海德堡直立人下颚骨，雄伟壮观的科隆大教堂，丰富多彩的慕尼黑科技博物馆，如梦幻般绮丽的博顿湖风光，给二人留下深刻的印象。

1989 年（60 岁）

7 月，为配合在日本福冈举办亚太地区博览会，“广陵王玺”和“汉委奴国王”两颗金印同时展出。纪仲庆、汪遵国应邀赴日本参加福冈举办的“金印与东亚世界”特别讲演会。分别作专题学术讲演。（纪仲庆演讲题是《“广陵王玺”的发现及其重要意义》）。期间，在福冈还参观了“汉委奴国王”金印出土地点，现已建为金印公园，和几处考古工地。随后，又前往京都、奈良等地，参观了橿原考古研究所，先后拜会了冈崎敬、町田章、菅谷文则等考古学家。瞻仰了唐招提寺等胜迹。最后从大阪乘机返国。

10 月 8 日至 11 日，参加在南京召开的“湖熟文化命名 30 周年学术讨论会”，同时举行江苏省考古学会第二次代表大会暨第七次年会，纪当选为副理事长。

1990 年（61 岁）

6 月初，赴张家港市参加由南京博物院等 12 家单位组办的《中国东南滨海地区古代文化学术讨论会》，会议从 6 月 5 日开始，历时四天。召开这种形式和性质的学术性会议：即汇集滨海各地的有关专家学者，全方位的、多学科的探讨滨海地区古文化的学术会议，在我国应该说还是第一次。根据代表们的反映，这次会议开得还是比较成功的。参加这次大会的代表有 84 人，分别来自辽宁、北京、江苏、上海、浙江、福建、广东、海南等省市。纪仲庆在大会最后作了总结报告（刊载于《东南文化》1990 年第 5 期）。

1991 年（62 岁）

1 月 28 日至 2 月 1 日，出席国家文物局在福州市召开的全国考古工作会议。会议回顾了“七五”期间的考古工作情况，讨论《1991—1995 年考古工作发展规划纲要(草案)》，并对“八五”期间考古工作提出建设性意见。

9 月，偕王勤金、钱锋出席在内蒙古呼和浩特召开的中国考古学会第八次年会。

11 月，中国社会科学院考古研究所邀请江苏、浙江、上海的考古学者参加中国文明起源问题研讨会。南京博物院纪仲庆、汪遵国、邹厚本均被邀请。会前考古所还组织与会人员到安阳殷墟、偃师二里头和商城、襄汾陶寺等遗址实地考察，然后到北京集中开会（11 月 27—30 日），后由白云翔整理成《中国文明起源研讨会纪要》于《考古》上发表。

12 月 6—9 日，应广东省文物考古所邀请，赴广东省中山市翠亨村孙中山纪念堂，参加“珠江三角洲古文化学术讨论会”。会后参观了孙中山故居，在广州、珠海、深圳等地，参观了当地博物馆和一些古遗址。

1993 年（64 岁）

6 月，应聘江南文化书院兼职教授。

5—6 月，江苏省文化厅文物处为配合国家文物局对全国博物馆藏文物的等级鉴定，组织具有一定资质文物考古人员，组成文物鉴定组，鉴定组由文物处金实秋副处长带领，分书画、瓷器、杂项三个门类。对全省市、县级博物馆的馆藏文物进行了等级鉴定。鉴定组由纪仲庆牵头，成员由张浦生、鲁力、钱公麟、杨震华等人组成。鉴定组走遍全省市县级博物馆，对各馆的馆藏文物进行了初步等级鉴定。为国家文物局鉴定专家组的最终鉴定打下基础。

11 月，赴山东济南参加中国考古学会第九次年会。大会还组织代表参观了城子崖遗址的夯筑城墙遗迹，临淄齐国故城新发现的当年城市下水道遗迹，有大规模殉马坑的齐景公墓，对山东省的考古成就大为惊叹。

1994 年（65 岁）

3 月 23 日，受江苏省人民政府之聘为南京早期人类文化遗址专家组成员。（1993 年 3 月 13 日葫芦洞内出土了两具较完整的古人类头骨化石和实际中古脊椎动物化石，引起了世人的瞩目。为加强对此重要发现的科学发掘和研究，特成立此专家组）。

1995 年（66 岁）

3 月 28 日，应聘南京艺术学院兼职教授。并在该院授课一学期。

1996 年（67 岁）

冬季，因冠心病住院治疗，采用介入疗法（装入支架），次年春，康复出院。

2002 年（73 岁）

8 月 16—30 日，在连云港海滨疗养院疗养，期间恰逢连云港海州区发现一具保存完好的西汉女尸。应连云港博物馆周锦屏馆长邀请前往参观，并参与讨论保护措施。并实地参观了 1999—2000 年由南京博物院大规模发掘的藤花落龙山文化古城遗址。

2005 年（76 岁）

10 月 28 日—11 月上旬，应邀赴海安参加“青墩遗址—江海文明起源论坛”，在会上作了题为《青墩遗址的发现和发掘的重大意义》的学术报告。

11 月，受聘担任南京大学考古专业研究生陈声波申请博士学位论文答辩委员会主任委员，主持该生论文答辩。论文题目为《良渚文化与夏商文明》。

2008 年（79 岁）

1982 年江苏盱眙南窑庄楚汉金币窖藏的发现，引起了文物考古界的轰动性效应。但如此众多的贵重财宝的主人究竟为谁，是什么原因将其窖藏在此。却长期以来被认为是一个难解之谜。纪仲庆近年在考证此问题上颇有所获。2008 年底，写成《破解盱眙南窑庄窖藏之谜》一文。多数读者认为颇具说服力。

考古伴我此生行（代后记）

1953年我幸运地考上了北京大学历史系。再后来分专业时，我毫不犹豫地选上了考古专业。也许是家学渊源吧，因为我的祖父和父亲都是古物收藏爱好者，所以我对考古这一行有着极大的兴趣。在北大期间，裴文中、贾兰坡、唐兰、苏秉琦、闫文儒、宿白、安志敏等我国老一代著名考古学家亲自为我们授课，真可谓得天独厚了。五年修业期满，我以全优的成绩毕业。

在校学习期间，我就对新石器时代考古产生了浓厚的兴趣，并将其确定为我学习和今后工作的侧重点。三年级教学实习时，是裴文中教授亲自带领我们新石器时代考古实习小组，到内蒙古赤峰、林西等地，调查了红山和细石器文化遗址。五年级毕业实习地点在河北邯郸，在这里我们在邹衡老师指导下，发掘了涧沟和龟台两处新石器时代龙山文化到商周时期的遗址，清理了一批战国墓葬。

1958年北大毕业后，我又幸运地被分配到中国科学院考古研究所工作。当时正值我国开始动工修建丹江水库大坝，这座大坝建成后，将形成一座当时亚洲最大的水库，蓄水量将达到81亿立方米。水库以上的丹江和汉水流域将被淹没的地域极大。为了配合这一浩大的工程，考古研究所成立了长江考古队，在鄂西北汉江上游的均县、郧县进行了大规模考古调查和抢救性的发掘工作。我成了长江考古队的一名成员，并正式开始了我的考古生涯。

均县、郧县一带地处鄂西北山区。由于其地理位置的特殊性，考古界判定这一带对于我国新石器时代考古和先秦考古，可能具有重要意义。具体地说这一带西、北两面分别与陕西汉中地区和商洛地区相接壤；东北面则与豫西南淅川等相邻；向东南沿汉水而下，可直达江汉平原。从新石器时代考古方面来说，这一带非常可能是上述这三个地区的新石器时代考古文化汇聚交错的地方。因此，要弄清上述这三个地区新石器时代诸文化之间的相互影响和相对年代关系，就显示出鄂西北地理位置上的重要意义。就先秦考古来讲，这一带又是楚国古都丹阳的地域附近，对楚文化考古的重要意义自然也是不言而喻的。

从1958年到1962年，我在均县和郧县做了三年多田野调查和发掘工作。队里分派给我的第一项工作是，由我主持发掘均县乱石滩遗址。这次发掘的面积只有143平方米。发现了上下叠压的两个文化层。下层为仰韶文化层；上层文化遗存的面貌与河南龙山文化相近，但又具本身特征，当时我们将其命名为“乱石滩文化”。其实从基本文化面貌上看，还是可以将其归属于河南龙山文化王湾类型中去的。因此这应是在湖北境内首次发现的河南龙山文化遗存[①]。

1959 年夏，队里分派我和雷文汉同志负责郧县境内古遗址普查工作，同行的还有县文化馆顾馆长。这是一项艰苦而又充满乐趣的工作。郧县地处鄂西北山区，地广人稀，山路崎岖。我们每天冒着酷暑，挎着背包，徒步跋涉数十里，不放弃任何可能存在古遗址的地方，进行实地调查。沿途吃住都在农民家，我们都能随遇而安，觉得这是很平常的事。每当我们新发现一处古遗址，兴奋和快乐就会使我们忘记旅途的辛劳，很快地投入观测地形、寻找典型剖面、采集标本、拍摄照片和文字记录等项工作。再出发时我们的背包由于增加了陶片、石器等标本，自然更加沉重了。到了晚上，我们就在煤油灯下整理记录，描绘标本直到很晚。就这样，一个月左右下来，我们竟然在该县境内发现了 60 余处古遗址，其中春秋战国时期的遗址占大多数，其文化遗存具典型的楚文化特征。而新石器时代遗址也发现 10 处左右。其中重要的有青龙泉、大寺、庹家洲、彭家溓等遗址。这些遗址一般面积都很大，有很厚的文化堆积层，文化遗物也具有典型性。从采集的标本看，庹家洲遗址是典型的仰韶文化半坡类型遗址；青龙泉遗址文化内涵极为丰富，其中似乎龙山、屈家岭、仰韶文化因素都有，当时觉得这个遗址相当值得重视，通过发掘极有可能解决它们之间的相对年代关系问题。大寺遗址的文化内涵大体上和青龙泉类似，但又似稍有区别（详下文）。彭家溓遗址的包含好像单纯一些，其文化面貌大致和均县朱家台遗址相一致。

这次普查我写满了厚厚一本发掘记录，并绘有遗址的地理位置图和标本草图，可以说是图文并茂了。由于种种原因，后来没有整理出调查报告，很为遗憾。

由于这些遗址都处于丹江水库的淹没区内，必须要进行抢救性发掘，于是从 1959 年秋开始，长江考古队的工作重心由均县转移到了郧县。对青龙泉遗址进行了大规模的发掘，此外还发掘了大寺等遗址。直到 1962 年初，我始终坚持在这些发掘工作的第一线。

青龙泉遗址位于郧县老城之东约 5 公里，汉江北岸的阶地上。面积达 4 万多平方米。文化堆积达 3. 5—6. 5 米。除了发掘和清理出新石器时代的 9 座房基、15 个灰坑、40 座墓葬、1 处窑址外，最重要的是发现了地层清晰的龙山、屈家岭、仰韶文化三叠层。这个发现之所以重要，是因为在 1954 年考古研究所曾发掘了湖北京山屈家岭遗址，由于出土遗物具有浓厚的地方性特色，故命名为“屈家岭文化”。又由于出土了大量的黑陶，并使用轮制技术，因而发掘人曾认为这是龙山文化影响所致，其相对年代自然要晚于龙山文化了。青龙泉遗址三叠层的发现，修正了原来的看法。后来用碳 - 14 测定屈家岭文化的绝对年代为距今 5000—4600 年，和青龙泉的三叠层相印证，是完全相吻合的。

当时考古所组织了数量不少的田野考古工作队，这些考古队常年在全国各地从事野外工作。到了冬季，除部分同志留守外，大部分则回北京休整。所里照例在这时召开工作汇报大会，各队代表向大会做报告，汇报该队一年来的工作。1960 年，轮到我回北京休整。到召开汇报大会时，由于当时队长不在，所领导临时指定我来汇报。事起仓促，我只好凭记忆作了汇报。大家反应相当热烈，青龙泉遗址的文化系列等问题成了汇报会议论的重要议题之一。

我在长江考古队工作了三年多时间，而这三年我国正遭受“三年自然灾害”，生活条件自然很艰苦。但所幸的是我们考古队所处的偏远地区，“共产风”“浮夸风”在这里刮得并不十分厉害。加之我们考古队员每月有 36 斤口粮的定量，生活还能过得去。同时除了每星期三下午“雷打不动”的政治学习外，我们完全不受那没完没了的政治运动和什么大炼钢铁的干扰。这就保证了我们有充裕的时间，把精力扑在田野发掘、资料整理等业务工作上，从而取得了可喜的成绩。

早在北大时，苏秉琦教授教导我们要掌握好标型学这门功夫。因此这几年的实际工作中，我养成了一个仔细观察文化遗物的形制特征和亲自绘器物图的习惯。我体会到，这个习惯有助于我对有关文化遗存进行文化性质的判断和分期、断代。

我是南京人，家有老母需要照应，谈的对象也在南京。1961 年底，我写了报告，表达了我想调到南京的意愿。机缘巧合，恰好南京博物院这时也要求考古所支援考古人才。于是 1962 年我顺利地从考古所调到了南京博物院。

南京博物院的考古工作当时在曾昭燏院长的领导下，已打下了很好的基础。仅就史前和先秦考古来说，从 20 世纪 50 年代起，在尹焕章、赵青芳先生的率领下，江苏的考古人员就在徐海地区、洪泽湖周围地区、宁镇地区的秦淮河流域以及太湖周边等地区，进行过卓有成效的考古普查，发现了数以百计的新石器时代和“湖熟文化”遗址。早在 1951 年发现的淮安青莲岗遗址，是江苏省境内最早发现的一处新石器时代遗址，因其文化面貌有别于中原地区的仰韶、龙山诸文化，而将其定名为“青莲岗文化”。此外还对不少遗址进行了不同规模的发掘。其中发掘过的新石器时代遗址有南京北阴阳营遗址（1955—1958 年）、太岗寺遗址（1960 年）、邳县刘林遗址（1960 年）、新沂花厅村遗址（1953 年）、三里墩遗址（1956、1959 年）、连云港二涧水库遗址（1959、1960 年）、吴江梅堰袁家埭遗址（1960 年）等。很显然这些工作为江苏史前考古和先秦考古体系的建立打下了良好的基础。

我到南京博物院以后立即受到了曾昭燏院长接见，她对我勉励有加。我自然被分派到考古部工作。从 1962 年到 1965 年“文革”前，我参加了邳县大墩子遗址的第一次发掘（1963 年）、邳县刘林遗址的第二次发掘（1964 年）。这两次发掘均是由尹焕章先生带队的，都取得了很大的收获。尤其是大墩子遗址花厅、刘林、青莲岗文化三叠层的发现，引起了我们极大的兴奋。

大墩子遗址文化层堆积之厚，墓葬分布之密集，文化遗物之丰富多彩，都是我前所未见的。虽然发掘面积只有一百多平方米，却发现了 44 座新石器时代墓葬。墓葬分布密集，存在着多处叠压打破关系。各墓的随葬品多寡不一。随葬品的文化面貌特征大致可以区分为两类。一类与花厅村出土的遗物特征相同，另一类则与刘林的出土遗物相同。这两类墓葬在叠压打破关系上，前者几乎全都叠压在后者之上或打破后者。在墓葬层之下是居住层，而该层出土的陶片等遗物的特征，与青莲岗出土遗物基本相同。我们清楚地揭示出这三类文化遗存的相对年代关系，即青莲岗最早，刘林次之，花厅最晚。

在此之前，或者说自从江苏提出了青莲岗文化之后，实际上考古界对这一考古学文化总体概念还是比较模糊的，至于该文化的地区类型的划分、早晚分期序列、与周边诸文化的关系等问题，在当时的有关论著中几乎尚无人涉及。例如曾昭燏、尹焕章合著的《江苏古史上的两个问题》一文中，对青莲岗文化的表述就显得相当笼统，对上述有关问题的探讨也都是浅尝辄止。但这只是由于当时客观条件所限，我们是不能苛求于考古前辈的。大墩子遗址的发掘，使我们对青莲岗文化的看法，有了很大的改变。花厅村和青莲岗这两个过去被认为相同的考古学文化遗存，未曾料到它们之间还夹着一层刘林文化遗存。而这个曾被摒除于青莲岗文化之外的刘林文化遗存，又竟然是这一文化中的一个环节，这又怎么能不使人们耳目一新呢？

大墩子遗址的发掘是在异常艰苦的条件下进行的，工作人员只有尹焕章、张正祥和我三个人。在猪圈旁搭了一间小草棚，地上垫上一层厚厚的稻草，再摊开自带的被褥，这就是我们的住所。白天在田野辛勤工作，晚上还得不到好好的休息。尹焕章先生患有癫痫病，一劳累了就要发病，这就够张正祥和我忙活一阵子的了。但是工作上的丰硕收获使我们对于这些艰辛和劳累都没有放在心上。

从工地回到了南京后，尹焕章先生就把大墩子遗址发掘资料的整理和发掘报告的编写任务交给我了。感谢文物修复人员、绘图和摄影人员的大力配合，在半年不到的时间，就编写完稿了，并发表在《考古学报》1964 年第 2 期上。这篇报告坚持遵循客观、全面、系统的原则，尽量运用地层学、标型学（器物类型学）的方法。这篇报告在考古界得到了好评。我想这不仅仅是基于大墩子遗址所反映出的丰富的材料，也因为这是一篇将地层学与标型学结合得比较规范的考古报告。这在今天看来是很普通的事，但在当时江苏省已发表的考古报告中，这还是首例。这话听起来好像有点不太自谦，但我只是据实而言罢了。

接下来（1964 年），我又参加了邳县刘林遗址的第二次发掘。这次发掘仍是由尹焕章先生带队，考古部有七八位同志参加了。刘林说它是遗址，实际上就是一大片氏族公共墓地。揭去表土，就显露出墓葬，墓葬之下即是生土。第二次发掘将第一次发掘的范围又扩大了许多。第二次发掘除了清理出若干新的墓群之外，同时发现这些墓群的排列组合有一定规律。我们发现的这一大片墓葬系由五个墓区组成，各墓区之间有较宽的间隔距离，而墓区内的墓葬则比较密集而且基本排列有序。此外，根据这次发掘的随葬遗物组合和形制特征，我们又可以将刘林的文化遗存划分为早晚两期。

尹焕章先生又把这次发掘资料的整理和发掘报告的编写工作交给我来做。我用了半年左右的时间就按计划完成了任务，很快发掘报告就在《考古学报》1965 年第 2 期上发表了。这篇报告较全面地报道了这次发掘的收获，论述了早晚分期的依据和早晚两期器形的组合与特征。对于整个墓群可以分成若干墓区这一点，我在报告的结语中指出，这可能是一处父系氏族公共墓地，而各个墓区则可能反映了氏族内的各个父系大家庭。

在这两次发掘和整理编写报告的间隙，尹焕章先生还带领我和汪遵国、袁颖同志整理了南京北阴阳营遗址第三次和第四次发掘的第二、三两层（含数十个灰坑）出土的陶片。这些陶片自 1957 和 1958 年发掘后一直堆放在库房里，未曾整理。当年发掘北阴阳营遗址时，发掘者将该遗址表土层以下划分为三个文化层（即二、三、四层）。第四层为新石器时代文化层（包括墓葬），第二、三层为“湖熟文化”层。整理的结果，发现这两层出土遗物的特征存在着明显的差异。根据我以前在考古研究所积累的经验，我提出第二、三层遗存分别属于“湖熟文化”早、晚两期，早、晚两期分别具有中原地区的早商和西周早期的文化特色，同时又具有浓厚的地方性特点。我的这些看法得到了整理小组其他成员的认可，这一观点写进了后来出版的发掘报告中[②]。

1966 年史无前例的“文化大革命”开始，特别是如火如荼的“破四旧”横扫大地后，巨大的厄运降临到考古事业上来。对于我个人来说，这个厄运似乎来得更早些。从 1965 年冬开始派我参加淮北盐场阶级斗争图片巡回展，每天顶着凛冽的寒风到各个工区巡回展出，同时还要采访苦大仇深的“灶民”，倾听他们痛说苦难家史，我们也煞有其事做着记录。辞行时往往还会带走几件破棉袄、讨饭篮、讨饭碗、打狗棍等“现代革命文物”。是真的还是赝品，我真还说不清。

1966 年春，我们这个小组又被派到连云港进行港史调查和编写工作，当然必须是一部以阶级斗争为红线的港史。其实凭我们这几块料，在短短的一两个月时间内，要写出这么一部港史，无疑是痴人说梦。我知道这不过让我们做做样子，以便向上面交差罢了，同时也让我们多接受一些工人阶级的再教育。

这年刚入夏，“文化大革命”开始了。院里一封急电将我们召回。见到姚迁院长，他一脸严肃地对我们说：“工作不用汇报了，去参加运动吧。”就这样稀里糊涂地，接受审查，也审查别人，成年累月批批斗斗。一混几年过去了。业务提都不用提，连考古部都撤销了。1970 年元旦我作为下放干部下放到高邮，接受贫下中农的再教育。

1972 年尽管“文革”还远未结束，但“破四旧”已经降温，而且抢救和保护历史文化遗产终究与“破四旧”是两码事。这年周恩来总理批准了《考古学报》《考古》和《文物》同时复刊。中断田野考古工作的各单位逐步恢复工作。借这股东风，我又回到了南京博物院，并很快地又投入到考古工作中去。

南京博物院考古部的每个成员，虽然各自学有专攻，各有研究的侧重方向，但突击任务来了，领导叫干什么就得干什么。这不，我一回来就安排我参加了两次古墓葬的发掘。一次是涟水三里墩战国墓的发掘，另一次是铜山小龟山西汉崖洞墓的发掘。

三里墩战国墓是一座大型土坑石椁墓，出土了一批极其精美的青铜器，包括错金银嵌绿松石飞鸟壶、错金银盘龙纹鼎、错金银牺尊、镂空雕盘蛇纹铜架、铜鹿、镂空盘螭纹铜镜、银鹰座玉琮等，其中不少后来被定为了国家一级文物。这些遗物全都具有鲜明的战国晚期风格，但发掘时曾在墓葬的中部发现了一些五铢钱，所以将该墓定为西汉墓。现在回想起来，我仍然怀疑这些五铢钱可能是上面的西汉小墓混进去的，因为当时有上千群众围观，现场秩序异常混乱，致使我们无法仔细辨认，而该区域附近也的确发现过几座西汉小型土坑墓，所以我想这座墓应订正为战国墓才是[③]。

铜山小龟山西汉崖洞墓，该墓倚山而建，在岩石上凿有6米深的竖井，然后在北、西两面横向凿出两个墓室。北侧墓室早年被盗，西侧墓室保存完好。出土随葬陶器、铜器、铁剑、金玉饰品等100多件，还有数百件象征财富的陶制“玉璧”和“金饼”等。出土的鎏金镂雕铜薰，有很高的工艺水平。铜鼎、铜壶、铜量上，刻有“御食官”“文后家官”“丙长翁主”“楚私官”等铭文，说明墓主人是西汉前期某代楚王的亲属（诸侯王的姐妹称长翁主）。另外在铜鼎、铜壶、铜杵、铜臼、铜盆上，镌刻有标明该器的重量和容量（除铜杵外）的文字，对研究西汉度量衡制度很有参考价值[④]。

参加这两次发掘的还有其他几位同志，但资料的整理和报告的编写都是由我来完成的。这固然是领导之命不可违，况且当时在刊物上发表报告都是由单位署名，微薄的稿费也悉数交公，这种既无名又无利的差事，是没有人跟我争的。

1973年春季的某一天，姚迁院长把我叫到他的办公室，对我说：“你写一篇文章，专门谈一谈青莲岗文化的问题。”任务领受后，我就开始思考这篇文章该怎么写。要知道从“文革”开始的前一年起，七八年来我已很少接触新石器时代考古的实际工作了。好在我过去掌握的有关知识还没有忘记，本省各地和邻近省市这些年来在新石器时代考古工作的新发现和新成果，我也比较关心。而且我也经常在思考，自从曾昭燏、尹焕章的《古代江苏历史上的两个问题》一文发表后，有关江苏新石器时代考古学文化综合研究方面的文章就似乎断档了。根据新发现的资料，对老一辈考古学家曾经论述过的“青莲岗文化”，也的确有重新梳理一下的必要。

在《古代江苏历史上的两个问题》一文中，把苏北龙山文化以前和苏南良渚文化以前的新石器时代文化，通称为“青莲岗文化”。其分布范围是“以江苏为中心，北到与山东接壤处，南达太湖南岸，东到淀山湖以东，西到安徽南部”。因此在我动笔写《略论青莲岗文化》之前，必须要考虑到，第一不能轻率地推翻前人的研究成果；第二必须尽量客观地反映出江苏境内前龙山时代新石器时代文化遗存的地域性和早晚各期在文化面貌上的差异和演变。在这两个前提下，我终于写完了这篇论文，并很快在《文物》上发表了，不过是用“吴山菁”这个笔名发表的[⑤]。

文章首先仍沿用了曾、尹二位前辈关于青莲岗文化的分布范围涵盖全省这一观点。这倒不是为了迎合领导，而是自己当时认为这一观点有一定的合理性。因为中原地区的前龙山时代的新石器时代文化都能叫“仰韶文化”，而我省这一时期的文化与“仰韶文化”有显著的区别，那么将其称之为“青莲岗文化”也就没有什么不妥了。当然这个“青莲岗文化”的面貌也存在着地域上和年代早晚上的差别。但“仰韶文化”可以区分为“半坡”“后岗”“庙底沟”“西王村”“大河村”“大司空村”等类型，那我们为何不能加以仿效呢？

基于这种考虑，我在本文中就把江苏境内的“青莲岗文化”划分为“江北类型”和“江南类型”这两个类型，并按年代早晚的先后，把“江北类型”划分为“青莲岗期”“刘林期”和“花厅期”三期，“江南类型”则划分为“马家浜期”“北阴阳营期”和“崧泽期”。现在看来这种划分并非完美无缺，但在当时开始把地层学与器物类型学相结合，对江苏省内新石器时代文化进行区域类型和分期的研究，毕竟算是起了筚路蓝缕的作用。

文章的发表在当时的确引起了考古界的关注。长江下游新石器时代考古学文化的性质问题，成了不少学者关心的研究课题。

1974 年之后，我也搞不清楚领导上出于什么考虑，把我调去搞了两年基建。可能是我的妻子是在某企业管材料的，在那物资紧张的岁月里，可以较方便地调剂到一些钢材、木材什么的缘故吧。两年后技术部的小楼盖好了，大殿的雕花柚木门窗也完工了，我又回到了考古部。

转眼就到了 1976 年，这是我们国家多灾多难的一年。周总理、朱老总、毛主席三位国家领导人相继去世，唐山大地震，“四人帮”更加疯狂施虐，妄图篡党夺权。这年秋，我带着十名南京大学考古专业的工农兵学员，到邳县大墩子遗址去做考古田野发掘的实习。一边发掘，一边还要“批邓”。“批邓”不过是走走过场，发掘还是认认真真的。两个月之后，就打道回府了。

这次发掘是大墩子遗址的第三次发掘，共开探方 5 个，250 平方米，清理新石器时代墓葬 208 座，其中刘林期 82 座，花厅期 124 座，不明的 2 座，随葬陶、石、骨、角器近 1200 件。收获不可谓不丰。可是由于种种说不清的原因，发掘报告至今仍未能整理出来，实在是太遗憾了。

粉碎“四人帮”以后，文物考古界的学术空气活泼起来。1977 年 10 月，在国家文物局的领导下，文物出版社和南京博物院在南京召开了“长江下游新石器时代文化学术讨论会”。

参加这次讨论会的代表来自 35 个单位，包括上海、浙江、安徽、山东、广东、江苏等省市的博物馆和北京大学、山东大学、厦门大学、南京大学的考古专业，还有中国社会科学院考古研究所、中国历史博物馆、西安半坡博物馆、长江流域规划办公室考古队等，共 62 人。会上共提出学术论文和考古报告 30 篇。我提交的论文是《长江下游新石器时代文化若干问题的探析》。该文基本上是在《略论青莲岗文化》一文的基础上，充实了几年来的新资料，并进一步论证写成的，基本论点并没有什么改变[⑥]。与会代表就长江下游新石器时代诸文化的类型、分期、相互关系及社会性质等问题展开了热烈地讨论。许多同志对那次讨论的热烈程度留下了深刻的印象。我这篇文章的论点几乎成了众矢之的，大家交口一辞地说我讲的这个“青莲岗文化”涵盖的范围太大。“青莲岗文化”的两位创始人（曾昭燏、尹焕章）已经过世，商榷的矛头自然就对准我了。素来讷于言辞的我，也不得不来一个“舌战群儒”了。讨论虽然没有形成一个大家都认可的结论，但这次会议对于推动这一地区新石器时代考古学文化性质的深入探讨，无疑具有相当重大的意义。不管怎样，由我提出的江苏南北两地前龙山时代的区域划定和分期标准（以刘林、花厅、马家浜、北阴阳营、崧泽等典型遗址名称来命名），大体上已为考古界所接受，如“刘林期”“花厅期”的提法已出现在苏秉琦主编的《中国通史》上，我提出的“马家浜期”“北阴阳营期”“崧泽期”后来演变成“马家浜文化”“北阴阳营文化”和“崧泽文化”了。会后文物出版社委托我为这次讨论会写了一篇纪要，发表在《文物》上⑦。

在这次会议期间，南通博物苑的徐治亚、凌振荣同志出示了一批玉琮、玉璧、玉瑗、玉环等15件良渚式玉器的照片，说是在海安县青墩这个地方被当地农民发现后征集上来的。南通博物苑派人调查，发现那里是一处新石器时代遗址，采集到一些陶片、石器等遗物。这个信息引起了我们极大的注意。遗址的所在地处在长江口北岸的滨海地区，过去我们多认为这一带成陆较晚，是不太可能发现史前遗址的，于是南京博物院迅速决定派我主持对该遗址进行发掘。

发掘是在1978和1979年分两次进行的。两次共发掘490平方米，清理新石器时代墓葬98座。墓葬层层叠压，可分为三个时期，其文化面貌分别和江南地区的良渚文化、崧泽文化和北阴阳营文化基本相同。在墓葬层之下为居住层。在不少探方内首度发现了“干栏式”木构建筑遗迹。

该遗址发掘有不少重要的收获。简言之有以下几点：1. 遗址的发掘将海安县的历史提早了三千年，并为这一带海岸线变迁的研究提供了重要的依据。2. 出土遗物的文化面貌基本上和江南同时期的文化遗存基本一致，属于同一文化圈。3. 下文化层发现的史前“干栏式”建筑遗迹，首次见于长江以北地区。4. 发现的仿真的有柄陶斧，为解决穿孔石斧的装柄方法提供了实物依据。5. 发现多件鹿角制的用于狩猎的投掷工具“飞去来器”，说明此种被认为是澳大利亚土著所特有的狩猎工具，早在五六千年以前，我们青墩的祖先就已经在使用了。6. 发现的鹿角上的奇异刻纹符号，引起了星象、易学、数学、占卜各方面学者的注意。张政烺先生认为青墩鹿角刻纹是目前我国最早的易卦实物资料，几已为学界所公认。关于这些收获我已有专文详述，可予参阅⑧。考古发掘报告已在《考古学报》1983年第2期上发表。

1978年我还参加了扬州蜀岗古城遗址的发掘工作。自春秋吴王夫差筑邗城、通邗沟以后，直至唐代以前，历代的扬州城均建在蜀岗之上。唐代以后方在蜀岗之下扩建了罗城。罗城为工商业集中地，蜀岗之上称为子城，为官衙所在地。蜀岗之上的小城，至宋代尚继续沿用，明清之后才逐渐废弃。

这次发掘规模很小，解剖了一段北城墙，开了几条小探沟。城墙剖面自内向外显示出自西汉（甚至更早）以后历代对墙体修复和加固的迹象。尤其是在城墙靠内的一侧发现了一段东晋时期砖砌的“护壁”和“散水”，每块砖的侧面模印有“北门甓”三个篆体字。砖在东晋时多称为甓。这为这段护壁和散水的断代提供了依据[9]。同时因此也大致确定东晋时扬州北门的位置大体就在此处。

要知道我是侧重搞新石器时代考古的，对于汉唐考古和城市考古我很少涉及。所以在出发前我不得不阅读了大量有关扬州古代城市变迁的文献资料以及考古报道和文章，并通过军事学院搞到了非常珍贵的航摄扬州全景照片。这对我后来调查和研究扬州古城遗迹有很大的帮助。

调查扬州古城遗迹，是在发掘工作同时期穿插进行的，并有扬州博物馆的王勤金先生与我相配合。我跑遍了“子城”（包括所有的瓮城及古河道）、宋代的“夹城”和“平山堂城”以及现扬州城内的一些古城遗迹。等到发掘结束了，我的调查也就此告一段落。

回到南京后，发掘报告拜托给尤振尧先生整理，自己则集中精力，根据自己调查的材料，结合历史文献和其他考古等方面的资料，撰写了一篇关于历代扬州城变迁方面的文章。文章定名为《扬州古城变迁初探》，经过一番努力总算完成了，并很快就发表了[10]。

该文共分三大部分。第一部分是《扬州古代筑城文献资料简录》，罗列了我当时收集到的历史文献上有关历代在扬州筑城的记载；第二部分是《扬州古城遗迹的现状》，该部分主要是根据实地调查，对残存的古城垣、古河道的现状进行了客观描述；第三部分是《历代扬州城变迁》，该部分是结合古文献和考古遗迹的现状，分别对历代的扬州城（包括吴邗城、楚广陵城、汉吴王濞城、东晋和刘宋广陵城、唐代子城和罗城、后周和北宋的扬州城、南宋扬州三城、明扬州城等）的位置、形制和范围进行了考订，且均附有简单的示意图。

文章发表后在学术界得到了一定的好评，并获得了江苏省社科联优秀成果三等奖。1984 年以日本著名学者岸俊男为首，由二十余名学者组成的“中国都城制研究学术友好访中团”来访，重点考察了杭州、苏州、扬州、南京等城市。该团回国后出版了岸俊男主编的《中国江南の都城遗迹》专辑。我的这篇文章也由日本京都市埋葬文化财研究所员崛内明博教授译成日文后作为附录收入这个专辑中去了。

接下来，1980 年，仍然是在扬州，我又主持了一次有意义的考古发掘，即邗江甘泉二号汉墓的发掘。这是一座大型东汉早期砖室墓，墓葬早年被严重盗掘，但仍残留有随葬遗物 80 余件，包括金、银、铜、陶器、珠宝玉石、玻璃等容器和装饰品。其中错金银铜牛灯更是精美绝伦的艺术精品。出土的青铜雁足灯的底盘周缘铸有“山阳邸铜雁足长镫建武廿八年造比十二”十七字铭文，为我们考订墓主人的身份提供了可靠的依据。据史书记载，广陵思王刘荆为光武帝子，建武十五年（公元 39 年）封山阳公，十七年晋爵为山阳王，明帝永平元年（公元 58 年）徙封为广陵王。根据灯铭的“山阳邸”和“建武”年号，墓主人很可能就是广陵王刘荆本人或其近亲。

前面说此墓早年被盗，盗洞直径达 4 米，从封土堆的顶部直达墓室。发掘之前甘泉砖瓦厂已在此“土山”上取土数年，顶部已被削去 5—6 米。因盗洞内的杂土不适于制砖，故另行堆放于他处。我总怀疑其中非常可能混有盗墓时遗漏的文物，但土方量太大，堆积又分散，无法再行清理。该墓发掘结束后，我一再嘱咐发掘工人，以后要经常注意墓内弃土内可能会发现遗漏的文物，如有发现要及时向我报告。

事实证明我的嘱咐不是多余的，1981 年 2 月 24 日原发掘工人陶秀华在刨取墓中弃土中的废砖用以铺路时，无意中发现了“广陵王玺”这颗无比珍贵的金印。她的丈夫专程跑来南京，向我报告了此事。他来时只带来一纸印模，并未带来实物。我向姚迁院长汇报了此事，姚院长立即命我去扬州，通过有关部门顺利地将此金印征集到手。“广陵王玺”的发现，更进一步说明甘泉二号汉墓的主人确系广陵王刘荆本人。

此印是国内首次发现的汉代诸侯王印。《后汉书・舆服志》记载：“太子及诸王金印，龟纽、纁朱绶。”此印形制与史籍相符，因此极为珍贵。我们未曾想到，此印的发现竟在日本引起了轰动。因为它在不经意间解决了延续 200 年的关于日本“汉委奴国王”金印真伪问题的悬案，从而证明了《后汉书・东夷传》中关于“建武中元二年（公元 57 年）倭奴国奉贡朝贺，……光武帝赐予印绶”这一段记载的可信性。由于两印的字体、刻法和细部花纹特征十分相似，而且两印的颁发时间前后只相差一年，所以我怀疑两印可能出自同一工匠之手。

1989 年 7 月在日本福冈市举办了“亚洲太平洋博览会”，“汉委奴国王”金印就是 1784 年（天明四年）在福冈市的志贺岛这个地方被发现的。为纪念这一发现，该处已被建成为“金印公园”。博览会主办者为了给博览会增添光彩，特地请求南京博物院同意将“广陵王玺”与“汉委奴国王”金印同时展出。在南京博物院的积极配合下，这两颗兄弟金印终于在博览会的同一橱柜中展出了。据说当时在布展现场有人看见，当布展人员将两颗金印并列放在一起的时候，突然在两印之间闪耀出一道亮光，好像它们之间产生了某种奇异的感应似的。当然事实上是不可能发生这样的事情的。可能是布展人员当时过于兴奋，产生了某种幻觉。

博览会还为这两颗金印的展出举办了题为“金印和东亚世界”的特别演讲会。我和汪遵国先生应邀赴日出席了这次演讲会，分别作了题为《“广陵王玺”的发现及其重要意义》及《“广陵王玺”“汉委奴国王”印和中日交流》的学术演讲。此次对我们的接待相当隆重，会场和招待宴会均悬挂了中日两国的国旗，可见日本方面对广陵王玺发现的重视程度。

媒体介绍，最近（2007 年）又有日本学者对“汉委奴国王”的真伪提出了质疑。日本千叶大学三浦佑之教授居然出了一本题为《金印伪造事件》的书，妄图推翻铁定的事实。“汉委奴国王”金印的出土比“广陵王玺”早了近 200 年，试想那时如何可能制造出和“广陵王玺”近似到如同孪生兄弟那样的“汉委奴国王”金印呢？我认为这不过是在炒作、作秀而已。

细心人一定会注意到“广陵王玺”金印的左上角有些缺损。其实此印出土时是完整无缺的。后来缺损的原因多不为人所知。原来在20世纪80年代初，南京博物院在临时展厅举办了一次出土文物展览。院领导考虑到“广陵王玺”是珍贵文物，为安全起见，只同意拿出来展出三天。三天后撤展时，由负责安保工作的顾崇礼先生亲手将金印从展柜中取出。本来是一件很简单的事，但却出了意外。此印原本收藏在一囊匣中，在橱柜内展出时就将金印取出放在囊匣之上。撤展时本来可以在橱内先取下金印放回匣中，然后再将囊匣取出就可以了。可是顾先生可能是过于谨慎小心了，他双手捧着上面放着金印的囊匣，准备拿出来交给保管人员。哪知道越是小心谨慎，越容易出事。当他把囊匣刚捧出橱外时，不知为什么手一抖，金印就从囊匣上滑落到地面上了，并因此造成金印一角微损的遗憾。当时有人主张请工艺师修复，工艺师也保证可以修整得完好如初。但姚迁院长不同意修复，还是尊重历史，保持现状吧！

除去上述我从事的那些主要考古工作外，在七八十年代我主持或参加过的考古发掘工作还有以下几项：1. 连云港海洲海清寺塔塔心柱北宋舍利棺的清理（1975年）。2. 东海县焦庄西周遗址的发掘（见南波《江苏省东海焦庄古遗址》，《文物》1975年第8期）。3. 铜山县天齐和江山两座西汉墓的发掘（《文物资料丛刊》第1辑，1977年）4. 吴县张陵山遗址的发掘（《文物资料丛刊》第5辑，1981年）。5. 吴县澄湖古井群的清理发掘（1974年）。6. 连云港海州西汉侍其繇墓的发掘（《考古》1975年第11期）等。

其中海清寺塔出土的北宋天圣四年（公元1026年）的用石棺、铁匣、银棺、镀金盒层层套装的舍利函，东海焦庄发现的西周早期石砌井壁的水井，吴县张陵山早期良渚文化的墓葬和玉器群，吴县澄湖西岸湖滩密布的数以百计的从新石器时代直到宋代的水井，以及一座良渚文化的水井中出土的一件完整的带柄石斧，海州西汉侍其繇墓出土的龟纽银印等，都是比较重要的考古发现。

20世纪80年代初，姚迁院长委任我担任了南京博物院考古部主任，后来又当上了江苏省考古学会的理事长。我自知安排我做做具体业务还可以，但叫我担任部门或学术团体的行政领导，那我可就有点力不从心了。但不管怎样，在我退休前的这几年，总算兢兢业业把这副担子挑过来了。

在担任部门领导的同时，我又领受了一个吃力却不讨好的任务，即叫我改写南京北阴阳营考古发掘报告。南京博物院先后由赵青芳、尹焕章先生带队于1955—1958年分四次对该遗址进行了发掘。后来赵青芳先生将第一、二两次发掘概况在《考古学报》上作了报道[11]。1958年以后，南京博物院即组织人力进行发掘报告的整理编写工作。但由于种种原因，报告虽几易其稿，仍未能获得出版社的审查通过。姚迁院长知道我有编写此类报告的经验，于是又把改写此报告的任务交给我了。

按道理考古发掘报告的编写人最好应该是考古发掘的主持人或至少是参加人，而且最好在发掘结束后不久就开始编写。而我呢？我既没有参加过这个遗址的发掘，而且在领受这个任务时，距离遗址发掘已将近30年了。这项工作对于我来说，是有着相当的难度的。

为编写好这部报告，我阅读了全部原始发掘记录资料和原来的报告稿。我发现原报告不够规范的症结主要在新石器时代墓葬的有关章节上，对这部分我全部进行了改写。为此我必须把四次发掘的全部271座新石器时代墓葬的分布、层次和叠压打破关系搞清楚，同时尽可能地亲手把所有墓葬出土遗物都做成卡片，并按照器物类型学的要求进行分类排队。

基础工作做好了，接下来就开始了报告的改写工作，这期间还穿插了许多其他工作，历时两三年终于完成了这一任务。《北阴阳营——新石器时代及商周遗址发掘报告》于1993年由文物出版社出版。后来该报告获得了省文化厅优秀成果一等奖，这是我始料不及的。

时光如流水，不知不觉间垂垂老矣。90年代后，我也迈进了退休人员的行列。回顾几十年来的考古生涯，我觉得这一辈子没有虚度。伴随着聊以自慰的感觉，同时我也感到了一种相当大的遗憾。六七十年代，我三四十岁，正是创业的黄金时期，可是“文革”“下放劳动”“阶级斗争图片巡回展”“连云港港史调查”以及盖房子搞基建，浑浑噩噩度过了十几年。留给我正常从事考古业务工作的时间，也不过是一二十年罢了。这一二十年我的主要工作就是抢救性的发掘和考古报告的整理编写，至于能够用于工作经验的总结和有关学术问题的探讨而去撰写论文的时间那就相当有限了。因此，自我从事考古工作以来，发表的考古论文也不过就是那么寥寥十几篇。其中《青墩遗址——江淮东部远古文化的见证》《青墩遗址的重大考古发现》《破解南窑庄窖藏之谜》等文章是我退休以后写的。《破解南窑庄窖藏之谜》一文是我的近作。1982年2月，盱眙县南窑庄发现特大珍宝窖藏，出土重9千克的纯金兽和数十枚完整的郢爰金版、金饼、马蹄金等楚汉金币以及陈璋圆壶等罕见珍贵文物。埋藏着如此巨大财富的窖藏，在我国考古史上是空前的。但时间过去二十几年了，对于这座价值连城的宝藏主人究竟是谁，竟无人去考证。我原也认为这是件无法解开的历史之谜。几年前，我突发奇想，我何不来试试？这批窖藏确实珍贵得非同寻常，我就从此处作为考虑问题的切入点。我想窖藏主人难道是一个帝王级的人物？出土文物的时代我认为定为秦汉之交最为合适，那么，这段历史时期，在盱眙这地面上，有地位如此显赫的人物吗？这样一来我的思路自然就定格在能与强秦相对峙的楚怀王熊心的身上了。加上陈璋圆壶本是齐国掳燕国的“国之重器”，出现在楚地，恰巧与当时楚齐间的特殊关系相吻合。就这样我终于写成了此文，我相信此结论虽不中亦不远矣。

如前所述，我从事考古工作以来，繁忙的田野发掘和考古报告的整理编写工作占据了我绝大部分时间，写作的论文数量相当有限。今勉强汇编成集，一方面将会给我留下美好的回忆，同时我也相信，读者也会从中了解到我们这一代考古工作者在某些考古学术问题上是如何在前辈的基础上取得了进展，又为后来者继续前进留下了什么样的课题。尽管其中有些论点今天看来已不很新鲜，那就把它当作历史足迹来看吧。

纪仲庆

2008 年 7 月 30 日初稿

2010 年 4 月 7 日修改定稿

注释

①长江考古工作队《湖北均县乱石滩遗址发掘报告》，《考古》1986 年第 7 期。

② 参见南京博物院《北阴阳营》，文物出版社，1993 年。

③ 南京博物院：《江苏涟水三里墩西汉墓》，《考古》1973 年第 2 期。

④ 南京博物院：《铜山小龟山西汉崖洞墓》，《文物》1973 年第 4 期。

⑤ 吴山菁《略论青莲岗文化》，《文物》1973 年第 5 期。

⑥ 纪仲庆：《长江下游新石器时代文化若干问题的探析》，《文物.》1978 年第 4 期。

⑦ 纪仲庆：《长江下游新石器时代文化学术讨论会纪要》，《文物》1978 年第 4 期。

⑧ 纪仲庆：《青墩遗址——江淮东部远古文化的见证》，《青墩文化》，吉林人民出版社，2004 年；纪仲庆：《青墩遗址的重大考古发现》，《青墩文化》，吉林人民出版社，2004 年。

⑨ 参见曾庸：《汉至六朝间砖名的演变》，《考古》1959 年第 1 期。

⑩ 纪仲庆《扬州古城变迁初探》，《文物》1979 年第 9 期。

⑪《南京市北阴阳营的第一、二次发掘》，《考古学报》1958 年第 1 期。

编后记

纪仲庆先生是江苏宿迁人，1929 年出生于南京市，1958 年毕业于北京大学历史系考古专业。纪仲庆先生长期从事文物考古、历史研究与考古教学工作，先后任职于中国科学院考古研究所长江考古队与南京博物院，曾任南京博物院考古部主任、江苏省考古学会理事长，南京博物院学术委员会委员、江南文化书院兼职教授、南京艺术学院兼职教授、南京早期人类文化遗址专家组成员等职务。

纪仲庆先生是江苏省考古学界的领军人物，对江苏新石器时代考古学文化的分区与分期研究有着开创性的卓越贡献。先生主持或参与了众多重要考古遗址的调查与发掘：徐州铜山县小龟山西汉崖洞墓、连云港东海县焦庄西周遗址、苏州吴县澄湖古井群、徐州邳县大墩子新石器时代遗址（第三次）、苏州吴县张陵山新石器时代遗址、南通海安青墩新石器时代遗址（1978、1979 年）、扬州蜀岗古城遗址、扬州邗江甘泉二号汉墓等。先生主要论著有：《略论青莲岗文化》《长江下游新石器时代文化若干问题的探析》《宁镇地区新石器时代文化与相邻地区诸文化的关系》《北阴阳营第三层文化遗存的分析》《良渚文化的影响与古史传说》《浅谈吴文化和先吴文化》《先吴时期古吴地区考古文化的族属问题》《略论古代石器的用途和定名问题》《广陵王玺和中日交往》《扬州古城址变迁初探》等。

《纪仲庆文集》为南京博物院《南京博物院学人丛书》之一，辑录纪仲庆先生数十载考古生涯的学术成果。所录文章可归为考古学研究和文物学研究两部分，展示纪先生在新石器时代和历史时期考古研究方面的重要贡献。先生文笔清晰明了，行文严谨顺畅，编者在阅读先生著作的过程中，不仅不觉得枯燥繁重，反而有着跟随先生剥茧抽丝、披沙拣金的畅快，别有一番享受。

此文集本意作为庆祝纪先生九十大寿之贺礼，几经波折，如今终于面世，实属不易。文集所录文章均经谨慎审核与考证，力图全面深入展示纪先生的思考与发现。在编辑过程中，将纸质文稿电子化是最主要的任务与难题。因一些文章年代久远，原稿中的插图、照片、线图等模糊不清，需要重新编辑甚至一笔一画重新描绘，十分感谢编辑团队每位成员的辛劳，使得文集以清晰优质的面貌呈现。编辑中对一些文章的标题和内容略作修改，均以编者按的方式记录下来，有需用者可查阅原文。

由于编者水平与各种条件所限，文集的选目、配图、注释等难免有疏漏不妥之处，敬请广大读者批评指正。

编者

2021 年